教育部人文社会科学研究规划基金项目（13YJAZH147）
上海市哲学社会科学"十二五"规划课题研究成果

中国零售业"走出去"
战略的支撑体系

——理论及实证分析

朱瑞庭　著

经济科学出版社

图书在版编目（CIP）数据

中国零售业"走出去"战略的支撑体系：理论及实证
分析／朱瑞庭著 . —北京：经济科学出版社，2015.11
　ISBN 978 - 7 - 5141 - 6213 - 4

Ⅰ . ①中…　Ⅱ . ①朱…　Ⅲ . ①零售业 - 市场国际化 -
研究 - 中国　Ⅳ . ①F724. 2

中国版本图书馆 CIP 数据核字（2015）第 260238 号

责任编辑：凌　敏　程辛宁
责任校对：靳玉环
责任印制：李　鹏

中国零售业"走出去"战略的支撑体系

——理论及实证分析

朱瑞庭　著

经济科学出版社出版、发行　新华书店经销
社址：北京市海淀区阜成路甲 28 号　邮编：100142
教材分社电话：010 - 88191343　发行部电话：010 - 88191522
网址：www. esp. com. cn
电子邮件：lingmin@ esp. com. cn
天猫网店：经济科学出版社旗舰店
网址：http://jjkxcbs. tmall. com
北京密兴印刷有限公司印装
710×1000　16 开　23 印张　400000 字
2015 年 11 月第 1 版　2015 年 11 月第 1 次印刷
ISBN 978 - 7 - 5141 - 6213 - 4　定价：56. 00 元
（图书出现印装问题，本社负责调换。电话：010 - 88191502）
（版权所有　侵权必究　举报电话：010 - 88191586
电子邮箱：dbts@esp. com. cn）

前　言

　　改革开放三十多年来，中国经济取得了举世瞩目的成就，中国已经成为国内生产总值世界第二位、货物贸易世界第一位的经济、贸易大国，可以毫不夸张地说，"中国制造"已经成为中国走向世界的一张名片。但是，从全球范围来看，中国在制造业国际分工中长期在低端产品上依靠要素成本优势，粗放微利保本经营，处在"微笑曲线"的低端，与此相反，欧美、日本等发达国家和地区依靠强大的渠道优势，掌控了在全球价值链中以设计和分销为代表的高端环节，从而掌握了绝大部分资源的价格决定权和渠道分配权。

　　要彻底改变中国在国际分工中的这种被动局面，必须一方面提升中国制造业的技术含量和品牌影响力，另一方面通过产业链的向外延伸，用中国企业的全程自主分销渠道取代外商主导的低价采购，在全球高端产业链的竞争中，逐步掌控海外的主动权、主导权和话语权。从这个意义上说，中国零售业"走出去"具有特别重要的意义。

　　在贸易全球化的背景下，海外市场潜力巨大，中国产品在国际市场又拥有强大的竞争力，中国零售业的海外存在可以将销售终端经由反向一体化延伸，通过自主分销，改变以往"中国制造"受制于外资分销渠道的被动局面，从而改善和提高"中国制造"在全球价值链上的地位，为"中国制造"创造更大的市场和发展空间。对于中国零售业而言，"走出去"已经成为创新驱动、转型发展的战略选择和主要方向。同样重要的是，经过本土市场上的激烈竞争洗礼的优秀的中国零售企业，已经逐步具备了通过"走出去"掌握核心技术、商业模式、全球品牌等资源，提升企业国际化发展的条件和基础。基于这样的分析，为实施中国零售业"走出去"战略创造条件，形成中国零售业在国内和国际两个市场竞争力之间良好的联动发展，将极大地促进中国融入全球价值链竞争，为"中国制造"更好地走向世界，提高中国经济在全球的存在感和影响力发挥积极作用。总之，中国零售业"走出去"是中国建立开放型经济新格局的重要组成部分，是中国零售业提高竞争力的重要手段，是流通现代化的重要标志。

当今的全球经济是以全球价值链为特点的，而全球价值链通常由跨国公司协调，其价值链中的增加值在很大程度上为跨国公司的投资决定所左右。联合国贸易和发展会议认为，各国应该根据各自的具体情况和要素禀赋，采取有选择性的促进全球价值链或全球价值链主导的发展战略，并通过政策制定使全球价值链为自身发展服务方面发挥重要作用，这些政策包括：将全球价值链纳入产业发展政策（例如瞄准全球价值链的任务和活动）；通过创造一个有利于投资和贸易的环境和建立必要的基础设施促成全球价值链的增长等。联合国贸易和发展会议的这些政策建议对推动中国零售业的发展并通过"走出去"战略积极参与全球价值链竞争、提升其国际竞争力提供了积极而有益的启示。

本书研究中国零售业"走出去"战略的支撑体系，这一研究对象是基于两个层面的思考和探索而确定的：其一是，与欧美国家相比，国内学术界对零售业跨国经营的研究还十分有限，研究的理论框架不且滞后于西方学术界的研究，也落后于零售业国际化的实践。从研究范式上来看，国内研究的理论色彩较浓，行业特性和针对性不强，尤其缺乏对中国零售企业海外投资战略的理论和实践指导。其二是，在中国制造业大步走向海外、中国产品遍布全球的今天，中国零售业海外直接投资的案例仍然屈指可数，总体而言，中国零售业对外直接投资项目少、金额小，分布不均匀，中国"在海外的商业存在是逆差，是赤字，国际影响力是负数"，这和中国作为世界第二大经济体、第一贸易大国的地位和影响力完全不相匹配。造成中国零售业"走出去"步履蹒跚的根本原因在于缺乏国际竞争力，深层次的原因在于：宏观层面缺乏对中国零售业"走出去"的协调、支持和保障，中观层面没有有助于集聚零售产业优势和提高国际竞争力的市场支撑体系，微观层面中国零售企业没有完整的海外投资战略和强大的系统整合能力。在这样的背景下，以提高国际竞争力为目标，提出构建中国零售业实施"走出去"战略的支撑体系的命题，系统研究中国零售业海外投资的战略层面，以及对服务于中国零售业"走出去"的集成性的支持工具、手段、措施进行系统的规划、设计和论证，既是必要的，也是迫切的。

就中国零售业"走出去"战略的支撑体系研究而言，在理论上涵盖了三个不同层面且又呈紧密逻辑联系的问题，一是中国零售业国际竞争力的理论阐释，二是中国零售业"走出去"战略的理论阐释，三是中国零售业"走出去"战略支撑体系的理论阐释。对此，本书从三个层面展开研究，它们之间紧密关联，共同构建起我国零售业国际竞争力模型，为中国零售业"走出去"提供战略支撑。

　　第一层面：宏观层面。这个层面要提供的是国家支持中国零售业"走出去"的制度保障。它又涉及法律法规、政策体系，统筹协调体制机制，以及服务平台体系三个相关专题。

　　第二层面：中观层面。研究在产业层面构建提高中国零售业在海外市场竞争力的支持体系，包括流通市场体系，行业标准，工商协调，内外贸一体化，行业中介，关联产业联动发展，零售商业技术等。这个层面要提供的是支持中国零售业"走出去"的市场保障，与宏观层面的制度保障共同构成支撑体系的外部保障。

　　第三层面：微观层面。讨论企业自身实施"走出去"的条件支撑，主要包括更新经营理念，实施创新驱动，增加研发投入，国际化人才战略，以及专业化、特色化、品牌化发展道路等。这个层面要提供的是支持中国零售业"走出去"的资源、能力和技术保障，是整个支撑体系的内部保障。

　　总之，本书的目的在于，在全球化的背景下，面对2008年金融危机和2010年欧债危机以来，欧美主要发达经济体持续低迷、中国对外投资快速发展的历史性机遇，找到中国零售业"走出去"战略实施中的难点及其原因，厘清中国零售业对外直接投资战略的层面，构建服务这一战略的支撑体系的框架和内容，特别是围绕国家和零售产业的制度、政策以及企业实践层面的支持、促进和保障体系，最终为中国零售业"走出去"战略的实施提供理论支撑、实施路径和对策建议。简言之，本书探索的是支撑中国零售业"走出去"的理论、制度及路径设计。

朱瑞庭

2015 年 3 月

目　　录

|中篇　中国零售业"走出去"的战略支撑|

|下篇　中国零售业"走出去"战略的实施|

第一章

绪　　论

第一节　中国零售业概述

传统意义上的零售业是指为家庭和个人消费者提供近身服务的零售商业，即以"在地商业存在"的形式通过实体店向消费者提供商品的商贸服务。根据电子商务和现代服务业的快速发展，与实体店相关联的"在线零售"得到迅速发展，已经成为研究零售市场不可分割的内容之一。

从价值链的角度来看，零售业的国际化滞后于制造业的国际化，这与零售业居于销售末端有关。但是，在经济领域的国际化、全球化发展到今天，制造业和零售业在国际化方面存在的时间上的差异性已经显得越来越模糊。基于这样的背景，研究零售业和制造业在国际化背景下的互动是很有意义的一个课题。对一个国家来说，在全球化的背景下，零售业国际化是经济全球化的重要组成部分，是零售业提高竞争力的重要手段，是流通现代化的重要标志。

与中国零售业对外开放中，外资零售商大举进入中国市场的战略相对应，中国零售业国际化研究是指中国零售企业把海外市场作为目标市场，向海外消费者提供在地零售服务的发展战略。简言之，就是指中国零售业的对外直接投资。在这里，中国零售业"走出去"战略被视为中国零售业对外开放的重要组成部分，增强中国零售业产业安全的必经阶段，提升中国零售业乃至中国流通业国际竞争力的重要保证。

中国零售业"走出去"战略实施现状是考量到目前为止战略支撑有效性的最佳视角。事实上，我国零售业对外投资远落后于"中国制造"的步伐。总体而言，迄今为止，中国零售业对外直接投资项目少、金额小，分布不均匀，和中国经济的国际影响力不相匹配。

本书的基本观点和前提假设是，中国零售业已经到了实施战略转移的时候，"走出去"战略既源自外部压力，更有内生动力。中国零售业"走出去"不仅可以加快转变国内零售业的发展方式，也是全球化时代充分利用"两个市场、两种资源"的需要，可以为"中国制造"创造更大的市场和发展空间，完善和提升中国在全球价值链上的地位。所以，"走出去"也是提高中国零售业国际竞争力的必由之路。然而，零售业的海外扩张是一个非常复杂的过程，成功的关键在于企业有完整的海外市场扩张战略及强大的系统整合能力，做好战略风险的评估和管理。基于中国零售市场的特征，为了支撑中国零售业实施"走出去"战略，还需要在宏观、中观层面创造条件，提供保障。这是研究中国零售业跨国经营的宏观背景。

第二节　零售业跨国经营：理论框架

对一个企业来说，国际化意味着通过出口产品、技术、管理方面的专业知识，或者通过在销售和加工方面的直接投资来开展国外业务。国际化企业的业务有如下特征：经常性地、有规律地开展；在不同国家和地区成规模地购买或者销售商品，或二者兼而有之。偶尔的、非系统化的国外采购行为通常被排除在国际化的范畴之外。

零售企业国际化的公司战略一般来说是以所面向的国家（地区）、企业模式、销售网点、商品组合的水平为基础来制定的，可以简单地概括为：在什么国家选择什么样的企业模式进行销售，在多大程度上可以在某一个国家或区域，采用统一的模式进行销售，一个零售企业的商品组合是否可以在整个目标地区以相同的企业模式，采用相同的品牌策略进行推广，如果可以的话，如何进行操作，等等。

根据这样的定义，零售业的国际化虽然聚焦于向目标国/区域市场的顾客提供销售服务，而这种销售以符合需求的国际化采购活动为前提，并且其采购的范围甚至远大于销售范围。所以，零售业国际化未来研究的重点将在很大程度上聚焦于需求的确定、采购的层次和结构、国外采购来源和条件等方面。一个零售业的国际化企业需要深刻理解目标市场的需求，而高效有组织地进行国外采购取决于下列要素：采购规模（以价值来衡量）、订货频率，采购过程中产生的成本；与外国供货商交往上产生的问题（语言障碍、交流困难、法律法规限制等）；向不同国家的生产商订购商品时进行企业的鉴别与分类；与采购市场关系的紧密性和货物进口的形式。此外，成功的国际采购还与具有国际化采购职能的雇员以及信息系统的建立密不可分。具有国际化视野和能力的采购员以及有效的信息系统能够对于国际采购起到至关重要的支撑作用。在下面的理论阐释部分，零售业的国际化包括了国际采购和跨境销售。

为什么一个企业要跨越国境开拓海外业务，这是学术界和企业界长期以来所研究一个重要问题。与复杂的跨国经营相联系，除了有各种各样的经济学理论来解释国际化的相关问题之外，还有从战略管理的视角对国际化问题的探讨。如果从研究的层面及内容做一个分类的话，那么，这些用来解释国际化经营的理论既包含从一个国家或地区经济体的宏观、中观层面，当然也包括从一个企业的微观层面对国际化经营的解释，如国际贸易、出口、直接投资等。此外，这些解释既包括从经济理论，也包括从政策层面对国际化经营的解释（Lingenfelder，1996）。

在传统经济学的历史发展过程中，宏观经济学往往从整个经济体的角度来分析一个国家的国际贸易。从最早提出宏观经济学解释的比较成本学说，到后来的替代成本优势学说，再到实际成本差别学说，直至要素成本理论为基础的国际贸易学说，这些理论都认为，国家之间存在社会及工作分工，每个国家应该专注生产自己有成本优势的产品。按照这样的解释，发展中国家就可以通过低工资、学习能力等因素对贸易产生积极的效应，这使得以规模经济为特征的大规模生产得以实现。此外，不同国家之间不同的原材料结构和科技发展水平也可以成为国际化经营的原因。这些理论发展到了20世纪60年代，相对发展优势理论逐渐成熟，在之后的发展中，有关不利于国际化经营的理论和解释开始出现，例如，地理距离产生的成本上升以及政治和文化障碍会阻碍国际化经营。

微观经济学对于企业国际化经营的解释更多的是从企业政策视角解释国际的货物交换。此类解释采用演绎法来推导出企业跨越国境进行经营活动甚至直接投资的原因。在这里，新古典主义经济学理论通过建立模型对企业国际化经营进行了阐释。最著名的微观经济学解释之一是所谓的直接投资垄断理论。该理论认为，一个企业只有在具备与东道国当地企业相比的竞争优势并且能够因此受益的情况下才会在外国进行直接投资。换句话说，企业进行海外投资的前提条件是公司具备以下竞争优势：通过对外经济关系的国际化能够在企业内部节约成本；通过投资组合多样化减少公司风险；通过在东道国的直接投资能够绕过贸易保护措施对于出口的限制，等等。寡头垄断理论指出，在一个寡头垄断市场上，企业互相模仿、追随市场领导者的行为，在这种情况下，企业国际化经营可以归因于寡头垄断市场的竞争效应。另外，寡头垄断理论的前提假设是，当一个外国控股公司进入现有的寡头市场的时候会干扰现有的市场结构和行为模式。因此受影响的企业会通过降价、产品差异化、企业合并或者针对直接投资者的母国所采取的活动来保护自己。在一个国际化企业参与的市场中，具有科技创新能力的企业通过开发、转移自己的技术和知识，或者进行技术交换，可以成为国际化经营的决定性动机。

除了上述宏观和微观经济学对国际化经营的解释之外，诸多行为科学理论解释了企业国际化经营，它们认为具备跨国公司条件的企业能够以最优的方式在世界市场上整合资源。从财产所有权与管理权相分离的角度出发，有的理论认为，企业经理人会追逐自身利益最大化，因此海外直接投资对经理人来说是合适的，因为海外经营可以更好地避开对他们的监管。跨国公司理论认为，市场的组织成本及其不完整性刺激了跨越国境货物流动的国际化进程。国际化企业的产生是因为技术在企业内部的国际化转移比通过市场程序的转移要容易得多，而且国际的技术模仿使亏损的可能性减低了。此外，国际化也可以是产品生命周期的结果，因为国际化经营可以延长产品的衰退期。

在对国际化经营理论进行上述概括性的介绍之后，下面专门来对零售业国际化经营的理论阐释进行深入的讨论。

一、零售业跨国经营的宏观经济学解释

（一）外贸理论

外贸理论致力于解释国际上的货物交换的原因及其影响。传统的贸易理论和模型是以下列条件为基础的：完全市场竞争，规模经济不存在，被关注的国家具有一致性的市场需求。然而，新的贸易理论认为，不完全市场竞争导致各种形式贸易的产生（包括垄断或寡头垄断），规模经济成为可能，各个国家因为不同的生产条件，具备不同的生产优势，需求结构具有明显的差异性，国际化企业应运而生。

进行国际采购的大企业往往会把具有下列特征的国外制造商作为目标：具有跟国内企业相比更加先进的生产技术，节省开支的生产投入（工资、原材料价格、贷款利息等），并由此降低产品价格，使本企业与国内企业的竞争优势增加。交易成本越高，价格就越能成为国际采购的决定性因素。

此外，在食品零售业方面，还要考虑易腐败变质的商品（牛奶等）受到

时间和运输条件的限制，必须在以本企业为中心的一定区域内的外国生产商那里进行采购；有些价格低廉的商品（如卫生纸）的采购过程所产生的费用有可能会比制造成本大得多，其国际采购会因此受到限制。

总体来说，一个国际化零售商的采购范围受制于运输时间、运输技术、运输成本等。

对国外零售业的直接投资符合下列要素的要求：对于所投资的海外零售企业的决策具有持久的影响力，为控股的海外零售企业扩大资产净值，或者建立一个新的境外零售业企业。

虽然说企业会选择在生产成本明显低廉的国家地区进行直接投资，但是这一理论受到下列原因的局限：工资高的国家与工资低的国家相比，消费者的购买力相应大得多，这就为从事海外直接投资的零售企业的市场进入创造了良好条件。工资低的国家尽管生产成本低，但是由于消费水平低下，有的时候不如生产成本高的国家更理想。

与零售业有关的国际资本转移会对转出国和转入国的就业、收入、经济结构、国际收支平衡、贸易收支平衡、社会及政治领域产生影响，这种影响的大小除了和具体国家的条件有关外，还取决于直接投资形式（如子公司、合资公司等）、企业模式、资本密集度以及企业战略的实施程度和效果。

当"走出去"的零售企业在国外发现市场机会，其分销系统的效率将会得到提升，这是因为在具有进攻性的市场战略指导下，企业可能会降低销售价格，增加销售的同时也为当地居民带来了消费上的福利，外国零售商的进入打破了东道国的固有经济结构，东道国的零售商们必须迎战作为"入侵者"的外国零售商，以求保住自己的市场份额。

（二）竞争理论

现代竞争理论的产生是以打破了把完全竞争作为现实和理想竞争状态的传统模式为主要标志的。熊彼特的创新与动态竞争理论，克拉克的有效竞争理论，哈佛学派建立的产业组织论的基本分析框架，芝加哥学派的理论对竞争政策方向的修正，以及新奥地利学派对反托拉斯政策必要性的全面否定，使竞争理论迅速发展，为竞争政策提供了经济学的依据。人们更加注重效率分析，并充分运用局部均衡福利经济学、交易费用经济学、信息经济学和博弈论，深入研究组织行为的福利与效率后果，使竞争问题的研究不断深化。

自由竞争理论框架的核心观点认为，自由竞争为所有参与者提供了福利上升的机会。每一个向市场提供商品的企业以及每一个贸易公司都可以通过创新或者模仿而使自己至少在一段时期内获得竞争优势，只要它们的努力能够被消费者感知到并且与市场现有的产品服务相符合。

芝加哥学派自由竞争理论的核心是，市场结构并不是外界因素所决定的，而是一个淘汰过程，其中只有那些有能力的企业才能存活下来。因此，如果政府不干预经济的话，那么市场机制就会以优胜劣汰的方式有效地运行。因此，贸易的国际化道路会增加优胜劣汰的压力，促使国内市场上存活下来的供应商们的经营更有效率。国际化带来的经济增长会导致零售业大企业的产生，这些大企业的服务比那些封闭国家的小零售商们的服务能够更好地满足消费者的需求。换句话说，消费者受益增加。大供应商的形成以及它们富有进攻性的行为会使销售系统的效率大为提高。

新奥地利学派理论也主张政府在实施竞争政策时应该有所节制。由于大的供应商的管理权与企业所有权分开，委托代理理论在企业经理人身上得到了很好的体现。由受雇的经理人所领导的贸易企业一般来说不会在海外直接投资，或者说他们在海外直接投资上会犹豫不决，因为这种投资不会在短期或者中期带来很好的收益。而不能在短期或者中期带来显著收益的投资对于企业所有者而言是无法容忍的。

最佳竞争强度学说则主张，由市场表现来决定收入分配，由消费者的喜爱程度来决定商品供应的组合和分布，以最有效率的投入方式管理生产要素，灵活地调整生产以适应不断变化的需求条件和科技发展，加快采用最新出台的科技发展成果。

对自由竞争理论的质疑在于：在销售市场国际化的影响下，销售网点增加了，销售地点不断地被强有力的竞争者所占据，这时候对于潜在的竞争者来说，市场进入虽然并没有被完全阻挡，但是会变得异常艰难。

关于竞争理论对于零售业国际化影响可以归纳为：食品零售业的国际化很好地体现了竞争理论的意义，因为这个市场的参与者们具备很强的竞争精神。随着国际化活动的增加，自由进入零售市场将会越来越受到限制，新进入者实现成功盈利愈发艰难。零售企业合作集团的产生将削弱自由竞争，因为这样的集团往往被少数几个大的零售商所控制，小公司因此被剥夺了参与自由竞争的资格。

零售企业在一个地区的战略联盟的市场影响力的增加会减弱贸易企业之间的竞争，因为这种竞争已经由贸易企业之间转移到多家企业合作集团之间了。这样一来，企业竞争被集团竞争所取代，而集团内企业的合作在很大程度上被大企业所掌控。

考虑到成本因素，一个进入市场的供应商必须在短时间内获得一定的销售空间来达到使自己生存下来的目的。如果所有想进入的企业都必须在短时间内快速占有与自身需求相应的销售空间的话，这本身就意味着市场进入的障碍的产生。

零售市场的帕累托最优只有在下列条件下才能实现：市场进入和退出的障碍不存在，所有生产商的生产要素完全相同，消费者在不同的供应商面前没有偏爱的顺序，市场需求存在无止境的价格弹性，与潜在竞争者对比，市场现有供应商在定价方面更有优势。

根据进化理论，贸易企业的跨境扩张导致了优胜劣汰，只有适应市场的企业能够存活下来，而企业的学习能力和适应能力将由各零售企业根据不同的目标市场的具体情况而有所差异。

随着零售企业规模的增加，它们的经营效率上升了，消费者的福利也提高了，随着市场上一些企业被淘汰，零售市场整体销售体系的效率得到了提高，贸易企业在市场上得到了更多的话语权，这将减弱生产制造商的权力集中。零售商和贸易商的进一步国际化将导致零售业市场权力的产生，而且这种权力链条很难被其他企业的创新所打破。

为了抵御外国零售商的市场进入，国内零售商采取的战略不但影响到外来者，也会对于制造商和消费者产生显著影响。

（三）产业经济学

产业经济学的 SCP 理论被广泛用于对特定产业内部市场结构（Structure）—市场行为（Conduct）—市场绩效（Performance）的分析，这一范式认为产业的市场结构决定了产业内的竞争状态，并决定了企业的行为及其战略，从而最终决定企业的绩效。因此，改善市场绩效的方式就是通过产业政策调整市场结构。表 1 - 1 描述了零售市场的 SCP 构造。

表 1 - 1　　　　　　　　零售市场的 SCP 构造范例

层次	标　　准
市场结构	贸易企业的数量，消费者的数量，企业类型相互区别的程度，市场份额，所拥有的科技的状态，成本结构，多元化经营程度等
市场行为	国际化战略，市场细分政策，定价政策，商店的陈列，店铺定位政策等
市场绩效	价格水平，所供应货物的方式和数量，利润，技术进步等

资料来源：Lingenfelder（1996），第 111 页。

根据上述零售市场 SCP 构造的特征，如果一个国家其经济结构的国际化程度越高，那么零售产业跨境扩张经营的流动性障碍就越容易被接受。如果忽略短期和中期利益的话，流通企业将采用尽可能大的跨境扩张速度。

通常情况下，流通企业会在国内市场上占有一定的绝对和相对规模之后，考虑扩张到国外去进行跨国经营。在国际化经营进程中，随着市场的扩大，经营流程创新对于流通企业的成功来说具有越来越重要的意义，因为进行国际经营的企业比国内经营企业具有更大的盈利潜力和更好的分散风险的可能性。

此外，流通企业的国际化经营将会增强或者推进整个行业的水平竞争，进而影响行业的市场结构。例如，欧洲市场国际化的结果是流通企业相互竞争，从而它们的企业类型要素日趋接近。同时，是否在国内市场、欧洲局部地区市场还是整个欧洲市场上进行供应商之间的竞争，越来越多地取决于企业的类型。自 20 世纪 80 年代以来，欧洲食品零售业市场的日趋成熟导致流通行业兼并重组的高潮，其结果是食品零售市场的份额被更具竞争优势的企业获得。制约流通企业兼并重组的主要力量来自于跨境收购企业时融资能力的不足。

二、零售业跨国经营的微观经济学解释

（一）贸易功能学说

国际贸易由进口贸易和出口贸易两部分组成，所以也称为进出口贸易。进出口贸易可以调节国内生产要素的利用率，改善国际的供求关系，调整经济结构，增加财政收入等。

和零售业的采购和销售功能相一致，零售企业的国际采购具有下列功能：消除了生产地和消费地之间的地理距离，增加了在制造商价格和消费者价格之间寻找平衡的功能，市场开拓的功能，保持消费者对于制造商及制成品兴趣的功能。

反过来，零售业的国际销售使国内销售的专业知识被扩散到国外市场，并且积极调整以适应国外市场的特点。流通品牌的创立拓展了所销售商品的质量和数量。外国市场上的新进入者如果市场表现优秀，那么市场上已有的竞争者们就不得不调整营销策略。采购的市场策略和销售的市场策略的国际化可以通过国际化经营导致新的企业类型的产生。

总之，受零售业国际化经营的影响，传统的贸易功能发生了很大的改变。随着零售企业国际采购密度的增加和组织的突破性发展，以往由外贸企业所创

造的成就将转化融合到零售企业当中。由于国际化销售行为的进一步辐射，满足特殊需求的企业类型得到发展并且在不同的国家有了不同的定位，这种发展是零售企业将业务仅仅局限于某一个国家，由于过高的进入成本和系统成本而无法实现的。

（二）"零售之轮"理论

将产品生命周期理论导入到零售业态的分析，这就是所谓的"零售之轮"（Wheel of Retailing）理论。这种理论认为，如同产品生命周期一样，零售组织也有生命周期。随着时代的发展，每一个零售组织都将经历创新期、发展期、成熟期、衰退期等阶段。一般来说零售商国内发展大致经过：满足当前市场需要、国内扩张、渗透三个主要阶段。这三个阶段描述了零售商在本国成长的基本过程，但这只是一个非常简化的模型，零售商在经营过程中会不断重新评估自己的经营状况，不断地进行或小或大的调整，零售企业的发展并不是一个简单的线性增长过程，因此会在经营程序、商品种类、业态形式等方面发生明显变化，从而产生一种新的业态。当一种新型的零售业态产生以后，会招来众多的竞争对手效仿，从而会使这种新型的零售业态的优势消失，为减少竞争对手的复制、提高自己的竞争力，零售商或选择重新评估自己的业态以便对其进行调整，或寻求国际化扩张。因此，新业态创新完成时，在国内扩张阶段及渗透阶段的零售企业都有可能开展国际化经营。

根据美国学者威尔斯提出的小规模技术理论，发展中国家的对外直接投资往往带有鲜明的民族特色，且能够提供具有民族文化特色的物美价廉的特殊产品，从而为发展中国家零售企业国际化提供了产品优势。由小规模技术理论可知，即使是技术不够先进、经营范围和生产规模较小的发展中国家企业，也能够通过对外投资来参与国际竞争，这对发展中国家企业开展对外直接投资活动具有积极的意义。

（三）市场定位理论

在国际化进程的初始阶段，零售企业往往致力于为跨境扩张的现有企业类型寻找外国市场的空白（如采用相同的业态）。由于市场空白不断被新进入者填补，这会导致所进入国的市场日趋同质化。

从产品生命周期的阶段来看，参与国际化经营的零售企业在其母国往往处于上升期或者成熟期，而不是处于引入期或衰退期。一般来说，零售企业国际化程度越高，某一类型的企业从引入期到成熟期的时间越短，那么企业把用于引入和成长所花费的固定成本分散到不同国家市场去的压力就越大。所以，零售企业可以通过国际经验的增长来减少市场引入和企业类型国际化之间的时间滞后。此外，零售企业还可以通过在每一个国家市场确定细分市场和企业类型的前提下寻找合适的合作伙伴，开展合作以降低市场风险。

与采用相同企业类型的国外市场进入相比，在不同的国家采用不同企业类型进行经营的零售企业，其国际化经营程度的上升会给它们的国际业务系统带来更多的问题和挑战，这些风险体现在采购、财务和人事等方面。

（四）企业经济学

企业经济学是近几十年来国际学术界最具活力、与企业实践联系最紧密的前沿性的研究领域，专门研究企业的目标、规模及其生产、经营、管理、投资和发展战略的经济学分支学科。企业经济学综合了传统的和现代的企业理论，特别是交易成本方法和企业的代理理论，建立了一个系统的分析框架来解决与企业经营和管理实践直接相关的问题，例如，组织与制度、公司治理、公司财务、薪酬制度、企业间网络关系、企业家及其创业等，并阐明经济学概念和分析工具在制定和实施企业决策时所起的重要作用。由于一个企业的治理受到所属行业的市场结构的影响，企业经济学的研究往往无法和产业市场的结构相分离。对流通产业的零售企业来说也是如此。

商品流通受到不同的市场等级的制约，这里所说的市场等级则由下列条件所决定：市场参与者（生产商、销售商、消费者）的数量，每一个市场参与者的行为、期待和所拥有的信息状态，价格构成，法律形式等。例如，市场参与者对价格构成的影响表现在，由生产企业还是流通企业确定价格结构，是单方确定还是双方商议确定，生产企业是否可以超越流通环节以垄断方式决定价格构成，是否有法律规定在生产企业、流通企业和消费者之间协调确定价格构成。

企业经济学对于零售业国际化经营的影响在于，零售业国际化采购是由于外国制造商的价格优势或者国内消费者对于国外产品的喜爱这两大原因所引发的；国外采购的成本（包括用于信息寻找的成本、沟通成本和经营成本等）以及与国内商品销售成本的比较（广告、商品定位、销售或者咨询等）在一定程度上会降低国外采购的积极影响；零售企业的国外采购会造成国内外生产商和国内外流通企业互相依赖的加剧。其结果不但造成了国内产品价格下降并且出现替代品，而且也会形成国外被采购产品价格上升的趋势；国内货币的升值和国外货币的贬值会增加零售企业国际采购的吸引力；在各种不同的制造商价格和国内外生产趋于同质化的情况下，零售企业在有价格优势的采购渠道的竞争会变得越来越激烈；外国流通企业的市场进入如果增加了销售网点数量，就会增加国内竞争者的价格竞争，并且由此减少利润。

企业经济学视角下的外国市场渗透可以通过更高的利润率、更有效的规模经济和风险分散来促成。就国际化经营的风险而言，零售企业跨国经营所面临的汇率风险往往很大，特别是在零售企业进入一个货币被严重低估的国家，或者采购用货币和销售用货币不是同一种货币，或者零售企业需要非常高的资金周转速度，或者跨国经营获得的利润必须全部转移回投资始发国时，汇率风险更可能达到最大值。

和零售企业面临的情况不同，如果销售市场因为零售企业跨国经营而产生销售网点增加并且占领了部分市场份额的话，那么消费者将从下降的商品价格中获益，而当地的零售企业必须因此调整市场战略，以求与新的竞争者重新划分市场份额。

（五）"守门员"理论

"守门员"理论是用来解释分销渠道中起决定性作用的市场主体，即"守门员"的行为。在分销渠道的整个环节当中，个别的机构往往和长期适用的议事规程（如法律、商业条件）一样，能够对商业交易的完成起到阻挡作用。这样的机构被称为"守门员"，因为它可以打开或者关闭分销渠道。显然，零售企业是分销渠道中没有争议的"守门员"。

零售商的"守门员"角色与零售商在价值链上的地位及其变化密切相关。在传统意义上，零售商只充当制造商和消费者之间的中介，在垂直营销中往往处于从属地位。但从20世纪六七十年代以来，零售商借助于其销售网点的增加和经营面积的扩大，特别是在实行连锁经营后，企业规模迅速扩大，市场地位越来越高。为了提高市场占有率，零售商开始实行独立的、"以我为主"的市场营销手段，市场力量逐步向零售商倾斜。在这样的背景下，实施自身的品牌战略被零售商提上议事日程。从历史的角度来看，零售商品牌战略的实施既是制造商和零售商之间垂直竞争加剧的产物，也是应对零售商之间水平竞争的需要。零售企业的国际化经营更是强化了其在垂直竞争中的地位。

（六）互动理论

开展国际化经营的零售企业面临诸多的困难和挑战，原因之一在于，国际化经营的零售企业和原来相比，必须和更多的市场主体发生关系，这种关系因为环境的多元和变化而更显复杂。企业经营的风险由此而加大。例如,只有在有效地控制同外国伙伴间的大量不同的商业关系尤其是文化差异的前提下,零售企业的采购和销售的国际化才能取得成功。换言之,零售企业在国外市场上持续地进行经营活动是以研究与之互相影响的贸易伙伴的关系网络为必要条件的,为了保障同互相影响的重要贸易伙伴的商业关系而进行的关系管理构成了跨境扩张的零售企业成功要素的一部分。零售企业的国际化互动关系可用模型如图1-1所示。

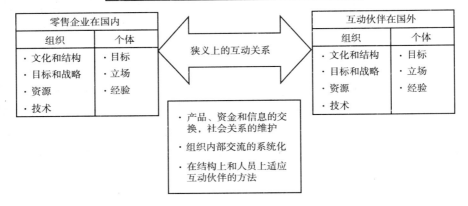

图1-1 零售企业的国际化互动关系模型

资料来源:Lingenfelder(1996),第142页。

概括起来,零售企业国际化运作活动可以由下列五个因素来概括:

(1)狭义上的零售企业与其外国商业伙伴间的影响方式。

(2)零售企业组织和人事方面的架构。

(3)外国商业伙伴组织和人事方面的架构。

(4)零售企业与其外国商业伙伴间的商业关系的特点。

(5)形成零售企业与其外国商业伙伴间的互相影响和商业关系的宏观经济环境。

(七)交易成本理论

交易成本泛指所有为促成交易发生而形成的成本,由于不同的交易往往涉及不同种类的交易成本，因此很难对各类的交易成本进行明确的界定与列举。因此，产生交易成本的原因也非常多。这里要讨论的重点是交易成本对零售企业国际化经营的影响。

比较而言，较低的产品价格和企业的规模会给零售企业国际采购带来积极影响。如果向某个国家市场供货频率不高，而且每次供货数量也不大，但是却有持续性的交易成本，这样的话，生产商将会更愿意选择国际采购。由于信息不对称性，零售企业在市场风险控制方面往往处于有利地位，使得所有不具备国际经验的制造商更易给予国际采购以积极评价，因此更有利于推动贸易活动的进行。此外，与国际化企业类型的发展和管理相关联的专项投资规模越大，市场进入的合作形式就会越少。

与国内市场相比，国外市场的复杂性和供求条件的特殊性，使食品零售企业在选择以合作方式进入市场和自己独立开设批发商店两者之间更倾向于选择前者。随着进入外国市场所面临风险的上升，零售企业控制其在外国市场介入的力度的意愿也会更大。零售企业出于专门的企业战略考虑，例如，与竞争者争夺更有利的商店位置，因此选择对消费者更加节省时间的地方，这会导致有意识地放弃追求市场进入的交易成本最小化的战略。

有关交易成本相关因素和国际进入形式相互之间的关系如图 1 - 2 所示。

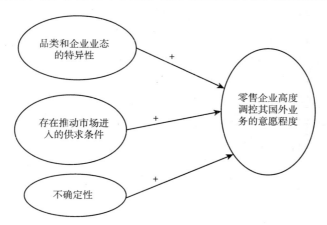

图 1 - 2　交易成本相关因素和国际进入形式相互之间的关系

注：图中的"＋"代表积极的影响。

资料来源：Lingenfelder（1996），第 160 页。

（八）成功因素研究

对于与国外市场业务相关联的操作与战略目标的感知构成了国际化经营的

零售企业的成功要素的前提条件（Wrigley & Moore，2005）。企业成功的多层次性、经营环境的不断变化、国际冲突和文化间冲突等因素对零售业企业国际化经营的成功提出了更高的要求，以至于此类研究的投入也非常巨大（Burt，Dawson & Sparks，2003）。但是，总的来说，零售企业可以在海外取得成功，特别在下列情况下：第一，企业具备非常好的国际化能力。第二，企业在进入国外市场前就已经具备一定的规模。第三，企业管理层有经营国外市场的能力和准备（国外市场相关联的信息行为、与国外重要贸易伙伴的交往，等等）。

在具备下列条件的情况下，与销售市场相关联的国外业务会得到长期的成功保障：一是企业为外国市场提供的商品适应东道国当地的需求（如消费者的偏爱等）；二是企业在外国设立机构拓展市场得到母国的持续性支持；三是企业具备参与价格竞争的能力；四是企业类型的定位和宣传策略可以在不同的国家做到规范统一。

（九）决策理论

决策理论是在系统理论的基础上，吸收了行为科学、运筹学和计算机科学等研究成果而发展起来的。决策理论的观点主要表现在三个方面：突出了决策在管理中的地位，系统阐述了决策原理，强调了决策者的作用。决策理论因此被广泛地用于解释企业的生产经营活动，包括企业的国际化经营。根据决策理论，进入国外市场进行经营活动的决策是由东道国市场的经济吸引力所支配的，如表1-2所示。进入国外市场进行经营的动机会影响选择国际业务成功操作的指标。管理者的国际化决策行为取决于他们为应对国外市场的风险所做的准备。企业越强烈地感受到来自内部或外部的国际化经营的刺激，管理者的信息行为就会越积极地准备外国市场活动，而且，零售企业的国际化过程具有强度逐步升级的特点。

表1-2   **零售企业国际化经营的动机**

动 机	均值
占领国外市场中的更加自由的细分市场	3.6
外国市场的大小	3.5
所涉及国家的富裕水平	3.4
企业类型适合做国际化经营	3.2
产品分类适合做国际化经营	3.2
外国市场的零售业发展落后	3.1

动 机	均值
有利的汇率	2.9
对于开拓海外业务有利的环境条件	2.8
国内市场饱和	2.2
开店设厂的海外市场的地点本身的吸引力	2.1
外国市场上积极的工作气候	2.1
能够以优惠价格收购国外企业	2.1

注："1" = 不重要；"5" = 非常重要。

资料来源：Alexander（1990），第78页。

决策者觉得母国和外国市场在文化上越接近，企业在东道国进行经营活动的可能性就越大。随着外国市场经营的经济风险的上升，走国际化道路的企业更加倾向于选择投入资金少的方式进入外国市场（如特许经营、合资企业）。此外，如果在销售渠道中占支配地位的流通企业或者制造商把外国市场经营活动作为战略选择的话，那么就会推动整个行业的国际化。

三、零售业跨国经营：战略管理视角的解释

（一）全球采购

全球采购是指利用全球的资源，在全世界范围内去寻找供应商，寻找质量最好，价格合理的产品。全球采购需要企业建立自身的全球采购系统，成为国外企业（包括生产企业与流通企业）采购商。

对于零售企业来说，全球采购的关键在于发现合适的供应商。在这里，对供应商的评估至关重要。对供应商评估主要是价格、质量、交货与服务四个方面。此外，还要考核供应商所在地的环境。例如，麦德龙跨国连锁集团提出成为它的供应商的基本要求：首先必须拥有完善的供应体系和商品执照；其次公平、道德的贸易（商品供应可靠，商品质量保证，致力于长期的商务发展）；再其次商品流通能力（有能力将商品运至指定的商场，并愿意使用指定的物流公司）；最后商品规格符合麦德龙的要求（质量保证、合理定价、风格独特、支持广告和促销活动）。同时，麦德龙也回馈给供应商四个好处：一是共同提高供应商商品的包装、外观和质量标准；二是帮助供应商的产品进入全国及国际市场；三是双赢的伙伴关系；四是尊重厂家的合法品牌权益。

零售企业推动国际采购的强度越大，就越能激发国内的生产商调整他们的效率和状态，以适应在世界市场上起主导作用的条件。而国际采购的强度和安排主要由企业战略所决定。建立跨境信息技术网络的可能性将会促进货物的物理分销。如果要采购的商品的市场具有很强的竞争性，零售企业就会同时进入其他重要的市场进行采购。

通过国际采购，零售企业打开了销售的战略窗口（推动企业进入目前仅仅单边采购的国家市场、在外国生产自己的品牌产品等），全球采购增加了零售企业的盈利能力。

国际采购受全世界公认的采购法则的制约。国际采购组织的游戏规则和任何形式的贸易保护方法，都会给零售业国际采购带来困难，甚至挡住零售业国际采购。

（二）规模经济效应/经验曲线效应

规模经济效应是指适度的规模所产生的最佳经济效益，在微观经济学理论中它是指由于生产规模扩大而导致的长期平均成本下降的现象。经济学中的规模效应是根据边际成本递减推导出来的，就是说企业的成本包括固定成本和变动成本，在生产规模扩大后，变动成本同比例增加而固定成本不增加，所以单位产品成本就会下降，企业的销售利润率就会上升。和规模经济效应相似的理论有经验曲线效应。经验曲线是一种表示生产单位时间与连续生产单位之间的关系曲线，又称为学习曲线。学习曲线或经验曲线效应表示了经验与效率之间的关系。当个体或组织在一项任务中学习到更多的经验，他们会变得效率更高。

规模经济效应和经验曲线效应可以用来很好地解释零售业国际化不断上升的趋势，因为在人们的意识里，基于经验曲线或者说规模经济效益所带来的价值，比跨境经营活动所产生的成本上升要大得多。此外，国际化层面的决策和运作过程的标准化为规模经济效应所导致的费用节约创造了重要条件。

作为经验曲线效应的结果，在外国市场上作为先驱者（第一个外国投资者）进行经营活动的企业会给模仿者的市场进入造成障碍，而这种市场进入障碍的高度取决于先入者和第一个模仿者的市场进入时间的差别，而障碍的规模取决于两者经验的差别。国际化经营的零售企业的规模化经济效应的来源，如表1-3所示。

表 1 - 3 　　　　　　　国际化经营的零售企业的规模化经济效应的来源

规模经济效应来源 ＼ 国际化领域		采 购	销 售
静态的规模经济	中心成本的缓慢增长	提高国际采购机构的生产要素（尤其是人员）的效率	在所有的国家市场上，采用由企业集中制定的营销方法
	投入能够节约成本的技术	构建国际的自动订货系统	构建大型分销中心
	由于规模扩大带来的成本降低	降低采购门槛	通过卫星在不同国家做的广播节目来降低广告宣传成本
动态的规模经济	学习效应	在国际层面采用符合本国特殊性的最优转账付款模式	通过销售活动的国际财务控制来提高利润
	协同作用的应用	把采购专业知识集中在国际采购部门	新的企业类型的产生
	通过技术革新和商品创新带来的效率提高	投入专家系统	国际标准化市场分类的构成

资料来源：Lingenfelder（1996），第 186 页。

（三） 战略网络和战略同盟

战略网络产生于企业之间基于环境的相互依赖，这些相互依赖可能来自产品标准化协议、市场开发渠道共享、制定标准和倡导兼容技术等诸多方面。战略网络相互依赖关系的基础是网络主体间的相似利益。战略网络的形成需要在合作原因上达成一致，在同一时期建立、根植于同样的区域文化的相似产业的企业会发现它们有相似的利益，它们在产品、标准制定和行为规范上利益共享。

战略联盟就是两个或两个以上的跨国公司为了达到各自的和共同的战略目标，在相互合作、共担风险、共享利益的基础上形成的一种优势互补、分工协作的网络化联盟。它可以表现为正式的合资企业，即两家或两家以上的企业共同出资并且享有企业的股东权益，或者表现为短期的契约性协议，即两家公司同意就某项特定事项，例如，开发某种新产品等问题进行的合作。正是因为这样的特性，战略联盟和战略网络经常被放在一起来讨论。

就零售业而言，国际战略联盟的成功在根本上取决于加入联盟的零售企业不会在企业类型上也不会在企业经营上进行彼此之间的竞争。只有那些懂得在外国市场上建立战略网络（进行国际扩张）和发展战略网络（进行国际渗透和整合）的零售企业在国际化经营上会取得成功。自 20 世纪 80 年代末期开始，国际化经营的快速发展导致零售企业纷纷布局和占据国际上有吸引力的战略网络。

零售业国际战略网络的最优配置取决于基本的目标设定、贸易伙伴机会主义行为的危害性、战略网络成员或成员国之间地理上和心理上的差距，以及成员们各自所处的不同的环境状况。如果其成员的国际化战略和企业结构彼此兼容，那么，国际战略联盟和一个跨境经营的垂直战略网络就可以长期存在。战略网络的真正意义在于，形成一个高度正式的组织，其成员们能够为彼此提供宽松的信息交换和经验交换方面的投入，并且能够与其他成员分享由此产生的收获。其中，战略网络管理的轴心公司有调查成员们之间的组织文化差异扩大化的任务，并且检验这样的差异扩大化问题是否可以得到解决，并且在一定情况下提供合适的解决方法。

（四）EPRG 模型

国际化经营在很大程度上是一种决策者的经营哲学。早在 1969 年，Perlmutter 就首创了所谓的 EPRG 体系。该体系将企业的国际营销战略分为四类，即本国中心主义（Ethnocentrism）、多中心主义（Polycentricism）、地区中心主义（Regiocentrism）和全球中心主义（Geocentrism）。企业采取不同的国际经营战略，反映的是决策者经营哲学的不同。

对零售企业来说，如果在国内和跨国层面划分市场的时候过于看重市场条件的同质性，那么这种母国取向的国际化经营往往会遭遇失败。但是，随着零售企业国际化程度的提高，母国取向的调控理念会占据优势地位，这种状况会一直持续到企业的扩张战略碰到明显的阻力为止。到了国际化进程的整合和合并期，地区中心主义将会主导已整合的跨国经营的调控。

因为零售企业在企业层面实施销售市场国际化，所以在一个企业内部必须存在不同的国际化管理的导向，只有这样才能成功地跨境转移企业的专业知识或人才。由于国际销售在经验和强度的影响下滞后于国际采购，国际采购会为国际市场销售的战略确定产生一定的指导作用。

（五）波特的全球化构想

自 20 世纪 80 年代以来，世界经济发生了翻天覆地的变化，最突出的表现在全球化，具体体现在国与国之间在政治、经济贸易上互相依存，联系日趋紧密，利益休戚相关。90 年代后，全球化势力对人类社会影响层面不断扩张，逐渐引起各国政治、教育、社会及文化等领域的重视。全球化对企业，特别是跨国企业的经营产生了重大而深远的影响。以哈佛大学波特为代表的一大批知名学者深刻地剖析了全球化对企业战略的影响。

波特曾任前美国总统里根的产业竞争委员会主席，开创了企业竞争战略理论并引发了美国乃至世界范围的竞争力讨论，他的三部经典著作《竞争战略》、《竞争优势》、《国家竞争优势》被称为竞争三部曲。他提出了五种竞争力：行业中现有对手之间的竞争、市场新生力量的威胁、替代的商品或服务、供应商的还价能力以及消费者的还价能力，这就是著名的"五力模型"。他还为企业提供了三种卓有成效的战略，即成本领先战略、差异化战略和市场聚焦战略。他还首次提出了"价值链"的概念，认为企业应视具体情况和自身特点来选择战略方针，在每一条价值链上区分出内部后勤、生产或供给、外部物流及配送、市场营销及售后服务等五种主要的活动，将每一项活动及其伴随的派生活动相应地融入一个更为广阔的价值体系。波特的这些思想和观点对包括零售业在内的所有行业的战略管理产生了深远影响。

在波特看来，零售业会日渐成为全球经济的分支，因此国际化战略的构成将成为战略成功要素。零售企业在已经存在和正在形成的内部市场（东盟、欧盟、北美自由贸易区）同时建立拓展国际化业务是很有意义的。长期看来，零售企业必须在这些关键地区进行高度的市场渗透。因为，和其他市场相比，那些具有巨大需求潜力的国家，与母国比较起来具有与企业销售更加相匹配的市场条件。

波特指出，推进企业走向国际化竞争的动力很重要。这种动力可能来自国际需求的拉力，也可能来自本地竞争者的压力或市场的推力。创造与持续产业竞争优势的最大关联因素是国内市场强有力的竞争对手。在国际竞争中，成功的产业必然先经过国内市场的市场竞争，迫使其进行改进和创新，海外市场则是竞争力的延伸。而在政府的保护和补贴下，放眼国内没有竞争对手的"超级明星企业"通常并不具有国际竞争能力。

波特国家竞争优势理论的中心思想是一国兴衰的根本在于国际竞争中能否赢得优势，它强调不仅一国的所有行业和产品参与国际竞争，并且要形成国家整体的竞争优势，而国家竞争优势的取得，关键在于四个基本要素和两个辅助要素的整合作用。基于这一思想，波特构建了著名的国家和产业竞争优势的"钻石模型"，如图1-3所示。

根据波特的理论，零售业企业必须在那些拥有巨大市场潜力并且其市场进入受到贸易保护措施严重伤害的国家占得一席之地。至今主要在欧洲范围内进行商务活动的流通企业应该采取渐进式的措施，首先尽快在欧盟内部的本企业所偏爱的国家，然后在其他关键市场一步一步地提高市场份额。

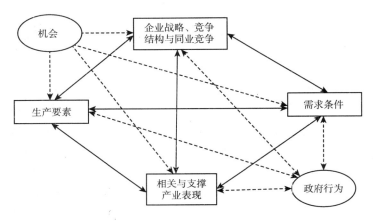

图1-3 波特的"钻石模型"

此外，零售企业的国际管理从一开始就应该认真研究多国性或者多地区性带来的影响，以地区中心为导向，因为这样才能够调控国际市场进入和外国市场上的经营活动。

鉴于国际经营的复杂性，从企业在外国市场所追求的目标及其市场进入战略和市场经营战略的角度讲，把价值链上基本商务活动的关键性战略决定进行集中化管理是必要的。在这里，超越国界的相匹配的信息及沟通技术为分布在不同国家和地区的企业各个部门彼此之间的国际协调提供关键性的便利。所以，为了达到经验曲线效应而把决策权力（向一个地方）集中是没有必要的。

根据波特的"钻石模型"，零售企业的国际竞争优势来源于其母国：

（1）在管理层面上的超过平均水平的人力资源配置。

（2）有助于推动零售业发展的基础设施占优势地位。

（3）存在大规模的与零售业有关的专业知识。

（4）存在巨大的、高水平的消费者需求潜力。

（5）与外国市场有可比性的市场需求占支配地位。

（6）供应商之间存在激烈的竞争。

（7）眼光长远的企业政策得到执行。

（8）存在有竞争能力的而且在产业链中起支撑作用的（制造商、市场研究企业、物流企业、广告商，等等）和相近的（具有不同风格重点产品特色的其他零售商、提供可替代服务的供应商，等等）经济分支存在。

（9）存在能够导致创业精神产生的理想气候。

（10）政府扮演一个能够促进在零售业产生成功企业的现代化角色。

（六） 战略适应

战略适应，也称为"战略协调性"、"战略匹配"等。战略可以被看作是一个组织的资源和经营活动与其运营环境的"匹配协调"，即寻找"战略适应"，也就是指设法识别经营环境中存在的机会，对其配以相应的资源和能力以充分利用这些机会进行战略延伸，并在此基础上制定发展战略。

根据这一理论，零售业成功的国际化战略在各战略内部、各战略之间以及系统内外都会保持高度的一致性，有效的国际市场执行战略为其实施提供了便利。其中，国际财务控制必须致力于检验和改善企业战略的匹配性，因为只有这样才能够避免战略谋划和实施过程中出现错误。

第三节 零售业跨国经营：文献综述

一、国外研究综述

经济全球化和贸易自由化进程不断加快，为跨国企业的发展提供了广阔的平台，也为企业不断整合全球资源提供了可能，零售业的发展也不例外。随着国际竞争的日益加剧，零售业的国际化经营已经成为诸多零售商主动或被动的选择。

综观国外零售业国际化理论研究的进展，其特点是起步早（可以追溯到20世纪五六十年代），范围广，针对性强，研究水平高，系统研究的特点十分鲜明（Vida & Fairhurst，1998；Sternquist，1997；Lingenfelder，1996）。20世纪五六十年代，美国西尔斯（Sears Roebuck）和乌尔奥斯（Woolworth）的国际化活动引起了美国学术界的广泛重视并出现了一些早期的零售国际化研究成果（Fritsch，1962；Gomez，1963；Hollander，1970），为以后的进一步研究奠定了基础，尤其是Hollander（1970）论及的许多问题都成为零售国际化研究的重要启蒙。但是，零售业国际化理论研究迅猛的发展开始于20世纪80年代，这和这个阶段开始的零售业国际化范围扩大、程度及其影响加深密切相关。其中，欧洲学者对零售国际化问题的研究成为主流。这个时期，欧美国家学术界对零售业国际化理论研究与零售业海外扩张同步，焦点集中在"跨国经营"和"战略管理"范畴，零售业行业色彩非常鲜明，针对性强，但是又不局限于微观层面的企业跨国经营本身，而是延伸到了包括零售产业乃至国民经济体系在内的整个系统研究。与零售业国际化、全球化的发展紧密相连，近十多年来，围绕全球市场战略中经营模式、业态创新、收购兼并、跨境电子商务、跨境支付、跨境物流、商业技术、绿色零售、智慧零售等的研究成为新的热门领域（Kacker，1988；Dawson，2003；Currah & Wrigley，2004；Shaw & Alexander，2006）。回顾国外零售国际化理论研究的进展，可以发现该领域的研究焦点主要但不仅限于以下五个方面，分别为：对零售国际化内涵、零售国际化动因、零售商海外目标市场选择、零售商海外市场进入模式以及零售专业技能跨国转移的研究（Swoboda，Zentes & Elsner，2009）。汪旭晖对国外在这五个方面的研究做了很好的述评（汪旭晖，2008）。

（一）关于零售国际化内涵的研究

对于零售国际化的定义，西方学者有不同的观点。比较有代表性的是Dawson 与 Alexander 的定义。Dawson（1993）将零售国际化定义为由某个独立的公司开展的跨越国界的店铺经营或零售流通的其他活动。他指出，零售国际化的过程不仅仅是海外开店，还包括其他一些国际化活动。他归纳了零售商国际化活动的范围主要体现在三个领域：一是通过店铺向其他国家销售产品，通常也包括在出口活动中；二是从其他国家采购商品用于再销售，这类活动也已经有很长的历史了，近年来，其活动范围正逐渐扩大；三是管理思想以及经理人员的国际化，管理思想国际化是零售专业技能国际化的一个重要方面，并对国际化活动有着深远影响。Alexander（1997）认为，尽管国际零售商应该注意国界概念，但是更应该从零售的视角来观察国界，注意在同一国界内部存在的文化差别，以及不同国界范围内的文化相似性。据此他将零售国际化定义为：通过超越政治、经济、社会、文化以及零售结构界限，而实现的零售专业技能的跨国转移行为。以上两学者定义的零售国际化，实质上也就是零售企业的国际化。

Davis 和 McGoldrick（1995）认为，在理解零售国际化概念时，把握零售国际化所包含的层面更具实际意义。根据他们的研究，可以确定零售国际化五个最基本的方面：一是零售企业海外开店；二是在母国市场来自海外零售商的竞争；三是国际联盟的发展；四是国际采购或全球采购；五是零售专业技能的国际转移。

（二）关于零售国际化动因的研究

1. 积极主动扩张学派与被迫式扩张学派

对零售国际化动因的研究可以追溯到 Hollander（1970），他认为国际化的动因可能是无意的国际化，例如，国界发生变化，商业性动机（利润驱使）以及非商业动机（社会、政治、人际关系、民族等因素）。Alexander（1995）发现尽管零售国际化的动因复杂，但是根据 Hollander 最初所讨论的观点，可以归纳为两大方面：积极主动的国际化和被迫式的国际化，这便是零售国际化动因的两大学派。所谓被迫式国际化主要是指发生在母国市场相对饱和，并且零售商在母国的发展机会越来越小的情况下，零售商被迫采取的海外扩张。因此被迫式国际化实际是母国市场有限发展空间的产物，也就是纯粹母国市场的严格管制与市场饱和的结果（Hollander，1970）。Kacker（1985）和 Treadgold（1988）都认为大多数零售国际化的动因属于被迫式扩张。而积极主动的国际化是指在母国市场饱和以前，零售商有意识地发现新的市场机会而进行的海外扩张，主要代表人物有 Williams（1992）与 Alexander（1990），他们通过对英国零售商海外扩张的实证分析研究了零售国际化的过程。

2. 推动因素与拉动因素

推动、拉动因素在零售国际化的文献中经常被讨论（Kacker，1985；Treadgold，1988；Alexander，1990）。事实上被迫扩张学派主张的国际化动因都属于推动因素，而积极扩张学派主张的国际化动因则属于拉动因素。所谓推动因素是指由于受母国环境与公司特定条件的制约，而使公司国际化战略非常必要而紧迫的要素，如不利的贸易条件、落后的经济条件、不利的人文环境、严格的管制政策、饱和的母国市场空间，等等。拉动因素则是吸引零售商进入新的海外市场的因素，如新市场的发展机会、目标市场落后的零售结构，以及目标市场的其他机会等。Alexander（1997）从政治、经济、社会、文化及零售结构这五个方面对推动因素与拉动因素进行了更深入的归纳说明，并且通过实证研究发现拉动因素比推动因素更重要，过去很受研究者重视的"国内市场饱和"或"国内开店限制"等国内市场机会约束的消极因素并不重要，相反，企业对未来成长的预期等积极因素对零售企业进入海外市场影响很大。也就是说，在 Alexander 看来，零售企业进入海外市场不是由于国内市场的限制而进行的"被迫式进入"，而是出于对未来成长的预期而进行的"积极进入"。随后很多研究也都证实了拉动因素在零售国际化动因中往往更为重要（Hutchinson，2007）。Quinn（1999）通过对 41 个具有海外业务的零售企业国际化动因的实证研究，发现在 20 世纪 90 年代初英国经济萧条的时期，即使在零售商面临巨大母国市场压力的情况下，零售商在进行海外扩张时，仍将海外市场的规模、海外市场的经济发展水平以及海外市场的发展机会等拉动因素放在首位，而母国市场扩张成本的增加、母国市场有限的发展机会等推动因素对零售商海外扩张决策的影响不大。此外，该研究的一个重大突破就是考虑到了零售商海外经营的时间长短，随着海外经营时间的增加以及国际化经验的积累，零售商向海外市场扩张决策时越来越看中海外市场的吸引力以及零售商自身有利于海外扩张的积极因素。Evans 等（2008）的研究也表明，在影响零售商国际化的众多因素中，基于海外市场利润增长潜力的考虑是最为重要的。

（三）关于跨国零售商海外市场选择的研究

1. 零售商海外市场选择标准

（1）市场邻近与心理距离视角的分析。市场邻近假说是跨国零售商海外市场选择的一个重要法则，该法则认为零售商海外扩张时一般选择与母国具有邻近性的市场率先进入，这种邻近性包括地理、文化、经济发展、公共政策以及零售结构的邻近，其中地理邻近与文化邻近标准最为重要（Burt，1993；Treadgold，1988；Alexander，1997）。根据欧洲零售商的国际化实践可以发现，欧洲零售商偏爱于向与母国具有邻近性的海外市场扩张，例如，法国零售商注重向意大利、西班牙、葡萄牙、捷克、匈牙利等发展中的或欠发达的市场扩张，尤其偏爱向具有地理邻近性及文化邻近性的意大利、西班牙、葡萄牙市场扩张。德国零售商偏爱向邻近市场的扩张，因此，比利时、荷兰、卢森堡三国经济联盟区域成为德国扩张的首选。荷兰零售商偏爱向欧盟内的欠发达的市场以及欧盟外捷克、匈牙利等新兴市场扩张。英国零售商被一些欠发达市场所吸引，但是依旧注重地理邻近性的原则，法国市场、爱尔兰市场都是首选。因此，市场邻近标准无疑可以视作跨国零售商海外市场选择的一个重要标准，尤其在国际化初期阶段，这一标准的意义更为重大。

为了有效衡量市场邻近程度，一些学者还引入了"心理距离"的概念（Dupuis & Prime，1996；O' Grady & Lane，1996；Swift，1999）。但是关于心理距离的准确定义以及它的具体应用并没有在学术界达成共识。相对完善而权威的定义认为心理距离是指对文化及商业环境等差异的感知与理解而形成的母国市场与国外市场之间的距离，这里提到的商业环境差异包括零售企业在东道国经营过程中必须考虑的各种环境因素的差异，主要包括法律政治环境、经济环境、商业惯例、语言环境以及市场结构等。所以心理距离由国家文化距离与商业环境距离构成。对于国家文化距离的衡量，主要依据 Hofstede（1983，1991）对国家文化衡量的五个重要指标，即权力距离（PDI）、不确定性回避程度（UAI）、个人/集体主义倾向（IDV）、男性/女性意识指数（MAS）以及长期时间取向（LTO）。商业环境距离的衡量应从多个距离维度进行，法律政治环境主要通过政治的稳定性、政府对零售店铺的管制程度等来确定，经济环境主要由 GDP 或 GNP 指标、经济稳定性、政府管制水平、通货膨胀率、消费需求水平，以及城市化水平等确定，市场结构可以通过店铺密度与市场集中度来确定，商业惯例主要通过消费者购物习惯、消费习惯等来衡量，语言环境则注重比较两国语言的相似程度（Evans et al.，2002，2008）。一般而言，心理距离越小，母国市场与海外市场的邻近程度越高。

（2）跨国零售商海外市场选择的影响因素。市场邻近性假说以及心理距离指标都为零售商海外市场选择提供了相对系统的理论框架，但是两者主要都是基于对海外市场宏观环境的衡量，而且侧重于相似性与差异的比较。这对于刚刚涉足国际化经营的零售商来说，是至关重要的。但随着零售商海外业务的扩展，其扩张路径往往不仅仅限于与母国具有邻近性的市场，这就需要在一般意义上更系统全面地探究跨国零售商海外市场选择的影响因素。一些学者在这方面进行了有效的研究，例如，Benoun 和 Hélies-Hassid（1993）认为跨国零售商对海外目标市场的选择是潜在利润吸引、外部可能性及外部限制综合作用的结果；Koch（2001）认为跨国零售商海外市场选择是内部因素、外部因素与混合因素共同作用的结果。内部因素包括零售商的战略导向、零售商国际化的发展阶段、海外市场选择的经验、零售商战略目标、零售商国际竞争力以及市场选择方法的应用。外部因素指国家市场潜力、市场的竞争性地位、预期的海外市场风险。混合因素（指介于内部因素与外部因素之间的混合要素）包括零售商自身的或可利用的资源、网络关系、市场的邻近性与相似性、市场组合的一致性、扩张后果的最优化。所以外部环境因素与零售商自身因素都有可能影响到零售商海外市场选择。

2. 零售商海外目标市场选择的基本程序

关于零售商海外市场评估选择的过程，绝大多数模型将海外市场选择过程分为三个阶段：筛选阶段、识别（或深度筛选）阶段、最终选择阶段。在筛选阶段，将主要运用宏观环境因素指标来排除一些不能实现零售商国际化目标的国家（Kumar，1994）。在识别阶段，主要分析与本行业直接相关的信息（如市场因素、竞争分析），从而对潜在海外目标市场国家进行细分，评估每个国家的潜在吸引力。市场规模、市场增长率、竞争水平、进入障碍是这一阶段考察的重点。最终选择阶段主要考察零售商本身盈利能力及提供的产品服务组合与海外目标市场国家的相容性，进而选择市场进入（Cavusgil，1985；Root，1994；Stebers，2012）。Johansson（1997）的模型稍有差别，他将零售商海外市场选择过程分为四个阶段：第一，国家识别（主要依据人口规模、GNP、GDP以及经济增长率等指标）；第二，初步筛选阶段（主要考察政治稳定性、地理距离与经济环境，用来排除一些侯选国家，并大致评估进入市场的成本）；第三，深度筛选阶段（行业具体特征考察、市场潜力估算、市场增长率预测、竞争优势劣势分析、进入障碍以及零售商资源约束的分析都在这一阶段完成）；第四，最终选择阶段（将零售商国际化目标与海外目标市场的分析相结合，根据预测的销售收入与成本选择最佳的进入市场）。

（四）关于跨国零售商海外市场进入模式的研究

进入模式可以被定义为"使公司产品、技术、管理、人力资源的发展进入海外市场的一种制度安排"（Hollensen，2004）。学术界对于跨国企业海外市场进入模式的研究一直集中在制造业领域，而立足于服务业（包括零售业）领域的研究就显得薄弱许多，相关研究主要集中在跨国零售商海外市场进入模式的类型以及进入模式选择影响因素两个方面。

1. 跨国零售商海外市场进入模式的类型

跨国零售商海外市场进入模式一般可以分为许可、租约或附属经营、特许、合资、收购、自我进入/独资（Dawson，1993；McGoldrick，1995），这是很多学者都认同的一种分类方式，不同的方式对应着不同的成本与控制水平。

许可主要指零售商许可海外销售机构以销售自有品牌的商品的方式进入。与其他进入模式相比，使用许可的方式进入国外市场，零售商只需要极少的前期投资，成本最小，但对海外市场的控制程度也最低。

租约或附属经营同样是低风险、低成本的进入模式，主要指在大型店铺里店中店的经营。伯顿（Burton）使用这种方式在西班牙的盖勒瑞斯·普雷道斯（Galerias Preciados）百货店中开设店中店，来检验新业态在新市场中的适应性。鲍斯（Boots）同样使用这种方式在泰国与阿霍德（Ahold）连锁超市进行合作。

特许进入模式与许可进入模式很相似，所不同的是，特许加盟的双方实际上是一种契约关系，特许方要给予被特许方经营方面的指导与帮助。该方式在对海外市场保持一定的控制水平以及成本投入与风险之间实现了平衡。特许加盟作为国际市场进入模式之一，被广泛运用于各个行业，尤其是在服务业中。对于契约关系下如何使零售业国际化实践更有效，Doherty（2009）认为市场选择以及战略合作伙伴的选择很重要。许多知名的专业店、专卖店以及快餐零售商都采取了这种海外进入模式，如美体小铺（The Body Shop）、贝纳通（Benetton）、赛百味（SUBWAY）以及麦当劳（McDonalds）（Quinn/Alexander，2002）。

合资是指与熟悉本地市场的合作伙伴合资经营。合资方式缩短了进入新市场的适应时间，减少了成本与风险，成本与控制水平居中。

收购的进入速度快，但是成本也极高。沃尔玛1999年收购英国的阿斯达（ASDA）的成本支出高达110亿美元。

自行进入/独资的方式可以完全独立地开发新市场，完全控制整个管理与销售，经营利益完全归进入者支配；可以根据当地市场特点调整营销策略，创造营销优势；同时还可以同当地中间商发生直接联系，争取它们的支持与合作。因此，这种进入模式对海外市场控制程度最高，但是投入资金多，成本巨大，且可能遇到较大的政治与经济风险，如货币贬值、外汇管制、政府没收等。

当然也有学者提出一些其他的分类方式，如Phillips（1996）将零售商海外市场进入模式分为直接出口、兼并与收购、合资、小规模投资、战略联盟、特许、有机增长；Picot-Coupey（2006）的研究将零售商海外市场进入模式分为店中店模式、特许模式、公司所有、复数模式、综合模式五类，前三类为纯粹单一的进入模式，而复数模式是公司所有模式与特许模式的组合，综合模式是店中店模式、特许模式与公司所有模式的组合。

2. 跨国零售商海外市场进入模式选择的影响因素

（1）东道国环境因素。市场因素、经济因素、法律政治因素及社会文化因素都有可能影响零售商海外市场进入模式的选择。如东道国市场潜力越小，市场竞争越激烈，零售商越不会采取高成本、高控制的进入模式，而通常以许可或特许的模式进入海外市场；东道国的经济规模越大，经济发展越有活力，零售商越愿意采取高成本高控制的进入模式（如并购、自我进入）；东道国的政治或政策越不稳定，零售商对于采用高成本高控制的进入模式就会越谨慎（McGoldrick & Davies，1995）；当东道国与母国的文化距离越小，零售商越愿意采取高成本高控制的进入模式（Picot-Coupey，2006）。Elsner（2014）从制度经济学的角度探讨了制度化的进入对进入模式选择产生的影响。

（2）零售商自身因素。零售商的规模、理念、拥有的资源、国际化经验也都会影响零售商海外市场进入模式的选择。一般认为，零售商规模越大，拥有的零售理念越独特，拥有的信息和管理资源、关系网络资源越丰富，国际化经验越多，越有可能采取并购或自我进入等高成本高控制的进入模式（Wrigley & Currah，2003）。而随着零售商国际化程度的提高，零售商海外市场进入模式的种类也会增加（Welch & Luostarinen，1988），也就是说零售商将随着边际经验与知识的增加，采取更多的海外市场进入模式。综上所述，零售商海外市场进入方式的选择是东道国环境因素与零售商自身因素综合作用的结果（Park & Sternquist，2008）。

（五）关于零售专业技能跨国转移的研究

零售专业技能跨国转移是零售国际化领域的一个新兴研究课题。零售专业技能的概念由 Kacker（1985）正式提出，它指在特定环境下零售商运用的商业理念、经营政策与技术。Kacker（1988）又进一步指出，零售专业技能包含两个要素：一是管理要素，指理念、政策和体系；二是技术要素，指在零售选址、店铺设计以及店铺经营管理过程中运用的各类技术。在 Kacker 看来，零售技术只是零售专业技能的一个部分。Dawson（2003）指出零售专业技能由零售技术要素、零售文化要素、零售业态要素构成，其中，零售技术要素和零售文化要素是零售组织内在的技能要素，而零售业态要素则是零售店铺外在的技能要素。还有学者认为零售专业技能与零售知识有着相似之处，只是包含的内容更加具体，指零售商所拥有的或者是可以有效利用的，能够使其体现出超越竞争对手的差别化优势的核心知识（Currah & Wrigley，2004；Shaw & Alexander，2006）。可见，学术界对于零售专业技能的内涵还没有一致的观点，但是零售专业技能跨国转移对零售商海外市场绩效的重要影响作用已经被广为认可。具体而言，学术界对零售专业技能跨国转移的研究主要集中在以下方面。

1. 零售专业技能跨国转移的影响因素

目前对零售专业技能跨国转移影响因素的研究主要侧重于对环境因素的考察。零售专业技能是根据消费者的需求，在特定的社会、文化、经济环境下产生的，因此，零售专业技能的形成受到社会信息技术发展的整体水平与社会文化、法律体制的约束，并与不同的环境背景相吻合。在特定环境下发展起来的零售专业技能在不同商业环境下可能是无效率的，也就是说东道国的环境因素影响着零售专业技能的转移效果（Kacker，1985）。相关调研显示，如果东道国缺乏某些特定的前提条件或缺乏某些基本的基础设施，零售专业技能的转移过程将面临严重的问题。例如，欧洲零售企业向中国等发展中国家扩张时往往会由于交通运输基础设施落后、供应商供货能力不强以及计算机控制技术普及程度不高等问题，而使零售专业技能的转移不能顺利进行，结果零售企业必须通过学习，调整原先打算转移的零售专业技能以适应东道国的环境（Kacker，1988）。Dupuis 和 Prime（1996）通过实证研究说明了商业距离对零售专业技能跨国转移的影响作用，他们认为零售专业技能是在母国经历了多年的运营后逐渐培育而成的，在不同的商业和文化环境下必须进行本土化的调整，才能够有效适应东道国的需求。Evans 和 Bridson（2005）将心理距离引入到零售专业技能本土化的研究中，建立了心理距离与零售专业技能本土化程度正相关的假设，并加以了验证。在 Evans 和 Bridson 的研究中，心理距离是指对国家文化及商业环境等差异的感知与理解而形成的母国市场与国外市场之间的距离，其中商业环境包括了法律政治环境、经济环境、商业惯例、语言环境以及市场结构等。他们的研究发现在心理距离的构成要素中，市场结构差异、商业惯例差异与语言差异都与零售专业技能本土化程度存在显著的正相关关系，尤其是市场结构的差异与零售专业技能本土化程度的正相关性最为明显，而国家文化距离、法律政治与经济环境的差异对本土化程度的影响不大。但是除了环境因素以外，跨国零售商的战略目标、国际地位以及学习能力也会影响零售专业技能跨国转移的效果及在海外市场的本土化程度，不过针对这些非环境因素的研究相对很少，并且也没有深入分析这些因素对零售专业技能跨国转移的影响机理。

2. 零售专业技能跨国转移的过程

一些学者通过典型的零售企业国际化案例研究，对零售专业技能跨国转移的过程进行了分析。例如，Vignali（2001）分析了英国特易购（Tesco）向爱尔兰市场扩张时的专业技能本土化调整过程，尽管其母国市场与爱尔兰市场的文化距离是很小的，但是它进入爱尔兰时针对当地消费者的偏好与购物习惯，并且考虑到爱尔兰政府的政策，在产品组合、价格策略、促销策略、选址与营业时间、客户管理、员工管理、服务策略等方面都进行了本土化的调整。Hurt 等（2005）对法国零售企业进入波兰以后管理知识与技能的适应与融合，进行了长达十年的研究，发现法国零售企业在波兰的管理方法经过了三个阶段的演变：强制执行法国标准、脱离法国标准和在适应波兰文化的基础上回归法国标准。这期间，法国零售企业专业技能转移交织着法国文化与波兰文化之间的碰撞、交融和相互适应。Burt 和 Mavrommatis（2006）通过考察家乐福旗下的迪亚（Dia）折扣店在总部所在地市场——西班牙市场和在希腊市场上店铺品牌形象的差异，显示了迪亚进入希腊市场后在店铺形象不同维度上的标准化定位及本土化适应战略创造了希腊消费者对迪亚形象的良好认知，这反映出体现在店铺形象不同维度上的专业技能在海外市场的适应过程。Cho（2011）以Tesco韩国市场的知识转移为例探讨了零售业国际化进程中，知识转移的特点以及对不同零售商品牌份额之间关系的影响。

（六）零售业国际化最新研究进展

2008年全球金融危机和2010年的欧债危机以来，有关新兴市场零售业、Multi-、Omni-渠道经营、商业技术、绿色零售、智慧零售以及与跨境零售有关的研究得到学术界的关注（Pricewaterhouse，2011；Deloitte，2012，Li & Fung，2012）。

1. 关于零售业国际化的绩效

随着各国零售企业国际化实践的不断深入，企业不仅仅关注如何进入其他国家，越来越多的企业关注在国际市场上的经营业绩。零售业国际化绩效与市场选择有关。He和Wei（2011）认为，企业的国际化过程中一项关键性的战略决策是国际市场的选择。国际市场的选择必须与企业特定的资源和能力相匹配，如此才能获取最大收益。Lance等（2009）也有相似的观点。Assaf等（2012）为评价零售企业国际化绩效效果提供了一种方法。该方法引入了新的绩效指标，用贝叶斯模型解释了组织学习的动态效果，认为国际化与绩效之间的关系呈"U"形，这种关系会因兼并或收购、进入国际市场的时期、原产国等原因而减弱。

2. 零售商国际市场退出和再进入

自20世纪80年代末以来，零售业国际化实践迅猛发展，零售业国际化实践有成功的典范但也有失败的案例。不少文献采用案例分析的方法，分析了跨国企业在国际化过程中失败的原因。Benito〔1997〕曾经系统地总结了导致零售国际化失败的四组因素：一是环境因素，包括经济环境、竞争环境、社会环境、政治环境等；二是企业运营状况；三是母公司及海外子公司的战略一致性；四是治理因素。

零售商在东道国国际化经营失败后，往往采取退出市场的策略。但Rajshekhar等（2011）认为，零售商退出国际市场并不总是最好的选择。从一些案例来看，再进入原先退出的市场，对一个零售企业的国际扩张以及成长是值得的。

3. 标准化与本土化的关系

在企业国际化经营中，零售商必须掌握国外市场项目运作以及国内组织架构之间的良性互动，这是企业必须面对的最重要的、极具挑战的决策。在不同的国家使用相同的市场组合谓之标准化。Elsner（2014）认为零售商必须在标准化与本土化之间找到合适的平衡，唯有如此企业才有可能成功。

4. 零售业国际化与企业的学习过程

Guercini 和 Runfola（2010）认为，商业网络是从事国际化经营活动的企业的学习环境，如果用组织的学习能力来定义组织智慧的话，商业网络是一个激发学习过程的情景（Palmer et al.，2005）。在商业网络中，心理距离的存在将有助于形成一个重要的、特定的逻辑，这个逻辑被视为在企业中，管理者界定业务和对关键资源进行分配决策的方式。

5. 电子商务对零售业国际化的影响

21 世纪是互联网时代，经济生活的方方面面受到了互联网的影响。人们的购物方式发生了颠覆性的改变。基于互联网技术发展的背景，电子商务对零售业国际化的影响不容忽视。Katia 等（2010）认为，互联网技术的发展为零售商提供了两个重要的机会，一是在他们运营的市场上运用多种渠道策略补充企业的供给的可能性；二是在国际上开拓他们的业务。在线国际化策略要求零售商克服消费者的隐私问题促进与企业信息共享，并促成线上交易。零售业国际化过程中，为促成线上交易，诚信以及为顾客暴露隐私而进行的补偿至关重要。

6. 零售国际化对东道国的影响及应对策略

Neil 和 Wrigley（2007）构建了跨国零售商对东道国零售主体影响的理论分析框架，从跨国零售商行为对东道国零售业竞争状况、供应链变化、消费者行为、体制和管理框架，以及对跨国零售商本身的影响等角度进行了分析。Durand（2007）做了类似的分析，并以墨西哥零售业为例进行了验证。

二、国内研究综述

在中国，零售业的海外投资不但远滞后于制造业的跨国经营，而且到目前为止中国零售业还处于在国内市场从被动应对到积极挑战跨国零售巨头竞争的转变上。反映到国内的学术研究当中，直到 21 世纪初才开始关注零售业国际化问题研究，而且主要集中在中国零售市场对外开放背景下，跨国零售企业的中国市场战略、对中国零售业的影响及中国零售业的应对策略上。从方法论的角度来看，案例研究是这个阶段最主要的特征。虽然有文献提出了中国零售业"走出去"的战略选择，但是深入的研究则非常薄弱（夏春玉，2003；王卫红和常永胜，2003；黄飞和吕红艳，2004；汪旭晖，2005，2007；汪旭晖和李芳卉，2008；汪旭晖和李飞，2006；林红菱，2005；汪旭晖和夏春玉，2005；胡祖光等，2006；李飞，2006，2009；赵萍，2006；王江和王娟，2007；付娜和刘翔，2010；宋则和王水平，2010；陈鹏，2013）。汪旭晖等（2005）比较了并购、特许、合资、有机增长与战略联盟等零售企业进入海外市场的常用模式的优势和劣势以及各自不同的适用条件，并建议跨国零售商海外市场进入模式选择应综合考察东道国环境因素（包括市场因素、经济环境因素、法律政治因素和社会文化因素等）与零售商特定因素（包括零售商规模、专业技能、国际化经验等）。

就中国零售业的应对策略而言，在微观企业层面，李明武（2004）、陈丽清（2005）、陈宏付（2007）、刘冰燕等（2006）认为，企业应构建本土零售企业的国际竞争优势，以应对外资零售企业的进入。李飞和汪旭晖（2006）、汪旭晖（2009）从不同的角度对零售企业竞争优势的形成机理做了分析。在中观产业层面，樊秀峰（2012）、张丽淑和樊秀峰（2011）、姜红等（2009）从跨国企业行为视角对我国零售产业安全进行了深入评估。仲伟周等（2014）构建了评价我国各区域零售产业安全的四个维度10个指标的指标体系，并利用因子分析法实证分析了我国各地区零售产业安全现状。研究结果表明，中国零售产业有越来越不安全的趋势，且产业安全存在区域差异性，在四大直辖市等地区的零售产业安全现状不容乐观。建议通过差异化对待不同地区外资零售企业，提高本土零售企业竞争力，完善整个零售生态系统来改善中国零售产业安全状况。在宏观层面，林毅夫（2012）在《新结构经济学》中称改变一个国家的产业结构、推动一个国家的发展，最根本的要务是按照比较优势发展经济，利用自身优势将最有影响力和积累最多的资本，改变结构以后再不断升级，而在产业结构升级过程中，政府须发挥重要的作用，即做一个有为的政府。

到20世纪末至21世纪初，特别是中国加入世界贸易组织，零售市场对外资完全开放之后，国内学术界开始明确提出了中国零售业"走出去"的命题。初期研究的焦点集中在中国零售业国际化的概念及动因（汪旭晖，2006；黄飞和吕红艳，2004；孙元欣，1999；等等）；我国零售企业国际化的必要性和可行性；对国外零售业国际化经验的总结与分析（汪旭晖和夏春玉，2005；赵萍，2006），其中阐述了进入业态与国际化成败的关系、进入模式和时机与国际化成败的关系、进入规模与国际化成败的关系、目标市场与国际化成败的关系等。零售业态作为关乎国际化成败的一部分，国内学者对其进行了简单的阐述。国家与国家之间的零售结构有很大差别，目前，中国零售业国际化主要涉及百货、超市和专业店等三种业态（赵萍，2006）。

　　国内对零售业国际化过程中零售专业技能转移的研究是一大亮点。丛聪等（2010）从知识的视角分析了跨国公司母子公司间的知识构成与特性，并对跨国公司母子公司双方知识投入对母子公司关系的形成的影响进行了研究，在对母子公司间的知识转移研究的基础上，得出结论：跨国公司母子公司关系会随母子公司间知识转移而发生变化，子公司拥有当地化知识作用的提高使得跨国公司子公司在母子公司关系中越来越占据主导地位。汪旭晖（2012）以沃尔玛为对象，通过研究其在中国经营活动，从知识特性的角度分析了母子公司间的知识转移机制。研究发现，知识内隐程度的高低可以影响转移的媒介，地区嵌入程度的高低能够影响知识转移的深度及本土化程度。内隐程度高的知识倾向以人员作为转移媒介，通过人员媒介可以使隐性知识显性化，并逐渐固化成标准化的物件范式；内隐程度低的知识则倾向以物件作为转移媒介。地区嵌入程度高的知识，母公司仅转移知识架构，在中国子公司自行建构知识具体内容，以本土化为主；地区嵌入程度低的知识，母公司同时转移知识架构和具体内容，以标准化为主；对那些地区嵌入程度正在降低的知识，可以在初步本土化探索的同时，实施收缩等待战略，待时机成熟再实施与母国相同的标准化转移策略。有的研究以在中国外资零售企业为研究对象，探讨了零售专业技能本土化对零售企业海外市场绩效的影响，研究发现，商品本土化、价格与促销本土化、选址本土化、物流本土化与人力资源本土化均对零售企业的海外市场绩效具有显著的正向影响，而服务本土化与店铺环境本土化对零售企业海外市场绩效的影响并不显著（汪旭晖等，2013）。汪旭晖等还从流通服务业的外商直接投资溢出途径入手，研究了外商直接投资溢出效应对我国流通服务业自主创新的影响机制，认为外商直接投资溢出效应通过示范、竞争、产业关联和人力资源流动四个途径对中国流通服务业的自主创新产生影响，而本土流通企业通过企业的社会网络，利用自身的吸收能力消化外资企业的溢出成果并实现再创新。研究建议，要有效利用外商直接投资溢出效应，提高本土流通企业自主创新能力，需要政府在保护知识产权、改良产业政策等方面做出努力，创造良好的政策环境，同时需要流通企业更新观念、引进人才、提高自身吸收能力（汪旭晖和黄睿，2011）。

　　叶萍（2005）分析了中国零售企业国际化经营的动机、理论依据、优势、面临的问题，然后提出政府要对海外企业进行宏观管理和政策扶持；中国零售企业应树立全球化观念，建立良好的企业治理机制，选择合适的经营模式，加强企业信息化建设等战略思考。胡洪力（2007）就中国大型零售企业国际化的可行性进行分析，最后从选择恰当的战略模式、选择正确的目标国、选择合理的投资方式、构建国际化知识积累的组织学习机制四个方面，提出中国大型零售业应该采取的战略措施。张亚涵和朱功睿（2008）从中国零售业国际化动机和现状出发，利用定量和定性相结合的方法，分析了零售业国际化进程中的问题，并从市场选择、构建核心竞争力、反馈与控制三个阶段阐述了我国零售业国际化战略。韦漫江（2009）指出中国零售业要利用加入世界贸易组织的机会主动迎接挑战；创造零售业国际化发展的原动力；培育企业的核心竞争力；提升产业竞争力，形成国际化发展的产业基础；创建跨国零售企业；加强零售企业跨国发展的基础建设等建议。

2008年以来，国际金融危机及欧债危机的发生，为中国零售业走出国门开展国际化经营提供了新的机遇。国家相继出台相关政策，鼓励和支持有实力的中国企业实施"走出去"战略。在近期的研究中，部分学者开始讨论中国零售企业跨国营销的战略、目标市场选择、海外市场进入模式、营销组合策略、组织机构及跨国营销战略风险评估与管理，尝试建立比较系统的理论和方法体系（张德鹏等，2008；兰传海等，2010；彭磊，2010；刘筱韵等，2012）。刘玉芽（2010）以家乐福为例，比较了其在中国市场高度本土化而在韩国市场高度全球化的策略，结果导致不同的经营结果，说明了跨国零售企业进入与母国市场差异较大的海外市场时，实施本土化策略的重要性。

韦漫江（2009）运用比较研究的方法，对世界上发达国家和发展中国家的四种零售业国际化发展模式（美国模式、欧洲模式、日本模式和发展中国家模式）进行了研究，并以其著名企业为例分别加以阐述，从中得出了对中国零售业国际化发展的启示。兰传海等（2010）通过建立数学模型，定量研究了六个跨国零售企业在中国1995~2008年间进入方式的转变，为零售企业海外市场进入方式提供了新的思路和方法。

有的学者讨论了中国制造业和零售业国际化的互动关系（钱丽萍等，2010）。赵亚平等（2008）指出，跨国零售商通过三种途径制约我国制造业：通过收取通道费挤压供货商利润空间；通过延期付款影响供货商资金周转；通过控制品牌约束制造商自我发展；并提出加强对跨国零售行为的法律规制；发挥供货商协会的积极作用；推动制造业自身实力提升等建议。孙红燕（2010）借助特许费用案例分析，通过扩展关于买方集中、纵向限制的纵向关系模型，分析了具有垄断势力的下游跨国零售商对上游供货商的纵向限制行为，并提出促进上游本土制造市场从完全竞争向垄断方向变化；提高研发水平和创建品牌；减少对少数下游跨国零售公司的依赖等政策建议。赵亚平等（2010）指出，外资政策制定与跨国零售相对市场优势地位形成、流通政策缺陷与跨国零售不规范行为密切相关，认为政策重点应该从"数量"转移到"质量"、增加"选址"等方面的政策内容，并保障政策执行。王瑞丰（2010）研究了当今市场环境下跨国零售商与我国供应商交易冲突中出现的新动向：矛盾聚集在"交易合同"的不平等；交易价格不公平；交易费用不稳定；交易发票的不规范等方面；并在认识层面、政策层面、制度层面、法律层面、行为层面上提出相应建议。接着，王瑞丰等（2011）又在实地调查基础上，阐明跨国零售商在中国市场优化管理供应商的基本模式，表明在中国跨国零售商过度优化管理供应商的"过激"行为，分析了由此引发制造商的短视效应与发展效应；零售业的竞争效应与互补效应；市场环境的失衡效应与整合效应，并针对中国中小供应商、本土零售商以及政府职能管理部门提出应对建议。张丽淑等（2012）构建了零售业国际化对东道国经济主体影响的理论分析框架，并从不同的层面就零售业国际化对一国进出口贸易、上游制造商的纵向约束以及对本土零售商的影响进行了深入分析，从而拓宽了研究视野。

付娜和刘翔（2010）分析了中国零售业"走出去"的现状与瓶颈，并从以下六个方面阐述了中国零售业"走出去"的路径选择：经营目标国的选择、进入方式的选择、经营业态的选择、经营产品的选择、本土化战略选择、风险规避。

汪旭晖和王夏扬（2011）以沃尔玛、家乐福、大润发和特易购为例，通过多案例比较探索了外资零售企业中国市场进入模式、成长策略与经营绩效的关系，发现外资零售企业进入模式、成长策略以及两者配合类型的差异对于经营绩效有不同的影响，海外投资经验不仅影响进入模式与经营绩效的关系，也影响了进入模式与成长策略的配合类型同经营绩效的关系。汪旭晖和刘姣（2011）从零售专业技能转移的视角分析了外资零售企业在中国的物流运作模式、区位布局战略、赢利模式、进入模式、店铺营销模式和业态模式。汪旭晖和翟丽华（2011）从社会网络嵌入的视角出发，发现跨国零售企业进入海外市场后，将嵌入到一个全新的社会网络中，只有有效利用由社会网络带来的社会资本与知识资源优势，才能有效地实现零售专业技能的本土化。

在最近的研究中，毕克贵等强调了政府政策承担的双重导向作用，提出了零售国际化政策保障体系框架，研究领域有了新的很大的拓展（毕克贵，

2011；毕克贵和王鹏娟，2011）。该政策体系由三部分构成，零售国际化核准监管政策、零售国际化法律保障政策和零售国际化服务支持政策。其中，核准监管政策包括行政审批和外汇管制，该政策体现了政府的管制作用，涉及投资前的资格审查、投资资金来源审查及对资金流动的监管；法律保障政策包括海外投资法律法规、海外投资保险制度及双边多边保险协议；服务支持政策包括国家税收扶持政策、公共信息服务、融资政策和融资渠道等，通过建立公共信息服务平台，使企业充分了解外部投资环境，为投资决策提供信息支持。宋则（2012）、朱瑞庭和尹卫华（2014）认为，应将中国零售业"走出去"上升为国家战略。

但是，总的来说，国内的研究主要是从微观层面来研究中国零售业跨国经营的问题，从研究范式上来看，主要局限在"跨国营销"和"战略管理"的范畴，零售业对外投资的行业特性和针对性不强，尤其缺乏"中国特色"，针对中国零售业实施"走出去"战略的指导价值还比较有限。另外，基于国内零售业极少的海外投资案例（大都是失败案例），这些研究的理论色彩比较浓厚，市场实践的支撑力不足，应用价值也十分有限。此外，基于中国的市场特点和制度特征，仅仅着眼于微观层面的研究不足以解决中国零售业实施"走出去"战略的瓶颈和制约，这反过来说明，对中国零售业"走出去"的研究需要重新审视和扩大研究的视角，把研究的思路往上延伸到中观乃至宏观层面。

第四节　中国零售业跨国经营的现状

一、中国零售市场的对外开放

自20世纪80年代以来，随着全球经济一体化进程的加快，科学技术的发展，零售企业国际化经营速度得以快速提高。据调查显示，1994年美国85%的餐饮连锁企业，38%的专卖店以及21%的大型综合零售企业进入海外市场。全球最大的零售商沃尔玛集团，在加拿大、巴西、中国和印度尼西亚等国已开设了200多家分店。日本在国外的零售企业，已占到日本在国外开设企业总数的41%左右。除此以外，法国、荷兰、中国台湾等国家和地区的零售企业也纷纷实施国际化战略。

中国零售市场是伴随着中国的对外开放逐步向国外开放的。最早的外资零售企业于 20 世纪 90 年代初进入中国市场。到了 21 世纪初，随着中国加入WTO，外资进入的速度和范围迅速扩展，业态日趋多样化，国内零售市场的竞争完全可以用残酷的"你死我活"来形容。2004 年 12 月，中国政府完全取消了外资商业地域、股权、数量的限制，国内零售市场的竞争格局发生进一步的变化，以大卖场为代表的大面积经营业态不断涌现，带动商业地产的兴旺，全国范围内的圈地运动风起云涌，大型购物中心一度成为内外资零售巨头热衷的开发模式。在激烈的市场竞争中，大型零售企业借助较多的门店数量、完善的物流系统，及其在与供应商谈判中的市场优势地位，不断取得价格竞争优势，导致国内中小零售企业面临艰难的生存困境。面对国内市场特别是某些区域市场上外资零售企业咄咄逼人的势头，国内一度提出了"过度开放论"，要求国家将对零售业的保护提高到国家安全高度（李飞，2012；樊秀峰，2012；宋则和王水平，2010）。在这样的背景下，也有一种"跨国经营论"，除了要进一步改善国内的零售环境，加大力度引进外资零售企业的投资外，国内零售企业也需加强自身的建设，注意积累管理经验，提高服务水平，提升品牌价值等手段，提高自身企业的综合实力，主张国内零售企业走出国门，去发掘国外的零售市场空间，学习更为先进的零售管理理念，做到零售业的双向交流，真正实现中国零售业的国际化（李飞，2009）。

二、中国零售业的对外投资

从 2004 年起，商务部开始重点培育以国有企业为主的 20 家大型商贸流通企业，即所谓的"国家队"，计划通过 5 ~ 8 年的努力，整体提高它们的国际竞争力。进入"十二五"以来，国家明确了流通业作为基础性、先导性产业的重要地位，提出要加快有实力的中国流通企业实施"走出去"战略，并在政策上予以支持。在国家层面的政策带动下，中国各地方政府都相继出台了扶持和支持本地大型商贸流通企业的配套政策和措施。但是，对这些国家和地方政府着力培育的流通企业的跟踪调查和分析表明，这些企业的国际化经营主要局限在海外采购和批发贸易上。面对国家对其国际化的召唤和推动，它们对"走出去"更多的是观望和犹豫。

事实上，中国零售业对外投资远落后于"中国制造"的步伐，在中国制造业大步走向海外、中国产品遍布全球的今天，中国零售业海外直接投资的案例仍然屈指可数。最近几年来，以国美和苏宁为代表的国内零售业以中国香港地区、日本和东南亚市场为起点走出了海外投资的第一步，但是步履艰难。根据《2012 年度中国对外直接投资公报》的数据，截至 2012 年年末，中国累计对外直接投资为 5319.4 亿美元，其中批发和零售业的对外投资总量为 682.1 亿美元，主要为批发贸易类投资（商务部，2013）。从空间分布看，中国境外批发和零售业投资的国家（地区）主要在我国香港地区和东盟地区，其他国家和地区很少，其中在我国香港地区对外直接投资存量为 490.91 亿美元，占我国批发和零售业对外直接投资存量的 71.9%，在东盟地区对外直接投资存量为 35.58 亿美元，约占我国批发和零售业对外直接投资存量的 5.2%。而在美国对外直接投资存量为 16.74 亿美元，占我国批发和零售业对外直接投资存量的 2.5%，在欧盟地区对外直接投资存量为 14.19 亿美元，占我国批发和零售业对外直接投资存量的 2.1%。从经营主体看，主要是经营规模不大的民营企业，国有企业较少，而且大多为制造型商贸企业，并非独立型商贸企业。从经营方式看，主要是经营批发市场，经营业态较为单一，且没能很好地融入当地社会。在中国对外投资存量非金融类跨国公司 100 强中，没有一家零售企业榜上有名。

再从个案来分析中国零售业"走出去"的情况。我国零售企业最早在 20 世纪 90 年代末开始启动跨国之旅。1999 年北京天客隆在俄罗斯开设了中国第一家海外连锁店，但最后以失败告终；2003 年上海联华以联盟的形式进入国际零售市场，此外，上海新天地、国美、苏宁等为代表的大型零售企业，也已启动了向亚洲、欧洲等国际市场进军的步伐，这些都是对零售业国际化的有益尝试，也为我国其他的零售企业提供了国际化经验。

北京天客隆集团有限责任公司始建于 1995 年，注册资金 9000 万元人民币。天客隆集团是首创集团下属企业，当时在全国拥有 23 家连锁超市，常年稳居北京连锁超市三甲。1999 年 8 月 2 日，天客隆集团位于莫斯科的超市正式开业，这是天客隆集团的第一家海外店铺，也是我国大型零售企业中第一家在境外开业的超市，这也成为当年国内零售业界关注的热点。但是，2003 年 6 月，这个占地 6000 多平方米，位于寸土寸金的新阿尔巴特大街上的中国超市，仅仅经营了三年多，便不得不正式关门。在莫斯科开店期间，天客隆集团共投入近 5500 万元人民币，还欠下 5000 万元人民币的房租，但巨额的投入却只产生了几十万美元的现金回报。目前，天客隆已是大商集团的控股公司。

北京华联成立于 1999 年 6 月，2001 年 11 月在上海证券交易所挂牌上市，是商务部重点扶持的十五家全国大型零售企业之一，也是中国最早加入世界购物中心协会的企业。到 2010 年 10 月，其在全国 19 个省、自治区、直辖市的

33 个重点城市拥有 121 家店铺。北京华联建立了覆盖全国的连锁零售网络，拥有一流的商业管理资源、商品资源、品牌资源和人才资源。2006 年 12 月 3 日，北京华联集团成为国内第一家进入新加坡市场的零售企业。北京华联以并购的模式从新加坡知名地产商嘉德置地手中购得新加坡西友百货，这也是中国零售企业第一次以并购的模式进行国际化经营。当时，北京华联集团也计划扩大在新加坡的业务，并在达到一定规模后，进一步进军马来西亚和泰国等其他东南亚国家市场。

上海联华创建于 1991 年 5 月，是上海首家以连锁经营为特征的超市公司。到 2009 年 12 月，上海联华拥有世纪联华大型综合超市、联华新标超（联华、华联）、快客便利店、联华 OK 网上销售、药业连锁五大业态领域；门店总数 5599 家，主要分布在华东、华南、西南、华北、东北等地区的 100 余座城市；资产总额达到 137.01 亿元，已成为我国一家大型零售企业。2003 年 6 月 27 日，上海联华在香港主板市场挂牌上市，通过招股形式进入国际资本市场，向国际化迈出了重要的一步。2003 年 6 月，联华超市在比利时与有关合作方达成了组建上海联华（欧洲）公司的合作意向，成立了上海联华欧洲公司，为今后进一步直接进入欧洲市场做好了准备。2003 年 11 月，联华超市又与日本第八大零售连锁企业 Izumiya 株式会社正式签订合作协议书，开始实施其进军日本市场的计划，通过与日本企业的合作，不仅丰富了国内市场，而且有效提升了联华超市在国际上的品牌形象。

2004 年 5 月 10 日，上海新天地在日本大阪最繁华的中央区日本桥开设了第一家购物中心，这是中国资本首次进入日本零售市场，而这家购物中心也成为当时日本最大的销售中国商品的商店。"上海新天地"购物中心是由中国民间资本在日本设立的中文产业股份有限公司出资设立并经营的，是目前中国资本在日本开设的最大规模的零售商店。上海新天地日本店的总营业面积有 3200 平方米，投资总额约 5 亿日元，有员工近 100 名，其中日本员工约占 60%，华人华侨员工占 40% 左右。

国美电器集团成立于 1987 年 1 月 1 日，是中国最大的以家电及消费电子产品零售为主的全国性连锁企业。国美电器在中国大中型城市拥有直营门店 1700 多家，年销售能力千亿元以上。2003 年国美电器在中国香港开业，迈出中国家电连锁零售企业国际化第一步；2004 年国美电器在香港成功上市。国美希望通过进入香港市场，积聚人才、积累经验、树立品牌，凭借自己的采购、经营、管理等优势，在三年的时间里，抢占香港家电 30% 的市场份额，建立至少三家门店，单店年销售能力达到 10 亿元。国美认为，中国香港是国美进军国际市场的桥头堡，在条件成熟时，国美会大举开拓国际市场。

苏宁创办于 1990 年 12 月 26 日，是中国商业企业的领先者，经营商品涵盖传统家电、消费电子、百货、日用品、图书、虚拟产品等综合品类，线下实体门店 1600 多家，线上苏宁易购位居国内 B2C 前三位，线上线下的融合发展引领零售发展新趋势。2004 年 7 月，苏宁云商集团股份有限公司成功上市。2013 年 9 月，包括苏宁银行在内的 9 家民营银行获得国家工商总局核准。2013 年 11 月，苏宁在美国硅谷启动了首个海外研究院。2014 年 1 月，苏宁云商收购团购网站满座网。2014 年 2 月，苏宁宣布已经通过国家邮政局快递业务经营许可审核，获得国际快递业务经营许可，苏宁由此成为国内电商企业中第一家取得国际快递业务经营许可的企业。2014 年 10 月，中国民营 500 强发布，苏宁以 2798.13 亿元的营业收入和综合实力名列第一位。2009 年 6 月 25 日，苏宁宣布以每股 12 日元的价格认购 LAOX 公司 6667 万股定向增发股份，总投资 8 亿日元（约 5730 万元人民币），注资完成后苏宁将拥有 LAOX 公司 27.36% 的股份，成为其第一大股东，日本观光免税株式会社成为第二大股东，持有 23.94% 的股份。此次合作，既是中国企业首次收购日本上市公司，也是中国家电连锁企业第一次涉足国外市场。2009 年 12 月 30 日苏宁又收购了中国香港本土零售商镭射公司，开始了其国际化战略的第二步。按照苏宁电器的计划，收购镭射是启动苏宁在香港地区发展的标志，包括镭射现有的 22 家门店在内，苏宁电器计划 3 年内在香港地区共实现 50 家门店的网络布局，抢占 25% 以上的市场份额。苏宁在日本通过全球采购资源整合，提高了 LAOX 公司在当地的竞争力，经受了日本大地震带来的严峻考验，扭转了并购之前经营亏损局面。在香港地区，苏宁高举高打，连锁拓展、销售规模突飞猛进，顺利完成苏宁品牌本土化的转型，从苏宁镭射复合品牌向独立的苏宁品牌发展。2013 年，苏宁启动新一轮海外扩张的步伐。新一轮海外扩张从印度尼西亚、马来西亚、新加坡、泰国、越南等东南亚国家开始起步。至今，香港苏宁已经先后多次考察东南亚市场，借助香港地区对东南亚贸易辐射优势，拓展面向东南亚各国贸易业务。东南亚地区人口密度高，行业集中度低，市场增长潜力大，对中国家电制造的依存度高，可以借鉴和移植苏宁在国内的发展模式，建立与国内市场一体化的连锁网络，到 2020 年海外自主销售 100 亿美金。在开启东南亚市场初见成效之后，苏宁将在 2015 年启动欧美成熟市场的新扩张。目前，苏宁国际投行业务部门，已经与美国、英国、日本的行业投资者展开对接，目标锁定发达市场行业巨头，择机以资本并购重组方式掌控，奠定苏宁在国际同行业的龙头地位。2020 年以后，苏宁海外扩张的视野将聚焦俄罗斯、中亚、中东、南美、印度等新兴市场，苏宁将抓住机遇，转变发展理念、创新经营模式、完善产业生态，为供应商、消费者、员工提供更加优质的服务。

最新的案例是，南京新百在2014年4月以2亿英镑收购英国老牌百货弗雷泽89%的股权，成为中国企业有史以来最大的零售业海外投资案例。南京新百期望通过收购英国百货弗雷泽提升品牌影响力，特别是通过引入弗雷泽成熟的自有品牌和买手制运营模式，其发展态势如何，值得持续观察。

无论从全国范围的对外直接投资数据，还是从"走出去"的个案来看，总的来说，目前中国零售业的跨国直接投资还处在起步阶段，真正意义上的进入国际市场的零售企业较少，而以实体店的在地商业形式进入海外市场的则更少，特别是前面提到的中国零售企业在"走出去"初期提出的许多海外扩张计划和项目进展并不顺利，很多已经无疾而终。此外，中国零售企业"走出去"的区域分布比较分散，零散地分布在世界各地，而且大多是在中国人聚居区成立小型的零售店，销售对象也主要面对当地中国人，所以都没有形成规模或品牌。但是，以国美、苏宁等为代表的大型零售企业，在政府政策的大力支持下，已经启动了向亚洲、欧洲等国际市场进军的步伐，这些都是对零售国际化的有益尝试，也为中国其他的零售企业提供了国际化经验。

第五节 研究思路及研究方法

党的十八大报告指出，要"加快走出去步伐，增强企业国际化经营能力，培育一批世界水平的跨国公司。"国务院颁布的《服务业发展"十二五"规划》强调，"要扩大服务业开放，稳步实施走出去战略"。《国内贸易发展"十二五"规划》要求，"积极培育大型企业，鼓励流通企业开拓国际市场；支持高校加强内贸学科建设，积极开展内贸重大理论和实际问题研究，探索建立具有中国特色的流通理论体系；支持高校加强内贸相关专业建设，培养多层次、多门类、复合型的贸易经济人才"。

一、研究思路

本书致力于在全球化的背景下，面对2008年金融危机和2010年欧债危机以来欧美主要发达经济体持续低迷、中国面临难得的历史性机遇的情况，找到中国零售业"走出去"战略实施中的难点及其原因，厘清中国零售业对外直接投资战略的层面，构建服务这一战略的支撑体系的框架和内容，包括在宏观层面的法律、财税、金融、对外投资服务等，中观层面的流通市场体系、内外贸一体化、关联产业发展等领域的支持体系，最终为中国零售业"走出去"战略的实施提供坚实的理论支撑、可靠的实施路径和有效的对策建议。简言之，本书提供的是支撑中国零售业"走出去"的理论、制度及路径设计。

本书中，中国零售业"走出去"战略的支撑体系这一研究对象在理论上涵盖了三个不同层面且又呈紧密逻辑联系的问题。

（1）中国零售业国际竞争力的理论阐释。由于零售业企业性质与资源特征明显不同于工业制造业，一般基于加工制造企业国际竞争力的理论无法直接运用到零售业研究上，这也表现在针对零售业的一般经济学研究较少。此外，中国零售业的国际化经营问题首先是在中国零售市场对外开放的背景下提出来的命题，而且中国零售业还处于在国内市场从被动应对到积极挑战跨国零售巨头竞争的转变上，所有有助于中国零售业在国内市场应对跨国零售巨头竞争的举措都可以被视作培育国际竞争力的基础。但是必须指出，中国零售业在中国市场的表现不是其国际竞争力的全部本质所在，中国零售业只有"走出去"才可以完整体现和增强它的国际竞争力。基于这样的逻辑，在这个阶段来研究中国零售业的"走出去"战略是非常必要的，也可能为中国零售业通过"走出去"来更好更快地提高国际竞争力，甚至跨越式发展提供理论依据。

（2）中国零售业"走出去"战略的理论阐释。零售业国际化经营相对于制造业而言更晚，因而针对零售业跨国投资的专门研究就更少，这一点在中国表现得更为明显，反映到国内的学术研究当中，对中国零售业"走出去"的研究就更为薄弱。因此，要研究零售业"走出去"战略的支撑体系，首先需要从理论上系统研究中国零售业"走出去"战略本身规律性的问题。这些问题包括：中国零售业"走出去"的国际、国内背景；中国零售业跨国扩张战略的动因和成长机理；影响中国零售业"走出去"的制约因素及原因；中国零售业"走出去"战略的内容、路径、保障等。只有如此，服务于其"走出去"战略的支撑体系的研究才有合理的逻辑起点。

（3）中国零售业"走出去"战略支撑体系的理论阐释。面对中国零售业"走出去"中步履蹒跚的现状，必须研究的问题是：哪些因素阻碍和限制了这一战略的实施，在这个基础上，需要深入研究支撑这一战略实施的支持、促进和保障体系。寻找这一问题的答案需要突破对零售企业微观层面的研究。具体说来，一是要从如前所述的方面，来讨论零售企业自身实施"走出去"的资源、技术、能力问题，它涉及单个零售企业在战略、管理、营销、品牌、技术、商业业态、模式、组织架构、人才、服务手段等方面的创新和发展，对企业资源整合、战略风险控制等提出了极高的要求。二是从上述层面的系统研究中衍生出来的问题，即把中国零售业"走出去"战略放在更大、更宽范围来审视时，零售业在作为产业的中观层面和宏观层面，需要构建怎样的，以及怎样构建服务于其"走出去"的支持、促进和保障体系。

实现这一目标的研究思路如图1-4所示。

图1-4 研究思路

基于以上的分析，本书将在以下前提假设下进行：

第一，中国零售业"走出去"战略是中国零售业对外开放的重要组成部分，是增强中国零售业产业安全的必经阶段，是提升中国零售业乃至中国流通业国际竞争力的重要保证。

第二，零售企业的内在成长是海外扩张的前提和基础，提高竞争力的关键在于企业有完整的海外市场扩张战略及强大的系统整合能力，做好战略风险的评估和管理。但是，"走出去"战略的成功实施需要在更大范围、更高层次上给以零售业强有力的战略支撑，下好全国一盘棋，为中国零售业"走出去"提供更好的制度、环境、市场、技术等保障。

二、研究方法

本书试图整合宏观管理、产业经济、跨国经营、战略管理、零售营销等已有研究范式的长处，以实现它们之间的融合。通过归纳演绎、实证分析、案例研究、现场观察等手段，来寻找支撑中国零售业"走出去"战略实施的客观规律。本书立足对第一手资料进行分类、加工、汇总，并进行必要的统计学处理，做到规范研究与实证研究相结合、定性研究与定量研究相结合。具体如下：

（1）在宏观、中观层面，在分析中国零售业"走出去"现状及其国际竞争力的基础上，运用规范分析的方法甄别制约中国零售业"走出去"的法律、制度、政策、体制机制因素，在此基础上研究中国零售业"走出去"战略支撑体系的层面、框架和内容。在这一过程中，运用政策工具分析、产业组织与结构分析（SCP 分析范式）等手段，结合深度访谈、现场观察、专家研讨等手段，分析这一支撑体系对我国零售业实施"走出去"战略的影响机理、路径和效用。

（2）在微观层面，通过问卷调查、专家访谈、行业分析、案例研究和现场观察，揭示中国零售业实施跨国经营的内外环境、动力机制、本质、边界和影响，重点分析中国零售业实施"走出去"战略的微观（企业）原因和应对办法。特别是在案例研究中，选择有代表性的跨国零售企业以及中国零售企业的国际化经营为对象，分析其国际化经营实践，与上述支撑方案进行战略比对、模拟和判断，对设计方案的修正和完善提供依据。

为了深入分析中国零售业"走出去"的现状以及实施这一战略过程中遭遇的瓶颈及困难，从而为构建支持"走出去"战略实施的支撑体系提供依据，我们在全国范围内组织实施了专门的调查。调查从两个层面展开，一是企业问卷调查，二是专家问卷调查及访谈。两份问卷是在先期进行充分的案头研究、市场观察，以及专家咨询和企业预调研的基础上确定的。除了企业问卷涉及其国际化经营的有关专门问题之外，两份问卷的大部分问题都是重叠的，并均采用 5 级量表的方式进行了标准化的设计，以便于最终资料的整理和分析。为了保证获取更多的有用信息，问卷的最后就支撑体系的完善设计了开放式的提问。企业样本的选择尽可能兼顾到了地域分布、业态、规模、经营模式等，以确保调查的代表性；完成企业问卷的均为熟知企业战略、参与企业决策的高层管理人员；为了保证获取企业资料的完整和可靠，部分企业的问卷调查是由多位高层管理者分别填写完成的，部分企业填写问卷之前还进行了深入的访谈；最终获得数据的企业一共有 13 家，问卷 22 份。

与企业问卷调查一样，专家问卷也是在确定了具体的被访专家之后主要通过电子邮件的方式定向发送问卷，并定时回收的。被访专家是通过组织者在全国范围内经过严格筛选确定的来自高校、研究机构研究流通经济和零售管理的知名专家，组织者在问卷设计、预调研以及问卷访问过程中，与部分的专家进行了深入的访谈和交流，收集了大量的第一手资料；最终回收的有效专家问卷为 25 份。全部问卷调查在 2014 年初完成。

表 1－4 是 13 家被调查企业的情况描述。在 13 家企业当中，有 3 家国有企业。除了 4 家从事在线零售的企业没有纳入中国连锁协会 2012 年百强排行榜统计之外，其余 9 家中有 4 家位列前 10 位，两家位列前 20 位，两家位列 50～100 位，1 家在百强之外。此外，这些企业的业态几乎覆盖国家标准《零售业态分类》中的代表性业态，从其经营模式来看，既有单一从事实体店经

营或者在线零售经营的，也有两者结合开展混合经营的。

表1-4　　　　　　　　被访企业基本情况

序号	业态/企业性质	经营模式	连锁百强位次	国际化经营情况
1	全业态，大型国有	实体店为主，在线零售	前10位	尚无，有计划
2	全业态，大型国有	实体店	前10位	尚无，有计划
3	B2C家电零售连锁	实体店，在线零售	前10位	有，含实体店
4	B2C综合零售商	实体店，在线零售	前10位	有，含实体店
5	3C类产品零售商	在线零售	—	无，无计划
6	B2C综合网上商城	在线零售	—	有，无实体店
7	B2C综合网上商城	在线零售	—	无，无计划
8	B2C综合网上商城	在线零售	—	无，无计划
9	全业态，百货为主，国有	实体店	前20位	无，有计划
10	全业态，百货为主	实体店	50~100位	无，有计划
11	百货、电器、超市	实体店	100位以外	无，无计划
12	3C消费类电子产品	实体店	前20位	无，无计划
13	家居商城	实体店	50~100位	无，有计划

被访企业的国际化经营情况是本次调研的重点之一。在被调研的13家企业中，有3家企业到目前已经提供了面向海外消费者的国际化经营业务，其中，1家是以实体店加在线零售方式主营B2C的家电零售连锁企业，在香港地区开设有1家实体店；1家是以实体店加在线零售方式经营B2C的综合零售商，1家是以在线零售方式经营B2C综合网上商城的零售企业。有4家企业到目前为止尚未开展面向海外消费者的国际经营业务，但是，企业在未来三年之内有开展海外业务的计划，这其中有两家是大型国有企业，都是以实体店为主全业态经营的企业，有1家同时经营在线零售业务；1家是以经营百货业态为主的国有企业，另外1家是经营家居商城实体店的民营零售企业。其余的6家被访企业，到目前为止既未开展海外经营业务，在未来三年内也没有"走出去"的计划。这一结果大致反映了中国零售业"走出去"的现状和趋势，与预调研及之前的判断基本一致。可见，中国零售业"走出去"尚处于起步阶段，远没有形成规模，而且从目前已有海外业务的企业情况来看，都是开展在线零售的企业，三年内计划开拓海外市场的两家企业也是计划通过在线零售进入海外市场。

从目标市场的选择来看，开展海外业务的3家企业主要以我国香港地区、东南亚市场为主,它们"走出去"的主要动机是国内市场竞争激烈,市场趋于饱和,而海外市场前景广阔;"走出去"的形式较为灵活,既有收购海外企业,也有合资举办等。被访企业对其在海外市场的竞争力的评价较低,在回答是否达到预期效果的问题时,答案也相对谨慎;比较而言,3 家企业对未来的发展信心更足。除了开设实体店的家电零售商外,其余两家企业主要通过独立网店的方式开展跨境电子商务,选择独立网店的原因在于便于控制管理。在开展海外业务时所遇到的最大困难中,除了实体店在香港地区遇到了激烈竞争以外,提及最多的是特色化、专业化水平不高,品牌影响力较弱,供应链、物流体系整合能力不足,以及海外环境的不确定性所带来的风险防范上的问题。

上 篇

中国零售业国际竞争力

第二章

中国零售业国际竞争力分析

导致中国零售业"走出去"步伐步履蹒跚的原因十分复杂，归根结底在于中国零售业缺乏国际竞争力。为了构建中国零售业"走出去"战略的支撑体系，下面首先来分析中国零售业的国际竞争力问题。

第一节　中国零售业国际竞争力基本概况

一、从零售产业的视角

从20世纪90年代初中国零售市场实行对外开放以来，特别是加入WTO之后，国外零售企业，尤其是跨国零售巨头相继大规模进入中国市场。因此而形成的中国零售市场的一个显著特征是，几乎所有世界知名的零售商集聚在中国市场，其竞争远比世界上大多数其他零售市场都要激烈得多，中国零售商遭遇了之前从未遭遇过的特殊挑战，经过初期的被动应战到激烈抗衡的市场竞争洗礼，一批优秀的本土零售商脱颖而出，逐步具备了和世界知名零售商抗衡的能力。但是，同样不可忽视的是，大批外资零售企业长驱直入的一个结果是，出现了"国际竞争国内化"的局面，与中国商品货物贸易顺差急剧扩大形成了强烈对比，从而陷入了"服务贸易悖论"，即通过对外开放原本是增强我国零售业国际竞争力、提高中国零售业对外贸易能力的前提和后盾，但是，在国内零售业自身实力不足的背景下，大幅度开放国内零售市场激化了与国内零售业发展的矛盾，出现了外资挤压内资生存发展的空间（宋则，2012）。

根据上海财经大学500强企业研究中心发布的研究报告，2013年入围中国企业竞争力500强的零售企业有16家，它们的发展势头呈现明显的下滑特征，从营业收入、利润、资产等经济指标来看，这些企业与前些年相比有着不少的退步，并且在整个 500 强企业中发展并不靠前。所以，整体来说，我国零售企业在大企业中的竞争力并不强。面对今后可以预见的中国经济下行压力所带来的新常态，中国零售业将继续面临严峻考验。

与国内的情况不同，在 2013 年《财富》杂志发布的世界 500 强中，零售行业以超过 30 家的数量仅次于银行业位列第 2 位，说明了零售业在成熟市场的重要地位。中国的百联集团以位列第 466 位的业绩首次入围 500 强，登上世界舞台。然而，深入的数据对比表明，中国零售企业和世界其他零售企业相比，还有较大的差距，如表 2 - 1 所示。

表 2 - 1　　　　　　　　2013 年百联集团与国外企业数据对比

企业	收入 （百万美元）	净利润 （百万美元）	资产总额 （百万美元）	人数 （个）
沃尔玛	469162	16999	203105	2200000
西尔斯	39854	-930	19340	274000
梅西百货	27686	1335	20991	175700
百联集团	25202	194	12324	69976

资料来源：牛志勇（2013），第 5 页。

二、从内外资零售企业比较的视角

中国零售业经过开放初期简单的业态引进、开店扩张的粗放式快速增长后，时至今日，这种增长模式的动力已经基本耗尽。面对网点布局和业态结构不够合理，费用增加过快，经营压力增大，传统经营模式面临挑战，物流配送等配套服务有待提升的问题，中国零售企业急需在转变发展方式，提高流通效率，加快转型发展创新驱动等方面找出一条可持续的发展之路。

从中国零售企业的微观层面来看，"开店的不做买卖，做买卖的不开店"是眼下一种比较普遍的现象，其中尤以百货店这一业态品牌联营逐步取代自营成为主要经营模式最为典型。这和世界知名零售巨头自主渠道、买断经营的模式形成了鲜明的对比。根据中国连锁经营协会 2012 年的调查，中国百货店自采自营总体规模很小，从金额来看，品牌联营、自采自营和柜台租赁三种模式的应用比例约为 89.6：7.1：3.3，自采品种占全部经营品种的比例平均约为 5.5%，其中，规模较大百货店的自采比例更低，普遍在 5% 以下。从自采商品的类别来看，产品时尚性和季节性强、使用寿命短、经营风险大的商品（如服装鞋帽）自营比例低，而家电和电子产品类的自营比例明显较高（中国连锁经营协会，2012）。百货店以联营为主的经营模式本质上反映的是其抗经营风险能力不强的事实，虽然从其产生发展的过程来看有其内在的必然性和合理性，但是，长此以往造成的后果却是灾难性的：企业自主渠道弱化，买手队伍匮乏，买断经营虚设，大额订单锐减，渠道谈价能力下降，流通成本高昂，自主品牌缺失，核心竞争力丧失，主营业务收入倒置，成长停滞徘徊（宋则，2012）。

反观外资零售企业，自2008年以来，经过前一段时期的稳定和快速增长之后，外资零售企业在中国市场进入了调整期，其间虽然有个别外资企业退出中国市场（如万得城），个别企业转变方向（如百思买），沃尔玛、家乐福、卜蜂莲花等在一些区域关闭了部分门店，但外资零售企业总体发展势头良好，并呈现出以下特点：一是业态相对集中，大部分外资专注于某一种业态，例如，大型超市通过店铺数量和销售规模凸显优势；二是单店效率高，平均销售均在3亿元左右，高于内资企业单店销售水平；三是注重战略布局，在全面扩张的同时实施区域优势战略，在某一区域内集中开店，在物流、总部功能等方面形成优势，然后再向外扩张。

三、从国际化经营的视角

从全球化经营的视角来观察，中国零售业国际竞争力不强更是不争的事实。德勤（Deloitte，2014）最新发布的《2014年全球零售力量》报告显示，2012～2013财年世界250强零售商的平均零售额为171.5亿美元，复合净利润率为3.1%，开展海外业务的比例为63.2%，来自海外市场的零售额占总额的平均值为24.3%。反观中国零售企业的情况，就服务贸易中的零售业而言，中国"在海外的商业存在是逆差，是赤字，国际影响力是负数"（宋则，2012）。总的来说，中国零售业对外直接投资项目少、金额小，分布不均匀，和中国经济的国际影响力不相匹配。

中国零售业国际竞争力不强的事实也得到了企业和专家问卷调查的验证。在前述关于中国零售业国际化经营及其政策支撑的调查数据表明，中国零售业在国内市场和国际市场的竞争力呈现明显的剪刀差（如图2-1所示），在国内市场的竞争力均值为3.3（5为很有竞争力），明显高于国际市场的竞争力（均值为1.5）。这一结果和对零售业"走出去"现状的经验判断相一致。

分别考察专家问卷和企业问卷的结果可以发现，两者对中国零售业在海外市场的竞争力的判断基本一致，但是，企业对中国零售业在国内市场竞争力的

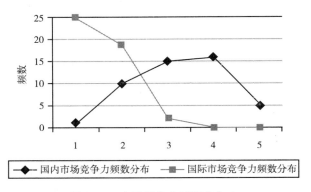

图 2 - 1 中国零售业国际竞争力

表现明显比专家乐观。这一结论说明，企业经过过去二十多年在国内市场与跨国巨头短兵相接的"肉搏战"，已经走过了从当初被动防御到积极应战到足以抗衡的阶段的过渡。这一点在部分区域市场表现得更为明显。总体而言，中国零售业经过国内市场与跨国零售巨头激烈竞争的洗礼，为实施"走出去"战略并在海外市场获取竞争优势作了很好的准备。这一结论尤其得到了专家的认可，比较而言，企业对在国内市场获得的竞争力能够更好地助推在海外市场取得成功时显得更为谨慎。

第二节 中国零售业 SCP 分析

一、SCP 分析范式

SCP 理论是哈佛大学贝恩创立的产业组织分析的理论。他在吸收和继承马歇尔的完全竞争理论、张伯伦的垄断竞争理论和克拉克的有效竞争理论的基础上，提出了 SCP 分析范式。该范式以实证研究为手段，按结构、行为、绩效对产业进行分析，构架了系统化的市场结构（Structure）—市场行为（Conduct）—市场绩效（Performance）的分析框架，简称 SCP 分析。这一范式认为，产业结构决定了产业内的竞争状态，并决定了企业的行为及其战略，从而最终决定企业的绩效。该理论对于研究产业内部市场结构，主体市场行为及整个产业的市场绩效有现实的指导意义，是产业经济学中分析产业组织、企业竞争和市场效率的主要工具。

贝恩认为，新古典经济理论的完全竞争模型缺乏现实性，企业之间不是完全同质的，存在规模差异和产品差别化。产业内不同企业的规模差异将导致垄断。贝恩特别强调，不同产业具有不同的规模经济要求，因而它们具有不同的市场结构特征。市场竞争和规模经济的关系决定了某一产业的集中程度，产业集中度是企业在市场竞争中追求规模经济的必然结果。一旦企业在规模经济的基础上形成垄断，就会充分利用其垄断地位与其他垄断者共谋限制产出和提高价格以获得超额利润。同时，产业内的垄断者通过构筑进入壁垒使超额利润长期化。因而，贝恩的 SCP 分析范式把外生的产业组织的结构特征（规模经济要求）看作是企业长期利润的来源。在 SCP 框架中着重突出市场结构的作用，认为市场结构是决定市场行为和市场绩效的因素。分析程序是市场结构决定企业在市场中的行为，企业市场行为又决定经济绩效。因此，改善市场绩效的方式就是通过产业政策调整市场结构。SCP 分析模型如图 2－2 所示。

图 2－2 SCP 分析范式

行业市场结构：指特定的市场中的企业在数量、份额、规模上的关系，主要是指外部各种环境的变化对企业所在行业可能的影响，包括行业竞争的变化、产品需求的变化、细分市场的变化、营销模式的变化等。一个特定的市场属于哪种市场结构类型，一般取决于下面几个要素：

（1）交易双方的数目和规模分布。完全竞争市场存在众多的买者和卖者，企业的规模很小以至于不能单独对市场上的价格产生影响，只能是市场价格的接受者。一般情况下，随着交易双方数目的减少，双方的规模会相应增大，价格变动的潜力越来越强，出现垄断的可能性越来越大，到了一定阶段，必然会出现卖方垄断。

（2）产品差异化。在理想的完全竞争情形下，企业出售的都是同质的产品，只能通过价格进行竞争。在现实的世界中，产品间总是在某些方面存在差异，随着产品差异化程度的增大，不同企业间产品的可替代性变弱，企业获取垄断地位的可能性相应变大。但产品差异化所带来的消费者主观上的满足和企业的市场控制力导致的福利损失之间存在一定的可替代性。

（3）市场份额和市场集中度。特定的市场中，市场份额（某个企业的市场销售份额比重）、市场集中度（少数几个最大规模企业所占的市场份额）与市场结构密切相关。一般而言，市场份额越大、市场集中度越高，少数几个企业的市场支配势力越大，市场的竞争程度越低。

（4）进入壁垒。进入壁垒意味着进入某一特定市场所遇到的各种障碍，主要包括：国家立法、机构政策针对少数特定企业授予特许经营权所形成的政策性壁垒；现有企业采取措施抵制新厂商进入而形成的策略性壁垒；因资源分布的区域性导致某地企业无法取得该资源而不能进入特定行业的资源性壁垒；潜在进入者获取行业核心技术的困难所形成的技术性壁垒；现有企业的绝对成本优势所构成的成本性壁垒；此外，市场容量、规模经济、消费者偏好也会构成进入壁垒。

企业行为主要是指企业针对外部的冲击和行业结构的变化，有可能采取的应对措施，包括企业方面对相关业务单元的整合、业务的扩张与收缩、营运方式的转变、管理的变革等一系列变动。企业行为是市场结构、经济绩效的联系纽带，企业行为通过各种策略对潜在进入者施加压力从而影响市场结构。但必须在不完全竞争市场中讨论企业行为方有意义，完全竞争市场中企业微弱的市场控制力决定了企业广告、窜谋等行为的无效性，企业可以按照市场价格销售任何数量的产品。

市场绩效主要是指在外部环境发生变化，在特定市场结构下，通过特定企业行为使某一产业在价格、产量、成本、利润、产品质量、品种及技术进入等方面达到的状态，以及企业在经营利润、产品成本、市场份额等方面的变化趋势。

二、中国零售业 SCP 分析

（一）市场结构

1. 进入壁垒低

与制造业相比，流通业自身依靠正确的选址、低廉的开办成本、买方市场的采购便利以及一定程度上的可模仿性等本身的特点，决定了其市场进入的壁垒较低。自 20 世纪 90 年代初中国商业领域对外开放以来，特别是加入世界贸易组织以来，中国政府严格履行入世承诺，到 2006 年零售业已对外资全面开放。在进入门槛低、市场化和开放度较高的同时，由于对零售业的法律法规以及政策规制不到位，加之一些地方政府赋予外资零售企业的超国民待遇，同时在商业地产的火爆带动下，造成一些地区相同业态过度扎堆经营，网点布局和业态结构不够合理，严重影响流通产业及其零售企业自身的长远发展。

2. 市场集中度低

从全球范围来看，无论是零售企业在《财富》世界 500 强所占的比例，还是全球零售前 250 强收入及平均销售规模，其表现都说明中国零售市场的集中度偏低。从全球范围来看，全球 250 强当中，排名前 50 位的企业无一例外来自欧美日澳等发达经济体。其中，美国的市场集中度达到 40% 左右，日本为 50%，欧洲市场位居前 10 名的零售企业拥有零售市场 90% 以上的份额。而根据中国连锁经营协会发布的历年百强名单的相关数据计算，自 2007 年以来，中国零售行业的市场集中度基本呈逐年降低态势，2012 年中国前五大零售商销售额仅占社会消费品零售总额的 2.3%，前十大加总也只占 3.6%，百强销售额占比仅为 9%。整体而言，中国零售行业仍处于区域格局为主导的分散竞争状态，属于完全竞争的行业，还没有出现垄断竞争或寡头垄断的市场态势。

3. 规模普遍偏小

从 2012 年连锁百强的数据来看，中国本土零售企业的门店数并不落后于外资企业，但是大润发、沃尔玛、家乐福、特易购以及欧尚等外资企业门店的增长幅度要远高于内资企业的平均速度。与此相对应的是，这些外资企业年销售规模的增幅也要高于连锁百强中的内资企业。2010 年，在零售百强企业中只有苏宁、国美和百联集团的销售额突破千亿元规模，而沃尔玛的销售额在 2009 年高达 4082.14 亿美元，2010 年进一步提高到 4210 亿美元，家乐福 2010 年销售额也高达 1010 亿欧元，中国零售百强企业整体的销售额仅为沃尔玛一家公司销售额的 62%。根据最新的《2014 全球零售力量》报告，沃尔玛在 28 个国家运营，零售总额达到 4691 亿美元，同年百联集团的销售规模约为 190 亿美元（按当年汇率折算）左右。再来看全球电商企业 50 强中排名第一的亚马逊，其 2012 财年的电商渠道销售额为 517 亿美元，而同期排位第五的京东商城销售额约为 67 亿美元。这一业绩还是在 98% 的增长基础上实现的。

目前中国零售业中，90% 以上为中小零售企业和个体户。广大中小零售企业的经营方式、管理水平总体处于落后状态，生存环境劣于大型零售企业，在市场准入、信用担保、金融服务、物流服务、人才培训、信息服务等方面的政策支撑和保障没有得到落实。

4. 产品差异化

零售行业的产品差异化可以表现在区域市场间、区域市场内业态结构以及相同业态之间店址、商品、价格、服务等方面的结构差异。在零售市场开放的初期，中国零售企业尚处于模仿学习的阶段，直到 2008 年之前，中国零售市场的差异化经营表现得并不明显。最近几年来，受外资零售企业的冲击和引领，特别是受网络零售高速增长，以及商业技术的日益进步，中国零售企业的转型发展开始起步，具体表现在便利店加速发展，专卖店发展势头良好，超市、大型超市竞争加剧，百货店转型加快，购物中心的发展则喜忧参半。但是，这些变化还没有转化为中国零售产业的集群优势，未来的挑战依然严峻。

（二）市场行为

在低集中度、低壁垒、企业规模普遍偏小的市场结构下，中国流通企业最突出的市场行为就是过度或者低水平的无序竞争。法律法规的不完善，行业规划的缺失，不规范的竞争政策等，都进一步加剧了这种现象。具体表现在，国内一些区域市场过度集中在外资零售业，中国消费者权益屡受侵害；大量小型、微小型本土企业自相残杀，竞争惨烈，发展空间受到压缩，发展后劲乏力；企业自身经营观念落后，推动可持续发展的内生和外生动力没有形成良性的传导和"落地、生根、开花、结果"，缺乏创新驱动，研发投入极低，国际化专业人才奇缺，没有走上专业化、特色化和品牌化的发展道路。

从价格竞争来看，由于企业自身没有形成差异化竞争优势，在消费者对价格因素非常敏感的条件下，价格竞争成为多数零售企业最直接、最有效、最快速的竞争手段，与激烈的价格竞争相伴而生的往往是服务质量和企业效益的下滑。值得一提的是，网络零售的异军突起冲击和影响了零售市场的生态和走势，以O2O为主要特点的全渠道经营模式开始显现，价格竞争从线下实体店向在线零售延伸。最典型的例子就是从2009年开始，每年的"双十"、"双十一"，以天猫、京东为代表的大型电子商务网站进行大规模的打折促销活动，以提高销售额度，成为中国互联网最大规模的商业活动。2010年淘宝商城"双十一"全场五折大促销创下单日10亿元的销售纪录，一天的集中抢购结束后，淘宝商城总计诞生了181家百万级店铺、11家千万级店铺。2011年"双十一"，淘宝商城全网销售52亿元。到了2013年，支付宝全天交易额突破350亿元。2014年，阿里巴巴公布了"双十一"全天的交易数据：支付宝全天成交金额为571亿元，移动支付占比42.6%。"双十一"购物狂欢节的汹涌客流和极为庞大的单日成交量显示了较强的消费意愿和较高的消费能力，这对拉动内需无疑是个积极信号，中国的零售业态正在发生急剧变化，由此开始全面倒逼传统零售业态升级。值得注意的是，随着各大电商之间竞争越来越激烈，"双十一"战线已经前后长达一个月左右，虽然这是商家自发的市场行为，但无序的竞争也带来了乱象和恶果：一方面民众的冲动消费被进一步刺激和放大，另一方面是消费者对电商网站的信任被透支，此外还导致了快递行业不堪重负、过度包装不环保和浪费等问题。

在非价格竞争领域，首先，通过门店数量的增加来实施投资扩张，这是初期内外资企业为提高市场占有率采取的主要发展战略。2012 年连锁百强中的大部分企业门店数量有了增长，其中尤为引人注目的是外资企业门店的增长速度远高于内资企业。其次，并购重组行为。中国零售市场的并购案例出现于 2005 年前后，最近几年并购风潮频出，2011 年数量达 159 起，金额 374 亿元，并购数量和金额都呈两位数增长。到目前，零售业并购仍以内资并购为主，但是外资并购增长迅速。并购在成为跨区域发展主要方式的同时，2010 年重庆百货并购新世纪百货的案例显示，区域内并购正在成为国资系统商业重组的主要方式。在中国，并购扩张和商业地产的迅猛发展相伴，有一定的盲目性，成功的可以通过并购的资本运作得到快速扩张，实现业态升级，但是，并购之后整合过程中的品牌效应联动以及管理架构问题仍不容忽视。最后，技术进步。改革开放初期人工记账、核算、盘点是零售业的主要运行方式，零售自动化、信息化程度低，经营管理落后。但近年来，特别是外资零售连锁企业大举进入中国市场以来，零售业技术水平得到了大幅度提高，越来越多的零售企业将计算机系统应用到了日常经营、仓储和运输配送管理中，先进的信息技术与物流技术成为决定连锁企业成败的关键，技术进步已经成为连锁企业应对日趋激烈的市场竞争的必然要求。面对 GPS、RFID、3D 打印以及 MRI 等迅猛发展的技术在零售企业的应用，以中小企业为主的中国零售业将面临极大的挑战。

（三）市场绩效

1. 劳动生产率方面

2012 年，中国零售企业平效以便利店最高，为 4.2 万元/平方米，最低的超市仅为 2 万元/平方米，相当于外国零售企业的一半左右；人均营业额最高的是大型超市，为 91.3 万元/人，相当于外国零售企业的 55%，最低的不及外国零售企业的 1/3。

再从人均年销售额来看，2004～2011 年，无论是批发业、零售业还是整个批发零售行业的人均年销售额均呈现出增长态势。相比较而言，批发业的人均年销售额增长态势最为明显，而零售业与连锁零售行业的人均年销售额增幅比较平缓。零售业的人均年销售额的绝对值从总体来说均低于批发业，即使在 2011 年人均年零售额最高的年份，也仅仅为 136.14 万元，只有当年批发业人均年销售额的 17.62% 和整个行业人均年销售额的 34.03%。连锁零售被视为能有效提升零售行业的劳动效率，2004～2005 年连锁零售人均销售额比整个零售行业分别高出 12.71 万元、18.84 万元，呈现出良好态势。2007 年连锁零售比整个零售行业的人均年销售额达到最高点，即 19.03 万元。但是好景不长，从 2008 年开始，整个零售业的人均年销售额与连锁零售行业的人均年销售额差距在逐步缩小，到 2011 年，差距仅为 2.4 万元（如图 2-3 所示）。

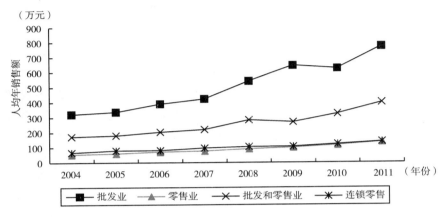

图 2-3　2004～2011 年中国流通业人均年销售额变化

资料来源：根据历年《中国统计年鉴》计算所得。

2. 利润率方面

2012 年，连锁百强的毛利润率为 15.6%，比上年下降 0.9 个百分点，其中最低的为超市的 13.4%；净利润率为 2.46%，较上年下降 0.19 个百分点。

3. 资产利用率方面

2012 年，连锁 100 强流动资产周转率为 2.4 次，而外国零售企业平均在 6 次以上。这些数字说明我国零售企业财务指标表现欠佳，经营风险较大，会对企业发展产生持续的影响。

综上所述，中国零售业发展存在的主要问题是：对流通业的认识还不到位，缺乏明确的战略定位；在进入门槛低、市场化和开放度较高的同时，行政干预普遍，地区保护主义盛行，市场壁垒森严，区域市场、城乡市场和条块市场分割，"大市场、大流通"无法形成，造成区域垄断和过度竞争并存，市场碎片化特征明显，集中度不高，难以形成国内零售产业的市场集聚，与世界级跨国零售集团强大的战略实施和系统整合能力相比差距较大；内外贸市场分割，零售业和关联产业协同创新和联动发展程度比较低，缺乏创新的动因和内在机制；流通产业效率低下，流通成本高昂；"内外有别"，存在各种形式的政策歧视，不正当竞争泛滥；市场监管缺失，市场秩序混乱，零供关系紧张（荆林波，2011；洪涛，2011；李飞，2012）。如何打破困局，探索可持续的长期增长模式并寻求创新发展机遇，既是摆在零售企业面前的一个重大课题，更是需要引起国家重视的全局性的战略难题。

三、基于 SCP 分析的流通业发展对策

针对我国流通业，特别是零售业存在的上述问题，需要从体制、机制及模式等方面深入推进改革创新。

1. 重视流通产业，明确产业定位

随着社会主义市场经济的建立和发展，流通在社会再生产中的地位和功能越来越重要。流通业不仅具有价值实现功能，更具有创造价值的增值功能。近年来，中国国内贸易稳定发展，现代流通方式快速推进，流通产业的基础性和先导性作用不断增强。在当前稳增长促改革调结构惠民生防风险的关键时期，加快发展内贸流通，对于引导生产、扩大消费、吸纳就业、改善民生，进一步拉动经济增长具有重要意义。因此，无论是从产业功能，还是从产业价值及重要性上，流通业在国家层面都应该受到高度的重视，给予明确的基础产业、先导产业以及战略产业定位（荆林波，2011；荆林波等，2012）。

2. 制定合理的流通产业政策

（1）减少行政审批，减轻企业税费负担。加快推进行政审批制度改革，系统评估和清理涉及流通领域的行政审批、备案等事项，最大限度取消和下放。对按照法律、行政法规和国家有关政策规定设立的涉企行政事业性收费、政府性基金和实施政府定价或指导价的经营服务性收费，实行目录清单管理，不断完善公示制度。加大对违规设立行政事业性收费的查处力度，坚决制止各类乱收费、乱罚款和摊派等行为。进一步推进工商用电同价。鼓励大型商贸企业参与电力直接交易。在有条件的地区开展试点，允许商业用户选择执行行业平均电价或峰谷分时电价。

（2）提高市场集中度，增强流通竞争力。流通业已经成为现代国民经济的"晴雨表"，流通竞争力已经成为国家竞争力的重要组成部分，没有强大的流通不可能造就经济大国，更不可能成为经济强国。流通业已是国家经济的命脉，在一定程度上，谁控制了一国的流通业，谁就控制了该国经济发展的命脉。但是，国内零售市场分散，集中度低，我国流通企业在内外部市场竞争力都不强。因此，制定我国流通业发展战略和政策的同时，应当注重提高流通组

织化程度，加强产销之间的衔接，减少流通环节，强化城乡物流配送体系建设，提升流通的现代化与信息化水平，提高市场集中度，增强内资流通企业的竞争力（汪旭晖，2009，2013）。

（3）支持流通企业做大做强。推动优势流通企业利用参股、控股、联合、兼并、合资、合作等方式，做大做强，形成若干具有国际竞争力的大型零售商、批发商、物流服务商。加快推进流通企业兼并重组审批制度改革，依法做好流通企业经营者集中反垄断审查工作。鼓励和引导金融机构加大对流通企业兼并重组的金融支持力度，支持商业银行扩大对兼并重组商贸企业综合授信额度。推进流通企业股权多元化改革，鼓励各类投资者参与国有流通企业改制重组，鼓励和吸引民间资本进入，进一步提高利用外资的质量和水平，推进混合所有制发展。

（4）扶持中小流通企业成长。中国流通企业目前大部分是中小企业，并且这种局面可能长期维持下去，所以扶持中小流通企业对我国流通产业的发展具有重大意义（荆林波，2013）。要学习美国、日本等国的做法，在法律、政策层面制定有利于中小流通企业发展的措施和办法，给予中小流通企业融资、税收等方面的支持，建立信息共享机制。目前，虽然各发达国家都出台政策反对大型零售企业基于市场范围扩张为目的的合并，但并不完全禁止中小企业之间的联合、合并，只要中小企业联合后的市场份额低于一定的警戒线，并且联合中没有进行区域性限制条款。各国的警戒线水平不同，如瑞士为20%，并允许联合企业进行联合采购、共同营销、统一定价及在建新店、金融、行政管理等方面合作。要加快推进中小流通企业公共服务平台建设，整合利用社会服务力量，为中小流通企业提供质优价惠的信息咨询、创业辅导、市场拓展、电子商务应用、特许经营推广、企业融资、品牌建设等服务，尽快形成覆盖全国的服务网络。落实小微企业融资支持政策，推动商业银行开发符合商贸流通行业特点的融资产品，在充分把控行业和产业链风险的基础上，发展商圈融资、供应链融资，完善小微商贸流通企业融资环境。

（5）消除政策歧视，促进市场统一。在制定流通产业发展的政策的同时，当务之急是消除政策歧视（荆林波和王雪峰，2012；孙君，2010）。政策歧视是流通产业发展滞后、内外部市场分割、区域市场、部门市场分割和城乡分割的主要根源。内外贸市场分割既具有体制性的历史成因，也是"内外有别"歧视政策的结果，虽然这种体制曾经为经济发展作出过重大的贡献，但是，内外贸市场的分割已经造成我国外贸企业对外流通受制于人、对内流通没有发展、渠道阻塞不通的局面。而区域分割和条块分割分别是部门利益和区域利益保护的结果，成为国内统一市场的羁绊，制约了大市场、大流通的形成。为此，要从国家层面的战略高度对国家及各部门、各区域存在的歧视政策进行清理，彻底消除政策上对流通业的歧视，特别是对内资流通企业的歧视政策；同时，制定支持流通业大发展的战略政策，促进流通业的快速升级发展，加快构建城乡统一、区域统一、国内统一大市场和内外贸一体的大市场。要着力破除各类市场壁垒，不得滥用行政权力制定含有排除、限定竞争内容的规定，不得限定或者变相限定单位或者个人经营、购买、使用行政机关指定的经营者提供的商品，取消针对外地企业、产品和服务设定歧视性收费项目、实行歧视性收费标准或者规定歧视性价格等歧视性政策，落实跨地区经营企业总分支机构汇总纳税政策。完善零售商、供应商公平交易行为规范及相关制度，强化日常监管，严肃查处违法违规行为。充分发挥市场机制作用，建立维护全国市场统一开放、竞争有序的长效机制。

（6）加大市场整治力度，加快法治化营商环境建设（宋则，2014）。要开展重点商品、重点领域专项整治行动，完善网络商品的监督抽查、风险监测、源头追溯、质量担保、损害赔偿、联合办案等制度，依法惩治侵权假冒违法行为，促进电子商务健康发展，切实保护消费者合法权益。积极推进侵权假冒行政处罚案件信息公开，建立案件曝光平台。要强化对网络商品交易的监管，加强行政执法与刑事司法衔接，建立部门间、区域间信息共享和执法协作机制。要建立和完善国内贸易企业信用信息记录和披露制度，依法发布失信企业"黑名单"，营造诚信文化氛围。推动建立健全覆盖线上网络和线下实体店消费的信用评价机制。支持第三方机构开展具有信誉搜索、同类对比等功能的综合评价；鼓励行业组织开展以信用记录为基础的第三方专业评价；引导企业开展商品质量、服务水平、购物环境等内容的消费体验评价。

（7）推进内外贸融合发展。拓展国内商品市场对外贸易功能，借鉴国际贸易通行标准、规则和方式，在总结试点经验的基础上，扩大市场采购贸易方式的试点范围，打造一批布局合理、功能完善、管理规范、辐射面广的内外贸结合市场。要鼓励具备条件的流通企业"走出去"，建立海外营销、物流及售后服务网络，鼓励外贸企业建立国内营销渠道，拓展国内市场，打造一批实力雄厚、竞争力强、内外贸一体化经营的跨国企业。

3. 创新商业模式

（1）促进电子商务发展。要进一步拓展网络消费领域，加快推进中小城市电子商务发展，支持电子商务企业向全国延伸业务，推动居民生活服务、休闲娱乐、旅游、金融等领域电子商务应用。在保障数据管理安全的基础上，推进商务领域大数据公共信息服务平台建设。促进线上线下融合发展，推广"网订店取"、"网订店送"等新型配送模式。加快推进电子发票应用，完善电子会计凭证报销、登记入账及归档保管等配套措施。落实《注册资本登记制度改革方案》，完善市场主体住所（经营场所）管理。在控制风险基础上鼓励支付产品创新，营造商业银行和支付机构等支付服务主体平等竞争环境，促进网络支付健康发展。

（2）加快发展物流配送。加强物流标准化建设，加快推进以托盘标准化为突破口的物流标准化试点；加强物流信息化建设，打造一批跨区域物流综合信息服务平台；提高物流社会化水平，支持大型连锁零售企业向社会提供第三方物流服务，开展商贸物流城市共同配送试点，推广统一配送、共同配送等模式；提高物流专业化水平，支持电子商务与物流快递协同发展，大力发展冷链物流。推动城市配送车辆统一标识管理，保障运送生鲜食品、主食制品、药品等车辆便利通行。允许符合标准的非机动快递车辆从事社区配送。支持商贸物流园区、仓储企业转型升级，经认定为高新技术企业的第三方物流和物流信息平台企业，依法享受高新技术企业相关优惠政策。

（3）大力发展连锁经营。以电子商务、信息化及物流配送为依托，推进发展直营连锁，规范发展特许连锁，引导发展自愿连锁。支持连锁经营企业建设直采基地和信息系统，提升自愿连锁服务机构联合采购、统一分销、共同配送能力，引导便利店等业态进社区、进城镇。

第三节　中国零售业国际竞争力"钻石模型"分析

一、基于波特竞争理论的零售业"五力竞争模型"

波特对竞争理论的贡献首先是其提出的"五力模型"。该模型认为，行业中存在着决定竞争规模和程度的五种力量，这五种力量综合起来影响着产业的吸引力。五种力量分别为进入壁垒、替代品威胁、买方议价能力、卖方议价能力以及现存竞争者之间的竞争。竞争战略从一定意义上讲是源于企业对决定产业吸引力的竞争规律的深刻理解。任何产业，无论是国内的或国际的，无论生产产品的或提供服务的，竞争规律都将体现在这五种竞争的作用力上。因此，波特的"五力模型"是企业制定竞争战略时经常利用的战略分析工具。结合前面对中国流通产业的 SCP 分析，可以用图 2 - 4 的中国零售业"五力竞争模型"来反映中国零售产业的产业态势和竞争结构。

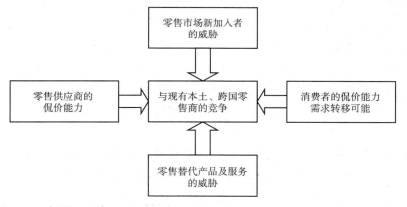

图 2 - 4　中国零售业"五力竞争模型"

1. 买方议价能力分析

　　零售业的买方是家庭和个人消费者。影响消费者议价能力的因素非常复杂，涉及对消费者购买决策的分析，与购买类别和消费者的信息行为密切相关。在影响消费者购买决策的因素当中，商品的质量及价格往往是重要的因素。经济全球化加深了外部环境对中国消费者的影响，体现在：第一，全球化促使中国零售行业的商品结构趋同，销售量有明显的增长。全球化的一个最明显的体现就是世界市场的进一步融合，区域经济一体化有长足发展。国际的投资、融资业务趋于频繁。这意味着零售行业的销售量迅速增长。第二，世界市场的融合以及零售行业的全球化战略向中国零售企业提出了前所未有的挑战。因为在全球市场上进行战略投资的选择需要统一的、至少是可比的价格标准，而目前尚未形成一个完善的统一准则体系，全球化无疑会成为中国零售企业发展的巨大推动力，从而符合中国消费群体的心态，吸引顾客群，同时使买方具有很强的竞价能力。

2. 卖方议价能力分析

　　零售业的供应商主要商品制造商，其议价能力的强弱很大程度上取决于供应商的市场力量，涉及的是垂直竞争中双方的竞合关系。全球化对中国零售业的供应商的影响也是十分明显的。第一，零售行业需要大量的商品及市场信息作为竞争策略和经营状况的分析基础。目前，许多零售行业都设立了专门的信息情报收集部门及新商品引进工作组，全球化的零售行业必然导致零售行业的信息也全球化,信息技术特别是国际互联网技术及电子商务的迅猛发展,使取得价格信息成本明显降低。第二,零售行业的发展所需要的专业管理人才竞争越来越明显,市场服务水平的提高,无论是人才数量或人才质量的需求都随之提高,从而使行业中优秀人才的竞价能力明显增强。

3. 业内竞争的强弱

随着经济全球化,中国市场对外资零售商进入的限制已经被完全取消,而国内零售业与跨国零售巨头相比在规模、竞争能力、风险防范能力等方面存在着巨大的差距,对中国零售行业在技术及管理上的冲击都很明显。这在很大程度上和我国流通产业的竞争政策有关。

加入 WTO 之后,中国流通产业发展面临着双重重大课题,首先要增强流通企业国际竞争力,必须制定保护民族产业、培育新兴产业及产业组织的产业政策;同时保护企业正当竞争、禁止垄断。但进入后 WTO 时代,越来越多的国内大型零售企业,以及进入中国的国外的超级零售企业都对中国流通业市场竞争格局、中小流通企业的发展,最终对中国的生产制造业产生相当大的影响,从而影响到中国经济健康的、可持续性的发展。

2007 年 8 月 30 日,中国颁布了第一部《反垄断法》。《反垄断法》虽然只有 57 个条文,但它结合中国实际,在实体法方面,除了禁止垄断协议、禁止滥用市场支配地位和控制企业合并,还对阻碍中国经济发展的行政垄断行为加以规制,在程序上明确了垄断行为的法律责任和救济途径。此外,在商务部指导下,各地级以上城市制定了《城市商业网点规划》,这在一定程度上有助于规范中国零售业合理布局,但现在的规划更注重对重点项目的建设,一些与规划配套的具体控制措施或行为准则规制尚未出台,因此,目前中国的零售业仍存在过度竞争或低效竞争的现象。

在流通竞争政策方面也存在许多问题,主要有以下几个方面:一是反垄断政策尚没有落到实处。从立法而言,《反垄断法》的出台只是第一步。如就反垄断法律最发达的美国而言,自 1890 年《谢尔曼法》起,对反垄断制度的规范经历了一百余年。中国的反垄断法只是规定了反垄断的一些基本原则和制度,其实施取决于一系列配套法规的制定,我国反垄断法执法的任务依然繁重。二是维护流通竞争秩序政策不完善。我国的流通领域中存在着严重的不公平竞争与限制竞争现象。首先是以行政干预引起的不公平竞争:或是为防止恶性竞争、重复建设,实现规模经济,政府应对市场设置行政进入壁垒;或是认为规模带来垄断、垄断限制竞争、阻碍技术进步、影响产业活力,政府应运用行政力量反对任何集中与垄断。其次,流通立法滞后导致商品流通的规范化、法制化程度比较低，流通企业新的不公平交易行为没有被充分认识，并被加以规范。三是缺少流通产业组织政策维护有效竞争。目前我国流通业已呈过度竞争的态势，行业利润率呈不断下降的趋势，相同业态之间的恶性竞争屡见不鲜。而我国在这方面几乎没有适当的政策措施加以限制，使得这种情况愈演愈烈。由于缺少对中小流通企业的扶持政策和流通基础设施建设资助政策，我国的流通业很明显地呈现出缺乏效率的一面。

4. 新进入者的威胁

对于一个企业来说，潜在的进入者或新加入者都会带来新的生产能力，带来新的物质资源，从而对已有的市场份额格局提出新的分配要求，潜在的进入者或新加入者是否能进入某行业，或者对某行业是否能造成威胁，取决于某行业所存在的进入障碍。经济全球化对中国零售业新进入者的威胁主要表现在：第一，后 WTO 时代，行业进入障碍降低。第二，零售行业的初始进入障碍并不高，但是，随着零售业成为知识、技术密集和管理水平专业的行业，市场进入的门槛在不断提高，品牌战略被广泛引入和使用，知名度高的企业在一定程度上可以构成初建伊始企业的进入障碍。

5. 替代品的威胁

由于零售行业一般是采用连锁经营，不管是国外市场还是国内市场，为顺应经济全球化的发展潮流，大部分零售企业都在努力朝不同业态、不同区域的方向发展，并不断创新经营模式。这对中国零售行业会构成一定的威胁。此外，随着电子商务的迅猛发展，对传统的零售业的经营带来了巨大而深远的冲击和影响。

二、基于"钻石模型"的中国零售业国际竞争力分析

波特认为，一个产业要在国际上获得竞争优势，需具备四项基本要素：生产要素、需求条件、相关与支撑产业以及企业战略、竞争结构与同业竞争。此外，政府行为和机会对产业竞争优势也影响巨大。以上要素之间双向强化，形成影响产业竞争力的钻石模型，如图 2 - 5 所示。

波特理论的第一个决定因素是生产要素，可分为人力资源、物质资源、知识资源、资本资源以及基础设施这五类。先进或独特的生产要素在竞争中具有格外重要的意义。第二个决定因素是需求条件，需求包括国内需求和国际需求。零售企业需要根据目标市场的需求和特点来决定它的采购策略，其中，国内市场是企业市场导向的真正含义，企业从本国需求出发建立起来的零售业

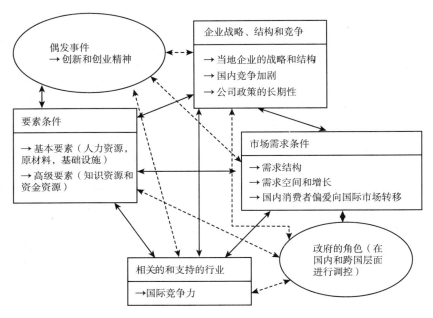

图 2 - 5　零售产业竞争力"钻石模型"

态、组织结构和营销管理是否有利于进行国际竞争，是企业是否具有国际竞争力的重要影响因素。第三个决定因素是相关与支撑产业，支撑产业是为零售业提供支持的若干产业，相关产业是指具有互补性的产业。对零售业来说，相关和支撑产业的数量众多，差异巨大，但是主要包括各类制造业，以金融、物流等为代表的传统及现代服务业。第四个决定因素是与零售企业相关联的，即产业及产业内企业的战略、竞争、结构等。国家竞争力来源于在特定行业中各种竞争优势能够恰当地匹配在企业中，而国内的市场竞争结构对培育企业的国际竞争力也有很大影响。其余两个重要影响因素是机遇和政府。机遇因素并非企业的影响力所能左右，如外国政府的决策等；而政府在提高产业的国际竞争力中所起的作用实际上是通过政府行为影响四个决定因素来实现的（陈湛匀，2007）。四个决定产业国际竞争力的决定因素，加上两个外在影响因素，六个因素之间互相联系、相互作用，构成一个完整的动态系统。

（一）要素条件

1. 物资资源

改革开放以来，中国城乡居民收入增长较快，物质条件得到了极大的改善。其原因既与中国目前的经济发展处于工业化、城镇化进程加快的阶段性特点有关，也与居民家庭消费结构的变化有关。增加国内适销对路产品的市场供给能力是对中国制造业迅速发展的必然要求。制造业，尤其是生活消费品制造业的发展将会对流通产业产生巨大的影响，一方面可以对扩大内需产生积极的推动作用，另一方面也对流通业，特别是零售业提出了更高的要求，面对电子商务和信息技术的迅猛发展，零售业亟须采用先进的商业零售技术提高服务能力和管理水平，从而在实现创新驱动、转型发展方面迈出新的步伐。

2. 人力和知识资源

中国三十多年来经济高速增长，究其原因，得益于长期保持的劳动力充分供给的局面，从而使劳动成本一直保持在较低的水平上。但是，随着东部沿海地区的工资水平大幅度上升，中西部地区后发优势显现，经济发展提速，原有的中西部地区大量劳动力流向东部地区的势头已经放缓，导致最近几年来东部地区屡屡出现"用工荒"的情况。总体而言，随着中国老龄化的迅速到来，中国的人口红利正在逐渐消失，劳动力价格上的优势已经不能持久。同其他产业一样，流通业更加需要的是高层次人才以及高水平的知识创新。中国流通业正在新的发展时期，那些能在竞争中赢得应用创新型人才并进行有效的知识转移的企业将越走越远，并最终迈向国际舞台，反之就会被市场淘汰。

3. 资本资源

中国大量的国内投资来源于国内储蓄，国内储蓄对维持国内需求的持续增长具有基础性作用。没有国内储蓄的支持，国内需求的持续增长是不可能的。国家的高储蓄率意味着没有必要依赖外国储蓄，不用借钱和承担外债风险。数据说明中国的资本市场正在急速扩张，这种扩张为流通业的迅速发展提供了极佳的投资渠道和融资来源。

（二）需求状况

1. 疲软但却巨大的国内消费需求

庞大的人口数量和居民收入的不断增加，使中国具有巨大的现实和潜在的市场需求。随着中国经济的持续增长和人民收入水平的不断提高，中国居民的消费结构变化显著，消费方式逐步从生存型转向发展型和享受型。从居民的购买力和消费状况来看，中国农村家庭、城镇家庭的恩格尔系数都不断下降。城镇居民消费的恩格尔系数已从 1995 年的 50.1% 下降至 2010 年的 35.7%，农村居民的这一数值也从 58.6% 下降至 41.1%。居民所拥有的巨大的消费需求潜力必然带来巨大的生产需求，对生产资料和生活消费品的生产带来广阔的市场需求空间。

2. 国际需求

全球化时代的一个典型特征是各国经济联系日趋密切，相互影响相伴而存，发展依存度上升。其后果之一就是国际市场的变化会即时影响国内的市场状况，市场的不确定性和复杂性大为增加。这一点在 2008 年世界金融危机以来表现得更加明显。目前，在发达国家加快推进"经济再平衡"的过程中，其经济复苏中伴随着削减贸易赤字，进口增速减弱，对全球进口的拉动作用趋于疲弱，中国巩固发达市场难度加大。新兴经济体经济增长放缓，市场需求存在较大不确定性。在 2008～2013 年的五年中，中国出口增量的 43% 来自新兴经济体和发展中国家，其市场需求降温也会影响中国企业出口。世界贸易组织预计，2014 年全球贸易量增长 4.5%，增速仍然低于过去二十年 5.4% 的年均增速。此外，随着中国劳动力等要素成本持续上涨，劳动密集型产品出口竞争力进一步下降，而东盟及其他发展中国家劳动密集型产品出口竞争优势逐步增强，正在挤占中国产品的市场份额。

值得关注的国际市场变化还表现在，国际贸易保护主义正在回潮，针对中国产品的贸易摩擦有增无减。一些发达国家不断强化贸易执法，放宽立案标准，降低反倾销和反补贴调查门槛，其措施和贸易救济调查明显针对中国产品，中国应诉企业在一些案件中被裁定较高反倾销税率，某些贸易救济力不强、关键技术受制于人、可持续发展能力不强。在营销、品牌、服务等方面，中国出口企业与发达国家竞争对手相比，还有较大差距。新兴经济体经济放缓，一些产业发展面临困难，对中国的贸易摩擦呈增多之势，应对难度明显增大。总体来看，随着中国生产要素成本持续上升，传统比较优势弱化，"入世红利"趋于消退，即使国际市场需求改善，接下去几年中国对外贸易形势也比较严峻。为此，需要大力培育外贸竞争新优势，支持跨境电子商务等新型贸易方式和外贸综合服务企业发展，增强中小民营企业拓展国际市场的能力，推动国际商务平台和国际营销网络建设，发挥外贸产业集群优势，优化外贸国际市场、国内区域布局和出口商品结构。鼓励企业加大技术创新投入，提高产品质量档次，打造国际知名品牌。国际市场需求的变化，对中国流通业既是挑战，也是机遇。

（三）相关和支持性产业

1. 第一产业中的种植业和养殖业、第二产业中的制造业，特别是消费品制造业，与流通业有非常密切的关联关系

第一产业的发展不仅直接为城乡居民的生活消费提高产品，也为第二产业的消费品制造业提供原料。作为基础产业，流通业为制造业发展提供良好的环境和条件，对制造业发展具有间接的促进作用。流通业发展建设从两方面对制造业有拉动作用：一是对制造业增长的拉动作用，二是对制造业产业升级的影响。伴随着国际及国内市场消费需求的变化，中国流通业在自身面临着创新驱动、转型发展的同时，也要求制造业能够提供更加适销对路的产品。

当前，世界制造业正在进入"工业4.0"时代，以智能化、互联化、大数据、云计算为代表的新技术革命正在不断酝酿当中，制造业领域的技术发展极为迅速。以3D打印技术为例，据英国普华永道国际会计事务所调查，超过2/3的制造企业或多或少地采用了3D打印技术，新兴的3D打印机市场将会被低成本、高质量重新定义。例如，FSL3D以及Formlabs等推出的3D打印机具备较高的打印分辨率、较高的打印精度，且采用立体光刻技术，但是价格却控制在几千美元。3D打印有潜力能够为复杂的设计、零部件以及产品降低成本。与传统的制造和成型方法相比，它也能让定做变得更加容易。一台3D打印机比铸件或铸模更有用，因为它不仅仅围绕设计的单一方面，而是能打印出设计的多个版本，从而减低前期成本。

2. 第三产业中与流通业紧密相关的关联产业

包括物流产业、信息服务产业、电子商务产业、金融保险产业、证券投资业，以及其他服务产业。这些产业的不断发展和需求不但扩大了制造业的发展空间，使得产业能够体系化，产生彼此推动效果，结合中国国情，更可以转换成其他国家无法仿效也无可取代的产业竞争优势。

随着互联网的高速发展，传统产业正面临更加激烈的市场竞争和技术创新挑战。以互联网金融为例，根据最新的《中国互联网络发展状况统计报告》，互联网理财产品推出仅一年时间内，用户规模就达到6383万，使用率达10.1%。阿里的余额宝更是举手投足之间，便将一支名不见经传的基金打造成市场明星。凡是与互联网金融沾边的股票，均成为资本市场热炒对象。此外，移动互联、云计算、大数据的成熟，也给传统管理软件产业的商业模式带来了全新考验。用户需求的个性化、碎片化、移动化等趋势与传统管理软件的流程化、规范化等产品理念格格不入。其中，管理软件厂商总是先于用户感知到技术潮流的变化。传统企业面临的问题，也为管理软件厂商进行转型升级提供了机会。

软件网络行业几乎能够颠覆传统的网络使用者。当下，许多科技都集中于云计算领域，但网络设备却没有朝这个方向靠拢，而且这些设备往往滞留在十年之前的旧模式，围绕继承的硬件和软件"盒子"进行手工配置，无法形成规模。来自社交媒体、网络日志和其他地方的大数据也正在数据领域中繁荣发展，传统的数据库已经显示出许多局限。面对这样的局面，欧盟启动了与大数据价值协会的合作项目，将在 2016～2020 年，利用"地平线 2020"科研规划向这项合作进行超过 5 亿欧元的投资，私营行业合作伙伴的投资将超过 20 亿欧元。这一合作项目旨在推动在能源、制造业和医疗保健等行业产生一些颠覆性的大数据理念，例如，提供个性化医疗和预测分析服务等，增强欧洲地区在大数据领域的实力，并为未来发展数据驱动型经济打下基础。

（四）企业战略、结构与竞争

中国流通业全面对外开放，外资流通企业进入之后产生了"鲶鱼效应"，促进了国内流通产业的竞争及业态的多样化，优化了中国流通产业结构，提升了中国流通企业的管理与技术水平，但同时，外资流通企业凭借着资金、技术、管理等方面的优势进军中国市场，给既无规模优势又无资本实力的国内本土流通业带来极大冲击，导致国内流通业利润率下降，相当一部分本土流通企业因竞争失利而破产倒闭，同时加剧了国内流通业区域性结构失衡。

为优化我国流通产业市场结构、规范竞争行为，应加快制定流通产业进入、退出政策（李飞和王高，2007；孙君，2010）。在进入政策方面，首先，要规制流通业的进入，如城市商业网点规划。其次，要规制行业集中度，防止垄断企业获得超额垄断利润。最后，防止外资企业掠夺性定价。沃尔玛、家乐福等国际零售巨头无一例外地出现了在欧美市场赚钱，但在亚洲市场却赔钱的反常现象，也就是采取了由已开发国家市场贴补新兴市场的"零售倾销"策略。通过"零售倾销"策略来占领市场份额，最终极有可能出现上抬零售价、下压进货价的局面。总之，为遏制过度竞争，也为保护消费者利益，政府应制定适当的产业进入标准。通过立法制定最小经济规模标准，规定某种经营业态的企业到不到经济规模要求就不得进入该产业，将低素质和低效率的企业拒之门外，既可以控制商业规模盲目扩张，又有利于规范市场秩序，为具有发展前景的企业创造良好的竞争环境，保证消费者利益不受低素质企业损害。

在流通产业退出政策方面，首先，是关于流通经营主体的退出，主要应完善各种流通业态的终止、解散、撤销、破产方面的法律制度。其中，应尽快出台统一的《破产法》，结束国有流通企业与其他所有制流通企业进入破产清算程序适用法律不一致的状况。其次，要完善各种流通业态退出流通市场的监督机制。

此外，要制定流通经营行为的规制政策。流通产业竞争政策的目标导向是要规范流通企业的竞争行为，由于近几年来，中国流通产业普遍存在过度竞争现象，同时又缺乏必要的竞争政策约束，致使各种不正当的价格竞争、促销竞争不断发生，一些企业甚至通过非法途径获取竞争对手的商业秘密。这意味着中国迫切需要制定流通产业竞争政策，就流通企业定价、促销、商业秘密等制定一系列相应的政策法规，使流通企业的竞争行为有明确的法律规范和制度保障，从而抑制流通产业的无序竞争。流通行为方面的法律制度，应包括规范合同行为的法律制度，保护竞争、禁止不正当竞争行为的法律制度，反垄断法律制度，规范新型交易方式的法律制度等。另外，应根据反垄断法制定相应的配套措施与政策，彻底消除流通现代化发展中的体制性和政策性障碍，彻底打破地域行政性或行业性垄断，防止经济垄断的形成及跨国公司进入中国市场后各种新型业态形成的市场垄断。

此外，国家应该鼓励有条件的本土流通企业实施海外扩张战略。尽管国内流通市场远未饱和，但国内市场国际化竞争态势越来越激烈，企业应该主动出击去占领广大的海外市场，才能避免无路可退的局面。此外，从全球价值链的角度看，中国越来越多的制造企业正在实施海外扩张战略，而作为价值链终端的流通环节有着极为重要的作用，必须有相应的本土流通商作为本土生产企业的海外终端，中国国家层面的产业竞争力才有可能提升。鼓励有条件的本土流通企业特别是那些大型的流通企业集团实施稳健的海外市场开拓计划，是提升中国流通产业竞争力的必由途径。为了更好地推动中国零售业实施"走出去"战略，需要在各个层面创造有利的制度和环境、政策支撑和保障。

根据波特的竞争理论，结合前面对中国流通产业的分析，可以构建中国零售业国际竞争力的"钻石模型"，如图2-6所示。

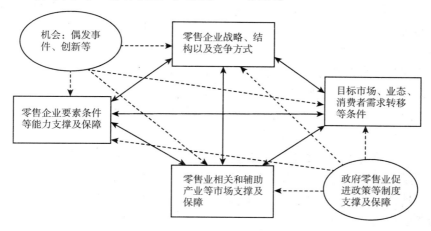

图2-6　中国零售业国际竞争力"钻石模型"

这个模型的特点有两个：一是在强调中国零售业要素市场条件支撑及企业自身内在的竞争力之外，突出强调了政府促进零售业的政策支撑和保障，以及零售业与其关联产业联动发展的重要性，这是符合中国零售市场现状和特征的反映，也对现阶段创造中国零售业的国际竞争优势有特殊的意义；二是模型可以为中国零售业在国内和国外两个市场获取竞争优势提供有益启示。

第四节　提高中国零售业国际竞争力的路径分析

十八届三中全会通过的《中共中央关于全面深化改革若干重大问题的决定》指出，"适应经济全球化新形势，必须推动对内对外开放相互促进、引进来和走出去更好结合，促进国际国内要素有序自由流动、资源高效配置、市场深度融合，加快培育参与和引领国际经济合作竞争新优势，以开放促改革。"

当今的全球经济是以全球价值链为特点的，而全球价值链通常由跨国公司协调，其价值链中的增加值贸易形态在很大程度上为跨国公司的投资决定所左右。直接外资存在的规模相对于其经济体规模而言较大的国家，对全球价值链的参与的程度往往较高，而且往往会通过贸易创造较多的国内增加值。联合国贸易和发展会议认为，各国需要根据各自的具体情况和要素禀赋仔细权衡参与全球价值链的利弊，采取有选择性的促进全球价值链或全球价值链主导的发展战略，并通过政策制定使全球价值链为发展服务方面发挥重要作用，这些政策方针包括：将全球价值链纳入产业发展政策（如瞄准全球价值链的任务和活动）；通过创造一个有利于投资和贸易的环境和建立必要的基础设施促成全球价值链的增长；以及培养当地公司的生产能力和当地劳动力队伍的技能。为缓解参与全球价值链所涉风险，各国应当在一个强有力的环境、社会和治理框架内实施这些努力，同时加大监管和执行力度，并在遵守规章方面为地方公司提供能力建设支持（联合国贸易和发展会议，2013）。

中国零售业经过开放初期简单的业态引进、开店扩张的粗放式快速增长后，时至今日，这种增长模式已经走到了一个十字路口。在聚集了世界知名零售商同场竞技的中国零售市场，独特的竞争环境已经使零售商（无论是跨国企业还是中国本土企业）都受到了进一步扩张的瓶颈制约。如何打破困局，探索可持续的长期增长模式并寻求创新发展机遇，已成为对每一家领先零售商都棘手的战略难题。

对于中国零售企业而言，"走出去"已经成为转变发展方式、率先实现突围的战略选择和主要方向。中国零售企业最终要想在中国市场上有竞争力，就必须在国际市场上施展拳脚，在采购、运营、渠道控制、品牌、人才等方面获取竞争优势，然后通过逆向技术溢出反哺在跨国公司群雄逐鹿的中国市场的竞争力（刘志中，2009；董菁2013）。中国零售业在国内和国际两个市场竞争力之间的联动关系可以用图2－7来表示。

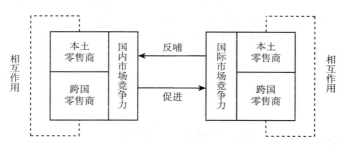

图2－7　中国零售业"两个市场"竞争力联动模型

推进中国零售业"走出去"的动力很重要。这种动力可能来自国际需求的拉力，也可能来自本地竞争者的压力或市场的推力。创造与持续产业竞争优势的最大关联因素是国内市场强有力的竞争对手。在国际竞争中，成功的产业必然先经过国内市场的搏斗，迫使其进行改进和创新，海外市场则是竞争力的延伸。在政府的保护和补贴下，放眼国内没有竞争对手的"超级明星企业"通常并不具有国际竞争能力。

在贸易全球化的背景下，海外市场潜力巨大，中国产品在国际市场又拥有强大的竞争力，中国零售业的海外存在不仅可以通过建立全程自主分销渠道，改变中国在全球价值链所处位置的被动局面，掌握价格制定权和资源分配权，利用两个市场、两种资源建立起与中国制造相适应的国际服务贸易新格局，同样重要的是，经过本土市场上的激烈竞争洗礼的优秀的中国零售企业，具备了通过"走出去"掌握核心技术、商业模式、全球品牌等资源，提升企业国际化发展能级的条件和基础（刘建兵等，2008）。尤其是在全球范围内已经出现"世界为中国制造"（尤其是在农产品、食品行业）的趋势，为中国企业"走出去"配置全球资源，在更高层次上参与全球经济一体化，加快自身发展创造了条件。从这个意义上说，中国零售企业不仅需要"走出去"，也更有能力"走出去"。

第三章

中国零售业"走出去"的
必要性和可行性

第一节　中国零售业"走出去"的必要性

自中国实行对外开放政策以来，中国通过"引进来"，积极参与经济全球化，在新一轮全球产业分工中赢得了一席之地，成为经济全球化的一个受益国。总体来说，改革开放以来，中国主要是利用生产要素低成本优势和巨大的市场潜力，吸引发达国家和地区的跨国公司，重组中国的生产要素，使中国进入跨国公司产业链的全球布局；并通过跨国公司在中国的投资、采购、定牌生产、来料加工等形式，使中国的产业、产品、市场与国际市场对接，成为经济全球化的参与者。这期间，中国吸收的外商投资金额远远超过对外投资。这表明"引进来"是中国参与全球经济的主要形式，中国的外向型经济主要是由外商投资整合中国产业和资源而形成的一个国际化过程。

党的十八大报告指出，要"加快走出去步伐，增强企业国际化经营能力，培育一批世界水平的跨国公司。"转变国内零售业发展方式，推动零售业"走出去"，充分显示我国在海外的商业存在，已经成为事关全局的一个紧迫课题。要加快实施中国零售业"走出去"战略，必须从零售企业内部增强内生发展动力，提高自身"走出去"的内部技术和能力保障，从国家和零售产业层面，要从国家战略的高度来构建政策和市场等外部保障体系，从而做到内外兼收，齐头并进，推进中国零售业实施"走出去"战略（宋则，2012）。

一、"走出去"是对外开放的重要组成部分

从全球范围来看，"走出去"战略的第一个层次是商品输出，是指货物、

服务、技术、管理等商品和要素的输出，主要涉及货物贸易、服务贸易、技术贸易以及工程承包等；第二层次是资本输出，是指对外直接投资，主要涉及的是到海外投资建厂和投资设店。跨国公司的发展和运作经验表明，如果一家企业的"走出去"战略发展到了第二层次，特别是海外投资到了一定规模后，那么这家企业也就具备了作为跨国公司配置全球资源的可能。改革开放以来中国推进"引进来"战略是成功的，它为实施"走出去"战略创造了条件，"走出去"战略是"引进来"战略的必然发展。

在更加市场化、更加开放、更加相互依存的今天，为了提高国家经济安全、提高在全球经济中的地位，国家必须通过实施"走出去"战略，加大、加快在具有宏观影响力和国家长远发展战略意义的领域的对外投资，在国际分工、资源分配中争取一个更加有利的形势，并通过投资发展和改善与相关国家和地区的关系。在中国对外贸易依存度高企的情况下，除提高利用外资质量外，国家必须考虑以中国企业"走出去"为载体，"以我为主"利用两个市场、两种资源，在更广阔的空间进行产业整合和资源整合，使我们更多分享经济利益。无论从中国为全球制造产品，还是自身工业化、现代化的需要，都必须考虑如何通过对外投资主动地从全球获取资金、技术、市场、战略资源，让中国有实力的企业利用跨国公司产业结构调整的机会，以自己的比较优势重组他国产业和企业，主动参与国际合作与竞争，以获得市场份额和技术开发能力。在这过程中，壮大自己，培育与经济大国相匹配的跨国公司。

二、中国零售业发展亟须转型升级

从零售业角度来看，自 20 世纪 90 年代初中国零售市场实行对外开放以来，特别是加入世界贸易组织之后，国外零售企业，尤其是跨国零售巨头相继大规模进入中国市场。外资长驱直入的结果是，一方面，世界知名零售商集聚在同一个市场，其竞争远比世界上大多数其他零售市场都要激烈得多，中国零售商遭遇了之前从未遭遇过的特殊挑战，经过这种激烈竞争的洗礼，一批优秀的本土零售企业脱颖而出，具备了和世界知名零售商抗衡的能力；另一方面，无法否认的事实是，大批本土零售企业的生存空间受到严重挤压，造成"服务贸易国际竞争国内化"的被动局面，与中国商品货物贸易顺差急剧扩大形成了强烈对比，从而陷入了"服务贸易悖论"，从而危及中国零售产业的安全（李飞，2009；樊秀峰，2012；宋则和王水平，2012）。尤其是，就国际服务贸易中的零售业而言，中国在海外的商业存在的国际影响力几乎可以忽略不计。这两者叠加的后果是，国内始终没有形成高效、强大的商贸和物流业，统一开放、竞争有序的流通市场体系和高效畅通的零售体系始终难以形成。

当前，全球顶尖的零售企业大多位于美国、欧洲和日本这一类发达地区。在德勤发布的《2013 全球零售力量报告》中，美国有 76 家零售商位于 250 强中，欧洲、日本分别占据 86 家、40 家，换言之，全球 80.8% 的顶尖零售商都位于上述三个地区。这些顶尖的零售企业也是国际化经营最活跃的企业。与此同时，中国 80% 以上的零售企业管理粗放，50% 以上的零售企业资金短缺，零售企业管理层整体的素质水平不高，不能满足跨区域、全国性市场的扩张需求，不能有效利用规模经济降低成本、提高效益，盈利模式简单、低端，而业内普遍流行的收取通道费的盈利模式降低了企业的盈利能力及控制流通渠道的实力。面对外资零售企业的挤压，中国零售业亟待提升管理水平，采取按部就班的发展模式已经不能适应环境的要求。必须通过跨越式发展，以应对越来越激烈的跨国竞争，而"走出去"战略就是实现跨越发展的最好模式。要鼓励和支持具有潜在优势企业逐步扩大对外投资，建立海外销售网络，生产体系和融资渠道，促进它们在更大范围进行专业化、集约化和规模化跨国经营，加快培育中国企业跨国整合资源的能力，培育全球意义的产业链、价值链的系统集成者。

三、"中国制造"升级需要零售业"走出去"的带动

从全球范围来看，中国在制造业国际分工中长期借助人力成本低廉的优势，依靠贴牌代工来获得竞争优势，中国制造商只能在低端产品上依靠拼数量、拼消耗、拼能耗，粗放微利保本经营。造成这一结果的深层次原因是，欧美、日本等发达国家依靠强大的渠道优势，依托强大的自主品牌的影响力，掌握了世界上绝大部分资源的价格决定权和渠道分配权。在全球价值形成的链条中，以设计、渠道、品牌、分销为代表的高端价值链环节基本由欧美、日本的大型跨国公司所控制。要彻底改变中国在国际分工中的被动局面，必须一方面提升中国制造业的技术含量和品牌影响力，另一方面，通过产业链和供应链的向外延伸，实施渠道接管、销售终端前移，用中国企业的全程自主分销取代外商主导的低价采购，逐步用自主品牌取代加工贴牌，从而在产业链、供应链、渠道、价格和品牌的争夺战中，逐步掌控海外的主动权、主导权和话语权。在这一过程中，零售业的海外存在有着不可替代的重要作用（宋则，2012）。参照世界贸易组织《服务贸易总协定》，服务贸易有跨境交付、境外消费、商业

存在、自然人流动这四种方式，增加中国零售业的海外存在是扩大服务贸易出口的主要方式。在国际竞争的重心从货物贸易转向服务贸易的大背景下，中国需要明确的打造"国际化企业"的新战略。为此，需要把零售业"走出去"提升到国家战略的高度，树立"商品出口和商业资本输出联动、内贸和外贸一体"的新理念、新思维，抓住战略机遇期推进和扩大中国在海外的商业存在，以完整的商品和服务贸易战略和政策积极参与国际竞争，增强全球价值链整合与国际化经营能力，建成与中国贸易大国地位相称的世界服务贸易新格局。

　　另外，"走出去"是以中国的公司为主导，服务于中国公司战略的跨国整合模式，无论从开拓市场空间，优化产业结构，获取经济资源，争取技术来源，还是突破贸易保护壁垒，培育具有国际竞争力的大型跨国公司，"走出去"都是一种必然选择，也是中国对外开放提高到一个新水平的重要标志。

四、促进中国商品在全球的分销和出口，合理规避"反倾销"

　　根据商务部2014年初发布的消息，到2013年，中国连续18年成为遭遇反倾销调查最多的国家，连续8年遭遇反补贴调查最多的国家，成为世界上贸易保护主义的最大受害国。2013年全年共有19个国家和地区对中国发起了贸易救济调查，总共有92起，比2012年增长了17.9%。其中，包括反倾销调查71起，反补贴调查14起，保障措施7起。除此之外，美国还对中国发起了"337"调查19起，比2012年的18起增加了1起。除了发达经济体立案增幅继续大幅度上升以外，新兴工业国家和发展中国家立案也呈增长趋势。贸易摩擦是中国成为世界第二大经济体和第一大出口国的伴生现象，有一定的必然性、长期性和复杂性，这种局面难以在短期内根本扭转。在这样的背景下，中国需要不断强化贸易摩擦的预警机制，妥善运用世界贸易组织的争端解决机制，以维护中国企业合法利益。除此之外，通过实施中国零售业"走出去"战略，可以从根本上有效规避贸易保护主义对我国经济的伤害。

　　中国零售企业通过国际化经营，可以充分利用其自身的资源优势，通过与国内的制造企业和贸易企业、国外的贸易企业和零售企业的合作，利用国外合作伙伴在东道国已有的成熟营销渠道网络，增加在东道国的销售网点数量，最大限度地拓宽销售渠道，进而促进中国商品更加便捷地进入海外市场，这是跨国零售企业自身渠道功能的充分体现。通过中国制造业和零售业"走出去"战略的联动发展，不仅可以扩大中国商品的海外市场，保证产品的品种和质量，也能够改变产品的原产地，规避贸易壁垒。从这个意义来说，中国零售业"走出去"具有特殊的意义（毕克贵，2013）。

在前述对中国零售业国际竞争力的问卷调查中，在回答中国零售业"走出去"的必要性的时候，专家和企业高层总体认为，中国零售业很有必要开拓海外市场（最高值为5，均值达4），如图3-1所示。其中专家比企业更认为中国零售业已经到了实施"走出去"战略的时候了。

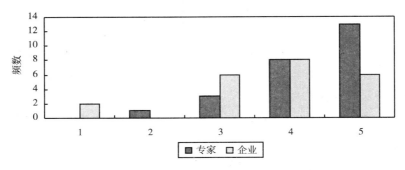

图3-1　中国零售业"走出去"的必要性

第二节　中国零售业"走出去"的可行性

经济全球化新趋势对我国对外开放提出了新的要求。三十多年来，改革开放一直是中国经济社会发展的动力。不断扩大对外开放、提高对外开放水平，以开放促改革、促发展，是中国发展不断取得新成就的重要法宝。开放带来进步，封闭导致落后，这已为世界和中国发展实践所证明。目前，虽然中国零售企业"走出去"的并不多，但从主客观等多个角度来看，中国零售企业的国际化之路已逐步具备了可行的条件（林红菱，2005；黄飞和吕红艳，2004）。

一、"走出去"已经成为中国的国家战略

"走出去"战略是在经济全球化新形势下，发展我国开放型经济，全面提高对外开放水平的重大举措，是实现我国经济与社会长远发展，促进与世界各国共同发展的有效途径。实施"走出去"的国家战略，不仅在政治、经济和资源安全等层面具有深远的影响，作为一种市场战略，更是中国企业参与国际竞争必然的战略选择。

在全球化的发展进程中，多边贸易体制和区域贸易安排一直是驱动经济全球化向前发展的两个轮子。现在，全球贸易体系正经历自1994年乌拉圭回合谈判以来最大的一轮重构。中国是经济全球化的积极参与者和坚定支持者，也是重要建设者和主要受益者。为此，必须审时度势，努力在经济全球化中抢占先机、赢得主动。加快实施"走出去"战略，可以更好地帮助中国企业开拓国际市场，为中国经济发展注入新动力、增添新活力、拓展新空间。积极参与国际经贸规则制定、争取全球经济治理制度性权力，中国不能当旁观者、跟随者，而要做参与者、引领者，要善于通过实施"走出去"战略，增强我国国际竞争力，在国际规则制定中占据主动权，掌握话语权，维护和拓展发展利益。

实施"走出去"战略是一项复杂的系统工程。要加强顶层设计，做好精心谋划。要增强实施"走出去"战略的紧迫性，大胆探索"走出去"的路径和方法。要通过市场化改革，营造法治化营商环境，加快经济结构调整，推动产业优化升级，支持企业做大做强，提高国际竞争力和抗风险能力。要建立公平开放透明的市场规则，提高我国服务业国际竞争力。要完善对外投资体制和政策，激发企业对外投资潜力，勇于并善于在全球范围内配置资源、开拓市场。要加快从贸易大国走向贸易强国，巩固外贸传统优势，培育竞争新优势，拓展外贸发展空间，积极扩大进口。要注重防风险，做好风险评估，努力排除风险因素，加强先行先试、科学求证，加快建立健全综合评估体系，提高抗风险的能力。要树立战略思维和全球视野，站在国内国际两个市场相互联系的高度，审视和推动"走出去"战略的实施。

二、经济全球化、贸易便利化为中国零售业"走出去"创造了历史性的机遇

世界贸易组织的成立和地区性自由贸易协定的出台使得各国贸易壁垒和投资障碍越来越少，这为零售企业的跨国经营提供了机遇，也扫清了我国零售企业海外扩张的许多障碍。2013年通过的世界贸易组织《贸易便利协定》将提升发展中国家的贸易能力，增强世界贸易组织的发展号召力，刺激全球经济增长，从而让所有人受益。在全球贸易谈判多哈回合开始十多年后，该协定可以称为世界贸易组织成员兑现贸易和发展承诺的第一步。从贸易便利的改善中获益最大的是发展中国家。恰当的支持有助于经济不发达的贸易国在竞争中取胜并融入全球供应链。这些国家将从自由贸易中获益良多。以往，商品处理和清

算的低效率让发展中国家贸易者处于竞争劣势。陈腐的通关程序和基础设施不力通常意味着贸易要付出更为高昂的交易成本和时间成本，甚至导致腐败机会滋生。这些因素将导致商品进入市场的成本增加 10% ~ 15%，内陆国家由此而附加的成本甚至更高。

在经济全球化和贸易便利化方面的最新进展是，亚太自贸区建设成为 2014 年亚太经济合作组织 APEC 北京会议最大的焦点。亚太经济合作组织的 21 个成员总人口达 26 亿，约占世界人口的 40%；国内生产总值之和超过 19 万亿美元，约占世界的 56%；贸易额约占世界总量的 48%。在如此庞大的市场实现贸易自由流动一直是各成员的不懈追求。为了实现这一目标，区域内有多个已经存在的多边双边贸易协定或正在进行的谈判，比如中国—东盟自贸区、澳大利亚—韩国自贸协定、美国正在推进的跨太平洋伙伴关系谈判，以及东盟牵头的区域全面经济伙伴关系谈判，等等。这些贸易协定在内涵和领域上都差别很大，从很有限的关于货物贸易的协定，到非常全面的贸易协定都有，不管是实施的还是在谈的，在规则上也有很大不同。即使是在东盟内部贸易协定都有很多重叠部分，例如，新加坡一边和澳大利亚进行双边的自贸谈判，又作为东盟成员和澳大利亚有自贸协定。这些"碎片化"的自贸区引发了很多担心，如果缺乏一个整体的框架可能会抵消地区的利益，另外也在这一地区增加商业成本。随着亚太地区的经济联系越发密切，解决地区内自贸安排重叠化、碎片化的问题成为亚太经济合作组织绝大多数成员的关切，经过中方与亚太经济合作组织成员的协调合作，北京 APEC 会议就启动亚太自贸区进程达成重要的共识，发出提升区域一体化水平的明确信号。很显然，亚太自贸区建设将为亚太地区的贸易自由化打开新的空间，依靠中国主导下的亚太自贸区建设也肯定将为中国企业"走出去"创造更为有利的条件。

目前，中国已签署自贸协定 14 个，涉及 22 个国家和地区，分别是中国与东盟、新加坡、巴基斯坦、新西兰、智利、秘鲁、哥斯达黎加、冰岛、瑞士、韩国和澳大利亚的自贸协定，内地与香港、澳门的更紧密经贸关系安排（CE-PA），以及大陆与台湾的海峡两岸经济合作框架协议（ECFA）。这些国家/地区既有发达经济体，也有发展中经济体；既有紧邻，也有远邦，经济上与我国能够互利共赢，这为中国零售业"走出去"提供了空间选择。

自贸协定包括货物贸易协定和服务贸易协定。前者主要针对货物贸易的关税减让；后者主要针对双方开放的服务领域及市场准入条件。自由贸易协定生效后我国和自贸伙伴国除极少数产品不进行关税减让，进口关税仍然适用最惠国关税外，在符合原产地要求的前提下，绝大多数产品将相互实行零关税或优惠关税。这样，双方产品在对方国家市场上可以提高价格竞争力，扩大市场份额。在服务贸易领域，中国和自贸伙伴国在各自承诺的众多服务部门，相互向对方服务提供者进一步开放服务市场，提供优惠待遇和条件。此外，在自贸协定中，中国和自贸伙伴国将在贸易投资便利化、投资保护、人员流动、知识产权、政策透明度等方面加强交流和合作，从而为双方企业和人员进行贸易投资、增进合作交往创造了更好的条件。

持续的国际金融危机和欧债危机可以为中国企业"走出去"带来有利条件。国外越是困难，对中国物美价廉商品的依赖就越强。近几年来我国商品出口受阻、订单下降，在一定程度上是由原来外资主导的资金链、供应链和购销渠道损毁所致。而外资主导的流通渠道损毁正是中国零售企业"走出去"、抓紧培育自主分销网点来取而代之的重要契机。从长远看，中国巨大的商品输出必须同巨额的商业资本输出相匹配。只有这样的对外战略和政策才是完整的，服务贸易逆差才有望根本扭转，有巨额效益的商品出口才可望回升。

说到零售商国际化经营的促进因素，就必须要承认当代物流管理技术及网络信息技术的发展，确实促成了更多的对外直接投资的实现。现代网络技术和通信技术可以让零售商通过国际信息网络和卫星通信线路对全球的分销系统、供应商、运输商发布指令，高效的运输技术、四通八达的运输网络也使得商品的国际运输更为方便、快捷和成本低廉。先进的网络技术、通信技术和密布如织的交通线路为零售企业布局国际战略提供了技术支持，也可以让零售企业的组织结构更加扁平化，零售企业可与海外子公司及其下属店铺在同一时间进行沟通交流，保证经营过程的高效运转；也可以保证企业组织的灵活性，更好地对来自全球的市场信息做出反馈。

三、国内市场的激烈竞争培育了中国零售企业的国际竞争力

零售业在中国的发展面临着其他任何一个国家都从未遭遇过的特殊挑战。世界知名零售商统统都涌到中国，在同一个市场里竞争。所以，中国的零售业竞争可能比世界上大多数其他零售市场都要激烈得多。中国本土零售企业在本土市场经历着比世界上其他任何市场都更为激烈的竞争，经过这种竞争洗礼的优秀的本土零售企业更有能力走向世界。

一般来说，取得良好跨国经营绩效的大型零售巨头，如沃尔玛、家乐福等，它们的海外投资和跨文化管理的经验已经相当丰富，其发展之路都严格遵

循着跨国企业渐进式发展的规律，这些对准备进行海外扩张的中国零售企业有最直接的指导意义。应该说，中国零售商业的对外开放主要是"引进来"，除了有效地吸引了大量的国际资本、管理技术和人才外，还可以充分激活国内零售企业，增加危机感，迫使国内零售企业近距离地学习国外零售企业的先进经营理念和管理能力，不断扩大经营规模和提高运营管理能力，在适应与外资零售企业的合作与竞争过程中，促进了自我发展，这些都是外资零售企业进入我国所带来的学习机会，也是中国零售企业国际化经营动机中的推动因素。通过与国际零售巨头的竞争与合作，中国零售企业可以直接观察到该如何根据外部环境的变化来调整自己的战略、如何提升自己的动态能力等，从而有效防止我国零售企业在未来身处陌生环境时的无所适从（刘建兵等，2008）。正是这种中国零售市场所特有的特征，培植了中国零售企业应对和处理复杂市场环境的能力，而这正是"走出去"企业必不可少的竞争力。此外，能够有力支持中国零售业"走出去"的理论支撑在于，总体而言，中国消费者具有求变、善变，价格偏好，忠诚度较低，"多频谱消费"的特点，所以，只要在中国市场能够获得成功的企业，一定具备更充分的理由在国际市场上更好地满足海外市场消费者的需求，换言之，在海外市场取得成功的机会也更大。

四、中国产品价廉物美，国际竞争优势明显

在全球化时代，"中国制造"反映了中国崛起的进程，并深刻影响了世界经济的格局。自改革开放以来，中国的商品，如潮水一般涌向全球，"中国制造"受到全世界广泛的欢迎，依靠的是中国产品价格低廉，质量可靠。质优价廉的"中国制造"，对降低全球生产成本，优化资源配置发挥了重要作用，也为中国企业"走出去"打下了良好的基础。

2006年美国是127国的最大贸易伙伴，而中国则为70国。到了2012年，中美两国出现了逆转，美国为76国的最大贸易伙伴，中国则为124国。这是第二次世界大战以来在国际经济局势上所表现出的最重要的变化之一，其影响及所涉及范围十分深远，从遥远的非洲大陆土著到美国亚利桑那州的农场的全世界每一个角落，全都受到了这一变化的影响。2013年2月，美国制造业竞争力委员会发布了《全球制造业的竞争指数》，中国作为世界工厂勇夺榜首，德国位列第二。但是，需要特别清醒地认识到，中国对外贸易出口的一半产值实际是外资企业，特别是跨国公司创造的，而不是中国本土企业创造的，是从统计上把GDP的产值计在中国名下而已，企业的产值与销售发生在国内，但

是，利润大部分在外资公司的国外公司，中国仅仅赚取加工贸易中的"打工费"和部分税收。中国亟须提升自身企业的产品附加值功能，增加自身的盈利能力、技术水平，特别是创新能力。中国既要在低端方向与劳动力成本更低的国家竞争，更要在高端方向和技术领先的发达国家竞争。在这样的背景下，放松管制，鼓励创新，培养国际市场竞争力是根本。

五、全球零售市场的变化不断催生出新的市场需求

零售商都明白，为了发展和竞争，必须开展创新，并且，零售商都在寻找创新方向，经由对零售关键要素的创新，可以使零售企业获得市场上更强的盈利能力、发展能力和对抗能力。为了提高企业的核心竞争力，企业还必须保持在制度、经营、管理及技术等方面持续创新的动力，对零售企业来说，持续的创新驱动不仅是因为外部环境（尤其是消费者）的持续改变，从而创新是企业环境适应性的表现，更是因为零售市场的激烈竞争所致。

但是，要回答"为什么开展创新"这个问题，最重要的是要考虑包括消费者以及相关市场环境在内的变化因素。环境因素的变化是当下任何一个跨国零售企业无法回避、必须善加利用的成功要素。这些变化和趋势都已经对全球零售商产生巨大影响，尽管有些零售商最近才开始相应行动，但各类创新早已开始在每一种业态中蔓延。

目前，中国零售企业的经营理念正处于全面升级的快速发展阶段，很多有核心竞争力的大型零售商已经意识到经济全球化的浪潮势不可挡，因此，已经开始考虑在海外市场的布局。这种进行跨国经营的积极性和主动性促使国内的大型零售企业不断扩大企业规模，建设多元化的组织结构，以做好国际化经营的准备。近年来，中国本土零售企业之间的重组和并购非常频繁，这些并购重组培养了一批经营能力较强的大型零售企业集团，使得中国本土零售企业的规模、实力以及抗风险能力得以明显增强。这些经过并购、重组形成的大型本土零售企业集团已经成功地实现了在国内的跨区域发展，具有了在不同的条件和环境中的生存和适应能力，为国际化经营积累了经验，也为中国大型零售企业投资海外市场，真正实施国际化经营打下了坚实的基础。

在前述对中国零售企业"走出去"的调查当中，在回答走出去的条件是否成熟的问题时，包括企业和专家在内的全样本的均值为3.10（5为完全成熟），其中专家认为中国零售业"走出去"的条件更为成熟（均值为3.32），而企业在面对"走出去"的时候更为谨慎（均值为2.86）。这从一个侧面反

映了目前企业对开拓海外市场仍然抱有观望和犹豫态度。图 3 - 2 是调查所得的频数分布。

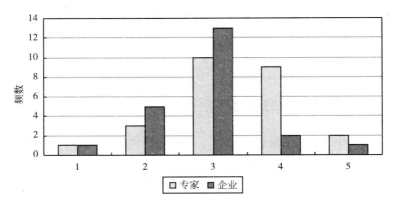

图 3 - 2 中国零售企业"走出去"的可行性

　　总之，培育一批具有全球意义的零售企业是中国必须实现的目标。这些企业不仅要有世界级的规模，更重要的是拥有全球视野、战略思维能力的企业领袖和经营团队，有核心技术和核心竞争力，有全球认同的品牌和信誉，有集成和整合全球资源的能力，成为全球产业链、价值链的组织者。走出去，在竞争中成长是实现这一目标的必然过程。现在，无论从国家发展战略的需要、从经济发展进入的阶段，还是部分企业的经济、技术和管理实力看，都具备了实施"走出去"战略的基本条件。

第三节　中国零售业"走出去"的 SWOT 分析

　　在分析了中国零售企业实施"走出去"战略的必要性和可行性之后，结合前面分析的中国零售业的现状、存在的主要问题等，下面来深入分析中国零售业"走出去"的优势、劣势，面对的挑战等，这也是作为跨国经营、战略经营风险分析和评估的重要内容。

　　和国外大型零售集团相比，中国零售企业自身的劣势显而易见，它们主要表现在：产品和服务质量不够稳定；缺乏对市场本土化的处理能力；商业零售技术比较落后；企业缺乏社会责任感，容易导致国外合作伙伴和消费者的信任缺失；目标市场区域分散，无论是发展中国家还是发达国家，都有中国零售企业经营的足迹，但都是零星分布，没有形成规模或品牌；经营理念和管理技术比较落后，国内和在国外发展的企业没有实现全球市场营销网络，缺乏具有零售业经营管理经验、掌握现代资本运营和国际市场营销理论和方法的人才；规模小，成本高，业态单一，中国零售百强企业主要集中在超市、百货店、便利店等。此外，中国零售企业信息化管理不足，不少零售企业目前还处于凭经验管理，靠手工操作，过分注重店面的装潢，而不注重技术改造和提高，不重视信息技术的应用，致使物流、资金流、信息流不能顺畅，从而无法在效率、成本及市场动态监控上与国外的零售企业相比拟。

在自身拥有这些劣势的情况下，要"走出去"在国际市场参与竞争，对中国零售企业来说无疑是极大的挑战。这种挑战主要来自于（王茜等，2005；杨飞雪等，2007；毕红毅等，2009；郭丹凤，2013；王昕旭，2010）：

第一，规模的威胁。从规模上来分析，国外零售企业资本实力雄厚，规模大、能形成规模优势，产生规模效益。例如，欧美国家零售商业的集中度高达60%左右，日本为50%，而我国仅仅只有10%左右。中国零售企业存在着规模相对较小，网点布局不合理的缺陷。以我国的连锁店而言，在规模上仅仅是区域连锁，远未及全国甚至世界连锁。中国零售业高度分散，规模较小。

第二，对外直接投资的法律法规不完善、不配套。到目前为止，中国有关企业国际化经营的法律法规还不健全，行政干预较多，对涉外投资管理体制、涉外税收等规定不明确，对海外投资项目和建立海外企业的审批手续多、效率低、期限长，这在一定程度上制约了企业的积极性。

第三，缺乏宽松的融资环境，金融服务滞后。中国银行制度的市场化还不够，使得中国零售企业缺乏好的融资环境和融资政策，难以在国际市场上与其他国际性大公司竞争。

第四，中国企业国际公共关系能力薄弱，危机处理不当，往往造成和合作伙伴及消费者之间的关系紧张，影响业务运营。

第五，价格优势渐失。从价格方面分析，外商投资企业尤其是连锁经营企业的商品价格很低，有时甚至低于国内企业同种商品的进货价格，使国内企业无法与之竞争，这也是国内企业普遍感到的巨大压力。外商企业商品价格便宜的主要原因：一是多数合营企业以多品种、少品牌为经营策略，形成批量进货优势，批量越大必然进货价格就越便宜。二是这些外商企业都实行国际上通用的买断的经营方式，很少像国内商业企业那样以代销为业务。三是合营商业企业的外商大多有其国外的庞大销售网，因而在国内采购量更大，这势必可以要求生产商、供货商做出更多的进货价格的优惠。四是合营企业员工精干，没有冗员，更无离退休职工的负担，以至成本费用相对低得多。五是合营企业自身资金较为充实，贷款利息的负担比国内企业要小得多，因而可以有较大的降价空间。

第六，信息网络不健全。国外零售商依靠高科技支持，以商用卫星系统、商业电子数据处理系统、管理信息系统、决策支持系统为核心，形成以网络为辅助的商业自动化，使顾客资料的搜集与分析、销售资料、补货系统、营销手段的调整等都可用现代化的电子技术进行管理，不仅提高了商业企业的水平，而且适应激烈竞争的快节奏。如沃尔玛在美国总部，拥有仅次于美国联邦政府的最大民用卫星通信系统，其总部与全球各家分店和各个供应商的联系都是通过共同的电脑系统进行。而中国目前大多数零售企业科技含量较低，仍在用人力方式进行相对低效的采购、销售、物流、财务处理等，没有建立起完善的配送中心和信息系统。另外在文化信息上，中国零售业对海外市场的文化、政治、经济、消费习惯上了解不深，前期的市场调研不深入。

对中国零售企业"走出去"的挑战还来自于目标市场的选择。全球顶尖的零售企业大多位于美国、欧洲和日本这一类发达地区。这些国家最大的问题是政府限制过多，例如，日本有《大规模零售店铺法案》，即"所有面积1500平方米以上的企业在开设前需经当地零售业者的同意"；美国、法国等国也有类似法案，这使得零售巨头很难再在本国大量开店，严重限制了它们的扩张。这些国家地区的另一个严重问题是，他们的经济增速较为缓慢，而人口老龄化现象却日趋严重，即使对于适龄的劳动力人口，很多国家的失业率都相当高，再加上整体信贷环境的收紧，这一切都使得整个国家的消费能力日益降低，这对于企业的盈利能力会有很大影响。此外，这些地区里零售巨头林立，市场已经相当成熟，很难寻找到一个新的蓝海。而新兴市场的特点却几乎正好满足了顶尖零售业对于整体市场环境的一切遐想。这些国家的零售发展处于较为初级阶段，当地的零售企业经营能力较差，这使得顶尖零售企业的运营模式在这些新兴经济体中可以迅速占领市场，成为龙头型企业，赚取大量利润。此外，从政府角度来说，引进外资有利于促进当地经济发展和就业，因此这些国家可能会对外国企业（不仅仅是零售业）提供相对优惠政策，帮助他们更好地发展。

基于以上分析，可以对中国零售企业的国际化经营做出SWOT分析，如图3-3所示。

优势 Strength		劣势 Weakness	
内部条件分析	经营产品有特色 物美价廉 受特定消费者的欢迎 低端产品无人取代 "中国制造"的支持 低成本的竞争优势 全球化背景下消费趋同性 日渐成熟的商业文化		产品和服务质量 缺乏本土化 商业零售技术落后 缺乏社会责任感 企业形象不佳 区域分散，没有形成品牌 规模小、成本高、业态单一 信息管理水平低下
机会 Opportunity		**威胁 Threat**	
外部环境分析	全球化经济环境 国外市场开放度和成熟度 海外纽带关系 国际市场商机 特定的目标顾客群 规模化经营 网络技术及物流体系的完善		目标市场的文化差异 目标市场的法律法规 对外投资的法律法规及政策不完善 融资环境不佳 公共关系能力缺失 价格竞争优势渐失 本土化成本上升

图 3-3　中国零售业"走出去"的 SWOT 分析

可见，对有志于"走出去"的中国零售企业而言，国际市场对这些企业会有更加严格的要求，它们至少应具备如下的条件：

第一，主业突出并有强势的核心竞争力。无论跨国经营还是跨国并购，它的基础和能力都来自于强势的核心竞争力。例如，独特的产品、专有技术和技术集成能力，或广泛认同的品牌、特殊的经营模式，或市场占有规模、资本运作能力等。"走出去"运作得当，可以放大核心竞争力，但在没有"软实力"的情况下企图通过"走出去"建立核心竞争力，这几乎是不可能的。

第二，产权责任清晰，产权激励与约束机制健全，具有良好的公司治理结构和严格、审慎的决策机制。

第三，企业有清晰的海外市场战略。"走出去"是实施公司战略的组成部分，是有明确的战略动机的审慎和理智的决策。对投资的项目具有将其内部化并产生协同效应的能力；应该有利于壮大核心业务和提高核心竞争力。

第四，企业领袖和高管团队有全球视野、国际眼光，企业拥有通晓国际化经营的人力资源和团队。

第四章

中国零售业"走出去"战略的支撑体系

第一节　理论框架

导致中国零售业"走出去"战略步履蹒跚的原因十分复杂，归根结底在于中国零售业缺乏国际竞争力。零售企业的内在成长是海外扩张的前提和基础，提高竞争力的关键在于企业有完整的海外市场扩张战略及强大的系统整合能力，做好战略风险的评估和管理。但是，中国零售业"走出去"战略的成功实施需要在更大范围、更高层次上给以零售业强有力的战略支撑，下好全国一盘棋，为"走出去"创造更好的制度、环境、市场、技术等保障。

面对中国零售业"走出去"的现状，必须研究的问题是：哪些因素阻碍和限制了这一战略的实施，换言之，需要研究和构建支撑这一战略实施的支持、促进和保障体系。寻找这一问题的答案的核心在于，把中国零售业"走出去"放在全球化背景下国家战略的高度和视角来审视，以中国零售业国际竞争力"钻石模型"的分析为依据，进一步厘清中国零售业实施海外投资的战略层面，重点围绕国家和零售产业的制度、政策以及企业战略的实践层面，探索构建怎样的以及怎样构建服务于其"走出去"的支持、促进和保障体系。

在成熟的市场经济体中，由于东道国完善的法律法规、有效的流通市场体系和产业政策，零售企业的跨国经营主要是企业自身的市场行为。然而，基于中国流通产业的市场特点和制度特征，仅仅着眼于零售企业微观层面的研究显然不足以解决中国零售业实施"走出去"战略的瓶颈和制约，这反过来说明，对中国零售业"走出去"的研究需要重新审视和扩大研究的视角，把研究的思路往上延伸到中观乃至宏观层面深层次的原因，其中包括：宏观层面缺乏法律、协调、支持、服务，中观层面没有有助于集聚零售产业竞争优势的市场支撑体系，微观层面零售企业本身也没有完整的海外投资战略和强大的系统整合能力。在这样的背景下，以提高国际竞争力为目标，提出构建中国零售业实施"走出去"战略的支撑体系的命题，系统研究中国零售业走出去的战略层面，以及对服务于中国零售业实施"走出去"战略的集成性的支持工具、手段、措施进行系统的规划、设计和论证既是必要的，也是迫切的。

从宏观层面来看，中国对外投资法律体系缺少基石，服务业对外投资立法严重滞后且多领域空白，行政法规、部门规章互不配套，结构松散，协调性差，政出多门，统筹、整合资源的机制不健全，没有形成多元化的政策工具，政策协同效应差；流通业作为国民经济基础性、先导性产业，虽然得到了国家层面的高度重视，但是没有单独的零售业发展规划，更没有对外投资的专门规划；零售业对外投资牵涉面广，依靠商务部一家难以拉动这匹"大马"。围绕中国零售业"走出去"的服务体系不健全，企业无法通过现有的资源、技术及自身的努力来支撑其海外投资战略的实施。

在中观层面，中国零售业的市场进入门槛低，尽管市场化、开放度相对较高，但是，区域垄断和过度竞争并存；在一些区域市场，零售业过度集中在外资零售业，中国消费者权益屡受侵害；内资零售业和国内关联经济协同创新和联动发展程度低，技术外溢共享程度不高。工商（零供）关系紧张，区域市场割裂，内外贸脱节，难以形成国内零售产业的市场集聚，既没有出现国家级的特大型、大型航空母舰式的"国家队"，又少有充满活力的创新型中小企业，与世界级跨国零售集团强大的战略实施和系统整合能力相比差距很大。

在微观层面，中国零售企业市场集中度低，碎片化特征明显，国际化发育不充分，国际竞争力不足，大量小型、微小型本土企业自相残杀，竞争惨烈，发展空间受到压缩，发展后劲乏力；企业自身经营观念落后，推动可持续发展的内生和外生动力没有形成良性的传导和"落地、生根、开花、结果"，缺乏创新驱动，研发投入极低，国际化专业人才奇缺，没有走上专业化、特色化和品牌化的道路。

基于前面对中国零售产业及其国际竞争力的分析，研究中国零售业"走出去"战略及支撑体系需要从三个层面展开，它们之间紧密关联，共同构建起我国零售业国际竞争力模型，为中国零售业"走出去"提供战略支撑：第一是宏观层面的全国性支持政策，第二是中观层面的零售产业发展支持政策，第三是微观层面的零售企业发展支持政策，如图 4 - 1 所示。

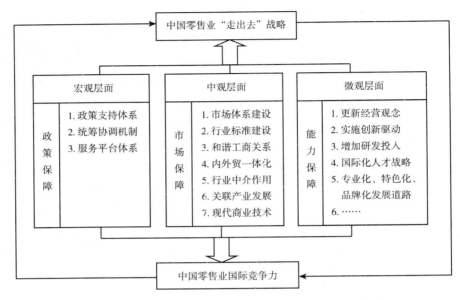

图 4 – 1　中国零售业"走出去"战略的支撑体系

具体来说：

第一层面：宏观层面。这个层面要提供的是国家支持中国零售业"走出去"的制度和政策保障。它又涉及三个相关专题：一是支持中国零售业"走出去"的法律法规、政策（财税、价格、金融、外汇、规划、人才等）体系，重点研究对外投资立法；以"营改增"、所得税、关税为主的财税政策；海外投资的信贷、担保、专项基金、亏损准备金、保险等金融政策。二是支持企业"走出去"的统筹协调体制机制，包括商务部、财政部、外交部、国家发改委、海关总署、中国人民银行、国家税务总局、国家外汇管理局等部门之间政策协调、资源统筹，中央及地方政府之间的政策和资源统筹协调等。三是支持企业"走出去"的服务平台体系，包括海外投资宏观指导、环境分析、项目评估、法律、会计、信息、金融、管理、环境技术、风险防范应对、海外维权等服务。

第二层面：中观层面。研究在产业层面构建提高中国零售业国际市场竞争力的支持体系，包括"国家队"建设、市场体系、行业标准、工商协调、内外贸一体化、行业中介、关联产业联动发展、商业技术等。这个层面要提供的是支持中国零售业"走出去"的市场保障，与宏观层面的制度和政策保障共同构成支撑体系的外部保障。

第三层面：微观层面。研究中国零售业"走出去"战略的实施问题，具体包括：从描述、分析中国零售业对外投资的现状、特点、存在的问题和难点出发，剖析中国零售业在海外市场缺乏竞争力的原因，重点讨论中国零售业"走出去"战略实施中的环境分析、战略分析和组合策略分析，特别是目标市场（区域、国别）、业态、进入方式、扩张模式等的选择和组合问题，在此基础上系统构建"走出去"战略实施路径、风险识别控制指标及评价体系。这个层面要提供的是支持中国零售业"走出去"的能力和技术保障，这是支撑体系的内部保障，主要内容包括：更新经营观念，创新驱动发展，增加研发投入，发展国际化经营专门人才，以及专业化、特色化、品牌化的发展之路等。

第二节　实证研究的主要结论

根据第一章关于实证研究的介绍，专家和企业问卷调查除了重点了解有关企业开展国际化经营的情况外，调查的重点在于如何构建中国零售业"走出去"的支撑体系。根据前述支撑体系的框架模型（见图4—1），本章首先对调查中得到的主要结论进行描述性分析和介绍。在此基础上，在中篇的第五章、第六章、第七章将结合理论分析和实证研究得到的结论，分别讨论在宏观、中观以及微观层面有关支撑体系的具体内容。

有关宏观层面的法律政策支持以及统筹协调机制的具体措施涵盖面极其广泛，在文献分析、案例研究以及预调研的基础上，本书归纳设计了其中的八项主要内容（如表4—1所示），结果表明，这些支撑内容得到了被访专家和企业的高度认同，除了中央及地方政府之间的政策协调及资源统筹协调一项（这项企业更为认可）之外，其余各项的均值均在4以上（5为最高值），尤其是对外直接投资的立法保障一条，均值达到了4.4，凸现了中国对外直接投资立法的紧迫性，对此本书的第五章将展开专门的论述。深入分析专家和企业两个样本组的数据，专家更为认可制定零售业发展规划的必要性，及其金融保险政策的保障作用，而企业则对海外投资人才支持政策抱有更强烈的渴望和期待。

表4—1　　中国零售业"走出去"的政策支持体系和统筹协调机制

支撑内容	均值
对外直接投资立法保障	4.4
零售业发展规划	4.0

支撑内容	均值
政策协同保障	4.2
财税政策	4.0
金融保险政策	4.3
海外投资人才支持政策	4.1
国家有关部委之间的政策协调、资源统筹	4.0
中央及地方政府间的政策和资源统筹协调	3.9

支持企业"走出去"的服务平台建设对于中国零售企业来说具有特殊的意义，原因在于中国零售企业本身国际化程度不高，对海外市场环境不够熟悉，参与国际竞争的能力受到限制。在这样的背景下，一切有助于企业更好地了解投资目的地环境因素的措施都会帮助企业更好地制定海外市场战略，做出风险评估。在这方面，研究设计中有关海外投资服务平台的各项具体内容和措施得到了被访者的认可和期待，其均值（最高值为5）如表4-2所示。

表4-2 中国零售业"走出去"的服务平台体系

支撑内容	均值
海外投资宏观指导	4.0
环境分析服务	4.0
项目评估服务	3.7
法律、会计、信息、金融、管理、环境技术服务	4.2
风险防范应对策略服务	4.2
海外维权服务	4.5

在服务平台体系的各项内容中，尤其是海外维权一项，专家和企业合并样本的均值达到了4.5，这一结果显然和近些年来中国企业在海外市场屡遭侵权、合法权益得不到有效保障有关。对分样本的具体服务项目进行深入分析表明，专家比企业对海外投资宏观指导服务给予了更高的支持，其原因或许在于，一方面，到目前为止国家有关部门尚未能够对企业海外投资项目提供有效的宏观指导，另一方面，企业海外投资具体项目之间的情况千差万别，企业认为难以从国家有关部门得到直接、有效的宏观指导和帮助。

在中观层面，有关流通市场保障体系方面的支撑涉及对中国零售产业的支持和促进措施。这些措施的作用是基于这样的假设而提出来的：一切有助于促进和增强中国零售业在国内市场竞争力的措施和手段，都将对中国零售业更好地实施"走出去"战略、并在海外市场获取竞争优势产生积极的推动作用。基于这样的考虑，本书研究设计中涉及的市场体系保障包括了如表4－3所示的八个方面的具体内容。除了"国家队"的建设一项没有得到较高认可以外，结果显示了在专家和企业眼里加强市场体系建设和保障服务的重要性和紧迫性。

表4－3　　　　　　中国零售业"走出去"的市场保障体系

支撑内容	均值
"国家队"建设	3.1
国内流通市场体系建设	4.4
行业标准规范化建设	4.4
和谐工商关系	4.2
内外贸一体化	4.2
发挥行业中介作用	4.0
与关联产业联动发展	4.2
现代化商业技术	4.4

对于建设"国家队"的评价，学术界和企业界历来有不同的意见，研究得到的数据也说明了这一点，而且专家对此的认可程度比企业更低，在企业当中，民营企业比国有企业的认可度更低。这一有趣的结果大概也正好可以反映自2004年以来国家推进大型商贸流通"国家队"建设成效并不显著的尴尬局面。随着时间的推移，越来越多的学者和企业认为，企业的发展应该更多地遵循市场规律，让市场在其发展中起决定性的作用，而不是国家通过行政手段及不当政策支持来人为干预（哪怕是促进性的干预）企业参与市场竞争，在成熟的经济体当中，不当的金融财政政策支持极易招致公平竞争及反补贴调查。发挥市场在资源配置中的决定性作用，这一点已经在十八届三中全会的文件中得到确认，从而上升为国家战略决策的理论和政策依据。

特别需要指出的是，专家访谈和分样本的数据表明，专家对建设统一开放、竞争有序的国内流通市场体系抱有特别高度的期待和认可，这一结果从另一角度说明，打破国内市场区域割据、推进流通市场互联互通已经成为流通体制改革的紧迫课题，要根本推进和完成这一改革，需要从市场治理、让市场在经济运行中起决定作用的高度做出顶层设计，并在转变政府职能等具体的政策推进当中来得到很好的实施。此外，企业对发挥行业中介作用认可较低的结果反过来或许可以说明，像中国连锁经营协会等行业协会，在支持和促进中国零售业"走出去"方面有着巨大的潜力和空间以发挥其不可替代的作用。

从严格意义上来说，中国零售业"走出去"是一种企业行为，开拓海外市场的成功与否关键取决于零售企业自身的国际竞争力。所以，培育和获取企业竞争优势是企业可持续发展的前提和基础。在支撑企业"走出去"的措施方面，国际化专门人才是制约当前中国企业的非常突出的因素，这一点同时得到了专家和企业的高度关注，如表4－4所示。

表4－4　　　　　中国零售业"走出去"的企业能力和技术保障

支撑内容	均值
更新观念，大胆实施"走出去"战略	3.8
创新驱动发展，形成可持续发展内生动力	4.3
增加研发投入	4.0
国际化专业人才培养	4.5
专业化、特色化、品牌化发展	4.3

与此不同，"更新观念，大胆实施'走出去'战略"这一项的均值最低，为3.8，这或许可以解释为被访者在已经充分认识到"走出去"的必要性的时候，"走出去"已经不单是一个观念的问题，更多的是企业的核心竞争力的问题，换言之，是企业的能力和技术保障问题。此外，大量的数据表明，中国服务业的研发投入比重低，创新能力薄弱，零售业的情况同样如此。这和企业对服务业（包括零售业）国际竞争优势的来源和表现缺乏清晰的认识和建设有关。所以，专家样本对企业增加研发投入、实施创新驱动、培育企业可持续发展的内生和外生动力的认识更为深刻。

中　篇

中国零售业"走出去"
的战略支撑

第五章

中国零售业"走出去"的战略
支撑：宏观层面

中国经济发展到今天，有必要来进一步审视"引进来"与"走出去"的关系问题。在经济发展日益融入全球价值链、对外依存度高企的背景下，国家必须改变长期以来以"引进来"为主的思路、体制和相关政策，从而过渡到实施"引进来"与"走出去"相结合的阶段。"走出去"政策是21世纪初为充分利用全球资源、培育具有全球意义"龙头企业"而做出的战略选择。这是在国家经济实力、企业实力有限、金融监管还很薄弱、企业治理机制还不健全的情况下实施的。因此实施"走出去"战略是一个渐进的过程。既不能"刮风"、"跟风"，又要积极而慎重地支持具备条件的企业开展跨国经营和对外投资活动。为此，需要在宏观层面对实施"走出去"战略提供必要的制度和政策保障。

根据前面对中国零售业开展国际化经营的必要性的讨论，在实施"走出去"的战略中，零售业的"走出去"战略对于中国而言具有特殊的意义。在下面关于支撑体系的讨论中，既有针对中国企业"走出去"的一般意义上的促进、支持和保障内容，也有特别针对零售业"走出去"的促进、支持和保障内容。

宏观层面支持中国零售业"走出去"的制度和政策保障涉及法律法规和政策、统筹协调体制机制以及服务平台体系三个相关专题，下面分别加以讨论。

第一节　法律法规、政策支持体系

根据联合国贸易和发展会议发布的《2013年世界投资报告》，2012年，全球至少有53个国家和经济体一共通过86项影响外国投资的政策措施。这类措施大部分与投资自由化、便利化及促进有关，针对多个产业，特别是服务部门。贸发会议认为，参与全球价值链可以为发展中国家的发展做出重大贡献，但参与全球价值链并不是没有风险的。在这里，发展中国家的法律和政策在使全球供应链为发展服务中发挥重要作用。为此，联合国贸易和发展会议建议，发展中国家应当首先弄清本国的贸易状况并确定产业能力所处水平，评估现实的全球价值链发展途径，以便进行战略定位，然后制定一个参与全球价值链的有条理的方针。该方针具体包括：一是将全球价值链纳入整体发展战略和产业发展政策；二是通过创造和维持一个有利于投资和贸易的环境和提供支持性基础设施来实现全球价值链的增长；三是促进本地公司的生产和竞争能力；四是建立强有力的环境、社会和治理框架，使贸易政策和投资政策相一致；五是两种政策领域之间和相关机构的协同作用联系。

现阶段，中国企业在实施"走出去"战略的过程中面临许多瓶颈和困难，主要有：西方国家针对中国企业设置重重障碍；缺乏统一规划和合理布局，我国尚未建立统一、权威的企业"走出去"专门管理机构，没有形成系统的国际化发展导向机制和法律法规体系；管理多头、协调不力，长期以风险防范为主的管理思路，导致立项审批多头管理，互不协调，贻误商机，制约了企业国际化发展；外汇管理和银行信贷限制过严。此外，非传统安全风险不断上升，中国企业海外业务主要分布在风险较大、形势复杂的国家和地区，突发性政治、军事事件时有发生。为此，应加强"走出去"的顶层设计和整体规划。

一是从国家层面加强顶层设计。由中国经济可持续发展为出发点，进一步增强中国企业"走出去"的紧迫感、危机感和使命感，将引导零售企业"走出去"上升为国家战略（宋则，2012）。

二是建立"走出去"归口管理机构，负责中国企业国际化发展的整体规划，出台中国企业国际化发展的产业指导目录，明确零售业国际化发展的优先地位和重点任务，建立基于国际竞争的零售业中长期发展规划，确定中国零售企业国际化的目标、路径和举措，发挥多边、双边机制，规划引导，鼓励企业通过设立或并购研发机构，吸纳先进生产要素，培育国际知名品牌。国家相关部门要统筹协调，加强政策支持、引导，帮助零售企业"走出去"，整合全球资源，为中国发展所用。

三是加快制定和完善相关法律法规。改革开放以来，国内一直以招商引资为主，出台了系列关于"引进来"的法律，相关部门也先后出台了一些对外投资的规定，例如，商务部颁布实施的《境外投资管理办法》、国家外汇管理局发布的《境内机构境外直接投资的外汇管理规定》等，但迄今为止没有一部纲领性、权威性的法案，法律法规的不健全难以适应当前对外投资发展的要求，并成为我国对外直接投资健康有序发展的一大制约因素。为此，国家需要早日出台《对外投资促进法》等相关法律，明确相关投资主体的法律地位和规定，为中国企业在境外投资创造有利的法律环境和综合保障条件。

一、中国零售业对外直接投资的立法保障

据商务部统计，到 2014 年三季度，中国企业对欧洲的投资与上年相比增长了 218%，对美国增长了 30%，对俄国增长了 70%，其中，民营企业的境外投资占比达到了 40%。数据显示，2014 年 1 月至 11 月，中国境内投资者共对全球 153 个国家和地区的 5402 家境外企业进行了直接投资，累计实现投资 898 亿美元，同比增长 11.9%。至此，中国累计非金融类对外直接投资已达 3.89 万亿元人民币（折合 6332 亿美元）。各方数据和分析表明，2015 年将是中国海外投资很关键的一年，极有可能是资本流出大于资本流入的标志性的一年，中国将成为净资本输出国。

对外投资是参与经济全球化的重要途径，是应对全球经济危机和主权债务危机的有效工具。中国目前尚未形成有效的对外投资法律制度体系，无法满足对外投资实践的需要，制约了对外投资对解决目前我国面临的国际收支平衡、"中等收入陷阱"、经济结构调整等问题的有效支持。应借鉴美国等国家的经验，从立法、管理体制、融资、财政、保险、促进体系等方面探索符合中国实际的对外投资法律制度保障体系。

（一）对外投资立法的国际比较

日本有比较完备的《输出保险法》，值得我们借鉴。从经济学的角度而言，经济活动的目的是追求效益的最大化。为此，积极的对外投资自由化会得到各国的支持，但是现实并非如此，这主要源于经济活动多样化以及投资主导的世界经济使得要素流动及其利益创造进程复杂化。分析日本的对外直接投资法律体系，可以得出以下结论：首先，自 20 世纪 80 年代后期，日本对外直接投资的活动极为复杂，这来源于其直接投资的性质以及东道国的制度特征。其次，一味地以国家利益名义加速对外直接投资活动并不能从中获得更大的效益，法律体系的设计应将对外直接投资控制在一定程度之内，这不仅能够发展本国的核心利益，也能够在国际市场上扩大份额，增强国际竞争力。最后，对外直接投资的法律体系建设不能脱离对企业的支持，从某种意义上，企业在推

动国家经济战略转型过程中，具有重要的意义。另外，从现有的经验和研究文献来看，对外直接投资法律体系的经济效应似乎并不确定，对外直接投资法律体系的非经济意义同样值得高度重视，一些非经济因素如国家安全、国家战略以及民族主义等应在考虑之内。

印度的法律在亚洲发展中国家中以严谨、细致、详尽而著称，其对外投资保证法律，受传统影响并采纳吸收了英、美、日法律体系的优点，对印度国际投资市场的开拓，对外投资活动的开展和发展起了巨大的促进作用。印度政府针对对外投资的各类风险，依据各国法制及国际惯例，根据本国国情，先后制订和颁布了《对外直接投资法》、《国际投资法》、《海外投资保护法》等，以法律形式来保障本国的对外投资。尽管这些法律规定不同，内容繁简不一，但概括看，以立法形式所规定的对外投资保障法律主要包括：投资保障的范围、投资保障的项目、投资保障的形式、投资被保障人的权利和义务、投资保障的审批等。

中国和印度尽管社会制度不同，但中、印两国同属亚洲相毗邻的最大发展中国家，又都是世界上人口最多的国家，经济发展阶段和水平上也有一定的相似性，两国目前又均在致力于进行对外投资。因此，认真研究印度的对外投资保障法律，适时组建具有中国特色的对外投资保障法律体系，把中国的对外投资纳入法制轨道，加快对外投资步伐，具有很大的参考价值和借鉴意义。

（二）中国海外投资法律体系基本概况

从法的渊源看，国际投资法包括国内立法，即资本输出国为保护本国国民海外投资的海外投资保险法，和资本输入国为保护、鼓励与限制引进外资和技术的外国投资法以及有关的外汇管理法、涉外税法等。也包括国际法规范，即调整两国间或多国间私人投资关系的保护外国投资的国际法制度，如双边投资保护协定、处理投资争议的国际公约和国际惯例等（郭寿康和赵秀文，2000）。国际投资法的作用在于保护国际投资，鼓励国际投资，管理外国投资等（余劲松和吴志攀，2000）。零售业国际化投资主要涉及直接投资，属于我国国际投资法的调整范畴。

中国作为资本输入国，相关法制相对比较健全，主要包括公司法、外商投资企业法、反垄断法等。自1992年上海八佰伴成为国内正式批准的第一家中外合资零售企业，发展到外资零售巨头纷纷抢滩我国市场，作为东道国的中国，已经构建了相应的法律保障。近年来学界对包括法律因素为研究内容的宏观政策方面的研究散见于中国零售对外开放的研究文献中，且聚焦于探讨外资零售业在华发展对我国经济安全、税收的影响，以及在产业政策、法律方面应如何调整，也包括对政治经济方面进行探讨。与此形成鲜明对比的是，中国对对外投资政策与法律的研究非常缺乏（谭丽婷和马宝龙，2010）。从历史渊源来看，这显然和中国对外开放首先致力于通过"引进来"发展国内经济有关。

但是，作为资本输出国，中国国家层面的对外投资立法缺位，不利于保护、鼓励和管制国际投资，亟待建立《中国对外投资法》以及配套法律法规。中国还没有关于对外投资的基本法、综合性法律文件或者单行法。尚未形成有效的对外投资法律制度体系，无法满足对外投资实践的需要。目前中国对外投资领域主要的行政法规是 2004 年 7 月发布的《国务院关于投资体制改革的决定》，另外，主要的规章性法律文件即商务部公布的《境外投资管理办法》自 2009 年 5 月 1 日起施行。如果企业选择的市场属于政治环境不稳定的发展中经济体，当东道国发生战乱时，极有可能面临毁灭性的损失。例如，车臣战争曾是中国的零售企业进军海外市场的先行者北京天客隆集团于 2003 年黯然退出俄罗斯市场的主要原因之一。在这样的背景下，包括中国国际贸易促进会在内的许多机构、学者和业界认为，尽快建立《中国对外投资法》以及配套法律法规，既有现实意义，更有紧迫性。

国际条约和惯例、多边与双边协定也是对外投资法的重要渊源之一，在国际层面上构成中国零售业对外投资法律制度支持体系。例如，联合国大会通过的《建立新的国际经济秩序宣言》和《行动纲领》、《各国经济权利和义务宪章》及《发展和国际经济合作》的决议等国际投资行动规约性守则。中国政府对外签署的投资保护协定、避免双重征税协定以及国际公约，包括《多边投资担保机构（MIGA）公约》、《解决国家与他国国民投资争议公约》等。世界贸易组织的《与贸易有关的投资措施协议》规定，国民待遇原则和透明度原则适用于国际直接投资关系。同时，世界贸易组织的《服务贸易总协定》明确要求各国允许通过一方在另一方领土上的商业存在提供服务，并规定东道国应遵循逐步自由化、非歧视和透明度的原则，向外资开放商业、建筑业、旅游、银行、保险、通信和运输等服务行业和市场。此外，世界贸易组织的《与贸易有关的知识产权协定》，尽管并未直接涉及国际直接投资，但对于资本、技术等生产要素的国际流动的知识产权保护，必然对中国零售业的国际化起到促进作用。自 1982 年 3 月 29 日中国与瑞典签订双边协定至今，中国已经与超过 130 个国家和地区签订了双边投资协定。在多边投资保护协议签订存在较高难度的情况下，双边投资协定无疑为零售业国际投资法律体系中的重要组成部分。

（三）中国零售业海外投资法律保障的体系和框架

1. 构建系统健全的多层次海外投资法律保障及规范体系

与制造业相比，零售业处于价值链的末端，在国际化经营中，零售业需要直接面向有着巨大社会文化差异从而迥然不同的消费观念和习俗的目标国消费者，其所涉及的利益相关者的范围更广，因而投资环境也更为复杂。为此，综合考虑零售企业海外投资整个过程，中国零售企业国际化法律法规及政策保障的体系应包括零售国际化核准监管政策、零售国际化法律保障政策和零售国际化服务支持政策。其中，核准监管政策包括行政审批和外汇管制，涉及投资前的资格审查、投资资金来源审查及对资金流动的监管；法律保障政策包括海外投资法律法规、海外投资保险制度及双边多边保险协议，以实现对企业投资行为的约束及对其在东道国利益的保护；服务支持政策包括国家税收扶持政策、公共信息服务、融资政策和融资渠道等，通过建立公共信息服务平台，使企业充分了解外部投资环境，为投资决策提供信息支持（毕克贵和王鹏娟，2011）。

系统健全的法律制度支持是保证零售业对外投资战略得以顺利实施的根本和保障。十八届三中全会通过的《中共中央关于全面深化改革若干重大问题的决定》指出，使市场在资源配置中起决定性作用和更好发挥政府作用，这是这次全会提出的一个重大理论观点。因而在市场能够发挥作用的领域，政府微观规制的活动应主要运用经济手段和法律手段，而在市场失灵的领域，则应主要运用法律手段和行政手段。保护私权、依法行政也是法治精神的内涵。这就要求在对外投资的国内立法方面，从市场准入、管理体制、融资、财政、保险、促进体系以及政府监管的部门和权利以及服务支持的义务等方面构建完整零售业海外投资法律保障及规范体系，全方位做到有法可依，提升法律制度在整个宏观层面的地位和效能。通过法律制度规定，减少行政审批，降低"走出去"的门槛，为零售业"走出去"提供内生动力；建立健全与国际条约与惯例相协调的各种法律、法规、制度和标准，如技术、质量、安全和知识产权等各方面的法律、法规、制度和标准，有了这些法律、法规、制度和标准，政府就要履行好市场监管的责任；由政府或半官方机构建立公开透明的服务平台和信息服务平台，及时评估主要主权国家的政治风险、经济贸易风险、商业投资环境风险、法律风险以及总体风险，并建立预警机制，帮助企业全面了解外部投资环境，为投资决策提供信息支持。建立多层次的对外投资法律制度支持体系，鼓励行业组织和其他机构为企业对外投资提供服务和支持。此外，构建包括管理监督、服务促进和风险保护在内的海外投资协调机制等也不容忽视。

2. 尽快出台高位阶基本法律——《中国对外投资法》

世界主要资本输出国，均有完善的国内对外投资高位阶立法。美国是世界上最早进行对外投资立法的国家，在对外投资方面专门制定了《经济合作法》、《对外援助法》、《共同安全法》等成文法，连同各州的州法与普通法共同支持企业对外投资（沈四宝和彭景，2012）。日本在对外投资方面专门制定了外汇法等基本管理法，并结合普适性法律，对企业对外投资行为进行专门规定。中国应借鉴美、法、日、韩等国的立法经验，尽快出台《中国对外投资法》。采取统一立法模式还是分散立法模式，需要从我国的实际出发，为避免目前低位阶法规或规章协调性、系统性、执行性不足的弊端，高位阶专门立法势在必行。

由于世界政治经济形势不断变化，而且法律的稳定性是其权威性的前提，因而作为基本法律的《中国对外投资法》的内容不宜过于细致。基本法律应确立基本原则，首先，从国家战略的高度以立法的形式促进对外投资。虽然世界经济增速放缓，部分国家和地区主权债务危机加重，扩大出口、加快投资并不是历史机遇，扩大内需、提高创新能力、促进经济发展方式转变是中国目前经济转型的重点。然而，从国家层面而言，对外直接投资法律体系的非经济意义同样不可忽视，一些非经济因素如国家安全、国家战略以及民族主义等应在考虑之内（邢玉升，2013）。促进和保障包括零售业在内的对外直接投资应是《中国对外投资法》的首要原则。其次，除特别项目以外，应赋予民营企业与国有企业平等的主体地位，给予同样的资金支持与政策支持，推动公平竞争机制的构建。再次，审批时间的过长和效率的低下，往往使零售企业错失对外投资的良机。可参照《公司法》的改革，对一般项目改审批制为备案制，实现有条件的投资自由化。最后，基于我国对外投资集中于资源行业（能源、矿业与公用事业）的现状，应鼓励制造业、服务业（包括零售服务业）等加快和扩大对外投资，为改变中国在全球价值链的被动地位、建成与中国经济大国地位相称的世界贸易新格局提供有力的法律支撑。

另外，《中国对外投资法》应立法设立专门的对外投资主管机关和促进机构，例如，设立单独的海外投资监管机构，并根据服务业类别下设海外投资监管委员会；明确对外投资战略导向；明确知识产权保护；并赋予中国法院和中国涉外仲裁机构在争议解决或战争赔偿方面的管辖权，在中国企业发生国际法律纠纷时，国内司法机关可以依法在我国境内启动司法程序。

在出台基本法律的基础上，制定特别法或扩充《税法》等普适性法律在对外投资方面的专门性规定，也可以通过授权国务院及其部委配套制定行政法规或规章，确立包括金融、财税、保险等法律法规支持保障体系。

3. 考量政治风险，完善零售业海外投资保险制度

作为调整国际投资关系的法律手段，国际投资法对于保护、鼓励和管制国际投资具有极为重要的作用。随着基本法律和专门法律制度的构建，零售企业在海外投资领域则可有法可依。中国企业在实施"走出去"战略的过程中，面临着政治风险、收汇风险、经营风险、管理风险和项目风险等各类风险，其中政治风险是国际投资中不确定性最大的风险，而且一旦发生，投资企业将面临不可预估的损失。数年前，海外直接投资过程中，工会及利益相关者风险、法律风险和环保风险是最为常见也是强度最大的风险（刘宏和汪段永，2010）。近年来，政治风险和主权风险已不容忽视，仅中石化、中石油的海外投资项目在苏丹、叙利亚和利比亚等地即损失了40亿美元以上，即可窥见一斑。政治风险包括投资目标国的政府干预、政局更迭、政府征用、政策法规变动、排外思想与恐怖主义等因素，以及外国投资者在社会责任和环境保护方面的行为导致目标国的政策改变等，它不但普遍存在于政治动荡的经济体，也同样存在于欧美等发达经济体，例如，2012年中国对欧盟投资是对美国投资的2倍，主要原因就是美国政治因素阻挠了中国对美基础设施和高技术领域的投资。此外，从全球商业并购的数据来看，跨国并购的成功率通常在30%以下。随着中国企业"走出去"步伐的加快，中国在海外并购的案例越来越多，急需重视对跨国并购所带来的各类风险的防范和管控。

为防范企业面临的投资风险，尤其政治风险是企业和一般商业保险都难以承担的，应建立和完善零售企业海外投资风险防范体系。海外投资保险制度是零售企业国际化法律保障制度体系中的重要内容，一般而言，投资者母国可以通过国内法中的海外投资保障制度，或与东道国的双边协定及参加多边条约来保护本国海外投资的安全。

目前，中国海外投资保险业务由中国出口信用保险公司负责，该公司是中国政府全资拥有的政策性出口信用保险公司，然而至今该公司海外投资保险业务尚未全面展开。对于承保范围所涉事项，中国出口信用保险公司应预先向受损企业支付补偿款项，然后由信用保险公司向东道国代位求偿。但是，中国出口信用保险公司实现代位的依据只能是外交保护权，而外交保护的实施长期存在争议，受"用尽当地救济"、"国籍继续"和"卡尔沃主义"等基本条件的限制，不利于投资母国保险机构理赔后代位求偿权的实际有效行使（慕亚平和陈晓燕，2006）。中国尚未出台海外投资保险法律法规，致使中国与其他东道国签署的双边投资协定缺乏国内法律实施保障。

在海外投资保险制度方面，美国主要通过同资本输入国订立双边投资保护协定为国内法上海外投资保险制度适用的法定前提，并立法设立具有独立性的海外私人投资公司，该公司资金来源于联邦财政预算，隶属于联邦政府。日本则制定了比较完备的《输出保险法》，以国内法的形式规定适用海外投资的保险制度。相关国家海外投资保险方面的立法模式和法律制度值得我们借鉴。中国应该完善和扩充双边投资保护协定，并制定《海外投资保险法》。

参照世界各资本输出国的通行做法以及中国出口信用保险公司的《投保指南》，中国《海外投资保险法》应该明确规定，其一，海外投资保险的对象限于海外私人直接投资，并且被保险的私人直接投资必须符合特定的条件。《投保指南》对被保险人的资格和承保对象做出了较为合理的规定，可以上升为法律。我们认为，零售业海外投资符合中国国家政策和经济、战略利益，应属可以享受保障的项目。其二，海外投资保险的范围限于政治风险，不包括一般商业风险。如征用险、战争险，以及外汇险等。其三，在中国与东道国已签订双边投资保护协议的情况下，通过立法明确中国出口信用保险公司具有依据协议行使代位求偿权向东道国索赔的权利等。在《海外投资保险法》的基础上，《投保指南》应作细致规定，使之具有可操作性。如投资类型（目前指直接投资，包括股权投资、股东贷款、股东担保等；金融机构贷款；以及其他经批准的投资形式）可以扩充，并列出鼓励清单；另外，可以通过简化程序和降低保费等，从而真正服务于中国企业加快实施"走出去"战略。

二、中国零售业对外直接投资的政策保障

西方跨国公司的发展实践表明，跨国公司的培育是一项长期、系统的过程，政府发挥规划、引导、服务和协调作用。主要是：改善管理制度，简化审批程序；运用财政、金融、税收等经济杠杆，形成激励机制；建立和完善保险制度，提高企业抗风险能力；注重跨国经营的信息服务体系建设；健全分工协作的投资促进机构等。

在经济全球化背景下，特别是近年来金融危机、欧债危机的复杂多变的环境下，中国"走出去"的企业迎来了一些新的机会，同时也遇到了一些新的挑战。目前，中国绝大部分对外投资集中在发展中家，东道国基础设施、信用制度、投资环境等均不够完善，一定程度上加大了企业投资的风险和难度。这些问题涉及面非常广泛，覆盖对外投资的财税、价格、金融、外汇、规划、

人才等方面，又往往是单个企业无法解决的，需要在国家层面进行通盘考虑，制定配套完善的政策。

目前，消费者需求的多样化、复杂化、多层次化趋势对流通产业提出严峻的挑战，推动流通产业的不断创新，已成为当前中国经济政策制定者面临的一项紧迫而艰巨的任务。但是，随着政策数量的不断增加、覆盖范围的不断扩大，政策体系的复杂性明显增加。只有形成相互配合、相互支持的政策，才能推动经济的高效发展。公共政策理论认为，政策主体在制定和执行政策时，必须依据各政策间的有机结合，以形成功能互补、相互配合的政策效应。所以，为了提高政策实践的绩效，学术界开始关注政策的协同问题。中国的自主创新政策制定应该从不协调和零散的方式，向协调和系统性的方式转变；应该遵循系统协调的原则，按照系统论的方法，将主要目标与次要目标有机地结合，充分考虑不同的政策工具之间互相支持、协调配套；各类政策之间应相互联系、相互配合、相互影响、相互制约，从而形成一个有机协调的自主创新政策体系。总之，在实现政策目标的过程中，政策工具间、政策目标间、政策目标与政策工具间的选择搭配及协同运用，在很大程度上影响政策体系的效果，且是宏观经济政策领域仍需深入探讨的问题。

进入 21 世纪以来，我国受国务院行政改组、内外部经济环境变化的影响，行政措施与财政、金融、税收措施的协同度总体上升；财政、税收与金融措施间的两两协同度基本呈现相同的演化规律：前高后低，且总体在下降；除创新技术环境优化与流通主体培育的协同总体趋于下降以外，创新制度环境优化、创新市场环境优化、创新技术环境优化及流通主体培育四目标间的两两协同度总体都趋于上升；代表政策措施对目标支持程度的政策措施与目标的协同度，呈现明显的阶段性且趋于优化（李靖华和常晓然，2014）。

下面重点讨论的是海外投资的行政审批，财税政策，以及信贷、担保、专项基金、亏损准备金、保险等金融政策。

（一）确立企业对外投资主体地位，推进对外投资便利化

1. 加快政府职能转变，改革对外投资行政审批制度

要全面清理影响和制约企业"走出去"的规章制度，提高境外投资审批规则的透明度和审批程序的规范性，降低交易成本，加快和简化审批流程，提高行政效率，推进境外投资便利化、公平化，推动政府职能从审批向提供服务转变。放松境外投资管制，并不排斥政府的宏观管理。关键是要处理好政府与企业的关系。涉及国家重大关系的项目政府要审查和审批，以体现国家利益和

政府意志。一般项目应更多尊重企业作为投资主体的决策，但必须自担风险。过度严格的审批制度会扭曲企业的投资行为。一方面会压抑投资企业的所有权优势，另一方面会使企业忽视市场风险。政府应进行信息引导、创造良好的双边和多边国家关系，实施有利于企业境外投资并取得成功的政策，进行宏观管理、搞好服务。

在新的《境外投资管理办法》出台之前，我国对外投资项目审批难、周期长，制约"走出去"步伐。企业境外投资需经发改部门和商务部门审批，有重复审批、多头审批的"嫌疑"。特别是超亿美元的重大投资项目，发改部门逐级审批，一般需要耗费四个月以上的时间，要求提供的材料复杂，程序烦琐，企业反应很大，有些合作项目会直接因审批时效过长而导致失败。

2. 健全管理体制，简政放权，扩大地方境外投资领域的审批和管理权限

在保障有效监督的同时应扩大地方和企业经营自主权。政府管得太多，企业在国际市场上反应迟缓，就会失去发展机遇，要想让企业占得先机，扩大企业自主权是必要的。要加快制定地方企业对外投资配套法规政策，提高政府的审批效率，搭建地方企业"走出去"的保障平台和部门协作机制。改革扶持资金审批办法，把政策规定应享受的扶持资金专项下拨省级商务部门，由省级商务部门负责审核下发，重点扶持"走出去"的重点项目。

2014年9月，商务部颁布了新修订的《境外投资管理办法》并于10月6日开始实施。《境外投资管理办法》的核心内容是对境外投资确立了"备案为主、核准为辅"的管理模式，并引入了负面清单的管理理念，最大限度地减少政府核准范围，把需要政府核准的投资国别地区和领域列入清单，对清单外的对外投资开办企业一律实行备案制。和此前的管理规定相比，《境外投资管理办法》的主要亮点有以下几个方面：一是根据"备案为主、核准为辅"的管理思路，规定对我国企业在敏感国家和地区、敏感行业的投资实行核准管理，其余均实行备案。二是缩小核准范围、缩短核准时限。《境外投资管理办法》取消了对特定金额以上境外投资实行核准的规定，并将核准时限缩短了5个工作日。三是明确备案要求和程序。企业只要如实、完整地填报备案表，即可在3个工作日内获得备案。四是由省级商务主管部门负责地方企业的备案工作，便利企业就地办理业务。《境外投资管理办法》规定，省级商务主管部门负责地方企业境外投资开办企业的备案管理，自行印制并颁发《企业境外投资证书》。五是政府提供公共服务，加强对企业的指导和规范。《境外投资管理办法》实施以后，超过98%的对外投资事项已经不需要政府审核，这将极大地提高我国对外投资的效率，进一步确立企业对外投资的主体地位，有利于落实企业投资决策自主权,推进对外投资便利化进程;有利于地方商务主管部门发挥贴近基层、就近管理优势,认真履行职责,规范行政行为,提高行政水平。

(二) 完善财税政策

建议设立财政专项资金或基金支持企业"走出去"。运用贷款贴息、以奖代补、设立专款专用的海外投资基金、并购资金、亏损准备金等多种方式,按一定比例补贴海外投资项目。设立海外投资项目先期投入补贴资金,对先期市场开拓费用,按一定比例进行项目补贴。进一步放宽进出口政策,在全部放开进出口权,允许合法注册的企业从事进出口业务和"走出去"业务的基础上,加大对"走出去"企业的税收优惠政策,特别在涉及进出口业务时"营改增"、所得税和关税等的支持力度。除传统商品出口退税优惠外,对企业海外市场拓展、对外投资等活动也提供税收抵免、减免等税收优惠。完善"走出去"企业境外税收抵免适用范围,避免双重征税。政府与鼓励投资国家签订协定时,设立税收抵免和享受当地税收优惠政策条款,保障国内环保企业享受到东道国当地的税收优惠政策。参照国内高新技术企业优惠标准和研发费用加计扣除政策,制定企业国际化发展税收优惠政策,降低境外红利抵免限额税率。

(三) 完善金融政策

境外投资企业融资难已成为制约我国企业"走出去"的主要因素。主要表现在:融资难、成本高,其中,中小民营企业融资问题更为突出。国家进出口银行、国家开发银行等国家政策性优惠贷款往往扶持1000万美元以上的投资项目,中小民营企业只能依靠商业银行贷款,造成"走出去"成本提高,限制发展规模。可参照美国和加拿大,加强和加大进出口银行和进出口保险对"走出去"企业的服务,以帮助解决企业所面临的资金不足和海外风险的问题(牟卿,2011)。面对中国企业不断加快的"走出去"步伐,金融机构自身也需要通过加快国际化,一方面为中国企业"走出去"提供强有力的支持,另一方面推动金融服务业自身转型发展,向中高端水平迈进。

1. 创新金融支持

简化审批手续,便利"走出去"。将境外投资外汇管理由事前到有关部门登记,改为汇兑资金时在银行直接办理。协调国家开发银行、进出口银行等金融机构,搭建企业海外投资的金融支撑平台,逐步构建银企整体战略合作联盟,实现企业海外投资发展与境内、地方银行服务的有效整合,加大对企业"走出去"的融资支持。一是采取"专惠制",重点扶持有利于我国流通产业转型升级的境外并购项目，对重点项目、重点企业"走出去"贷款规模实行单列。二是采取"普惠制"，公平对待民营企业和国有企业的贷款申请，一视同仁。三是创新"走出去"企业的金融支持方式，推出更多的创新产品，例如，企业资产抵押、境内企业和境外企业担保等更多更灵活的方式，帮助企业解决融资难的问题。

鼓励国内金融机构在境外投资目的地设立分支机构，为企业融资提供本地化服务；取消境内企业、商业银行在境外发行人民币债券的地域限制。允许国内母公司为其境外子公司在我国银行境外机构贷款提供担保；允许企业以境外资产、股权、矿业开采权等作抵押，从国内银行或其国外分支机构获得贷款；根据境外投资类别，确定资金扶持比例，提供政策性资金或低息优惠贷款。

尽快研究制定关于加快发展多层次资本市场，推动企业"走出去"的实施办法，充分发挥资本市场效率优势，鼓励企业开展跨境资产重组，推进国际国内资本市场联动，用全球化的资本运营整合全球资源。在境外资本运作方面，应当鼓励"走出去"企业进入境外资本市场融资。适当降低境内企业到境外上市的门槛，简化并规范企业境外上市的审批流程，并加强对已境外上市企业的监管。鼓励"走出去"的流通企业与不同资本类型、不同业务范围的企业强强联合，抱团出海，进行境外投资，合作、并购、参股国外企业，整合战略资源，增强企业核心竞争力。

2. 利用国家外汇储备推动"走出去"

中国拥有巨大规模的外汇储备，2014 年 9 月末外汇储备余额达 3.89 万亿美元，同时中国一直是高储蓄率国家，2013 年年末，人民币存款余额高达104.38 万亿元。要探索利用国家外汇储备专项资金用于支持企业"走出去"。充分利用外汇储备，推动中国企业"走出去"，既有利于提高外汇储备使用效率、分散外汇储备风险，也可对企业提供强有力的外汇融资支持，增强中国"走出去"企业掌控全球资源、网络、技术和品牌的能力。要尽快研究出台外汇储备支持企业"走出去"的具体实施细则。国家外汇管理部门要支持国有商业银行设立海外金融机构，为他们提供充足的外汇支持，与政策性银行一起加大对企业"走出去"的支持力度。国家和地方政府要共同研究支持"海外投资"的金融财税政策，中央政府可以每年安排一定规模的外汇，专门用于支持地方企业对外投资，并给予贴息优惠；对"走出去"企业给予资本金贷款、风险补助、税收减免；允许国内银行开展离岸结算业务等。

3. 加快人民币国际化步伐

推动中国企业"走出去"，首先要放松资本输出的障碍。长期以来，中国外汇管理制度鼓励资本流入，限制资本输出。因此，人民币资本项目可兑换首先要清除资本输出方面的限制，为对外投资提供更大的便利。近几年来，人民币结算的发展非常快。央行公布的金融统计数据显示，2014年上半年跨境贸易人民币结算业务发生3.27万亿元，直接投资人民币结算业务发生4699亿元。结算量稳步增长，意味着跨境贸易人民币结算在助力企业"走出去"、防范汇率风险以及扩大人民币在国际上的影响力发挥了积极作用，同时推动了我国香港地区、新加坡等离岸人民币市场的发展。如果国家能够完善人民币跨境支付和清算体系，在清算的渠道方面，或者运营渠道方面，加大力度创造条件，让企业能够更多地使用人民币结算，同时，放开短期出口信用保险市场，增加经营主体，创新出口信用保险产品，大力发展海外投资险，合理降低保险费率，扩大政策性保险覆盖面，就能更好地规避汇率风险，降低交易成本，控制外汇风险。

在上海自贸区、广东珠三角等中国改革的前沿地带，境内银行在积极开展跨境贸易人民币结算试点的基础上，正在探索扩大跨境人民币使用，中国银行等已经办理了跨境人民币贷款、跨境人民币双向现金池等业务。这些创新业务的着力点集中在扩大境外人民币回流通道、实现境内外人民币资金池双向流通上，有利于跨国公司实现头寸调剂、资金统一管理和节约财务成本。

另外，随着近些年跨境电子商务以及"海淘"的兴起，一些互联网支付企业也在寻找着跨境人民币结算中的商机。因为中国的电子商务市场和消费市场很大，很多境外企业都想进入，但之前壁垒比较多，而人民币跨境支付结算会给第三方支付和电子商务企业带来机遇，可以撬动相关产业链的形成以及市场容量的扩大。

4. 充分利用好中国（上海）自由贸易试验区的经验

在服务中国企业对外投资方面，中国（上海）自由贸易试验区可以起到"桥头堡"的作用。中国（上海）自由贸易试验区面积达28.78平方公里，设四个海关特殊监管区。试验区致力于成为打造中国经济"升级版"的聚焦点，将"转变政府职能，探索负面清单管理"放在首位，显示改革创新才是试验区的重心所在。贸易便利化是试验区最基本的功能，为此，试验区通过制度创新，提高贸易便利化水平，增强企业竞争力。在提高贸易便利化水平的过程中，试验区按照"一线逐步彻底放开，二线高效管住，区内自由流动"的要求，改革现行的一线进境货物"先申报、后入区"的海关监管模式，允许企业"先入区，再申报"，最大限度地提升一线进出境便利程度和物流效率。此外，试验区还将探索功能的拓展，在新型贸易业态先行先试。例如，在商贸服务方面，探索打造上海首个兼具免税、保税和完税功能的展示交易综合试验店（孙元欣，2014）。研究开展第三方支付机构的跨境电子外汇支付试点，适应电子商务的迅猛发展和进口消费品快速增长的需要。加快金融开放，推动人民币资本项目可兑换也是试验区的方向，借此外贸企业可以减少汇兑成本，可以到境外融资降低资金成本，同时大大减少通关、退税等"程序成本"，从而推动中国企业的长期对外投资。总之，试验区鼓励企业把海外并购主体落户试验区，同时在试验区内聚集一批为海外投资服务的金融机构、咨询公司等，方便企业获得并购贷款和相关风险评估，为中国零售企业"走出去"提供了另一种路径选择。上海自贸试验区积累的制度创新目前已经推广复制到广东、福建以及天津的自贸试验区，其辐射效应将得到更大的显现。

第二节　统筹协调体制机制

一、中国对外投资行政管理体制的现状

在讨论推动中国零售业"走出去"的政策支撑时，对有关对外投资的行政管理体制是绕不过的话题，因为政策的落地和执行必须要有相应的组织和管理保证。为此，需要理顺相关管理部门与权限，杜绝部门管理权限重叠，提高管理部门监管与服务效率，切实加强管理部门之间的协调，形成各部门支持企业"走出去"的联动机制。正如我国流通领域没有专门的、主导的宏观调控部门一样，我国在对外投资的统筹协调体制机制上也还存在不少问题。

目前，我国已经成立了由国家发改委和商务部牵头，由22个部委参加的"走出去"战略部际协调机制，统筹解决中国企业在"走出去"的过程中遇到的问题。参与此机制的各部委既各司其职，分别负责相关领域的政策实施，又整体联动，共同研究解决一些涉及部门较多，较为复杂的问题。但是，由于行政法规、部门规章互不配套，结构松散，协调性差，政出多门，统筹、整合资源的机制不健全，没有形成多元化的政策工具，政策协同效应差。对外投资牵涉面广，现有的部际联席会议虽然能够发挥"救急"作用，由于部门职权分割，难以完全履行对企业在境外的引导和协调职能，已经难以拉动对外投资这匹"大马"。特别是对中小企业、民营企业和非重大重点项目，部际联席会议无暇顾及，致使这些企业和项目在资金支持、外汇管理、质检通关等方面常常

遭遇"玻璃门"、"弹簧门"等障碍，严重挫伤了企业"走出去"的积极性。

二、完善对外投资统筹协调机制的思路

1. 加强顶层设计和内外统筹规划

（1）提升部际联席会议的层级，在更高层面建立加快实施"走出去"战略、培育本土跨国公司的专题协调机制。

（2）加强"走出去"企业的政策研究制定，进一步明确国家发改委、商务部、财政部、外交部、海关总署、中国人民银行、国家税务总局、国家外汇管理局等部门的职责和权限，强化部门之间政策协调、资源统筹、行动安排、风险应对。在这些方面，有关部门已经开始行动。

国家发改委：将鼓励传统领域的对外投资，拓宽境外合作的渠道和领域。同时，开展海外科技智力合作，支持有实力的企业在欧美等境外科技资源较发达的国家和地区设立研发中心，通过开展科技和智力合作，共同提高中国企业和当地企业的创新能力和技术水平。国家发改委还将鼓励开展先进制造业领域对外投资；支持对外基础设施投资合作；鼓励有条件的金融、电信、交通、运输等企业从事分销、银行、基金管理、航运等服务。

商务部：把进一步推动企业"走出去"作为实现保增长目标的战略举措，会同有关部门在财政、信贷、保险、税收等方面制定了一系列扶持企业"走出去"的措施，包括积极协助企业拓展融资渠道，鼓励政策性银行和商业性银行为企业提供信贷支持。

国家外汇管理局：将进一步深化境外投资外汇管理改革，在总结境外投资外汇管理改革实践的基础上，对近年来出台的一系列境外投资外汇管理的规范性文件进行全面的清理和整合，出台《境内机构对外直接投资外汇管理规定》，构建一个符合当前境外投资发展实际的、比较规范的、系统化和自动化的法规体系，同时将积极研究出台相关外汇政策，在总结境外放款经验的基础上，进一步放宽境内机构对其境外成员企业进行境外放款的条件，允许符合条件的境内企业使用自有外汇资金和人民币购汇，对境外投资企业进行放款。同时将简化境外放款的审核程序和环节，促进投资便利化，进一步缓解境外投资企业融资难的问题，以支持境内企业"走出去"。此外，外管局将进一步改进和完善境外投资外汇管理，健全境外投资项下跨境资金流入流出的统计检测和预警机制。

国家税务总局：将结合新企业所得税法的实施，加快制订关于境外投资企

业所得税间接抵免的具体操作办法，以便使境外投资的企业能够尽快地享受税法规定的间接抵免优惠。过去所得税法只对境外投资企业直接控股的子公司进行所得税抵免。新的所得税法对间接抵免作出了明确规定。间接抵免一般要求股东对外部公司有实质性的参与，即股东在外部公司中拥有的股权或表决权必须达到规定的最低限度。新税法的实施条例将控股比例确定为20%。关于间接抵免的层次问题，根据我国企业的海外投资状况和我国税收征管水平，新税法对间接抵免的层次也将作出适当的规定。相关部门还在抓紧研究出台新的有关企业境外所得税的管理办法。此外，还将进一步完善企业境外投资运输设备的出口退税政策，针对不同类型的企业充分考虑其对外投资的特点，改进政策支持方式，加大政策支持力度，规范管理程序，促进企业对外投资的顺利开展。

（3）加强中央及地方政府之间的政策和资源统筹协调，加强项目协调和指导，简政放权，处理好整体利益和企业利益、国家利益和地方利益之间的关系。特别是精简企业"走出去"所需要的审批程序，下放部分审批权限，提高工作效率，重点加强对企业境外投资的规划、指导和服务。

2. 扩大政府间合作

目前中国已经和130多个国家签订了双边投资保护协定，但这些协定大多数是中国以接受投资东道国的身份，而非以投资输出国身份签署，需进一步强化保护我国对海外投资的关注。条件成熟时，参与自由贸易区、参加区域层次的投资保护协定。支持企业利用WTO贸易争端解决机制，保护自身权益。在政府层面的双边谈判中，应互相承诺对对方企业资产和人身安全的保护。除非处于战争状态，应避免政治性歧视性政策的出台和暴力行为的发生，互相建立国家层面的赔偿制度。

与东道国建立政策协调机制，包括与东道国签订双边投资保护协定、开展政府间商贸流通政策对话、减少或解除东道国对我国商贸服务企业"走出去"的各种规制或经营范围的限制；鼓励政府驻外行政机构和金融机构为商贸服务企业海外投资提供各种商业信息，提高其投资的经济效率。

加强商务外交。目前中国在国外外交人员比例中，商务人员比重偏小，这和西方国家驻华使馆中商务外交人员所占比例最大形成鲜明的对照。强化商务外交可以更多更好地服务中国企业的"走出去"战略。

3. 理顺各国商会关系

随着中国经济全球化进程的不断加快及国际经贸往来的深入发展，借助各国驻华商协会等经济团体在促进我国国际商务合作与发展中的力量，会使中国企业达到事半功倍的效果。一方面，各国际商会间亟须加强沟通，例如，在协调企业关系、政企关系、促进经济发展等方面，需要及时交流经验和看法、加强横向联系、互通有无；另一方面，中国企业也需要得到各国商会的支持与合作。目前国内有一大批 B2B 电子商务企业，正在承担着扩大和改善与欧盟国家企业的商贸往来的历史重任，在搭建中外企业信息交流平台方面发挥着自己独特的作用。如果理顺各国商会的关系，必将对现有的国际经济秩序产生巨大影响，有助于中国企业在全球化时代中生存发展和壮大。

4. 充分发挥好香港的桥梁作用

为促进中国内地与香港经济共同繁荣与发展，2003 年 6 月 29 日，中央政府与香港特区政府签署《内地与香港关于建立更紧密经贸关系的安排》（简称 CEPA），内容主要涵盖货物贸易、服务贸易和贸易便利化三个方面：两地实现货物贸易零关税；扩大服务贸易市场准入；实行贸易投资便利化。之后又陆续签署了八个补充协议。CEPA 及补充协议的实施，减少了内地与香港在经贸交流中的体制性障碍，加速了相互间资本、货物、人员等要素的更便利流动，提高了内地与香港经济交流合作的水平，对香港经济发展起到积极的促进作用，同时也推动了内地的经济建设和改革开放。

综观国内企业"走出去"现状，半数以上的对外投资是在香港地区或通过香港地区向海外投资完成的，在内地非金融类对外投资中占据主要地位的批发零售业对外投资，香港地区同样扮演了重要的目的地角色。在这样的背景下，内地与香港企业联合"走出去"潜力巨大，是未来我国对外投资新的增长点，也符合我国的国情。内地与香港联合"走出去"，是发挥香港特殊优势和适应内地企业迫切需求的较佳组合。香港作为国际金融、贸易和航运中心，汇聚中西文化，拥有大量既熟悉香港又了解内地，掌握国际市场讯息和通行规则的专业人才，与缺乏国际市场和海外投资经验的内地企业联合"走出去"将成为中国"走出去"的一条捷径。

第三节　服务平台体系

一、构建我国对外投资服务平台体系的必要性

由于国际经营环境及管理的复杂性，中国境外投资面临着种类繁多的风险和困难，其风险程度受投资所在国环境和政府监管、服务与保护力度制约。中

国企业缺少跨国经营管理的经验，管理体制尚不适应国际化经营的需要，往往使得企业在"走出去"的过程中遭遇意想不到的风险，无论是国有企业还是民营企业、大型企业还是中小型企业，都面临着同样的问题。

中国企业在非洲、东南亚以及拉丁美洲等欠发达地区的投资，相比在欧美发达国家的投资，除了得到中国政府和银行强有力的扶持之外，在文化层面，远赴国外的中国工人和员工更适合艰难的生活条件，对当地文化也更具适应力和包容性。然而，当中国企业寻求投资欧洲或美国时，却往往发现自己准备不足，无法招架，需要本土支持。中国企业在融资、处理政府关系、当地劳动法和与工会打交道等方面缺乏相关经验，而这些都是拉近和管理潜在投资项目的基础。对中国企业来说，尽管挑战重重，欧美是全球大多数创新和技术的来源，主宰着品牌和营销，这是中国企业最需要的领域。中国还需要从欧洲和北美的服务配套行业和传播经销渠道中汲取经验。要在这些市场取得成功，需要依赖能够赢得其信任、拥有相关运营技能的投资银行、律师事务所、公关公司、保险公司和咨询合作伙伴。但是，中国对外投资的中介服务机构还在起步阶段，特别是我国在境外的金融、会计、法律和保险等商业中介机构布局不全，无法为"走出去"企业提供完善的中介服务，使企业在"走出去"过程中走了不少弯路，影响了企业"走出去"的效率，很多中国企业在"走出去"的过程中还处在靠自己碰运气的状态。总之，我国对外投资的公共服务体系发展不充分，服务机构分散，服务不深入，各类资源未能有效整合，海外投资促进机构缺乏预警机制，对企业在外的利益保护力度不够，行业协会、商会和中介组织在支持和服务企业开展"走出去"方面作用有限。

反过来看看发达国家，第二次世界大战之后，美国企业的海外投资遍布全球，但它们不是单枪匹马。当它们进入某一新市场和新领域时，与之随行的，还有众多强大的基础服务供应商，从而全方位保障其全球性的扩张。此外，欧、美、日、韩政府都成立了专门的基金，甚至在一些投资较热的国家设立官方机构，提供包括律师、会计师、商务、银行等全方位咨询服务，帮助企业"走出去"。企业只要找到这样的政府驻海外机构，就会把投资目的国方方面面的信息了解清楚，为投资决策提供很大帮助。

其中，很典型的如日本贸易振兴机构（JETRO）和美国商会（U. S. Chamber of Commerce），这些机构有些是有政府背景，有些则是完全的民间机构，但无例外的都有本国的大企业和财团的支持。除了传统的发展和促进跨国投资和贸易外，这些机构都在世界各国各地区设有分支机构，其主要的工作是了解、搜集、分析各国的法律、政治、经济信息，并分析总结后提供给本国的企业或政府。更进一步，这些机构还积极充当说客和中间人的角色，依照本国企业的利益需求，影响甚至干预投资目标国政府的政策和立法，最大限度地保护和实现本国企业的投资利益。这些机构的职能和专业化已经达到了相当高的水准。

二、完善中国对外投资服务平台体系的举措

1. 健全"走出去"的公共服务体系

搭建统一的对外投资政务服务平台，提供相关的项目咨询、境外指南、出入境管理、融资保险等系统服务。加快在境外，特别是在中国企业"走出去"比较密集以及有重大投资项目的国家（地区）的各类中介机构的布局，帮助、指导企业开展投资和规避风险。建立重大项目联动机制，发改、商务、金融和中介服务等部门和机构要联合推进、重点推进，加快重大项目的审批、融资速度和综合服务。要放宽各种政策限制，放松有境外投资项目的民营企业的出入境管理，提供更加便利化的出入境服务。

政府、研究机构要联合起来对世界各国局势进行研究，完善对国际形势、国际关系和国别投资环境，以及国外市场的宏观研究和评估机制，特别是要对投资所在国的非经济风险因素进行前瞻性的分析和判断，以尽可能降低损失。搭建外经外贸大数据和大知识平台，为企业提供更有针对性的投资咨询等境外投资风险保障服务。

进一步发挥政府部门的职能作用，配合高层互访，组织各种形式的投资贸易洽谈活动。引导中央和国有企业在国际化发展中淡化政府背景。其中，国有企业重点项目必须坚持由政府建立专门机构，统筹协调解决重大问题，形成"抱团"态势；项目论证必须有全面客观的政治、文化和经济风险评估报告；推进项目必须有一组国际知名的中介机构参与。帮助企业与东道国政府谈判协商，从财税、融资、土地使用、设备折旧、水电煤等要素价格方面争取优惠和便利，在商签《双边投资保护协定》时保护中国企业的合法权益。

建立国家级全球预警和应急救援体系，保障中国企业海外人员人身和财产安全。

加强政府对"走出去"企业境外投资的信息支持。发挥政府信息渠道广、资源丰富的优势，包括投资目标国的政治状况、宏观经济、要素成本状况，与外资投资有关的法律、税收制度、政府管理程序等基本信息，帮助企业尽快了解和熟悉东道国法律法规、宗教信仰、风俗习惯、经营理念等情况。要建立可

靠的信息传播机制和渠道。鼓励各类保险机构针对海外投资特点提供出口信用保险和担保、战争和政府违约等一揽子保险服务。

组建公共外交渠道，从国际法、国际经济组织、公共外交等多种途径为中国企业国际化发展提供必要的外交、司法救济、舆论等帮助，切实维护企业海外权益。商务部应联合外交部，在国外建立一些投资信息服务网络，向有实力和有意向在海外拓展市场的国内企业提供办公、市场推广、品牌建设、研发、生产的场地咨询服务，外派工作人员签证服务，通信、网络等信息方面的资源以及政策、融资、法律和市场推广等方面的支持，激发企业的积极性和开拓性，降低他们的风险和成本，提高他们的成活率和成功率。

国际化的经营需要国际化的人才。要在人才引进方面有双向流动的机制，要出台国家支持国际化发展的人才计划和配套政策，促进人才的引进。例如，放宽高端人才年龄方面的限制以及简化行政手续等，更好地利用全球人才去做全球市场、布局全球产业。

2. 设立境外投资综合服务平台

通过发展民间或半官方的协会或组织（如全国工商联等），强化其境外投资服务的专业化职能，直接深入各海外投资重点地区，开展与投资、贸易等有关的专业工作。要积极学习发达国家的先进经验，利用中国目前较为充足的财政和人力资源优势，发展对本国企业境外投资的服务功能，突出针对性、专业性和战略性，保障中国对外投资的安全和利益。同时，通过这个专业机构，将有关的信息通过各种渠道及时与中国的企业和机构进行分享，提高信息的利用效率，并促进各中国企业间的沟通合作（中国国际贸易促进会，2009）。

鼓励和支持工商联（商会）、对外投资促进中心、贸促会、行业协会等非营利性机构组织依据自身优势健全服务职能，积极开展经验交流，协调企业相互协作，引导企业信息共享，抱团闯关，互补多赢，特别是要充分发挥"走出去"龙头企业的带动作用。支持工商联和所属商会积极开展民间经济外交，加强与国外各类经济社团和组织的合作，帮助企业增强防范和风险意识，减少企业跨国经营的阻力。

工商联等机构要加强联系、形成联动机制。通过政府购买服务、补贴等，鼓励投行、律所等中介机构提供服务。提供对外投资合作指南、产业指南、驻在国法律政策等信息和咨询，对重点项目进行综合策划和协调，推荐专业中介机构。

目前，中国企业在"走出去"的过程中遇到的最大瓶颈是人才瓶颈。为此，要加快培养一批具有全球视野、熟悉国际规则的企业家队伍，支撑中国企业国际化的可持续发展。强化人才培训，加大力度培训一批熟悉国际市场规则和惯例，具有较高外语水平的外贸、金融、法律营销、管理、财务等方面人才，为企业海外投资提高强大的人才支撑。

加强对外经济合作、交流的教育培训和宣传引导。一是加强对外经济合作、交流的教育培训，针对当地法律法规、外交礼仪、文化宗教、全球社会责任等开展培训。二是做好中国企业文明守信的引导宣传。策划、组织各类活动，宣传典型企业，引导企业尊重驻在国社会习俗，履行必要的社会责任，树立中国企业良好形象。三是建立国外相关法律法规政策培训共享机制。

第六章

中国零售业"走出去"的战略
支撑：中观层面

根据前面对中国零售业在国际和国内两个市场联动发展的讨论，一切在国内市场有助于促进和支持中国零售业竞争力提高的措施都将推动中国零售业"走出去"。基于这样的分析，在中观层面，即在流通产业层面来讨论提高中国零售业市场竞争力的支持体系仍然是必要的。根据实证研究的结论，这个层面的内容主要包括流通市场体系建设、流通产业标准、工商关系协调、内外贸一体化、行业中介作用、关联产业联动发展、零售商业技术等。这个层面要提供的是支持中国零售业"走出去"的市场保障，与宏观层面的制度政策保障共同构成支撑体系的外部保障。

第一节 流通市场体系建设

一、现代流通市场体系建设的目标

十八届三中全会通过的《中共中央关于全面深化改革若干重大问题的决定》（以下简称"《决定》"）指出，要"紧紧围绕使市场在资源配置中起决定性作用深化经济体制改革，坚持和完善基本经济制度，加快完善现代市场体系、宏观调控体系、开放型经济体系，加快转变经济发展方式，加快建设创新型国家，推动经济更有效率、更加公平、更可持续发展"。

《决定》指出，经济体制改革是全面深化改革的重点，核心问题是处理好政府和市场的关系，使市场在资源配置中起决定性作用和更好发挥政府作用。要着力解决市场体系不完善、政府干预过多和监管不到位问题；必须积极稳妥从广度和深度上推进市场化改革，大幅度减少政府对资源的直接配置，推动资源配置依据市场规则、市场价格、市场竞争实现效益最大化和效率最优化。政府的职责和作用主要是保持宏观经济稳定，加强和优化公共服务，保障公平竞争，加强市场监管，维护市场秩序，推动可持续发展，促进共同富裕，弥补市场失灵。

《决定》明确指出，建设统一开放、竞争有序的市场体系，是使市场在资源配置中起决定性作用的基础。必须加快形成企业自主经营、公平竞争，消费者自由选择、自主消费，商品和要素自由流动、平等交换的现代市场体系，着力清除市场壁垒，提高资源配置效率和公平性。为此，要建立公平开放透明的市场规则。实行统一的市场准入制度，在制定负面清单基础上，各类市场主体可依法平等进入清单之外领域。探索对外商投资实行准入前国民待遇加负面清单的管理模式。推进工商注册制度便利化，削减资质认定项目，由先证后照改为先照后证，把注册资本实缴登记制逐步改为认缴登记制。推进国内贸易流通体制改革，建设法治化营商环境。要改革市场监管体系，实行统一的市场监管，清理和废除妨碍全国统一市场和公平竞争的各种规定和做法，严禁和惩处各类违法实行优惠政策行为，反对地方保护，反对垄断和不正当竞争。建立健全社会征信体系，褒扬诚信，惩戒失信。健全优胜劣汰市场化退出机制，完善企业破产制度。

《决定》还指出，要适应经济全球化新形势，必须推动对内对外开放相互促进、引进来和走出去更好结合，促进国际国内要素有序自由流动、资源高效配置、市场深度融合，加快培育参与和引领国际经济合作竞争新优势，以开放促改革。主要内容包括：

放宽投资准入：统一内外资法律法规，保持外资政策稳定、透明、可预期。推进金融、教育、文化、医疗等服务业领域有序开放，放开育幼养老、建筑设计、会计审计、商贸物流、电子商务等服务业领域外资准入限制。切实建设好、管理好中国（上海）自由贸易试验区，为全面深化改革和扩大开放探索新途径、积累新经验；在推进现有试点基础上，选择若干具备条件地方发展自由贸易园（港）区。扩大企业及个人对外投资，确立企业及个人对外投资主体地位，允许发挥自身优势到境外开展投资合作，允许自担风险到各国各地区自由承揽工程和劳务合作项目，允许创新方式走出去开展绿地投资、并购投资、证券投资、联合投资等。加快同有关国家和地区商签投资协定，改革涉外投资审批体制，完善领事保护体制，提供权益保障、投资促进、风险预警等更多服务，扩大投资合作空间。

加快自由贸易区建设：坚持世界贸易体制规则，坚持双边、多边、区域次区域开放合作，扩大同各国各地区利益汇合点，以周边为基础加快实施自由贸易区战略。改革市场准入、海关监管、检验检疫等管理体制，加快环境保护、投资保护、政府采购、电子商务等新议题谈判，形成面向全球的高标准自由贸易区网络。

按照《决定》的要求，加快建设"统一开放、竞争有序"的现代流通市场体系是深化我国流通体制改革的重要内容。

二、加快现代流通市场体系建设的举措

为了实现上述目标，具体的支持政策和措施包括（马龙龙，2011；荆林波，2012，2014；荆林波和王雪峰，2012）：

（1）制定完善流通网络规划，加强现代流通体系建设，创新流通方式，支持中小流通企业专业化、特色化发展，鼓励流通品牌创新发展；加大流通业土地、财政、金融支持政策力度；减轻流通产业税收负担；降低流通环节费用。

（2）完善流通领域法律法规和标准体系。对企业而言，"法无禁止即可为"，对政府"法无授权不可为"。通过修法改变当前不少法条对市场限制过多，对政府授权过度的状况，减少行政审批和不当管制，厘清政府与市场的关系。进一步提高流通产业利用外资的质量和水平，引进现代物流和信息技术带动传统流通产业升级改造。在加强制定国内零售行业标准的时候兼顾国际标准，同时，帮助技术先进企业争取国际标准制定权，实现技术、市场与产业的有序发展。支持有条件的流通企业"走出去"，通过新建、并购、参股、增资等方式建立海外分销中心、展示中心等营销网络和物流服务网络。积极培育国内商品市场的对外贸易功能，推进内外贸一体化。

（3）深化流通领域改革开放。要通过市场化、法治化的改革取向，处理好政府与市场、中央和地方、政府部门之间以及政府与行业中介组织之间的关系，在整体谋划的基础上，在重点领域、关键环节取得突破。流通领域改革涉及许多基础性改革（如税制、价格等），要建立分工明确、权责统一、协调高效的流通管理体制，健全部门协作机制，强化政策制定、执行与监督相互衔接，提高管理效能。加快流通管理部门职能转变，强化社会管理和公共服务职能。加强统筹协调，加快推进大流通、大市场建设。消除地区封锁和行业垄断，严禁阻碍、限制外地商品、服务和经营者进入本地市场，严厉查处经营者通过垄断协议等方式排除、限制竞争的行为。要致力于建立产权清晰、权责明确、政企分开、管理科学为主要内容的现代企业制度。要以资本为纽带，引导

和支持企业优势互补，在全渠道、全关联产业范围内组建大型商贸流通企业。鼓励民间资本进入流通领域，保障民营企业合法权益，促进民营企业健康发展。鉴于多年来的不当政策导向以及实际上存在的政策倾斜，下一步国有零售企业改革的关键是终结行政命令体制，激发企业家精神，让国企和民企都能集中精力于市场、技术和管理，进一步解放生产力，增强其在全球市场上的竞争力。要相信市场机制的力量，必须转变职能、下放权力，减少政府对企业生产经营活动的直接干预，打破市场分割与垄断，消除制约转型发展的体制机制障碍。上海自由贸易试验区负面清单的做法是将理论付诸实践的很好尝试，值得推广借鉴。

（4）大力规范市场秩序，形成覆盖准入、监管、退出的全程管理机制；依法严厉打击侵犯知识产权、制售假冒伪劣商品、商业欺诈和商业贿赂等违法行为；规范零售商、供应商交易行为，建立平等和谐的零供关系。加快商业诚信体系建设，完善信用信息采集、利用、查询、披露等制度，推动行业管理部门、执法监管部门、行业组织和征信机构、金融监管部门、银行业金融机构信息共享。细化部门职责分工，堵塞监管漏洞。发挥行业协会作用，建立基于行业协会的信息互通、资源共享的服务平台。

在完善法律法规、加强市场体系、推进流通体制改革方面，可以借助中国（上海）自由贸易试验区的设计，形成更为开放的、符合国际规范的商贸环境。第一，完善市场体系，提高市场能级。通过集聚"贸易型总部"和国际贸易组织机构，发展进口消费品口岸市场。拓展国际大宗商品交易的内容和能级，增加多层次的资源配置平台，获取商贸资源配置权、重要商品定价权、贸易争端仲裁权。第二，国际前沿的业态创新。积极探索商贸新模式，在互联网、大数据的支持下，尝试跨境电子商务、跨境消费、商务平台、服务外包等新业务模式。促进商品贸易、要素贸易和服务贸易协调发展，包括技术贸易、资金流动、信息流动、知识产权、服务贸易等。第三，活跃中国企业品牌建设、对外投资和走出去。投资贸易自由化是双向的、对等的。对外商实施"负面清单"管理，我国企业"走出去"也将享受"负面清单"管理。商贸企业应练好内功，一方面加强经营模式创新和品牌建设，形成难以模仿的知识产权和专有知识，另一方面渗透到金融领域、信息产业和服务贸易领域，积极"走出去"，参与国际竞争。

总之，要加快落实国务院《关于促进内贸流通健康发展的若干意见》的政策举措，围绕"推进国内贸易流通体制改革，构建法制化营商环境"的主线，以创新为引领、以改革为动力、以设施为基础、以环境为保障，促进内贸流通的健康发展。当前要重点抓好以下工作：一是以创新为引领，大力发展现代流通方式。要崇尚创新、鼓励创新，加大知识产权保护力度，支持流通企业推进技术创新、管理创新、经营创新，支持企业利用现代信息技术改造传统流通。要完善政策促进体系，促进现代流通方式扩大覆盖范围，拓展网络消费领域，支持连锁经营与电子商务相结合，推进商务领域大数据公共信息服务平台建设。要坚持以规范促发展，完善适应电子商务快速发展的法律法规和政策环境规范交易行为，保护交易安全，对线上线下的企业进行平等监管。二是以改革为动力，简政放权，把该放的权力放足、放到位，激发企业活力，通过"营改增"、商贸便利化等措施，创造流通企业做大做强的政策环境，健全促进中小微商贸流通企业发展的体制机制，大力减轻企业负担。要依法履职，把该管事务管好、改到位，保基本补短板，打造企业公共服务平台，加强公共信息服务，发挥行业协会作用。三是加强流通基础设施建设。要推动营利性流通基础设施转型升级，出台流通基础设施发展规划或建设指导目录，加强流通基础设施发展运营情况预测预警。要支持微利性流通基础设施发展，出台相关扶持政策和措施，鼓励建设集多种功能于一体的社区综合服务中心。要大力推进公益性流通基础设施建设。探索建立完善公益性市场投资保障机制，加快建设以公益性零售市场为基础的全国公益性农产品市场网络。四是以环境为保障，构建法治化营商环境，依法兴商、法治兴商。完善内贸流通法律法规标准体系，建立商品流通法为主体的国内贸易立法体系；建立统一开放的市场体系，加大市场整治力度，加快重要产品追溯体系建设，集中开展重点商品、重点领域专项整治行动，着力打破地区封锁和行业垄断；加强商务执法，营造公平竞争的市场环境，依法履行监管职能，加强行政执法与司法衔接。要树立法治观念，营造守法经营的商业文化，加快推进商务诚信建设，建立和完善国内贸易企业信用信息记录和披露制度，依法发布失信企业"黑名单"。

第二节　行业标准建设

一、流通标准化的意义

标准化是指在经济、技术、科学和管理等社会实践中，对重复性的事物和概念，通过制订、发布和实施标准达到统一，以获得最佳秩序和社会效益。标准化是组织现代化生产的重要手段和必要条件，是合理发展产品品种、组织专业化生产的前提，是企业实现科学管理和现代化管理的基础，是提高产品质量保证安全、卫生的技术保证，是国家资源合理利用、节约能源和节约原材料的有效途径，是推广新材料、新技术、新科研成果的桥梁，是消除贸易障碍、促进国际贸易发展的通行证。

《中华人民共和国标准化法》是我国开展标准化工作的最高法律依据。按照法律程序制定的标准大多具有强制性，属于强制性标准。对于单个企业而言，公司标准化是以获得公司的最佳生产经营秩序和经济效益为目标，对公司生产经营活动范围内的重复性事物和概念，以制定和实施公司标准，以及贯彻实施相关的国家、行业、地方标准等为主要内容的过程。

在国民经济和社会生活的各个领域中，凡具有多次重复使用和需要制定标准的具体产品，以及各种定额、规划、要求、方法、概念等，都是标准化对象，流通行业就是其中的重要组成部分。流通标准化建设是转变流通业发展方式，实现流通业科学发展的基础性工作，是规范经营行为和市场秩序，推动我国流通业规范化、集约化、国际化、现代化发展的有效保障。为提升流通管理与服务规范化水平，充分发挥标准化建设在优化流通结构和提升流通产业竞争力等方面的引导、支撑作用，促进流通业规范化、科学化发展，根据政府职能的划分，我国由商务部负责流通行业标准的制定和管理。

二、中国流通标准化建设情况

根据商务部《关于"十二五"时期流通标准化建设的指导意见》，我国"十二五"时期流通标准化工作的主要任务，一是加快建立健全流通标准体系。根据流通领域标准现状与需求，按业务领域构建标准体系框架，明确国家标准、行业标准布局和强制性标准、推荐性标准构成，留足地方标准对接空间。建设层次上以国家标准为引领、行业标准为主体、地方标准和企业标准为补充，内容上以基础通用类标准为基础、分行业标准为延伸，形成多层次多维度的标准体系。加强国家标准、行业标准与地方标准的衔接，加快地方标准制修订步伐，支持地方标准上升为行业标准、国家标准，搞好各层次标准之间的协调配套。二是着力抓好标准制修订工作。抓好急需领域标准制修订，抓好重点领域标准制修订，抓好新兴领域标准制修订。三是大力推进标准宣传贯彻和示范建设。开展标准宣传贯彻，开展流通标准化建设示范工作。四是强化标准工作支撑体系。加强流通标准化技术组织建设，建立流通标准化信息平台，加强流通领域质量检测和认证认可工作。

根据该指导意见的规划，我国流通标准化工作取得了长足的进步。

1997 年和 1999 年，原国内贸易部、原对外贸易经济合作部分别颁布了《国内贸易部标准化管理实施办法》和《外经贸行业标准化管理办法》，有效促进了国内贸易领域和外经贸领域的标准化建设。近年来，随着我国商务事业的迅猛发展，新型行业不断涌现，商务标准化工作涉及领域逐步增多，商务领域标准化的外延也不断丰富。同时，由于机构改革、职能调整、制度变更等因素，商务领域标准化的主管部门也发生了较大变化，商务领域标准的制定主体和制定程序也随之调整，导致两项办法已不适应现实发展的需要。为此，商务部适时启动和制定了《商务领域标准化管理办法》，该办法于 2012 年 7 月 1 日正式实施。这是商务部首次以部门规章的形式对标准化工作进行规范的法律文件，对商务标准化建设具有重大意义，对于确保政府部门依法行政，推动流通标准化工作规范化、科学化发展，具有十分重要的作用。

《商务领域标准化管理办法》共七章四十四条，包括总则、标准化工作的管理、商务领域标准的计划、标准的制定、标准的审批、发布与复审、标准的实施与监督和附则。《商务领域标准化管理办法》内容总体上是对《中华人民共和国标准化法》及其实施细则有关规定的细化，同时结合行业实际情况，根据商务领域标准化工作发展趋势做出了一些创新性的规定。《商务领域标准化管理办法》对商务领域标准化工作的全过程，包括制定和修订商务领域标准，组织实施商务领域标准，对商务领域标准的实施等环节做出了要求，详细规定了商务部、地方商务主管部门、商务领域相关专业标准化技术委员会及技术归口单位等单位的主要职责，明确了各部门间上下联动、协同配合的方式和程序。

由于流通标准涉及流通行业的方方面面，其标准化管理是一项复杂的系统工程，具有动态性、超前性和经济性的特征。以电子商务为例，随着网络购物的兴起和迅猛发展，一方面，极大地改变了消费者的购物和生活方式，激发了市场消费需求的潜力，促进了新的业态和模式的形成，另一方面，我国现有电子商务法律、法规、标准不完善，政策不配套，严重影响电子商务市场的发育和可持续发展。当前，香港、广州、北京、上海、浙江（杭州）等地相继出台了许多电子商务法律法规标准，但是还很不规范，存在许多问题，如对网上交易者的工商注册、税务管理、消费者权益保护等。由于我国电子商务正处于发育阶段，许多规定具有超前性，而且不具有可操作性，不能适应电子商务具有开放型的特点。此外，地方性法律法规具有地域性属地管理的特征，由于法律法规不统一，造成同一淘宝网上开店、不同地域的网民享受不同的法律待遇。因此，如何做到电子商务法律、法规和标准的无缝连接，已经成为立法和标准制定部门的一项紧迫任务。

对于实施"走出去"战略的零售企业来说，标准化更有国际性的特点，不但需要按照目标市场的标准化要求开展业务经营，还需要更好地依靠标准化工作促进国际化经营。为了摆脱中国企业在传统国际产业分工体系中处于低端环节、低附加值的被动地位，政府和企业要协同努力，争取国际标准制定权。现在我国一些企业已经掌握了许多先进技术并拥有自主知识产权，在这种情况下，中国企业在"走出去"的过程中既要遵守国际和目标市场国标准，也要适当坚持自己的标准，国家要帮助"走出去"的企业争取到有关标准的制定权，实现技术、市场与产业的有序发展。

第三节　和谐工商关系构建

近几年来，在外资大量进入的压力下，许多零售商通过收取进场费、延期付款、拖欠货款等方式实施所谓的"飞行加油模式"。许多零售企业，由于其自营比例较少，联营比例较大，进场费、联营扣点成为主要的收入来源。零供矛盾的日益激化，不但使许多中小企业供应商难以为继，也在一定程度上弱化了零售商创新发展的动力，不利于零售商自身的长远发展。

为规范零售商与供应商的交易行为，维护公平、公正的市场交易秩序，促进零售商与供应商平等合作、共同发展，《零售商供应商公平交易管理办法》自 2006 年 11 月 15 日起施行。从实际执行的情况来看，办法的实施没有达到预期的效果。2011 年年底，国家发改委等五个部门联合印发了关于《清理整顿大型零售企业向供应商违规收费工作方案》的通知，在全国集中开展为期半年的清理整顿大型零售企业向供应商违规收费工作。事实上，在复杂的零售商和供应商关系的背后是市场力量的博弈，在买方市场条件下，随着市场集中度的提高，零售商不断强化其在交易中的优势地位，造成零售商与供应商之间市场力量的失衡。

一、制造商和零售商之间关系演变的市场背景

制造商和零售商之间的关系主要是从垂直营销的角度来考察的，它是在某

一产品的价值链上由制造商、批发商和零售商组成的分销系统，其特点是专业化管理、集中计划，销售系统中各个成员的利益目标相互交错。在价值链上制造商处于供应商的位置，而零售商作为服务于最终消费者的需求商，对制造商而言起了一个"守门员"的作用。目前，制造商的分销渠道系统可以有公司式垂直系统、管理式垂直系统和契约式垂直系统三种。在消费品行业的分销设计中，用得最普遍的分销模式是管理式垂直系统，它是制造商和零售商共同协商销售管理业务，其业务涉及销售促进、库存管理、定价、商品陈列、购销活动等，如宝洁公司与其零售商共定商品陈列、货架位置、促销、定价。但是观察发达国家制造商和零售商关系的历史演变可以知道，它们的关系并非一开始就是一种合作和共生的关系，而是随着市场环境的变化而变化的，这在 20 世纪中期以来的企业营销中是十分明显的。

在传统意义上，零售商只充当制造商和消费者之间的中介，以保证商品使用价值在消费使用过程中得到实现。在这里，零售商同时采购和销售制造商的不同产品，这些产品由许多的制造商生产，而不是零售商本身。由于零售商经营面积窄小，规模有限，它只能服从于制造商的营销策略。但是随着市场环境的变化，制造商和零售商之间的关系也发生了变化。制造商对于生产设备、技术诀窍以及品牌的投资具有很高的特殊性，表现在它的投资是和特定产品（品牌）的生产以及特定的生产能力联系在一起的，这种特殊性可以导致制造商无法拥有应付市场变化所需的灵活性，从而限制其市场力量的增长。与此相反，零售商可以通过调整销售货架的面积及位置提高其经营的灵活性，什么商品类别可以纳入经营范围，哪种具体的商品用多大的货架面积进行陈列、销售等均由零售商做出决定。这个时候的零售商开始试图修正制造商的营销策略。在消费品行业，只有那些知名品牌的制造商还可以通过一定的方式主要在价格上（从而在促销上）对零售商施加影响，而对零售商业营销的其他方面（如店址的选择、经营品种、销售面积的分配、人员等）则无法加以影响。

更为重要的是，零售商直接和消费者接触，它比制造商更了解消费者的需求，可以实施更为有效的以消费者为导向的营销组合。这种比制造商更为接近最终消费者的有利条件对零售商如此重要，使得它在以市场为导向的现代营销中获得了更大的发言权。从 20 世纪六七十年代以来，零售商借助于其销售网点的增加和经营面积的扩大，特别是在实行连锁经营后，企业规模迅速扩大，市场地位越来越高。为了提高市场占有率，零售商开始实行独立的、"以我为主"的市场营销手段，其中之一就是降低制造商品牌的销售价格。这当然是制造商不愿意看到的。当制造商和零售商的关系发生这种变化以后，制造商特别是知名品牌的制造商开始联合抵制零售商。这种联合抵制在开始阶段取得了良好的效果，但是从长远来看它的效果逐渐减弱。其根源还在于制造商的投资具有单一性，在某一时期可以结成同盟的制造商联盟在更多的时间内是互为竞争对手的，它们很容易被具有明确目标的零售商所一一击破和瓦解。这种市场力量对比逐步向零售商倾斜的倾向在 20 世纪 80 年代以后更为明显，原因在于通过零售商业态创新、国际化进程的加快以及世界范围内的收购兼并等，市场力量越来越集中于处于价值链末端的零售商身上。科技的发展、基础设施的完善、高效的物流系统的建立更是强化了这一趋势。

二、制造商和零售商关系的竞争理论解释

按照波特的竞争理论，制造商的市场力量主要表现在提高价格和供货质量与数量方面。一个制造商要想在行业内有效地影响其下游客户（零售商）的利润率，必须具备足够的谈价能力。决定这种谈价能力的因素主要有：供应商规模大且数量少；其产品或者服务在一个行业中无替代品，对零售商是一种不可放弃的选择，必须纳入其经营范围；具备谋求向前垂直一体化战略来延伸自己产品的愿望和能力。在完全竞争的消费品市场上，要具备这些条件对制造商而言并非轻而易举，因为消费品市场进入的障碍可能不大，但是市场维护和发展的成本却很高。正是这样，也许只有知名品牌的制造商能够对零售商的营销安排产生影响。而制造商要想通过向前垂直一体化延伸自己的产品，不仅受到产品属性从而选择营销组合的限制，更会受到企业资源条件、组织结构、营销文化和来自于消费者方面的因素的限制。这也正是大部分消费品没有通过直接分销渠道到达最终消费者手中的市场背景。

和制造商相比，零售商的谈价能力主要体现在压低价格方面，尽可能以最优惠的价格条件采购到尽可能多、质量尽可能好的产品。决定零售商谈价能力的主要因素有产品的差异度、对制造商的依存度以及自身的集成度等，归根结底取决于零售商的规模和实力。从世界范围来看，零售商的市场力量在实行连锁经营特别是国际化经营后得到了极大的增强。当零售商实力雄厚，具备了强大的谈价能力的时候，如果制造商不能满足其要求的条件，就会导致其下决心，并有能力实行向后一体化战略来延伸自己的产品。在这种情况下，制造商特别是知名品牌的制造商联合抵制零售商的效果也就难以收到成效。由于低价竞销和面积窄小的销售模式从一开始就不被制造商看好，零售商开始抓住机会开发、生产自己的产品，以填补由制造商留下的市场空隙。零售商自有品牌的

开发和管理就是在这种背景下出现的，可以说它是制造商和零售商之间垂直竞争加剧的产物（朱瑞庭，2004）。

三、竞争环境下制造商的市场机会

事实上，无论是对制造商还是对零售商而言，除了来自垂直方向的竞争压力外，它们同样不能忽略来自水平方向的竞争压力，它们存在于价值链上处于相同层次的分销环节，具体表现为相同层次上制造商之间、零售商之间的竞争。在消费市场饱和、市场越分越细、成本压力不断上升以及排挤性竞争压力加剧的情况下，制造商和零售商内部增长的压力达到了前所未有的高度。在这样的市场背景下，企业开始通过收购兼并的方式加快市场集成的速度，企业规模因此变得越来越大，这是当代营销中非常突出的特点之一，也是 20 世纪 90 年代以来跨国兼并风起云涌的缘由。经济全球化和一体化的加快导致了世界范围内企业之间水平层次竞争的加剧。

面对来自垂直和水平方向日益加剧的竞争压力，为了保证销售目标的实现，制造商必须拟订目标明确的营销战略。考虑到市场力量对零售商的倾斜，从销售渠道的策划来看制造商可以有以下四种战略选择：

第一，适应战略。对制造商而言，这是一种被动适应的战略，它容忍零售商的市场力量，而不改变传统的销售渠道。换句话说，在销售通路的设计中，零售商拥有对某一制造商产品的最终选择权和营销组合的决定权。这种策略经常可以在中小型制造企业当中找到解释，因为在力量失衡的市场环境中，中小企业没有足够的谈价能力。

第二，回避战略。在这种战略选择中，制造商认识到、并且承认零售商在市场力量分配中的主宰地位，但是采取回避零售商的策略，具体策略包括直复营销和选择另外的商业合作伙伴等。很明显，直复营销的适应范围比较窄。

第三，正面冲突战略。在这里制造商无视零售商的市场力量和行为方式，试图通过积极寻找新的和其他销售渠道来维持和巩固自身的市场地位。在今天的市场环境下，由于零售商巨大的力量基础，采取这一战略几乎是不可能或者毫无意义的。

第四，合作战略。制造商并不完全认同零售商的市场力量，但是在销售渠道的设计中主动追求和零售商的合作，为了适应零售商的经营，在执行自身营销理念的同时，也会适当调整自身的营销策略。这就是通常所说的垂直营销中的合作战略，这一战略正被越来越多的企业所认识并采用。

四、垂直营销中制造商和零售商的合作战略

面对不断加剧的竞争压力，任何一家企业（无论是制造商还是零售商）都无法单独面对日益复杂的环境，改善自身的市场处境。为了更为有效地组织其市场营销活动，在 20 世纪 80 年代中期，制造商和零售商之间开始在垂直营销中实行合作战略，这种合作关系自 90 年代以来得到不断的强化。需要指出的是，垂直营销中合作战略出现的时期正是市场力量明显倾向于零售商的时代。这说明制造商和零售商的合作更需要零售商用长远的、战略性的眼光来组织和推动（朱瑞庭，2003）。

（一）制造商的营销组合

对于在垂直营销中寻求和零售商合作的制造商而言，它的目标在于在销售通路的终端对最终消费者的产品选择及购买行为施加影响，这种影响只有在和零售商进行充分的协调从而采取一致的行动后才能实现。如此说来，广义上的垂直营销包括了对制造商和零售商的营销措施系统的计划、执行和控制等。

1. 产品策略

在企业的整个营销组合当中，可以说产品策略是制造商唯一可以独立做出决定或者加以调整的部分。为了提高自己在和零售商合作当中的谈价能力，向零售商供应质量优良、服务到位、消费者认同、市场影响力大的产品是制造商最好的砝码。为此制造商必须把营销工作的重点转移到品牌的管理上来。借助品牌对消费者的直接影响，可以迫使零售商经营自己的品牌，从而改善和强化自己在垂直竞争中的地位。企业拥有一个好的品牌，就可以拥有一份极有意义的价值。从长远的角度来看企业也就拥有了一种直面零售商自有品牌的资本。品牌的资本化和人格化使得品牌具有了价值，品牌管理的目标就在于维护和保证品牌价值的增值。一个好的品牌经理会把企业管理者的眼光引到品牌的管理上，因为品牌和企业标识在消费者眼里是一致的。任何单一的营销措施都有可能对品牌造成损害，为此需要品牌经理进行协调，例如企业在有的情况下为了服从品牌管理的需要，就有必要放弃短期的利润追求。成功的品牌管理需要企业具备健全的组织结构、有效的信息系统和灵敏的企业文化。从战略管理的角度来看，改善品牌质量、保证品牌的独特性、加强和中间商、零售商的合作、有效地调整和顾客的关系，应该成为品牌管理的核心内容。首先，企业的所有

营销策略要着眼于通过品牌为满足消费者需要提供完善的解决方案上来。其次，品牌的管理要强调品牌的可信度。这种可信度长期植根在消费者头脑中，并对消费者的品牌感知和购买行为产生持续的、长期的影响。再次，企业的营销策略要保证向消费者提供持续不断的核心价值上。换句话说，品牌的核心价值在消费者的感知当中必须保持清晰和稳定。最后，品牌的生命力还应该体现在其持续不断的创新上。品牌只有通过创新才能在消费者的感知中保持活力。品牌的创新不能偏离其核心价值，而好的品牌创新应该而且可以不断丰富其核心价值的内容。在谋求制造商和零售商合作方面可供双方选择的手段和办法很多，其中非常有效的手段就是所谓的"品类管理"和"高效消费者响应"。

2. 价格策略

和零售商共同找到默契和协调的产品定价策略是制造商垂直营销管理的重要内容，对双方来说也是最敏感的内容。从国外的经验来看，制造商和零售商之间的价格策略在不同时期有过不同的行为方式。在制造商占据市场主导地位的时期，制造商同时主导了零售商的价格策略，具体表现为制造商制定一个约束价格，零售商按此价格向最终消费者销售产品，在这里零售商没有任何自由定价的空间。在消费品行业竞争日趋激烈的市场环境下，零售商显然不能满足于充当这种被动的执行者的角色，从宏观和微观的角度来看也无法保护市场主体开放的、公平的竞争。为此发达国家先后通过立法取消了制造商的这种定价权限。例如，德国于1973年立法规定，只有出版业可以对图书这一特定文化产品制定约束价格，其他产品的定价权限一律回归零售商，由其自由确定。此后，制造商仍然有权限在产品的包装上标示制造商对产品的最终销售指导价格，这就是目前依然在市场上流行的所谓"推荐价格"。需要指出的是，这种参考价对零售商没有法律约束力，这就是经常可以观察到零售商的最终标价往往低于制造商确定的参考价的原因。除了从时间先后上看有上述两种调整制造商和零售商价格行为的做法以外，和"推荐价格"同时存在的还有目前各种各样用来协调、规范制造商和零售商价格行为的协议、约定和合同等。在这里制造商和零售商会取得一定程度的默契，来实施诸如折扣、支付条件、价格水平、季节波动、促销价格等涉及价格的所有营销措施组合。采取这种方式的合作也是制造商增加垂直合作中的发言权、有效推行自身营销组合从而增强在市场上的灵活性的重要手段。

3. 促销策略

除了价格促销之外，制造商和零售商之间还可以在广告宣传上进行合作，对中小型制造企业来说这是更为有效的出路。广告宣传的合作表现在广告的构思和制作、广告投放的时间、频率、持续时间等,这种合作可以充分利用店内宣传对消费者的直接影响力,避免了制造商单一广告的盲目性,提高广告的达到率,从而提高广告的投放效果。另外,合作的广告策略可以分摊和节约广告支出,有目的地吸引更多的消费者到确定的购物场所。很显然,在零售商业营销中广告策略通常会和价格策略结合进行。

4. 渠道策略

和营销组合中的其他策略比较而言,销售渠道策略在这里突破了垂直营销的范围,延伸到了水平层次和其他中间商以及零售商合作的问题。它们之间的合作因此可以重新回到上述讨论的全部方面。

(二) 零售商的营销策略

事实上,市场力量向零售商倾斜的事实丝毫不能掩盖和减弱零售商所面临的巨大的市场压力。这种压力来自于消费品市场的日趋饱和、同质化的市场供应、日益个性化的消费者行为和企业规模扩大之后带来的巨大的成本压力。为了保持一定的市场份额,零售商往往会首先采用价格促销来参与市场竞争。应该说,短期的或者经常性的价格促销是留住消费者特别是求变购买者的有效手段之一 (朱瑞庭,2003,2009)。对激烈的市场竞争采取漠视或者回避的态度有可能降低商店在消费者心目中的吸引力。价格促销不仅仅是参与日常生活用品市场激烈竞争的需要,也是实现产品有效渗透的办法。但是积极参与市场竞争,并不意味着商店去发动或者领导价格竞争,更多的是商店如何迅速地作出合适的反应。

零售商的价格行为不能仅仅作为一种短期的促销措施,它需要用长远的、战略的眼光来看待和制造商在价格策略上的合作。竞争理论分析表明,零售商降低商品的进价会降低上游供应商(制造商)的利润率,反之,则有利于增加本行业的平均利润。无节制的、毁灭性的价格竞争会导致行业投入减少,技术创新动力衰减,从而威胁到行业的生存,这不仅最终会影响到零售商自身的利益,也是消费者所不愿意看到的。如此看来,零售商必须转变观念,抛弃那种把价格竞争作为唯一和主要竞争武器的经营模式,把营销的重点转移到改善经营品种、提高商品品质和服务、为消费者创造价值增值上来。在这里,市场参与者的自我约束是任何时候都需要的,对零售商而言就更是如此;而一旦这种约束失效,导致市场力量被滥用,危害了竞争的自由、开放和公平,那么作为市场竞争保护者的国家就有必要介入其中,对市场参与者的行为过程进行监督和控制，直至采取立法的方式来加以规范。

（三）驻店厂商代表的管理

在中国大型综合性超市等现代业态的商店里，一个值得关注的现象就是大量驻店的厂商代表，他们以制造厂商代表的名义出现在卖场，直接为消费者提供服务。厂商代表的身份如何界定，他们的主要功能如何定位，不仅仅是制造商和零售商关心的问题。厂商代表从一个侧面集中反映了制造商和零售商之间的关系问题，但是这种关系已经超越制造商和零售商两者的范围，实际上同时影响到了制造商、零售商和消费者之间的关系，特别是零售商和消费者之间的关系问题，主要体现在对商店形象的影响上。厂商代表的出现是在市场力量向着有利于零售商的方向倾斜的情况下，特别是向零售商提出的一个新的课题。如何有效地调整制造商和零售商之间的关系，保证厂商代表以一种合适的方式融入商店形象并出现在消费者面前，是摆在营销理论界和企业面前的现实问题（朱瑞庭，2006）。

厂商代表的出现可以看作是制造商和零售商之间寻求建立合作关系的结果，它的功能可以分别从制造商和零售商的角度来加以分析。从制造商的角度来看，上面的分析表明，由于垂直营销中所处的弱势地位，厂商代表一方面可以在销售终端直接为消费者提供专业性的服务，帮助消费者简化购买决策过程（这是消费者在日常生活用品采购中的本能和要求），另一方面可以实时地收集消费者对产品和品牌的评价和反应，并直接反馈到企业。在这种情况下，对那些知名品牌的制造商来说，厂商代表是除了其在价格上可以对零售商施加一定的影响之外另外一种选择，它当然也可看作是对产品促销的一种强化。所以，厂商代表的出现所带来的对制造商和零售商关系的调整不只在于，制造商因此事实上介入到了零售商的品类策略、产品策略、价格及促销策略当中，更主要的是它由此拉近了和消费者之间的距离，从而延伸了其自身营销组合策略的势力范围，增强了其在销售通路上的发言权。对于在垂直营销中寻求和零售商合作的制造商而言，它的目标恰恰在于在销售通路的终端对最终消费者的产品选择及购买行为施加影响，这种影响在零售商同意引进厂商代表后得以实现。

对零售商来说，引进厂商代表更多的是出于促销、成本、服务的专业性等方面的考虑。在卖场的销售面积越来越大、商品种类越来越多的情况下，零售商引进厂商代表，一方面通过厂商代表给消费者提供更为专业的服务，另一方面通过促进销售来实现和制造商的共同利益。此外，可以据此借助制造商的力量更好地整合内部资源，节省人力资源，从而降低内部成本压力，也可以在市场力量日益向自身倾斜的市场环境下展示和制造商合作的姿态，在一定程度上缓解和制造商的紧张关系。

由于厂商代表由制造商派出，其日常管理由商店负责，但是人事薪资的管理均归属于制造商本身，零售商往往容易从积极的方面来评价驻店厂商代表制度。事实上，它的消极方面同样不能忽视，更何况有的积极作用还有可能被抵消的情况（比如消费者对服务的专业性要求下降了）。从数量上看，过多的驻店厂商代表容易给消费者带来误解，其功能又往往集中在商品介绍和推销上，不利于消费者的自主购物；厂商代表难以满足消费者对相邻货架商品的询问，从而给消费者带来不便，在极端的情况下甚至出现直接比较、打压竞争产品和品牌的情况，这既为商业竞争所不容许，更容易对消费者的商店认知造成混乱和困惑。所以，厂商代表的定位归根结底在于对厂商代表的评价问题，不仅仅是一个厂商代表自身素质的问题。这种评价既不能夸大积极作用，也不能回避消极影响，必须实事求是地回答以下方面的问题：首先，如何界定商店自身销售人员和厂商代表、不同厂商代表之间的关系，使厂商代表能够自觉地融入商店的销售团队中来；其次，如何解决他们在消费者面前可能出现的不同面貌和形象的问题，以使完整的、统一的商店形象不致受到损害和伤害（朱瑞庭，2004）；再次，如何理顺在进货、上架、货架管理、促销、消费者投诉、售后服务、结算等环节上的关系；最后，如何通过厂商代表这一纽带在更广泛的范围内来加强制造商和零售商的战略合作关系，提升各自的市场竞争力。所有这些问题的出发点是，厂商代表的出现不能弱化消费者对零售商的企业识别，或者说不能使商店形象受到损害和伤害。

从长远的角度来看，要处理好厂商代表对商店形象的影响，除了要明确厂商代表的准确定位，并从制度、机制等方面加强对厂商代表的管理之外，还需要从战略高度理顺和协调制造商和零售商之间的关系。现代营销中的许多成熟技术为此提供了有用的工具和手段，例如，基于高效消费者响应（ECR）和供应链管理（SCM）基础上的品类管理（CM）就是其中之一。品类管理是一个把品类作为战略业务单位来管理的，以满足消费者需求为目的，通过强化业务伙伴之间的协作关系来提高利润率的流程，它的实施需要有明细的沟通计划，包括明确的职责范围和良好的沟通渠道。在奖励机制的设定中，要以零售商和制造商共同制定的目标完成情况评估表为基准。在品类策略当中，增强商店形象就是其中的一项重要内容。前面对厂商代表的功能和定位的分析表明，在消费者调查、品类引进及管理、高效促销等品类管理中，厂商代表可以以制造商代表的身份成为和零售商之间进行有效合作的桥梁。

五、基于自有品牌的工商关系分析

(一) 零售商自有品牌的发展历程

从 20 世纪 70 年代开始，为了应对来自垂直和水平两个方向的竞争压力，零售商凭借直接面向消费者、连锁经营模式以及突破"相邻市场"原则的大规模国际化的优势，开始实施自身独立的品牌战略，其中，自有品牌战略是其重要的组成部分。作为零售商后向整合（一体化）的载体，自有品牌是制造商和零售商垂直竞争加剧的产物，并成为零售商应对水平竞争、凸显经营特色的重要手段，它反过来又对制造商品牌从而对制造商本身提出了强有力的挑战。

在欧洲，零售商自有品牌从 20 世纪 70 年代末在法国兴起后，就迅速扩展到其他国家。在这个过程中，连锁折扣商业的空前成功更是大大激发了零售商业经营自有品牌的积极性，因为在它销售的商品中有相当部分就是零售商的自有品牌。零售商的自有品牌随后还扩展到了其他的零售业态，如超级市场、便利店、购物广场等。零售商自有品牌从出现到现在已经发展到了第四代，表 6 – 1 从不同的角度对它们作了介绍。

表 6 – 1　　　　　　　　零售商自有品牌的发展及其特点

对比角度	第一代	第二代	第三代	第四代
品牌	无名产品	准品牌	零售商品牌家族	细分品牌，形象品牌
产品	最基本的生活必需品	数量众多的单个产品	产品大类	企业形象产品
制造技术	基本技术，无制造障碍	落后市场领先者一代	接近市场领先者	创新技术
质量/形象	比制造商品牌产品低	中等，消费者感知低	齐平领先品牌，质量保证	相同或好于领先品牌
购买动机	价格	价格	产品性价比	产品更好
制造厂商	国内制造商，非专业	国内制造商，部分专业	国内制造商，大部分专业	国际制造商，大部分专业

目前，欧洲国家中经营自有品牌的零售商主要来自于英国、法国和德国，其中以英国最为普遍。在 20 世纪 70 年代初，英国零售商自有品牌在食品和日用品的零售总额中的比例约为 20%，这一比例到 90 年代中期达到了近 30%，年销售额超过 120 亿英镑。其中两大零售业巨头 Sainsbury 和 Tesco 自有品牌销售额占其销售总额的份额分别达到 54% 和 41%。在德国，零售业自有品牌的

市场份额从 90 年代起持续上升，其典型例子有连锁折扣巨头 Aldi 公司，它的自有品牌在销售商品中的比例甚至达到了 80% 以上。

从零售商自有品牌的发展过程来看，第三代和第四代的自有品牌和前两代相比，无论是产品的质量、制造技术，还是其市场定位、产品形象以及消费者对自有品牌的感知和态度都已经发生了很大变化。伴随着这些变化的是零售商自有品牌功能的变化，而功能的变化势必要求企业对品牌的营销战略作出完整的、系统的安排。表 6-2 从制造商、零售商以及消费者等不同角度对零售商自有品牌的功能做了归纳。

表 6-2　　　　　　　　　　　　零售商自有品牌的功能

从制造商角度	从零售商角度	从消费者角度
最大限度地提高生产设备利用率 降低固定成本 获取原材料采购中的成本优势 减轻经营自身品牌/产品的压力 赢得顾客 无自身的强势品牌	独特的、不可替代的产品类别 突出竞争中的特色 价格优势 强化企业识别 加强产品保护 保证产品创新设计 保证收益率	获得价格实惠的产品 产品质量保证 更多的产品选择 简化购买过程，培养商店忠诚 对传统知名品牌的替代效应 产品供应多样化，增加购物兴趣

特别值得制造商关注的是，第四代的自有品牌从质量到形象，其市场定位至少达到了市场主导产品的水平，在一个品牌家族当中包括了很多产品类别和花色品种，它们独具品牌自身特色，产品质量优良，生产技术先进，通常由只生产零售商自有品牌的厂商来生产。例如，在英国的家用洗涤用品市场，Sainsbury 和 Asda 两家零售商的自有品牌 Novon 和 Integra 家喻户晓，它们的质量已经超过制造商的知名品牌。而拥有最高知名度的马狮公司（Marks & Spencer），其纺织品（服装）的销售额占其销售总额的 60% 以上，以 St. Michael 命名的服装品牌不仅是英国销售量最高、也是最具创新特色的马狮公司自有品牌。随着各国零售业加强合作以及零售业国际化进程的加快，自有品牌突破单一品牌的局限，越来越向着围绕某一商品类别以及跨越商品类别的统一品牌策略、多品牌策略和品牌延伸策略转变。越来越多的零售商自有品牌走出单一的国内市场而日益成为国际品牌。零售商自有品牌的市场营销策略也开始走出传统的店内宣传模式，向着以广告宣传为主的完整的营销组合方向发展，对 Sainsbury 和 Tesco 等公司来说，每年为自有品牌支付几千万美元的广告预算已经非常普遍。从发达国家的经验来看，零售商自有品牌的成功是建立在充分的企业资源、有效的组织结构、准确的市场定位并辅之以相应的业态选择

和科学的管理基础上的。图 6-1 描述了在价格和质量两维空间下不同发展阶段的零售商自有品牌的市场定位（朱瑞庭，2004）。

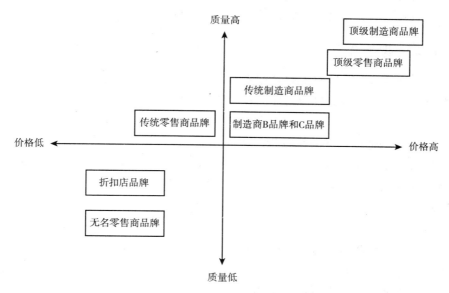

图 6-1 零售商自有品牌的市场定位

通过对制造商品牌和零售商品牌的定位分析可以知道，两者的竞争主要集中在传统的零售商品牌和制造商的 B 品牌和 C 品牌之间。直接竞争的结果如何，则要以消费者的反应为依据。一般而言，消费者对零售商自有品牌的接受程度在不同的产品类别之间有明显的不同。如果消费者感觉不到产品质量之间的差别，或者没有必要判断质量好坏，换句话说，产品质量好坏对使用本身没有影响，消费者就会倾向于购买零售商自有品牌，这类产品通常是购买频率高、消耗量大、没有质量风险的食品和日常生活用品。如果消费者只能在购买和使用之后才能判断产品质量的话，消费者就会更多地考虑购买制造商品牌。有研究表明，消费者对零售商自有品牌和制造商品牌的判断，其质量上的差别要小于价格上的差别。换句话说，这两者之间的质量在消费者眼里并没有太大的差别，而在价格上，零售商自有品牌更具竞争力。消费者的价格意识越强，购买零售商自有品牌的频率就越高。从品牌形象的其他构成要素（广告、包装、可信度等）来看，消费者对制造商品牌的评价通常会好于对零售商自有品牌的评价。零售商自有品牌的购买者对其偏爱的品牌的满意度和忠诚度都要低于制造商品牌购买者对其偏爱的品牌的满意度和忠诚度。

　　总之，零售商自有品牌的成功一方面是制造商和零售商垂直竞争的结果，另一方面它反过来又对制造商品牌从而对制造商本身提出了强有力的挑战，这一过程加剧了消费品行业市场力量向零售商倾斜的趋势。

（二）基于自有品牌的制造商、零售商内部关系分析

　　为了分析自有品牌对工商企业之间关系的影响，可以首先来分别考察自有品牌对制造商、零售商自身内部关系的调整产生的影响，因为这两个层面的关系相互交错，互为影响。

1. 基于制造商内部关系分析

　　从制造商内部的角度来看，代工自有品牌带来的影响可以从其生产能力的调整以及自主品牌和自有品牌之间关系两个方面来讨论（朱瑞庭和尹卫华，2012）。

　　（1）生产能力的分配。从制造商角度来看，只要其不是由零售商因为加工自有品牌而创建，就存在其生产能力在贴牌产品和自身产品之间进行分配的问题，而且呈现出有高有低不同的分配比例，有的企业甚至可能将一半以上的生产能力用于生产零售商自有品牌。承接贴牌生产的直接后果是，制造商将处于一种两难的选择：如果将更大的生产能力用于自有品牌的生产，那么受零售商的牵制就会更大，用于自身产品（品牌）生产和管理的资源就会受到制约；反之，如果限制将生产能力用于自有品牌的生产，接受贴牌订单的压力得以减轻，但是通过开发自身产品谋求市场发展的压力就会大起来，这对没有强势品牌的制造商来说更是如此。不管怎么说，只要承接了贴牌生产，制造商就会面临在自有品牌和自身产品（品牌）之间平衡生产能力及管理资源的课题。随着零售商自有品牌战略的加强，更新一代的自有品牌将会涌现出来，将来不能排除单一生产自有品牌的贴牌制造企业的出现。

　　（2）自主品牌和自有品牌的关系。如果说二十年前只有很少的制造商接受订单生产零售商自有品牌，那么今天几乎所有的制造商都在接受这样的订单，甚至知名品牌的制造商也在这么做，这已经不是什么秘密。面对这样的情况，德国制造商协会主席做出了这样的反应："谁从事了50%以上的零售商品牌的生产，谁就得退出协会"。对制造商而言，在消费品市场的残酷竞争中，来自水平和垂直方向的竞争压力迫使它调整自身的竞争策略，出路之一就是在垂直营销中寻求和零售商的合作，接受零售商产品的订单就是提高其设备利用率、降低成本的有效途径。随着零售业国际化进程的加快，越来越多的制造商开始追随零售商的脚步在零售商的目标国市场设厂生产，这也是制造业国际化

过程的一个显著特点。制造商在接受零售商产品的订单的时候，应该考虑的是这种接单是否会影响到自身品牌的经营和管理。有两种情况可以对这种接单的合理性做出辩护：一是制造商本身没有强势品牌，接单一方面可以保证设备的利用率、降低成本，另一方面可以加强和零售商的合作，从而在激烈的市场竞争中得以生存和发展；二是制造商自身拥有在消费者心目中无可替代的强势品牌，和零售商的合作不会动摇自身品牌的市场影响力，而这显然和两者是否同属一条产品线或者延伸产品有关，也对制造商的资源条件有很高的要求。

2. 基于零售商内部关系分析

从零售商内部的角度来看，也可以从两个层面来分析自有品牌对零售商自身内部关系带来的影响：自有品牌和企业品牌的关系、自有品牌在商品品牌结构中与制造商品牌之间的关系。

（1）自有品牌和企业品牌的关系。品牌营销主要是通过品牌和消费者的关系来调整自身在市场竞争中的位置的。由于企业品牌在品牌战略中的先导地位，零售商业的品牌战略首先是通过企业品牌来实施的，对于多店经营的连锁商业来说更是如此。无论是单店经营还是多店经营的连锁商业，企业品牌的内涵主要是通过商店形象来得到体现的。从消费者的视角出发，由于在影响商店形象的功能性属性当中，商品属性和商店形象之间具有高度的交互影响，与制造商相比，零售企业实施品牌战略的难度更大。零售商不仅要特别关注企业品牌的建设，同时也不能忽视对其经营的商品品牌的关注。具体说来，它对自有品牌在商品品牌中的导入和经营提出了明确的要求，即从品牌的基本标准方面来看，商品品牌是否和企业品牌形成了互为促进和强化的肯定关系，而不是排斥性的否定关系。这种两者之间互为促进和强化的肯定关系首先体现在自有品牌的市场定位是否与商店形象相统一、能否为强化商店形象提供支撑。在这里，排斥性的否定关系意味着对企业识别（CIS）的淡化、模糊甚至混乱，这会给零售企业品牌的经营和管理带来不可忽视的风险。当自有品牌的比例达到100%的时候，处理商品品牌和企业品牌的关系会显得单纯一些，除此之外，零售企业的品牌管理总是还会因为制造商品牌的同时存在显得更为复杂。

（2）自有品牌和制造商品牌的关系。在零售商的商品品牌策略中，处理好自有品牌和制造商品牌的关系属于品类策略范畴。在这里，除了上面讨论的要考虑同样作为商品品牌的自有品牌与制造商品牌的定位与零售企业的企业品牌相一致以外，问题的实质表现为在什么类别的商品中引进自有品牌。回答这一问题要以消费者对自有品牌的质量和价格感知为依据。一般而言，对于购买频率高、消耗量大、没有质量风险的食品和日常生活用品来说，消费者的质量感知较为淡漠，零售商自有品牌就会成为购买选择。而对于那些只能在购买和使用之后才能判断产品质量的所谓经验产品来说，消费者就会更多地考虑购买制造商品牌。大量研究表明，消费者对零售商自有品牌和制造商品牌质量感知上的差别要小于价格感知上的差别。换句话说，在消费者眼里，零售商自有品牌在价格上更具竞争力。消费者的价格意识越强，购买零售商自有品牌的频率就越高。但是，从品牌形象的其他构成要素（广告、包装、可信度等）来看，消费者对制造商品牌的评价通常会好于对零售商自有品牌的评价。品牌经营的实践也表明，要想在价格定位高端、创新周期快速的顶级市场中和制造商品牌进行竞争，自有品牌很难能够获得竞争优势。此外，零售商自有品牌所覆盖的产品类别和一个国家的零售市场结构以及消费者的生活方式、价值观等有密切联系，例如，在欧洲越来越多的生态产品被零售商纳入自有品牌的范围。

（三）基于自有品牌的工商之间关系分析

上述基于自有品牌的制造商、零售商内部关系的调整必然影响到工商之间关系的变化。这种工商关系变化的具体表现在哪里、变化了的工商关系又有什么新的特征，这些问题需要通过实证研究来寻找答案。

为了深入了解自有品牌对工商关系调整所带来的影响，我们选择了上海市四家连锁零售企业为对象，对它们及其对应的自有品牌贴牌制造商进行了访问调查。其中，三家为外资零售商，包括大型综合超市（大卖场）、个人护理用品销售商、大型家居商场，一家是上海本地的食品连锁超市，它们的自有品牌及战略各具特点和代表性。访谈的对象为零售商负责自有品牌采购的品牌（品类）经理，及其代工企业的高级管理人员。访谈是通过事先拟好的提纲，面对面询问并辅之以自由讨论的形式完成的。

访谈得出的总的结论是：在自有品牌的背景下，工商关系的基本特征仍表现为弱供和强零之间的关系。鉴于连锁商业的快速发展，这一态势在较长的一段时间内将难有改变。尽管如此，零售商和制造商一样，都面临着由自有品牌而产生的新的压力和困难（朱瑞庭和尹卫华，2010，2012）。下面的分析都是基于和围绕这一基本判断和结论展开的。

表6-3从不同的关系特征方面描述了基于自有品牌的工商关系。

表6－3　　　　　　　　　　基于自有品牌的工商关系

从制造商角度	关系特征	从零售商角度
高低不等	生产集成度/依存度	高低不等
销售力、知名度、信誉、研发、管理	选择标准	质量、交货、成本、技术、协同与管理
弱势地位	市场优势	强势地位/平等
采购签量、毛利、账期、退货率	诉求/风险	生产质量、交货时间
获取长期订单	合作手段/杠杆	给予代工合同
强烈	长期合作意愿	强烈

从制造商方面来看，代工企业有为外资大卖场提供塑料薄膜类产品的制造商，其主要产品有一次性台布、保鲜膜、保鲜袋和垃圾袋等，属于低值易耗类生活用品。该公司目前一半左右的生产能力为国外的零售商做贴牌，剩下的生产能力中有一半为该大卖场提供贴牌，还有一半做自己的品牌。在选择零售商方面，制造商本身没有太多的自由度，其标准主要看零售商在国内市场的知名度，以及合作的长期、稳定。该公司希望利用成本优势，通过贴牌生产为自身品牌的开发和经营积累经验。这种接单的出发点和愿望同样得到其他没有自身优势品牌的代工企业的证实。问到工商合作中谁更占市场优势的时候，制造商都认为零售商处于有利地位，原因是订单来源取决于零售商，加上零售商的渠道优势，零售商有着更强的谈价能力。对做代工的中小型企业来说，市场主动权基本上都掌握在零售商手里。在业务往来中最让贴牌制造商肯定的是零售商的信誉度，它们非常乐意为一个优质的企业提供贴牌生产。还有就是零售企业的售后服务和有效的沟通，能及时得到顾客的信息，提高生产水平。目前最让制造商担心的是在代工利润，因为做贴牌产品的利润并不高，及时结清货款是代工企业的普遍诉求。此外，零售商从产品研发开始的前置性介入，以及采购计划的频繁调整，经常会对制造商的生产计划带来冲击，从而对制造商的管理提出了更高的要求。为此，制造商希望多和卖场进行沟通。访谈中，制造商无一例外地表达了和零售商建立长期稳定合作关系的强烈愿望，这也从另外一个角度说明了制造商相对弱势的市场地位。

再来分析零售商的情况。上述外资大型综合超市1997年进入中国市场，到2009年年底已经有近80家大卖场。自从2002年开始将自有品牌导入中国市场，到现在旗下已拥有700多种自有品牌，涉及零食、大米、油类、服装、洗涤用品、清洁用品等，主要是粮油、副食品和日常生活用品等消耗量大、周转快的生活必需品。目前有100多家供应商企业为其代工自有品牌，对单个代工企业的依存度并不高。上述本土的零售商则是一家以销售休闲食品为主的连锁超市，在其直营店和加盟店销售的全部是贴牌生产的自有品牌，全部依靠

250 家代工企业生产，总体依存度达 100%。自有品牌零售商对自有品牌商品的品质要求较高，在对潜在商品供应商进行选择时要进行全面、审慎的评估，制造商应同时具备设备较为先进、人员素质较高、技术能力较强的条件，这样才能确保产品质量，准时交货。总体看来，对供应商的选择会经过确定选择标准、初步筛选、精挑细选、跟踪调查四个阶段的系统评估。从市场力量来看，零售商并没有回避自身的优势地位，有一家认为目前的工商关系是平等的，共同为消费者谋求更多的利益，追求供应商、顾客和卖场之间的"三赢"。对于具体的合作过程，零售商认为准时交货、保证质量是供应商必须做到的。对于长期质量稳定，没有顾客投诉的供应商，零售商会稳定品类，继续给予订单，也有可能加大采购签量。容易让零售商产生忧虑的还是生产质量。为此，零售商都会采取相应的措施（如在商场建立呼叫中心），对于质量不稳定的供应商，首先会派专人与企业沟通，对产品质量进行把关。情节严重、质量问题出现次数频繁的，就会减少订单数量直至中断与该供应商的合作。此外，零售商也表达了和供应商长期合作的意愿，这点与供应商的想法不谋而合。对零售商而言，在代工企业和自有品牌类别（有的品类甚至有 2～3 家的代工企业）众多的情况下，零售商不可能频繁更换制造商，这既不现实，也大大增加时间、信息、沟通上的成本。所以，零售商也致力于避免和制造商的冲突，转而追求长期稳定的合作关系。表 6-4 归纳了传统和自有品牌条件下工商冲突的表现，显然，自有品牌条件下的工商冲突已经发生很大变化。

表 6-4 工商冲突的表现

传统意义上	自有品牌条件下
通道费用	管理（理念、能力等）
账期	前置性介入（产品研发）
铺架位置	生产计划变动
进销价格主导	账期
促销	代工利润
滞销品处置	产能、质量、交货期

总结起来，自有品牌条件下，制造商和零售商之间的关系发生了以下显著变化：第一，工商双方的交易边界前移，与传统的工商合作模式相比，零售商后向整合的结果是其采购业务向前（至产品研发）、零售业务则向后移动，零售商的业务线大大延长。工商双方的经营模式更加专业化，其中任何一方越来越不能取代对方在供应链中的位置。此外，零售商对供应商的依赖性增加，其程度与自有品牌在卖场品类组合中的比例有关。第二，工商双方发生冲突的形

式发生了很大变化。在传统情况下，工商冲突集中表现在通道费用的博弈、商品陈列的铺架位置、商品价格的主导权等。在自有品牌条件下，由于零售商对产品研发的介入，双生冲突提前，零售商销售计划的变动对制造商的影响加大，因而对制造商的要求也更高。保证质量、按时交货既是对制造商的要求，也是对零售商的压力。

（四）基于自有品牌的工商关系调整的边界

上面的分析表明，自有品牌条件下，制造商和零售商已经成为更加紧密的利益相关者。自有品牌的份额越高，卷入这个利益共同体的成员就会越多，零售商对制造商的依赖也会更大。随着越来越多的零售企业尝到开发自有品牌的甜头，零售商将不得不选择更多的制造商来生产自有品牌。面对动辄数以百计的贴牌生产厂家，零售商的管理成本将会增加，沟通协调难度将会加大，这同样会向零售商提出发展自有品牌的界限问题。因为要与贴牌生产企业取得协同，就必须通过建立一定的水平组织或将共享对象和职能上交总部，由此产生大量协调费用、信息费用。和单纯的商品供应商相比，零售商对贴牌生产企业的介入更大，贴牌企业管理者的积极性、自主性、灵活性都受到零售商的影响，两者的沟通方式也会对两者的关系带来影响。快速发展的自有品牌会对企业的应变能力提出更高要求。只有当为数不多的贴牌企业来加工自有品牌，这种管理成本才会降低，但是这显然要求自有品牌的所属品类要相对集中，而这又与零售商的业态直接有关。

总结上面的分析，已经可以得出基于自有品牌的工商关系的边界，这种边界是由自有品牌给制造商和零售商带来的影响所决定的，这种影响同时决定了工商关系的本质，即目前的工商关系主要体现在大型零售商与中小供应商之间，强零和弱供的市场态势还将在一段时期内继续存在下去，只要制造商不能培育、生产出自己的强势品牌来，逆向选择的主动权就会掌握在零售商手里，市场优势将会继续向零售商倾斜。在这一过程中，缺乏创新能力的中小型制造企业将面临更大的市场压力。反过来，上面的分析也表明，这样的一种工商关系表现并不意味着零售商在工商合作中自然地占据了有利的市场优势，零售商尤其需要对此有清醒的认识和判断。目前，我国的自有品牌在大卖场和超级市场经营的商品品牌比例中有不断上升的趋势，体现在其品类范围不断扩大。这种扩大的趋势背后隐藏的隐患值得警惕：自有品牌范围的扩大和比例的提高不仅增加品牌控制的难度，而且有可能反而增加成本压力，从而抵消引进自有品牌所带来的市场机会。从消费者的角度来看，过多的自有品牌会降低他在商场的独特购物体验，特别是将企业品牌（商号）统一印制在自有品牌包装上的时候，而这正是目前我国大量自有品牌以定制的方式所采取的品牌策略。

（五）实现和谐合作工商关系的对策

从前面的分析可以看出，制造商和零售商的相互依赖日益加深。如果说零售商对制造商的依赖性不高，还可能导致强零弱供背景下对供应商有一些不合理要求的话，那么，随着自有品牌商品数量的增加，零售商对制造商的依赖性在增强。对工商企业的访谈结果表明，面对日益激烈的市场竞争，工商双方都已经意识到了工商关系前所未有的重要性，合作已经成为工商双方共同的愿望。双方的依赖性越强，对构建和谐合作的工商关系的愿望也更加迫切。

上述访谈结果还表明，在发生工商冲突的时候，双方首选的方式是进行互相沟通，沟通是构建和谐合作工商关系的必由之路。从零售商的角度来说，长期合作的伙伴关系可以节省许多由于更换伙伴所发生的费用，避免重新选择代工企业的风险，从长期的合作中得到持续稳定的利润。正如诺贝尔经济学奖获得者 Aumann 和 Schelling 在其获奖成果的研究中认为，利益冲突者之间构筑长期的信赖关系会比争一时之利获得更大的利益，换句话说，长期关系利于双赢。在自有品牌条件下，品类管理、供应链管理、高效消费者响应等一系列现代营销思想和管理手段为构建和谐合作的工商关系提供了有力的技术支持。

1. 品类管理

品类管理是指消费品制造商、零售商以品类为业务单元的管理流程，通过消费者研究，以数据为基础，对一个品类做出以消费者为中心的决策思维。品类管理是高效消费者相应的重要策略之一。在传统的品类管理中，零售商通过POS 系统掌握消费者的购物情况，而由供应商收集消费者对于商品的需求，并加以分析消费者对品类的需求后，再共同制定品类目标，如商品组合、存货管理、新商品开发及促销活动等。可见，品类管理多半是由具领导能力的供应商辅导零售商来共同执行的。这种情况在自有品牌条件下会发生一些改变，因为零售商的品类策略是基于自身统一的商品品牌战略下由零售商独立决定的，这个时候的主动权更多地掌握在零售商的手里。从这个角度来说，自有品牌强化了零售商的市场优势地位。但是，必须指出的是，零售商的这种主动权是和其在品类管理中承担的更多的职能相对称的。因此，自有品牌条件下，零售商更需要为制造商创造条件，例如，把稳定品类的生产任务交给相对集中的制造商，对代工企业实施分类管理，以达成品类管理的效益。

反过来，制造商可以通过以下方面在品类管理中为零售商提供支持：第一，由高阶主管统筹自有品牌业务，以便有效地协助零售商执行品类策略。第二，设置专职品类管理经理人执行品类管理。第三，改变和优化作业流程，通过加强公司内部业务单位与零售商的业务单位及采购单位的互动和往来，因应合作伙伴的需要。第四，运用先进的信息科技，例如货架空间管理软件、POS系统的使用等。第五，进行内部自我评估，通过提高自身实力增强品类管理中的谈价能力。

2. 供应链管理

传统的供需关系是以价格驱动的竞争关系，而在供应链管理环境下，相关企业（供应商、制造商、仓库、配送中心和渠道商）是为了适应新的竞争环境而组成的一个利益共同体，其密切合作是建立在互信和共同利益的基础之上，强调核心企业通过与供应链中的上下游企业之间建立战略伙伴关系，以强强联合的方式，使每个企业都发挥各自的优势，在价值增值链上达到多赢互惠的效果。在自有品牌的条件下，供应链的形态（如利益体数量、层次、长度等）有了变化，但是，工商合作的理由更为充分。因此，实施供应链管理的条件也更为成熟。

在供应链管理中，关键在于通过技术手段把合作共享的理念落实到操作实务当中。合作共享原理具有两层含义，一是合作，二是共享。制造商和零售商必须通过建立紧密的战略合作关系，充分发挥各自独特的竞争优势，从而提高供应链系统整体的竞争能力。实施供应链合作关系意味着管理思想与方法的共享、资源的共享、市场机会的共享、信息的共享、先进技术的共享以及风险的共担。在很多情况下，信息不对称正是产生工商冲突、诱发工商企业机会主义的重要因素，实施（信息）共享有助于降低或消除冲突风险。对于追求不同目标的企业来说，这不是一件容易的事情，尤其是当零售商在同样的品类下有多家代工企业的情况下，要实现共享更加困难。但是，通过基于先进的计算机信息系统和优化的作业计划，可以为实施自有品牌下的伙伴关系提供技术保证。只要工商企业之间彼此合作，用理性和信赖代替怀疑和猜忌，双方就能长期享受供应链整体竞争力提高所带来的好处，最大限度地提升自有品牌产品的市场效益。

3. 高效消费者响应

高效消费者响应是一个由生产厂家、批发商和零售商等供应链成员组成的，各方相互协调和合作，更好、更快并以更低的成本满足消费者需要为目的的供应链管理解决方案。可见，高效消费者响应可以看作是供应链管理的一种延伸和实现技术。高效消费者响应既是一种观念，更是一种方法。作为一种观念，高效消费者响应确认供应链内的合作体制和结盟关系，强调实现准确即时的信息流，以信息代替库存，将对消费者没有附加价值的所有浪费（当作成本）从供应链上排除，以达到最佳效益。为了实现这一理念，高效消费者响应遵循快速响应原理和同步运作原理。快速响应原理认为，为了应对不断加剧的市场竞争，零售商对自有品牌的代工企业在时间方面的要求也越来越高，不但要求按时交货，而且要求的交货期越来越短。因此，代工企业必须能对不断变化的市场作出快速反应，必须要有很强的产品开发能力和快速组织产品生产的能力，以满足零售商变化了的、定制的"个性化"需求。此时的供应链管理强调准时，即准时采购、准时生产、准时配送，强调供应商的选择应少而精。同步运作原理认为，供应链系统运行业绩的好坏取决于合作伙伴关系是否和谐，此时，供应链管理的关键在于通过零售商采购计划与制造商生产计划的同步化来实现对市场的快速响应。

作为一种方法，高效消费者响应重视采用新的技术、新方法，在生产者和零售商之间建立一个连续的、闭合式的供应体系，改变相互敌视的心理，使它们结成相对稳定的伙伴关系，实现共存共荣。例如，ECR系统采用先进的信息技术，在零售企业与代工企业之间开发利用计算机技术的自动订货系统（CAO），并与电子收款系统（POS）结合使用实现电子数据交换（EDI）。再如，高效消费者响应系统还可以采用种类管理，其基本思想是以单一的自有品牌品类为载体，将其委托给一家相对稳定的代工企业，从而比较便利地实现双方收益的最大化。在这里，品类管理和高效消费者响应可以得到有机融合。

第四节　内外贸一体化

制约中国零售业国际竞争力的主要因素，包括中国零售业与关联产业协同创新和联动发展程度比较低，其中，内外贸市场割裂是主要的表现之一。以我国零售业"走出去"为背景，探讨内外贸一体化发展的路径及对策，有助于培育中国参与国际竞争的新优势，实现对外贸易持续健康发展，建设贸易强国。

一、中国内外贸一体化发展的相关研究

在计划经济体制下，中国内外贸市场长期割裂，人为破坏了市场体系的竞争性、统一性和开放性，严重影响了中国流通业促进生产、引导消费作用的发挥，不利于节约流通费用，提高国民经济的综合效率。1986年，学术界认为沿海开放城市的商业应当是广义上的商业，是包括外贸、内贸在内的大商业，开放城市应该走内外贸一体化的道路。这是改革开放之后，中国学术界首次提出"内外贸一体化"。20世纪90年代初，有专家提出内外贸一体化的思路，通过试点，建立起一批内外贸兼营的大型流通企业，这样做有利于把国内市场和国际市场联系起来，发挥两类部门的综合优势。陈乃道（1994）认为应实行工商、内外贸一体化。大流通、大市场要求建立以生产联合公司为中心的控制批发和零售环节的专门系统，以大商业公司为主体，投资设厂或相互持股，实行工商紧密结合，以实现销产贯通对接；通过内外贸一体化，打破传统流通体制，充分利用两个市场，促进国民经济的发展，与世界经济的高度融合。

1998年，需求不足，商品销售困难，"内外贸一体化"不仅有利于刺激"自己的需求"，而且善于根据国际市场变化，刺激"别人的需求"（组织产品出口）。此后，学术界从单纯的国内贸易考察转向内外贸一体化的综合分析。汪素芹（2002）认为跨国零售集团采购会是实现内外贸一体化的重要形式。一是利用中国大型流通企业集团走出国门的机会，进行国际采购或者定牌生产，建立国际商品供求体系，进行跨国连锁经营，实现内外贸一体化经营。二是利用中国零售市场上的国外零售商业的本土化经营，并通过该形式让更多的商品进入其国外销售网络，实现内外贸一体化。2003年3月，组建商务部，主管国内外贸易和国际经济合作，把内外贸管理统一起来。2003年10月，十六届三中全会通过的《中共中央关于完善社会主义市场经济体制若干问题的决定》正式提出了"加快内外贸一体化进程"的要求。沈丹阳（2004）认为，所谓"内外贸一体化"，应该包括企业内外贸经营的一体化和国家对内外贸实施管理的一体化两个层面，实质是内外贸经营与管理体制的一体化。从商务部的职能上看，中国在管理体制上实行了内外贸一体化。而内外贸经营一体化是企业行为，需要政府引导并创造适宜的环境。郭冬乐（2004）分析了内外贸一体化的实践目标，并提出了具体的政策建议。陈文玲等把内外贸一体化置于现代流通的大背景下，分析了两者之间的关系（陈文玲等，2005）。宋则和王水平（2010）提出实施国外抢滩、国内整合的两头扩网战略。对外开放重心

要从吸引外资"请进来"转变为推动内资"走出去",从委托代理出口为主转变为自营出口为主,促使国内大型商贸物流企业按照产业链和供应链的思路向外延伸,实施渠道接管、销售终端前移,用中国企业的全程自主分销取代外商主导的低价采购,逐步用自主品牌取代加工贴牌,打一场持久的、系统化的产业链、供应链、渠道、价格和品牌的争夺战,逐步掌控海外的主动权、主导权。国内整合指结合已经出台的产业调整和振兴规划,整合提升国内商贸物流资源。彻底改变"流通渠道行政化"的传统隶属格局,打破条条块块的部门分隔、地区封锁,推动商贸物流资源和企业的横向性、市场化流动,实现跨部门、跨地区、跨所有制的高效重组。谭祖谊(2011)提出从企业主体行为角度来看,内外贸一体化的路径是企业在外部市场规模、内部预算约束和成本收益规则制约下的自我成长路经;从产业结构解析角度来看,内外贸一体化的路径是以产业链的内外延伸和纵横拓展为内容的产业结构调整路径;从市场结构变迁角度来看,内外贸一体化的路径是国内外要素市场和产品市场加快融合的市场一体化路径。王先庆和林至颖(2011)借鉴日本式综合商社内外贸一体化流通模式和美国式国际化经营的商业连锁集团,提出构建中国式跨国商贸集团,以贸易为主体,使跨国商贸集团和产业集团密切结合起来。起步阶段应集中在亚太经济发展状况较有市场潜力,与中国政治经济稳定的发展中国家。黄国雄(2012)认为内外贸一体化是中国从贸易大国走向贸易强国的基石,是市场化的内在要求。内外贸一体化也是中国流通产业转变发展方式、保证经济持续发展的战略性措施。

总之,自改革开放以来,中国政府从顶层设计上逐步消除内外贸联动发展的体制机制障碍,制定了一系列推动内外贸一体化发展的政策和措施。内外贸一体化的理论和实践都有很大进展,但是,针对零售业"走出去"的路径和形式的深入研究和系统思考还不够。

二、中国零售业"走出去"与内外贸一体化发展的关系分析

(1)我国内外贸市场的割裂不利于大流通、大市场的形成,影响我国流通业的发展和国际竞争力,影响"走出去"战略的实施。内外贸都属于中国流通产业范畴,流通过程具有价值实现和价值增值的功能。国务院2012年《关于深化流通体制改革加快流通产业发展的意见》定位"流通产业是国民经济的基础性和先导性产业"。但是,长期以来,内外贸市场分割导致外部市场受国外现代化的高效物流体系、完善的市场营销网络和严格的市场准入门槛等

制约，对外流通很难发展。与此同时，在区域保护和条块利益的驱动下，内部流通市场区域和条块分割依然严重，不利于内部市场资源和产品优化配置，国内统一大市场很难形成，最终导致流通长期滞后于生产，价值实现落后于价值创造，导致生产相对过剩，需求相对不足，陷入产品积压的困境。

（2）内外贸一体化发展的目的是更好地支撑中国流通业参与国际竞争，有利于改变中国在全球价值链中的被动局面。中国流通主体的多元化和业态的多样化使市场竞争日趋激烈，正逐步由单一企业的竞争向产业链之间的竞争转变。为了应对竞争的变化，零售商与生产商由原来的零和博弈开始走向合作共赢，推动生产、流通及其他相关产业的产业融合。如果国内大型商贸物流企业按照产业链和供应链的思路向外延伸，用中国企业的全程自主分销取代外商主导的低价采购，逐步用自主品牌取代加工贴牌，整合产业链、供应链、渠道、价格和品牌，形成内外贸一体化的大流通，将会逐步掌控海外的主动权、主导权，改变中国在全球价值链的被动局面。

（3）中国零售业"走出去"，确立在海外市场的"商业存在"是我国事关全局的战略选择，有助于服务贸易平衡。改革开放以来，中国零售业得到了快速发展并取得了巨大成就。就服务贸易中的零售业而言，中国在海外的商业存在是逆差，是赤字，国际影响力是负数。美国沃尔玛一直是全球零售业的巨头，它的市场没有国界的障碍，内外贸完全融合在一起。其凭借强大的信息技术和现代流通方式，在经济全球化的广阔领域，起到引领生产、调整结构、配置资源、促进消费、抵御风险的作用。因此，中国零售业"走出去"，确立在海外市场的商业存在，同样能起到这些作用。近年来，中国货物贸易一直保持顺差，而服务贸易一直存在逆差。在服务贸易中，逆差最大的项目是运输和旅游、建筑、计算机和信息服务、咨询以及其他商业服务一直保持顺差。零售业统计在"其他商业服务"项目中，因此，零售业"走出去"能够创造更多的服务收入，有助于中国服务贸易的平衡。从这个意义上说，零售业"走出去"是服务贸易平衡问题，也是内外贸一体化的问题。

三、中国零售业"走出去"与内外贸一体化协同发展的路径设计

《国家"十二五"发展规划》明确提出深化专业化分工，加快服务产品和服务模式创新，促进生产性服务业与先进制造业融合，推动生产性服务业加速发展。

零售业影响力在提升制造业国际分工地位方面有着不可替代的重要作用，

零售业具有主导商品交易和利润分配的天然优势，当中国零售业"走出去"进行海外扩张经营时，可以培养自主销售渠道和品牌，掌握价格主导权，提升制造业的分销能力，获得更多国际分工利益，并通过国际市场增强化解国内经济存量矛盾的能力。另外，零售业主动走出去还可以避免进口国对中国产品的恶意排挤，收集国外产品需求信息，并及时反馈给国内生产厂商。零售业"走出去"可以助推我国制造业转型升级，进而推动中国由制造业大国向制造业强国转变。

基于这样的分析，本书提出在中国零售业"走出去"背景下利用两个市场、两种资源，使生产性服务业（批发和零售业）与先进制造业内外贸联动发展模型，如图6-2所示。

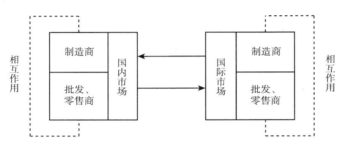

图6-2　中国内外贸"两个市场"联动发展模型

跨境电子商务平台能够节省交易成本，缩短交易时间，为消费者提供便利。连通国内和海外的物流配送流程，采用现代物流技术和现代物流管理手段可以降低成本，提高物流速度和质量，对内外贸一体化提供强有力的保证。从微观上，零售商需要与跨境电子商务企业和物流配送企业建立战略联盟，实行战略合作，集团运营模式，才能实现流通主体的内外贸一体化。结合最近几年来中国大型零售业"走出去"的单打独斗，目标分散，难以形成竞争优势的实际情况看，中国零售业战略联盟应该利用比较优势，率先进入已与中国签署自由贸易协定的国家或地区，构建"内外贸一体化"的体系，涵盖自国内生产至境外消费的全部产业链；反之，也覆盖自国外生产至国内消费的全部产业链，从而实现协同集聚效应和价值增值。在这些国家或地区站稳脚跟后再向其周边国家或地区辐射，直至建立全渠道的产业链和供应链。中国零售业"走出去"内外贸一体化发展路径模型如图6-3所示。

中国自贸协定国家或地区的规模和经济状况为零售业"走出去"提供了空间选择。目前，中国已签署自贸协定14个，涉及22个国家和地区。在自贸协定中，除了货物贸易和服务贸易领域的开放承诺之外，中国和自贸伙伴国将

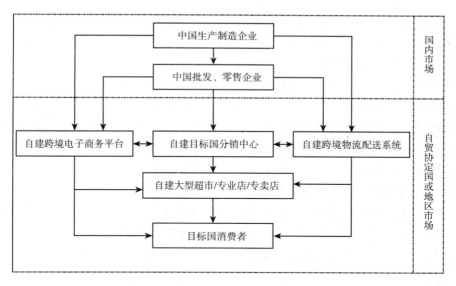

图6-3　中国零售业"走出去"内外贸一体化发展路径

在贸易投资便利化、投资保护、人员流动、知识产权、政策透明度等方面加强交流和合作，从而为双方企业和人员进行贸易投资、增进合作交往创造了更好的条件。由此可见，自贸协定为中国零售业"走出去"提供了政策优惠。中国零售业战略联盟应深入调研，有选择、有步骤地进入自贸协定国或地区。

四、中国零售业"走出去"背景下内外贸一体化发展的对策

中国零售企业战略联盟"走出去"到自贸协定国家或地区市场，参与全球价值链竞争，需要从宏观、中观和微观三个层面采取相应的对策。

1. 从宏观上，政府应进一步支持跨境电子商务的发展，对零售业"走出去"给予融资支持和风险保障

2012年以来，国家出台了若干政策鼓励企业利用跨境电子商务扩大对外贸易，并针对制约跨境电子商务零售出口发展的突出问题，通过海关、质检、税收、外汇、支付和信用六项措施加以解决。从2012年开始在上海、重庆、杭州、宁波、郑州、广州等地试点新型跨境贸易电子商务监管模式取得成功，如中国（上海）自由贸易试验区的"跨境通"电子商务平台2~3天内即可完成消费者在平台上订购的进口食品、化妆品、母婴用品和高档箱包服饰等业务。重庆电子商务企业可以在跨境贸易电子商务服务试点平台上开展一般出

口、保税出口、一般进口和保税进口四种模式的跨境电子商务。2014 年 7 月，海关总署全国统一版"海关跨境贸易电子商务服务平台"启动，该系统依托电子口岸平台，实现与电商、物流、支付企业的高效对接，提高通关效率，减低企业成本。由此可见，政府已在国内零售领域，引导网络零售和传统零售企业深化电子商务应用。在外贸领域，着力突破不适应跨境电子商务发展的外贸监管环境，推动国内电子商务发展与国际对接。下一步，需要政府配合大型零售业"走出去"，积极与自贸协定国家或地区政府磋商，减少对中国零售业和电子商务平台的技术、人员及商业存在方面的市场准入障碍，为以大型零售业为核心的内外贸一体化全流通渠道铺平道路。

零售业海外投资风险高，融资难度大，政府应设专项资金予以支持。中国进出口银行应给予出口信贷优惠贷款支持，商业银行应积极配合设立项目贷款进行专项融资。金融机构还要根据流通产业特点，创新金融产品和服务方式，如开展动产、仓单、商铺经营权、租赁权等质押融资。通过多渠道、多种形式的融资为零售业联盟"走出去"提供资金支持。

此外，针对具体的投资对象国和投资的项目，中国信保公司应该与中国"走出去"的零售企业战略联盟逐项磋商"海外投资保险"的授信额度、险别范围及赔偿，以防范信用风险，促进商业模式国际化。

2. 从中观上，以零售业"走出去"为核心，构建大型商贸集团战略联盟

2004 年 7 月，商务部确定并正式公布了我国拟重点培育的 20 家大型流通企业集团，这 20 家"国家队"是中国内外贸一体化的重要微观载体。然而，这些国家队未能如愿"走出去"，当时支撑流通业发展的物流配送体系不健全，电子商务刚起步，零售业形不成竞争优势是很重要的原因之一。经过十年的发展，在国内市场上，与"引进来"的外资零售业竞争中，中国零售业逐步成熟并发展起来，支撑的物流配送体系基本成熟，电子商务更是发展迅速，国内相对统一的大市场、大流通格局正在形成。此时，中国零售业作为连接生产与消费产业链的核心，具备了携手电子商务和物流配送企业战略联盟，"走出去"内外贸一体化发展，参与全球价值链的竞争的能力。联盟可以通过兼并、收购、新建等形式建立，在联盟中需要明确运营模式、各方权利与义务、收益分摊机制等。要积极拓展国内商品市场对外贸易功能，借鉴国际贸易通行标准、规则和方式，打造一批布局合理、功能完善、管理规范、辐射面广的内外贸结合市场。要充分利用内外贸均涉及的展会平台，推动内外贸的联动发展。例如，我国义乌市场的商品已出口到 200 多个国家和地区，有 100 多个国家和地区的买家常驻义乌，进行采购。这种专业市场的发展打破了内外贸的限制，实现内外贸的互补。

3. 从微观上，"走出去"的零售业应在国内和自贸协定国两头扩网，建立内外贸一体化的国际市场营销网络，构建内外贸联动新体制

据初步统计，2012 年中国企业在境外投资、经营的各类营销网络已超过 2.7 万个，类型灵活多样，并在全球主要市场广泛分布。华为、海尔等一批龙头企业借助国际营销网络实现了快速发展，占据全球领先优势。这些营销网络有力拉动了外贸增长，增强了中国制造的影响力，推介了一批中国品牌。应该鼓励具备条件的流通企业"走出去"，建立海外营销、物流及售后服务网络，鼓励外贸企业建立国内营销渠道，拓展国内市场，打造一批实力雄厚、竞争力强、内外贸一体化经营的跨国企业。中国大型零售业应具体分析拟进入自贸协定国的政治、经济、法律、市场、消费行为、地理环境等，结合自身优势，通过新建、并购、参股、增资等方式在自贸协定国家或地区建立海外批发市场、零售网点或展示中心等，延长贸易链条，扩大品牌产品以及高附加值产品出口，提高经营效益，进而培养一批具有全球资源配置能力的跨国公司。

总之，根据中国零售业"走出去"现状，依托我国具有竞争优势的零售企业、跨境电子商务企业和物流配送企业建立战略联盟，协同"走出去"，到与中国签署自由贸易协定的国家或地区，可以创造集聚效应，延长双向产业链，促进内外贸一体化，从而带动中国制造业产品贸易，助推制造业升级。这种商业模式的实施还需要做很多具体工作，例如，双边国家的监管政策、联盟伙伴的选择、成本核算、盈利模式及利润分配、目标地选择、"商业存在"的设立以及劳务的输出等。还有，需要我国政府在互惠互利的基础上进一步与自由贸易协定国家谈判，放宽对我国批发和零售业、电子商务业和物流配送业建立"商业存在"实体以及"自然人移动"的准入条件，这样才能使这种商业模式顺利实施。

第五节　行业中介作用

中介组织也叫市场中介组织，一般是指那些介于政府与企业之间、商品生产者与经营者之间、个人与单位之间，为市场主体提供信息咨询、培训、经纪、法律等各种服务，并且在各类市场主体，包括企业之间、政府与企业、个人与单位、国内与国外企业之间从事协调、评价、评估、检验、仲裁等活动的机构或组织。发达国家的经验表明，社会中介组织是宏观调控与市场调节相结合中不可缺少的环节，具有政府行政管理不可替代的作用。中介组织大多属于民间性机构，有的还具有官方色彩。它们都要通过专门的资格认定依法设立，对其行为后果承担相应的法律责任和经济责任，并接受政府有关部门的管理和监督。中介组织的发达与否会直接影响市场经济的运行，是市场经济体制健全与否的标志之一。

随着中国社会主义市场经济的快速发展，大市场、大流通、大贸易已经成为中国经济进一步的发展方向，流通业对我国整个社会经济发展的先导作用不断加强，现代化流通对发展国内外贸易、引导生产、扩大消费的促进作用越来越大，已经成为推动社会经济发展的一个重要因素。在这样的背景下，流通行业中介组织应运而生，其产生和发展是中国社会主义市场经济持续发展的要求，体现的是社会分工的深化。根据中国现有的管理规定，由商务部流通业发展司培育并指导商贸流通行业中介组织。对中国零售业发展影响较大的流通行业中介组织包括中国连锁经营协会、中国商业联合会等全国性的行业组织以及各类专门流通协会。在促进中国与世界各国、各地区之间的贸易、投资和经济技术合作活动方面的中介组织包括中国国际贸易促进委员会及其下属的中国国际商会等。充分发挥这些流通行业中介组织的作用，是构建完善的中国零售业"走出去"服务平台体系的重要内容。

流通行业中介组织的作用，一是对外维护和增进流通行业整体利益。例如，举办交易会、展览会等，为企业开拓市场创造条件，处理贸易摩擦维护企业合法权益等。二是对内促进行业发展。如掌握国内外行业发展动态，收集、发布行业信息；开展法律、政策、技术、管理、市场等咨询服务；组织人才、技术、管理、法规等培训，帮助会员企业提高素质、增强创新能力、改善经营管理；参与行业资质认证、新技术和新产品鉴定及推广、事故认定等相关工作，激活行业内企业，促进行业发展。三是实行行业自律，树立行业信用。行业内企业之间的相互博弈是利益博弈，所以行业协会通过协调和奖惩等多种措施，可以避免行业内企业之间的恶性竞争，实现行业内有效自律和树立行业信用。行业协会通过健全各项自律性管理制度，制定并组织实施行业职业道德准则，推动行业诚信建设，建立完善行业自律性管理约束机制，规范会员行为，协调会员关系，维护公平竞争的市场环境。四是起到联系政府和企业的中介作用。在中国流通体制改革的过程中，流通行业协会是中国政府对流通行业协调管理的重要组成部分，是联系政府和企业的桥梁、纽带。

随着中国对外开放和市场经济体制改革的不断深化，流通行业中介组织在发展过程中也出现了很多新的情况。由于过去大多数流通行业中介组织扮演着

"二政府"的角色，部分地履行着政府职能，组织会员不是由企业自愿组成，而是政府决定，加上许多流通行业协会职能定位不明确、对企业服务不专业、服务质量差，在政企分开以后，得不到企业支持，面临人员、经费、场所不足等困难，面临市场化生存问题，反过来难以承担政府转变职能后转交给协会的职责，如行业统计、行业标准、诚信建设等。在这样的背景下，完善流通行业中介组织治理结构，提高治理能力已经成为摆在各类行业中介面前的一大课题。

为了加强和创新社会管理，改进政府提供公共服务方式，国家已经对进一步转变政府职能、改善公共服务做出重大部署，明确要求在公共服务领域更多利用社会力量，加大政府购买服务力度。政府向社会力量购买服务，就是通过发挥市场机制作用，把政府直接向社会公众提供的一部分公共服务事项，按照一定的方式和程序，交由具备条件的社会力量承担，并由政府根据服务数量和质量向其支付费用。这为流通行业中介组织的自身建设和发展带来了极好的机遇。从发展方向来看，为了更好地发挥流通中介组织的作用，特别是在服务中国零售业"走出去"中作用，流通行业中介组织可以从以下几个方面做出改进：

（1）促进流通行业协会治理规范化。流通行业中介组织要建立和完善以章程为核心的内部管理制度，健全会员大会、理事会制度，认真执行换届选举制度，实行民主管理。理事会成员要严格按照民主程序选举产生，会长应由理事会提出人选，通过会员大会以无记名投票方式选举产生，并逐步实行差额选举。

（2）打造专业服务优势。流通行业中介组织要根据各自行业内的企业共同需求，打造服务项目的专业优势，举办或承办符合行业内企业需要的高成交率的交易会、展览会，使展会成为行业内发展新趋势、新技术、新理念等信息的交流平台，增进行业内企业国际沟通交流合作机会及拓展海外经济贸易合作的领域和空间。专业化程度决定了流通行业中介组织提供的行业内公共产品和服务的质量高低，将是流通行业中介能否得到会员认同和扩大会员基础的关键所在。

（3）打造行业信息优势。向行业内企业提供市场信息和向政府提供行业信息是行业协会提供行业公共产品和服务的一种重要方式，能够起到节约单个企业的信息收集成本和让政府准确把握行业发展信息的作用。建立一个完备的、科学的行业信息数据库是进一步做好行业协会信息工作的基础和前提条件，也是在全球化趋势中降低行业内企业经营风险的有效方式，对更好地维护企业利益具有非常重要的作用。特别是在国际贸易中，可以通过数据的统计分析对产业的受损程度做出正确的评估，为行业内企业进行反倾销、反补贴提供正确的指导和依据，建立数据库非常有利于及时实施贸易救济，能够早发现、早解决。在国内贸易中，行业协会通过市场信息的搜集分析，也可以有效帮助会员降低市场风险。要根据行业信息情况，有计划地向政府提供行业研究报告，参与研究有关产业政策、行业标准，向有关部门积极提出建议，促进行业的健康发展。

第六节　关联产业联动发展

根据中国连锁经营协会的调查，最近几年来，中国区域零售企业的发展战略已从传统的商品销售获利模式，向关联产业多元化趋势发展，主要表现为：在传统商超和百货业态的基础上，开始涉足大型商业综合体和社区商业中心等商业地产领域；针对不同区域市场消费者特点，实行细分自有多品牌发展策略，尤其是在高端市场和折扣店领域表现突出；加快建立电子商务与实体店相结合的销售模式，并成为未来效益的新增长点；供应链管理向上游延伸，大型物流配送中心建设、原产基地采购、改善供应商合作模式等，将更加巩固主业核心竞争力；区域零售企业间并购成为热点，并开始涉足金融领域（中国连锁经营协会，2013）。从这些发展趋势来看，对零售业支持最大、关联度最高的产业是制造业、金融业、电子商务和物流业（尤其是第三方物流）等。要促进零售业关联产业的联动发展，除了关联产业自身的发展之外，关键在于打造商贸服务及零售业的"平台经济"。

一、零售业关联产业分析

（一）制造业

2008 年金融危机发生之后，最先从危机中复苏的是德国、瑞士、芬兰等，他们的共同特点是以高水平技术创新支撑先进制造业（实体经济）的发达国家。金融危机前，随着全球产业转移的持续进行和房地产业的快速发展，欧美发达国家普遍出现产业空心化的趋势，主要表现为：工业占 GDP 比重逐年下降，与房地产密切相关的金融业、房地产业和租赁及其他服务业占 GDP 比重逐年上升。经济合作与发展组织统计数据显示，在2004～2008年四年间，法国、英国、意大利工业占GDP比重分别下降了2.3个百分点、0.6个百分点和0.8个百分点，金融、房地产和租赁服务业占GDP比重分别上升2.4个百分点、1.2个百分点和2.7个百分点。而德国则始终专注于工业制造业的发展，同期德国工业占GDP比重上升了1个百分点，金融、房地产和租赁服务业占GDP比重基本保持不变。正是对工业制造业发展的这种执着和专注，使得德国免受泡沫经济破灭后的痛苦，同时也使得德国凭借工业制造业出口的优势，经济能够快速崛起和率先复苏。

值得注意的是，上述产业空心化的趋势已经在中国各地逐一表现出来。对于中国来说，最重要的是让制造业企业重树信心，而从企业角度来说，则应该像德国企业一样通过不断的技术创新，切实提高产品质量，改变"中国制造"长期以量取胜的局面，真正实现以质取胜。经过改革开放三十多年的发展，中国的工业体系已经形成，管理水平已经有了很大提高，教育水平、劳动力素质也在逐步提升，制造业的大部分领域已站在了世界前列。从长远来看，制造业的存在对于中国，将是利益最大化的选择。

长期以来，在西方大国主导的国际格局下，中国一直处在全球价值链的加工制造环节，即微笑曲线的谷底，形成低端锁定与核心环节缺失的尴尬局面，产业向高端环节升级步伐严重受阻，具体表现为技术含量低，附加值低，市场门槛低，竞争无序且恶性化（马春光，2004）。基于全球价值链视角的产业升级路线可以概括为"工艺升级—产品升级—功能升级—链条升级"。对于前面的两个环节，西方大国持宽容态度，默许中国发展，甚至会在技术方面加以帮助。但是，对于后两个环节，由于蕴含更大的附加值，西方大国绝不轻易允许中国对他们形成挑战。国际金融危机的爆发给中国政府带来的警示在于，中国制造业的低端锁定将会带来政治经济社会上的巨大动荡。因此，促进制造业转型升级已然成为关系中国经济生死存亡的重要命题，中国制造业的希望在于改革。当前，中国已迎来人口拐点，制造业的劳动力红利时代即将结束。同时，资源环境的限制以及对能源的大量需求也带来了严峻挑战。放眼全球，许多发展中国家与我国争夺发达国家的产业转移，而发达国家纷纷提出"再工业化"战略，意图在金融危机后布局新一轮产业革命，重获制造业优势。为使中国制造业不致落入"前有堵截后有追兵"的尴尬局面，促进制造业转型升级已经刻不容缓（王清剑和李金华，2013）。上海自贸区作为中国改革攻坚破难的一块试验田，从2013年成立开始接连出台了包括负面清单在内的种种措施，这有利于试验区乃至我国紧紧抓住当今世界产业重新布局的机遇，巩固并继续促进我国制造业转型升级（王俊文，2013）。

要提升中国制造业的技术含量和品牌影响力，中国的制造企业和服务供应商都必须从长计议，专注主业，耐得住寂寞，致力于打造优质的产品和服务质量，创造出更加响亮的中国品牌。这种专注不仅指企业有明确的目标，特定的市场，也意味着拥有自己的看家本领和撒手锏，把国内市场作为国际市场来看待。中国企业应该更加突出主业与特长，力争把产品与服务做精、做细、做专、做深，不断培育核心竞争力。要做到这一点，企业必须保持在制度、经营、管理及技术等方面持续创新的动力，因为，持续的创新驱动不仅是因为外部环境（尤其是消费者）的持续改变，从而创新是企业环境适应性的表现，更是因为激烈的市场竞争所致。

在营销学上，产品有所谓的"查询产品"、"经验产品"和"信任产品"之分。从消费者的角度来说，如果对"查询产品"只要很少的花费就可以在做出购买决策之前获得所需信息，那么在"经验产品"和"信任产品"上消费者必须首先忍受一个可能的错误购买行为所带来的风险（朱瑞庭，2004）。对任何类别的产品，中国企业都应该学会利用沟通和传播的技巧，向全世界的用户传递"中国制造"的积极声音（朱瑞庭，2014）。

随着信息技术的发展和全球化进程的加快，信息传播的范围和速度正在发生深刻的变化。在全球消费品市场上，商品供应的丰富化和同质化、消费者生活方式及其消费行为的日趋个性化加剧了市场竞争，并在一定程度上抵消了供应商的信息优势地位。这一切迫使中国企业需要贴近市场，更好地了解全球消费者的需要，并向消费者提供最能满足其需要的产品和服务。在这里，产品、服务、价格、广告和公关策略等可以成为消除信息不对称的有效工具。其核心在于，为了保持顾客对"中国制造"的认可、接受和忠诚，必须放弃夸大其词的宣传、不守信用的承诺，杜绝错误的、不实的信息，以免误导消费者，最终伤及自身。

对于"查询产品"和"经验产品"来说，过硬的产品质量就是最好的市场通行证。对于中国企业而言，尤其应该树立对待"信任产品"的正确观念，因为正是在"信任产品"的买卖中，企业往往更具备投机和机会主义的条件。中国企业应该放弃短视行为，不再津津乐道于空洞的承诺，不再沉湎于恶性的价格竞争，而是致力于向消费者提供经得起检验的优质产品和服务，从而让"中国制造"成为真正的受全球消费者信任的产品。在很多情况下，放弃短期的利益追求就是对建立良好声誉的一种最好的投资（朱瑞庭，2004）。

（二）金融业

金融是现代经济的核心。改革开放以来，尤其是 20 世纪 90 年代中期以来，中国金融业在市场化改革和对外开放中不断发展，金融总量大幅增长。同时，金融现代化、市场化和国际化程度不断提高，与社会主义市场经济体制相适应的金融体制初步建立，并在优化资源配置、支持经济改革、促进经济持续发展和维护社会经济稳定方面发挥了重要作用。主要表现在：金融组织体系基本健全，金融调控机制不断完善，金融监督管理不断加强，金融市场在创新和规范中发展，金融改革进程加快推进，金融运行规则日趋健全，金融业对外开放稳步推进，金融基础设施的现代化水平明显提高。

根据《中国银行人民币国际化业务白皮书（2014）》显示，我国跨境人民币结算量目前累计突破 16 万亿元，人民币成为中国对外经贸投资往来的第二大支付结算货币。近年来，国际货币职能从结算货币、交易货币、投资货币向国际储备货币提升的趋势越来越明显。人民币在外贸进出口结算中的使用比例大幅提升，2013 年跨境贸易人民币结算量已达 4.63 万亿元，分别是 2009 年、2010 年的 1200 倍和 9 倍。当前，人民币成为全球第四大支付货币和第六大外汇交易货币，在国际信用证和托收交易等贸易融资活动中的使用份额位列全球第二。截至 2013 年年末，全球已有 222 个国家和地区发生了人民币跨境收付，比 2012 年年末增加 16 个。境外参与提供人民币支付清算的银行超过 2000 家，陆续形成中国香港、新加坡、伦敦、卢森堡等离岸人民币中心。国际货币职能不断向更高层次演进。尼日利亚、泰国、南非、白俄罗斯、印度尼西亚等国已明确表示将人民币纳入外汇储备，俄罗斯、智利、沙特及欧盟等也正积极研究持有人民币外汇储备的可行性。展望未来，人民币国际化可能呈现以下几个重要趋势：贸易仍将是人民币国际化的主要推动力，对外直接投资将成为推动人民币"走出去"的重要力量，跨境循环逐步向离岸循环跨越，人民币纳入国际货币基金组织 SDR 篮子正在进入关键阶段。

在中国企业"走出去"的过程中，中国金融业不应该缺席，银行既要为中资企业"走出去"铺路、架桥，更要成为人民币"走出去"的桥头堡，不断提升全球服务能力。在这方面，中国银行业已经开始了战略部署。首先，中国银行正在围绕中国企业"走出去"路线图，一方面以中国香港、纽约、伦敦、新加坡、卢森堡、法兰克福等国际金融中心为重点，加快全球化分支机构的设立；另一方面采取与代理行合作的方式，迅速扩大全球服务网络。此外，通过完善信息系统、发展网络金融等方式，实现物理渠道和电子渠道的互补、互动和协同,力争国际化平台可以在跨时区、跨国家、跨币种的维度上实现 7×24 的无缝隙持续服务。

其次,搭建海内外两个市场、两种资源间的桥梁,为客户提供"组合拳"式的金融解决方案。"一带一路"、中国—东盟自贸区、中非合作等,带动了一大批战略性大项目。中国银行将发挥全球网络布局和多元化业务平台优势,创新产品和服务,加强跨境和多元化穿透联动,帮助客户用好海内海外两个市场、两种资源,为客户提供"组合拳"式的金融解决方案。对重大基础设施项目,可为其提供银团贷款、项目融资、股权融资、工程保险等服务;对大型资源开发项目,可为其提供财务顾问、并购贷款、投资银行、融资保函、保理等服务;对海外产业园区建设,可为其提供跨境现金管理、订单融资、大宗商品融资、福费廷、外汇资金等服务。除定制化的产品方案外,还可以通过专业化的跨境融资和服务平台,延长客户价值链,创造银企双赢。

最后,中国银行应该构建全面、领先的全球人民币业务产品体系,丰富人民币交易工具及衍生品,推出大宗商品人民币计价与结算等业务,着力开发离岸人民币产品和服务,逐步形成离岸、在岸一体化管理和服务模式。

鉴于过去几年中国电子商务的井喷式发展,在讨论金融业和零售业的关联发展的时候,有必要再来讨论互联网金融的发展情况。

互联网金融是指以依托于在线支付、云计算、社交网络以及搜索引擎等互联网工具,实现资金融通、支付和信息中介等业务的一种新兴金融。互联网金融不是互联网和金融业的简单结合,而是在实现安全、移动等网络技术水平上,被用户熟悉接受后(尤其是对电子商务的接受),自然而然为适应新的需求而产生的新模式及新业务,是传统金融行业与互联网精神相结合的新兴领域。它与传统金融的区别不仅仅在于金融业务所采用的媒介不同,更重要的在于金融参与者深谙互联网"开放、平等、协作、分享"的精髓,通过互联网、移动互联网等工具,使得传统金融业务具备透明度更强、参与度更高、协作性更好、中间成本更低、操作上更便捷等一系列特征。理论上任何涉及了广义金融的互联网应用,都应该是互联网金融,包括但是不限于为第三方支付、在线理财产品的销售、信用评价审核、金融中介、金融电子商务等模式。互联网金融的发展已经历了网上银行、第三方支付、个人贷款、企业融资等多阶段,并且越来越在融通资金、资金供需双方的匹配等方面深入传统金融业务的核心。

以互联网为代表的现代信息科技,特别是移动支付、云计算、社交网络和搜索引擎等,将对人类金融模式产生根本影响。二十多年后,可能形成一个既不同于商业银行间接融资、也不同于资本市场直接融资的第三种金融运行机制，可称之为"互联网直接融资市场"或"互联网金融模式"。

在互联网金融模式下，因为有搜索引擎、大数据、社交网络和云计算，市场信息不对称程度非常低，交易双方在资金期限匹配、风险分担的成本非常低，银行、券商和交易所等中介都不起作用；贷款、股票、债券等的发行和交易以及券款支付直接在网上进行，这个市场充分有效，接近一般均衡定理描述的无金融中介状态。在这种金融模式下，支付便捷，搜索引擎和社交网络降低信息处理成本，资金供需双方直接交易，可达到与资本市场直接融资和银行间接融资一样的资源配置效率，并在促进经济增长同时，大幅减少交易成本。

现阶段中国信用体系尚不完善，互联网金融的相关法律还有待配套，互联网金融违约成本较低，容易诱发恶意骗贷、卷款跑路等风险问题，需要引起高度重视。特别是P2P网贷平台由于准入门槛低和缺乏监管，成为不法分子从事非法集资和诈骗等犯罪活动的温床。2013年以来，淘金贷、优易网、安泰卓越等P2P网贷平台先后曝出"跑路"事件。此外，中国互联网安全问题突出，网络金融犯罪问题不容忽视。一旦遭遇黑客攻击，互联网金融的正常运作会受到影响，危及消费者的资金安全和个人信息安全。

（三）电子商务

电子商务是以商务活动为主体，以计算机网络为基础，以电子化方式为手段，在法律许可范围内所进行的商务活动交易过程。电子商务的价值在于让消费者通过网络在网上购物、网上支付，节省了客户与企业的时间和空间，大大提高了交易效率。在信息爆炸的21世纪，消费者可以通过足不出户的网络渠道，了解网络渠道了解商品信息，然后再享受现场购物乐趣，这已经成为很多消费者的习惯。

最近几年，移动电子商务的发展突飞猛进。移动电子商务就是利用手机、PDA及掌上电脑等无线终端进行的B2B、B2C或C2C的电子商务。它将因特网、移动通信技术、短距离通信技术及其他信息处理技术完美地结合，使人们可以在任何时间、任何地点进行各种商贸活动，实现随时随地、线上线下的购物与交易、在线电子支付以及各种交易活动、商务活动、金融活动和相关的综合服务活动等。移动电子商务是在无线传输技术高度发达的情况下产生的，如经常提到的4G技术。除此之外，Wi-Fi和WAPI技术，也是无线电子商务的选项之一。

"十二五"时期，中国电子商务行业发展迅猛，产业规模迅速扩大，电子商务信息、交易和技术等服务企业不断涌现。截止到2013年年底，中国电子商务市场交易规模达 10.2 万亿元,同比增长 29.9%。其中,B2B 电子商务市场交易额达 8.2 万亿元,同比增长 31.2%。网络零售市场交易规模达 18851 亿元,同比增长 42.8%。电子商务服务企业直接从业人员超过 235 万人。由电子商务间接带动的就业人数,已超过 1680 万人。为了转变经济发展方式,激发内需,国家从可信交易、移动支付、网络电子发票、商贸流通和物流配送共五个方面出台了一系列的政策措施支持电子商务的发展。国家工商总局会同有关部门,推进电子商务交易主体、客体和交易过程中基础信息的规范管理和服务;质检总局研究建立了电子商务交易产品基础信息的规范化管理制度,建立基于统一产品编码体系的质量公开制度;商务部着力推进信用监测体系的建设。在移动支付方面,中国人民银行在针对当前移动支付快速发展的需求,研究制定了移动支付发展的具体政策,引导商业银行、各类支付机构实施移动支付的金融行业标准。在网络电子发票方面,国家税务总局研究推进网络电子发票试点,完善电子发票的管理制度和标准规范;财政部研究完善电子快捷档案的管理制度。在商贸流通领域,商务部会同有关部门进一步完善交易、物流配送、网络拍卖领域的电子商务应用的政策、管理制度和标准规范。在物流配送方面,国家邮政局重点研究了建立重点地区快递准时通报机制,健全电子商务配送系列保障措施,同时创新电子商务快递服务机制。

B2C 模式是中国最早产生的电子商务模式,如今的 B2C 电子商务网站非常的多,比较大型的有天猫商城、京东商城、一号商城、亚马逊、苏宁易购、国美在线等。O2O 模式是新兴起的一种电子商务新商业模式,即将线下商务的机会与互联网结合在了一起,让互联网成为线下交易的前台。这样线下服务就可以用线上来揽客,消费者可以用线上来筛选服务,成交可以在线结算,很快达到规模。该模式最重要的特点是:推广效果可查,每笔交易可跟踪。以美乐乐的 O2O 模式为例,其通过搜索引擎和社交平台建立海量网站入口,将在网络的一批家居网购消费者吸引到美乐乐家居网,进而引流到当地的美乐乐体验馆,线下体验馆则承担产品展示与体验以及部分的售后服务功能。

和国内电子商务的快速发展一样,中国跨境电子商务从无到有,开始步上了快车道。2012 年中国跨境网上交易达到 150 亿美元,保持了年均 30% 以上的增速,占跨境电子商务交易总额的 7.5%。虽然其中 B2C 所占比例不大,但是呈现快速增长态势,且影响大。除敦煌网、易唐网、兰亭集势等跨境网上交易网站之外,京东商城开通了国外网站,亚马逊、ebay 等美资电子商务网站也纷纷在国内布局。在中国商品面向海外市场提供零售服务的平台条件已经具备的同时,支付宝、PayPal、西联汇款等支付机构提供了便利的支付手段，中国香港邮政、比利时邮政、DHL、第四方物流等也为跨境网上交易提供了很好的物流条件。

（四）物流业

物流业是指物品从供应地向接受地的实体流动过程，是将运输、储存、装卸、搬运、包装、流通加工、配送、信息处理等基本功能根据实际需要实施有机结合的活动的集合。现代物流业作为现代服务业的重要组成部分，对提高国民经济运行质量、优化经济流程、调整经济结构、扩大内需、增进社会福利等都具有全局性的积极影响。在时间上，现代物流业通过消灭耽搁迟滞，可以减少其他产业的库存积压和断档脱销，加快生产和流通节奏、优化经济流程；在空间上，可以实现物质产品生产地和消费地之间的有效衔接，通过消灭无效生产，可以优化资源配置和产业结构，促进相关产业高效、协调发展，提高经济运行质量（陈焱晗，2012；刘文辉，2013）。

在中国，采取物流自营模式的电子商务企业主要有两类：第一类是资金实力雄厚且业务规模较大的电子商务公司，电子商务在中国兴起的时候，国内第三方物流的服务水平远不能满足电子商务公司的要求。第二类是传统的大型制造企业或批发企业经营的电子商务网站，由于其自身在长期的传统商务中已经建立起初具规模的营销网络和物流配送体系，在开展电子商务时只需将其加以改进、完善，可满足电子商务条件下对物流配送的要求。选用自营物流，可以使企业对物流环节有较强的控制能力，易于与其他环节密切配合，全力专门地服务于该企业的运营管理，使企业的供应链更好地保持协调、简洁与稳定。此外，自营物流能够保证供货的准确和及时，保证顾客服务的质量，维护了企业和顾客间的长期关系。但自营物流所需的投入非常大，建成后对规模的要求很高，大规模才能降低成本，否则将会长期处于不盈利的境地，而自建庞大的物流体系，需要占用大量的流动资金，成本较大，时间较长。更重要的是，自营物流需要较强的物流管理能力，建成之后需要工作人员具有专业化的物流管理能力。在这样的背景下，第三方物流应运而生，并日益成为物流服务的主导方式。

在电子商务环境下，需要打破原有工业的传统体系，发展建立以商品代理和配送为主要特征，物流、商流、信息流有机结合的社会化物流配送体系。电子商务物流的概念是伴随电子商务技术和社会需求的发展而出现的，它是实现电子商务经济价值不可或缺的重要组成部分（王海燕，2012）。由于信息技术、网络技术日益广泛用于物流领域，物流与电子商务日益融合。20 世纪 70

年代电子数据交换技术（EDI）在物流领域的应用曾简化了物流过程中烦琐、耗时的订单处理过程，使得供需双方的物流信息得以即时沟通，物流过程中的各个环节得以精确衔接，极大地提高了物流效率。而互联网的出现则促使物流行业发生了革命性的变化，基于互联网的及时准确的信息传递满足了物流系统高度集约化管理的信息需求，保证了物流网络各网点和总部之间以及各网点之间信息的充分共享。技术的发展还促进了物流的全球化。

物流全球化包含两层含义，一是指经济全球化使世界越来越成为一个整体，大型公司特别是跨国公司日益从全球的角度来构建生产和营销网络，原材料、零部件的采购和产品销售的全球化相应地带来了物流活动的全球化。二是指现代物流业正在全球范围内加速集中，并通过国际兼并与联盟，形成越来越多的物流巨无霸。1998 年，欧洲天地邮政（TNT）以 3.6 亿美元兼并法国第一大国内快递服务公司 Jef Service。1999 年，英国邮政以 5 亿美元兼并德国第三大私人运输公司 German Parcel。这些兼并活动不仅拓宽了企业的物流服务领域，同时也大大增强了企业的市场竞争力。

随着中国电子商务的蓬勃发展和日益成熟，网购逐渐成了消费者的重要的购物方式。与此同时，与网购紧密相连的快递行业也得到了飞速发展。进入 2014 年以来，电子商务突飞猛进，推动了快递业进一步上升和变革。快递的发展规模和速度又反过来影响和制约电商的发展。但是，物流一直是中国电子商务发展的"瓶颈"，随着电子商务在近几年爆发式的发展，更使得两者之间的差距扩大。据相关数据统计，国内电子商务的发展速度是 200% ~ 300%，而物流增速只有 40%，物流发展水平远远不能满足电子商务发展的需求，尤其在节假日，快递物流公司频频出现"爆仓"现象。再加上物流服务水平不高，出现到货慢、货物丢失、商品损毁、送货不到位等服务问题，成为消费者主要的投诉对象之一。

目前，中国电子商务交易额已经超过美国成为世界第一，2015 年网购规模将达 3 万亿元，所对应的电商物流费用就是约 3000 亿元，而快递承载了其中的 80%。所以快递行业的市场空间还会很大。从快递业的发展趋势来看，加快系统化集成和资源整合、提高服务质量将成为快递业发展的主旋律。快递行业整体的高增长，会继续吸引资本方的关注，资本会助推行业的并购整合。很多外部产业、机构也会继续借力资本参与进来，而行业本身也会出现更多的同业、同区域整合。行业价格战会持续。快递行业因为同质化竞争和网络重叠严重，价格战依然会持续并逐渐淘汰弱小的企业，沉淀出几张大的网系。快递业的价格战虽然已经走过最低阶段，但其影响依然存在，并成为主流市场淘汰散乱差的直接方式。行业竞争焦点从价格转向服务。企业会逐步建成并推出自己的标准化体系及配套，行业标准化体系也在逐步建立，低价不再是企业制胜的关键，服务以及客户体验将成为快递业口碑胜出的王牌。快递行业整体的系统化建设进一步加强，会提升全行业效率，降低成本。得益于互联网科技及信息化手段的推广和普及，快递业劳动密集型的传统原始操作模式将会逐步向高效的系统化过渡。快递行业开始着重打造各自的差异化服务产品，明确自身的市场定位，并力求做到稳定持续发展。差异化产品会成为各快递企业新的业务目标和增长点。随着电商逐步"去中心化"和社区、社群电商的崛起，快递业也将迎来新的挑战与机会。未来电商从"B－C"向消费者终端驱动的"C－B"转变，如何满足更多终端客户个性化需求成为行业共同面对的问题。快递行业的普遍性服务与电商用户的个性化需求将成为各家突破的门槛。在这个过程中，行业专业人才供需矛盾突出，会成为各家企业的发展瓶颈。快递行业的高速发展使得专业人才始终处在供不应求的状态。随着行业服务质量逐步提升，快递企业人才的培养会越来越重要。

在这样的背景下，"改善物流体验"已经成为电商巨头们比拼的新战场。马云曾表示，"按照国内电商的增长速度，在可预见的几年内，网络零售交易额将触及 10 万亿元规模，但阻碍这 10 万亿元规模的就是物流。"阿里一直致力于打造社会化物流大平台，目标是"在全国任意一个地区做到 24 小时送达，支撑日均 300 亿元（年度约 10 万亿元）的网络零售额"。2013 年，阿里已联手银泰、复星、顺丰、三通一达（申通、圆通、中通、韵达）建立"菜鸟网络"，打造"社会化物流体系"。目前，中国电商的物流主要借助民营快递，在管理和运营上都已经达到了极限，再加上各地的通行政策限制，没有邮政的参与将很难继续扩大发展，而此次阿里与邮政的合作则为中国电商行业整体的物流发展"破题"。在阿里的物流规划中，邮政系统的门店和物流无疑是最大的"肥肉"。中国邮政拥有 11.8 万个快递服务营业网点，是国内唯一一张覆盖全国农村、校园、偏远极寒地的无盲区物流快递网络，掌控着城市快递的最后一公里的优势，对于电商开发二级、三级市场作用显著。此外，中国邮政业务已可通达全球 200 余个国家和地区，对于电商会触及医药、安全、"海淘"转运等领域也具有"切肤之用"。阿里与邮政的合作也致力于打通交易、实物信息系统，充分挖掘邮政网点价值，开展 O2O 等新商业模式，未来，线下网点可为线上商品提供订购和自提、配送等服务；此外，还会将菜篮子工程搬入到社区、校园、街道、乡村。

"方便、成熟的物流不仅在卡车上，更在你触手可及的地方。"在这样的思想指引下,阿里、京东、顺丰纷纷将目光投向了线下门店。2014年3月,京东与上海、北京、广州等15座城市的上万家便利店达成合作,将快客、好邻居等便利店打造成自家物流体系的一环,与线下商家整合发展。消费者可以京东上下订单,货品则由附近的便利店直接配送,并推出了"1小时达"、"定时达"、"15分钟极速达"等个性化的物流体验,致力于解决"最后一公里"的物流问题。此外,顺丰在全国布局的"嘿客"便利店已经亮相,消费者可在店下单购物,也可以收发快递,打造立体化的O2O模式。顺丰计划在一年内建设4000家"嘿客",打造物流领域的"百货公司",让业界对于线下门店与线上电商的互动展开了更多的想象。

二、商贸服务业"平台经济"建设

商贸服务业"平台经济"作为一种新兴的商业模式,其本身并不生产商品,但通过提供收费性的实体或虚拟交易场所来撮合交易,提供增值服务。商贸服务业"平台经济"模式在转变流通经济增长方式,推动流通产业融合集聚,促进企业发展,提高流通效率,便利居民消费等方面的作用显著。自2011年起,财政部、商务部等部门分3批在北京、上海、天津、辽宁、湖南、重庆、深圳、江苏8个省市开展现代服务业综合试点工作。各试点省市结合地区发展特点,根据财政部、商务部等部门的支持方向,推动建设了一批在全国具有示范引领作用的现代服务业项目,在试点过程中逐步形成的"平台经济"发展模式成为工作亮点。主要成效表现在:

(1)促进产业联动,推动经济发展方式转变。"平台经济"采用"一点接入,全国联动"的经营模式,拓宽流通渠道,提高产品附加值,推动传统产业转型升级,提升了经济增长效益和质量。例如,北京市支持的京东商城电商服务平台,一方面帮助流通企业打破渠道限制,以低成本快速覆盖全国;另一方面帮助生产企业转变生产方式,实现"以需定产"的柔性化生产。2012年该平台就实现交易额119亿元。天津农特产品网建立了3000多家服务中心,上线产品3万多个。农业企业和大户成为该平台会员以来,其资源综合利用效率提高了8%~12%,经济效益提高了13%,物流供应链成本降低了5.4%。

(2)提高供应链管理水平,增强企业综合竞争力。"平台经济"提高了供应链管理水平,关联企业生产社会化、专业化程度大大提高,综合竞争力得到加强。例如,上海市推进大宗商品贸易服务平台建设,延伸出大宗商品线上线下交易撮合、支付、融资、供应链管理的一站式服务。深圳越海全球供应链管理中心依托国内外的物流基地和采购分销网络，集成全球业务交易、供应链解决方案、供应链综合信息、供应链技术及配套服务、供应链金融创新、一体化电子商务五大服务平台，建设服务于全球的供应链管理中心。

（3）提升流通效率，降低流通成本。"平台经济"以市场化方式整合和利用社会资源，市场资源配置范围更广，辐射能力更强，组织化程度更高，有助于改变传统流通服务业小、散、乱、差的现状，从而降低成本、提高效率。例如，沈阳金谷物流协同作业平台基于物联网技术应用，对物流车辆、仓储、装卸设备以及企业余缺资源等信息进行整合，自动匹配货源信息、运力信息和诚信记录，实现企业间物流信息共享，可整合运输车辆3.5万辆，覆盖沈阳市货运车辆总量的50%以上。深圳前海跨境电商服务平台为客户提供一站式跨境电子商务服务，即时通关耗时节约60%，降低成本达50%。

（4）便利居民消费，服务民生。"平台经济"辐射范围广、带动能力大、集聚效应强，在扩大内需，便利消费，服务民生、吸纳就业等方面发挥了重要作用。如湖南长沙农产品物流中心建成后，可带动种植基地面积100余万亩，辐射农户50万户，实现农民年增收2万元，间接提供就业岗位10万个。重庆鲜活农产品直供平台已开通农产品直供社区达23个，形成了"田间到灶台"的高效对接，提升了居民消费满意度、便利度和安全性。

（5）服务中小微企业，解决融资和出口难题。发展"平台经济"还有利于解决普遍存在的商贸流通企业信用等级不高、抵押资产不足、国际贸易经验缺乏等困难，帮助企业解决融资难、"走出去"等问题，促进中小微企业发展。如北京市支持的敦煌网"中小微企业海外销售服务系统"帮助国内中小微企业开拓海外销售渠道，降低出口门槛。截至2012年年底，共实现国际贸易在线交易额108亿元，为中小微企业提供小额融资贷款额度超过3000万元。

各试点地区在推动"平台经济"项目建设时注重四个"突出"的原则：一是突出辐射功能。根据试点地区的功能定位，支持服务平台的建设和升级改造，增强"平台经济"的辐射功能。二是突出带动作用。按照试点批复方向，重点支持电子商务、现代物流、商务服务等平台建设，发挥项目对产业的带动作用。三是突出集聚效应。依托试点地区的区位优势和经济结构特点，利用各类服务平台促进产业融合和功能集成。四是突出公共性质。把公益性、公共性强的服务平台作为支持重点，增强其对全面发展现代服务业的支撑作用。据统计，目前获得资金支持的7个试点地区中，共计建设平台类项目76个，占总项目比重为19%，获得中央财政补助8.7亿元，占总补助金额22%，项目投资266亿元，占试点项目总投资的21.3%。

第七节 现代零售商业技术

一、零售商业技术的现状

自 20 世纪 90 年代以来，随着高科技的飞速发展，零售企业的运营模式也发生了巨大的改变，形成了以信息技术、物流技术和网络技术等新技术为基础的新型商业模式。新技术的发展从根本上改变了简单的售卖模式，完成了从供应采购，到物流配送，库存管理，销售营销，顾客服务的全新管理模式。在竞争环境不断加剧、支持技术不断进步、消费者需求层次不断上升、管理要求和服务水平不断提高的零售发展背景下，不断地应用新技术已成为各零售企业的必然选择。对于单店经营的零售企业尚且如此，对连锁经营和国际化经营的零售企业来说，面对深刻变化之中的零售市场，没有技术的支撑根本无法保证企业的正常运营，技术进步正在强势推动中国零售业发展并将深刻影响中国未来零售业的发展格局。美国研究咨询机构 IDC "零售视点" 项目 2014 年发布的报告指出，只有反应快的零售企业才会跟上全球先进零售商的步伐，对门店、移动渠道、电子商务平台、供应链、经营、营销等各方面进行改革和转型，以适应全渠道的客户体验的要求。

零售商业技术的本质是开展数字化经营。现在的消费者得益于技术的发展，在消费上越来越具有选择权和话语权，谁能更准确地把握消费者的习惯、偏好，那么它就可能成为零售业的王者。零售企业需要深刻理解移动互联技术，社交性网络，以及商业的本质，并将它们整合到一起，从头到尾做足整个消费链条从捕捉消费习惯、指引消费去向到刺激消费心理的功课。无论是国外的沃尔玛、亚马逊，还是国内的苏宁、联华超市，通过采用先进的零售商业技术得到了巨大的价值回报，将传统的粗放经营模式提升到现代化的运作水平。

零售商业技术中首当其冲的是信息技术。信息技术通过其强大的数据采集能力、数据传输能力、数据存储能力、数据分析能力、数据服务能力为现代零售业提供了有力的帮助，它改变了供应链信息的不对称状况，提高了补货和存货共管能力，实现了商品流、资金流、信息流的实时数据处理，大大降低了规模化经营的人工成本、组织成本、交易成本。这种信息传递和系统控制的能力，是任何其他手段不可替代的。信息技术正不断推动着零售企业的业务创新，新的信息技术带来了新的业务流程和新的营销手段，为企业提供更多的业务模式，产生更加富有效率的组织体系。全球零售业的龙头沃尔玛正是利用其先进的信息技术手段成就了它今天霸主的地位。

目前，零售企业信息技术发展的重点是高效内部流程体系、数字化营销系统、顾客忠诚度管理、智能零售业等几个方面，零售企业可以根据自身的发展阶段，把信息化发展的重点放在其中的某个方面，不断追踪国内外先进零售信息化技术的发展，保证企业在现代化管理手段上保持持续领先的优势。作为面向未来的零售企业，应全面制定企业的信息化战略，将企业的信息化投资纳入企业的长期计划，制定分阶段的信息系统建设规划，把信息系统作为提升企业效益的重要手段。零售企业在自身发展中，应持续保持对新技术的敏感性，高度关注零售信息化的发展，关注国内外先进零售企业管理创新的经验，选择适用的技术，充实自己的管理手段。

但是，零售商业技术不仅限于信息技术。下面列举并简述一些具有较大应用前景的新技术和新方法：

射频识别技术（Radio Frequency Identificatio，RFID），是一项利用射频信号通过空间耦合（交变磁场或电磁场）实现无接触信息传递并通过所传递的信息达到识别目的的技术。作为自动识别技术的排头兵，RFID 无论是在技术上还是在价格上都已经日臻完美，逐步进入实用阶段。对于制造商和零售商而言，RFID 意味着一个电子系列号和存储单位号，并在后台生成相关单品的各种信息。RFID 可以推动自动交易，省去了结账的成本；可以成为永久性的安全标签；也可以连接任何产品的网址，提供产品信息、虚拟标签、装配说明、评论、修理、更换、回收等信息。同时，RFID 也能帮助人们在供应链和整个生命周期中更好地追踪商品，更有效、更直接地将消费者的需求反馈给商家。最终能够提高交易透明度，彻底改变零售业从供应链到消费端的运作模式。

二维码作为一种全新的自动识别和信息载体技术，以其输入速度快、可靠性高、信息采集量大、灵活实用、系统成本较低的优点风靡世界。二维码作为记录信息的新一代条码技术比普通条码具有更丰富的数据表征，同时因其冗余设计使得部分损破仍能保有信息的完整，而其打印成本与普通条码相比也相差无几，使得二维码在物品识别和 ID 识别上具有广泛的应用空间。如能与非接触式 IC 卡等介质结合，将在会员管理、店铺宣传、促销应用等方面提供更具个性效果的创新应用。

电子数据交换（Electronic Data Interchange，EDI）是将贸易、生产、运输、保险、金融和海关等事务文件，通过电子邮箱按各有关部门或企业之间的标准格式进行数据交换，并按国际统一的语法规则对报文进行处理，是一种利用计算机进行事务处理的新业务。EDI 作为连接供销双方的纽带，在发达国家得到了广泛的应用，特别有利于供销双方的成本降低和效率提高。

3D 打印技术也将急剧改变供应链的自然属性。它通过层层叠加的方法制造产品，将为零售商降低材料上的成本，并提供定制化、个性化的产品。一旦其通过网络将消费者和设计师的数据库直接联系起来，将创造无尽的可能性。这项技术的问世，改变了许多产品的货源和分布，特别是较难储存的零件；可以根据客户的要求定制产品，实现零库存，改造供应链；产品开发和原型设计可以大大加快，加快产品开发和上市速度；产品的定制化和个性化可能成为常态，服装的制作可以和消费者精确配合；快时尚可能变得更快；病毒式传播的趋势可能变得司空见惯，而且任何人都可以成为设计师。事实上，国内的叁迪网已经是一家为"想打印 3D 模型的设计师、企业客户、个人提供了方便快捷的在线自助 3D 打印服务"的网站，其业务重心放在了个性化定制和培养消费者上。此外，核磁共振技术（MRI）通过不同分子的不同频率分析物体的组成部分，通过与 3D 打印技术结合，可以为鞋子和服装定制带来无限的空间，与 RFID 结合，可以同来深入检验食品和药物等商品，对零售业的辅助作用潜力无限。

高效消费者响应（Efficient Consumer Response，ECR）的目的在于检讨上、中、下游企业间生产、物流、销售的流程，消除整个供应链运作流程中没有为消费者创造价值的成本，将供给推动的"推式系统"，转变成更有效率的需求拉动的"拉式系统"，并将这些效率化的成果回馈给消费者，期望能以更快、更好、更经济的方式把商品送到消费者的手中，满足消费者的需求。因此 ECR 的实施重点包括需求面的品类管理改善、供给面的物流配送方式改进等。目前，ECR 的推广对象主要以快速消费产品以及食杂用品为主，而其实施重点包括需求面的品类管理改善、供给面的物流配送方式的改进等。

软件即服务（Software-as-a-Service，SaaS）是一种通过 Internet 提供软件的模式，用户不用再购买软件，而改用向提供商租用基于 Web 的软件，来管理企业经营活动，且无须对软件进行维护，服务提供商会全权管理和维护软件。对于许多企业来说，SaaS 是采用先进技术的最好途径，它消除了企业购买、构建和维护基础设施和应用程序的需要。SaaS 也许不能称之为一种技术，它更像是一种理念，其分工协作、共享资源的理念，将在第三方供应链服务、第三方会员服务、第三方数据交互等领域具有很好的前景。

面向服务的体系结构或面向服务架构（Service-Oriented Architecture，

SOA）是指为了解决在 Internet 环境下业务集成的需要，通过连接能完成特定任务的独立功能实体实现的一种软件系统架构。SOA 是一个组件模型，它将应用程序的不同功能单元（称为服务）通过这些服务之间定义良好的接口和契约联系起来。SOA 是一种松耦合的系统架构，这种架构具有良好的自治性和规范性，使得基于这种架构的信息系统具有良好的开放性，从而保证了信息系统的可扩展性和可持续优化性。SOA 架构已经成为新一代信息系统的发展趋势。

二、零售商业技术的未来

数字化将会继续深刻地影响和塑造零售业的未来。无论是购物体验，还是经营管理，零售业已经进入了一个全面的技术商业时代。大数据，Wi-Fi，电子标签，智能货架，自动收银，自动打包，移动互联，线上 App，所有的新技术都在推动零售业的革新。麦德龙"未来商店"的出现就是最新零售商业技术的试验场。麦德龙与宝洁和 IBM 公司在 2003 年策划实施了一个商业案例，十一家 Real 店、两家麦德龙现购自运店（Cash & Carry）和三家麦德龙物流配送仓库都参与其中。该计划希望通过这一计划使 RFID、智能货架、智能秤等技术应用更为成熟，同时也可以削减自己业务的运营成本。包括吉列、卡夫、宝洁等近五十家供应商以及微软、SAP、英特尔、思科系统、IBM、飞利浦半导体和 Intermec 等技术合作伙伴都加入了这个创新阵营。麦德龙采取了开放的态度，和业界共同分享项目的有关信息，甚至也包括它的竞争对手。一些实验成果已经被应用到麦德龙集团的其他业态中。据估算，如果麦德龙在德国的 Cash & Carry 店、Real 店和配送仓库都实行这套方案，每年可以节约成本 850 万欧元。

据零售业专家的描绘，有五种技术趋势将对零售业的未来进行重塑。

（1）数字融合。现实世界和数字世界正在融合，消费者期待得到一致的服务，无论他们身处现实世界还是虚拟的数字世界。这一点在零售业尤其明显，无论在门店，网站，移动端或是它们间的组合，用户期望得到一致的体验。今天的技术已经可以服务于所有的交易，从消费者的移动设备开始，贯穿整个购物体验，直到货物上门，零售商能在整个购物过程中为消费者提供个性化的客户服务。SAP 提供的 Customer Activity Repository 是一个用于捕获和分析每个消费者相关信息的独立模块，包括了他（消费者）是谁，他在何时何地购物，他买了什么，以及他还可能需要什么商品。这些用户行为可以与诸如推广，推广方式，库存状况，以及可能会影响供需的外部环境相结合。

（2）数字体验。成功的数字体验不再是一个不错的选项，在数字化的时代这是企业生存或毁灭的转折点。网络购物在零售业的份额日益膨胀，零售商正面临新增渠道的挑战，让客户访问你的网站，通过移动设备分享产品信息，与进入你的门店一样重要。目前的挑战是如何在他或她在这些渠道之间变换时，能听到每个消费者的故事。今天，这是可以实现的。在网上购物时、在移动设备中、在实体门店里，和童话中的汉赛尔和格莱特一样，消费者在身后洒下了"面包屑"，需要能对消费者的足迹进行追踪。通过掌握和利用相关的信息，零售商可以根据消费者特殊的需求和偏好量身定制个性化的客户体验。而客户会对此做出回应：研究显示当收到个性化定价时，超过半数的客户的消费将提高50%。

（3）大数据。拥抱大数据概念、开源数据、采用全新的自适应智能方法的企业正在创造一个未来智能系统，突破并颠覆原有业务创新的概念，为此需要利用能够实时感知环境并作出相应的预测应用程序，预测并满足用户的需求。展望未来，零售业将建立在对大数据的感知和反应能力之上。在将POS数据、忠诚度数据、辛迪加数据与社交媒体数据结合并利用的领域中，云计算、数据分析、内存计算将成为关键的技术。一个很好的可以大数据运用的例子是：通过一些复杂的模型对数百万条数据进行分析，可以为我们揭示深刻的洞察。一旦我们拥有这些分析结果，我们可以制定最优的定价、销售、优惠策略，并提升客户体验和企业的利润空间。

（4）物联网。随着连接和设备的普及，物联网将从概念变为现实。这将彻底改变传统的"遍地开花然后只能祈祷好结果"式的推广模式。物联网在零售业有着广阔的应用前景。通过连续捕捉，来自移动设备的实时数据流，安装的消费类产品，以及日益普遍的可穿戴设备，零售商将获得前所未有的深刻洞察，并能具体理解客户的行为和愿望。无论何地，只要能触及你的客户群，你就有机会从竞争中脱颖而出，并为消费者提供独一无二的品牌体验。借助诸如移动应用，实时促销，高度细分以及门店内的消费者位置追踪等创新技术将帮助你实现这一目的。有研究表明，当消费者进入门店时实时推送一份数字推荐内容带来的回报比其他任何时间任何地点的报价方式要高出八倍。

（5）云计算。必须充分利用云计算的优势优化传统系统，同样，移动化策略也需要与你的全渠道战略相整合。云计算和移动平台带给了零售商巨大的潜力，让零售商能实时捕获并分析客户数据并实现精准推送。云计算让你能从任何需要的接触点捕捉、传递客户数据，能知道每个客户能被哪些优惠券、

App、游戏、短信所吸引。移动化技术将成为企业营销的法宝，企业的整个业务系统都装进了他们的口袋，无论身处何地都能随时接入，这需要移动设备，完善无线网络基础设施，最重要的还是企业的移动化系统。

　　这些技术将带来的改变是巨大的，而且速度非常之快。人、信息、商品不断和网络连接，虚拟和实体的购物体验不断整合，敏感的零售市场将被彻底改造。

第七章

中国零售业"走出去"的战略
支撑：微观层面

在成熟的市场经济体中，零售业跨国经营主要表现为企业自身的市场行为。但是，它是以东道国和目标国完善的法律法规保障、有效的流通市场体系及产业政策为依托的。这为我们在国家以及产业层面制定有效的促进中国零售业"走出去"战略的支撑体系提供了有益的启示，即要推动中国零售业实施"走出去"战略，需要突破对零售企业微观层面的研究。在讨论了宏观、中观层面对中国零售业"走出去"战略的支撑体系之后，下面从零售企业的微观层面来讨论企业自身实施"走出去"的条件支撑，这个层面要提供的是支持中国零售业"走出去"的资源、能力和技术保障，是整个支撑体系的内部保障。

第一节　更新经营观念

不可否认，推动零售市场变革的因素，除了技术因素之外，关键在于零售环境的急剧变化，其中，消费者的因素最为突出，表现在"消费者意识"开始崛起并得到空前伸张，推动了零售业的巨大变革。这一变革将引领人类的新商业文明和全球经济增长的模式。面对这样的变革，不管是传统的实体零售商还是现在的网络零售企业，都需要改变思考模式，找到生存发展路径。在"消费者主权"时代，全天候、全渠道和个性化定制正引领整个零售行业的转变。零售商需要重新武装自己的思想，从前台战场到后台战场，从空间战场到时间战场，从社交战场到定制战场，提前组织、提前规划，制定战略战术和应对挑战的路线图。

一、现阶段中国零售市场的特征

（一）中国消费者的新变化

分析中国消费者的变化，除了包括和全球消费者保持一致和同步的特点之外，也有中国自身的特点。

（1）中国消费者的人口特征决定了我国正处于消费加速期。新中国成立以来，中国有四个人口出生高峰，分别是 1949～1957 年出生的"50 后"、1962～1970 年出生的"60 后"、1981～1990 年出生的"80 后"，以及 2010 年前后由"80 后"进入生育年龄后带来的"00 后"。结合经济和人口发展的特点，财富和人口形成的剪刀差影响了本代人、下代人的消费心理。根据国外及国内的一些经验数据，前三类主要人口高峰群体消费特征大致如下："50 后"需要医疗保健和社区服务；"60 后"在保险、医疗保健、奢侈品、度假等方面消费更多；"80 后"消费集中于住房、家庭耐用消费品、奶粉等婚育需求，以及一些电子商务、互联网消费。由于经济增速快，出生率下行，"00 后"享受两代人积累的财富，物质生活富足，追求精神的特立独行。由这样的人口和财富结构所决定，未来我国的收入结构将从"两头大中间小"向"纺锤形"转变，代表小康阶层的"草根一族"将成大多数。"草根一族"的个人消费能力强，但基数大，互联网让"小众"变成了"长尾"。

根据日本的经验，人均 GDP 在 3000～8000 美元是消费加速期，消费结构将从单纯的商品消费向服务消费转变，从消费行为来看，消费日趋理性，性价比高的品牌将受到青睐，从消费渠道来看，"小而美"的专门店加速发展，"大而广"的商超百货增速放缓。从中国人口结构来看，2030 年之前，20～49 岁的中青年消费占比最高，为消费主力军，2030 年后中国步入老龄化社会。老年消费者成为消费主力军。眼下，中国正处在消费加速期。

（2）新型城镇化将挖掘三、四线城市消费市场。随着我国新型城镇化建设的加快推进，中国消费市场的区域分布开始呈现出从一、二线城市领跑向一、二线城市稳步发展，三、四线城市崛起的格局。从消费基数来看，三、四线城市从城市容量到家庭数量都远大于一、二线城市，从消费潜力来看，三、四线城市个体消费不如一、二线城市，但具备长尾效应。根据尼尔森的调查，近年来我国一、二线城市消费者信心指数下滑，三、四线城市消费者信心指数不断攀升。从人口来看，目前我国城镇人口占比已达 54%，但仍有 6.3 亿农村人口；城镇居民人均收入是农村居民的三倍以上，但是，农村人均收入的增速高于城镇居民，收入差距呈收窄态势；从购买习惯来看，与城镇居民相比，农村居民呈现出购买频率低、多在节日大促销时期消费和客单价较高的特点。庞大的消费基数，强烈的消费需求升级需要，加上收入增长的积极驱动，都将为中国零售业挖掘出更大的消费市场。根据波士顿咨询公司发布的最新报告显示，来自三、四线城市的中高收入者是中国消费者情绪和消费倾向整体提升的主导因素，换言之，未来我国消费市场改善的主要动力来自小城市中高收入群体。更少的生活压力，让小城市中高收入者对于未来更加乐观。因为小城市中企业家、公务员和中小企业职员在中、高收入群体中占比相对于大城市要高，今后小城市消费倾向将大幅度增长。

（3）SoLoMo 族群崛起。SoLoMo 的概念由著名 IT 风险投资人杜尔提出，即"社交的（Social）＋本地的（Local）＋移动的（Mobile）＝SoLoMo"，简称所罗门。其中，So 代表社交媒体的快速传播让消费者站在了主动一方，Lo 代表互联网连接了一切，使得提供基于位置的信息服务成为可能，Mo 代表移动端让互联网真正做到随时随地连接消费者。概括起来说，互联网消除了信息不对称，连接起碎片化的时间，消费者真正获得了主权。SoLoMo 族群大多为"70 后、80 后、90 后"，是目前中国消费的主力人群。到 2013 年，中国网购规模已达到 1.8 万亿元，超越美国成为全球第一，用户达到 3.02 亿，为全球最多。网购渗透率达到 49%，远超全球平均水平。在网购群体中，中青年仍是线上消费主力，35 岁以上和 18 岁以下的消费者占比稳步提升。2013 年，服装鞋帽是网购市场最热门的销售品类，其购买人群占 75.6%。从渠道来看，移动端成为联系线上线下的重要枢纽。2013 年，中国移动端用户超 5 亿，占全体网民的 81%；中青年仍是主力，20～39 岁的用户占比达 57%，中老年占比则稳步提升；移动端购物用户发展迅速，规模达 1.44 亿，使用率超 29%。此外，移动端人均消费已达 PC 端人均消费的 1/3。

《经济学人》的评论认为，20 世纪五六十年代，美国消费者的崛起改变了世界经济，现在中国似乎已经准备好成为下一个消费强国。在评价中国消费者的时候，《经济学人》认为，中国消费者善变而老练，他们是世界上最大的跨国购物团体，只用了不到十年的时间就掌握了整个消费发现过程的诀窍，而日本消费者当初在扮演类似角色的时间是三十年；中国消费者对网购的认知度在全球范围内都有巨大影响，即使处在中国极偏远的地方，网上消费者很多时候也能清楚了解一个全球品牌的特点和其在世界各地的定价，这常常让全球的品牌制造商措手不及。《经济学人》预言，未来全世界的消费者市场都会变得更像中国市场，消费者们会变得更加见多识广，更注重高端，也更熟悉网购。能够在中国做出成绩的公司，不仅是在抢占今天世界上难度最大的市场，同时也是在为明天的市场做好准备。

（二）中国时尚零售市场概况

全球知名的商业地产服务公司世邦魏理仕（CBRE）在其发布的 2013 年《零售业全球化进程》报告中，发布了关于零售商城市渗透率的调查研究结论。该报告对具有代表性的 20 家大型全球时尚业零售商在全世界 208 个城市中的分布发展情况进行调查之后的统计数据显示，全球时尚业零售商充分把握时机，在快速发展的准成熟市场进行扩张拓展。

2011～2012 年两年中，零售商扩张的全球排名未发生显著变化。320 家受访零售商在顶尖商业市场均有拓展。伦敦仍保持第一位，再次成为世界最大的国际商业城市，迪拜仍位居第二位。巴黎上升一位排名第三位，纽约排名下降与莫斯科同位第四位，中国香港和马德里分别保持第六位与第七位的排名。北京跃升最为明显，从第十三位上升至第八位。

北京和上海在零售商城市渗透水平上名列全球榜首。截至目前，已有 376 间时尚业零售商门店进驻北京，336 间门店进驻上海。在快速增长的中国市场，零售商继续进行门店扩展的机会仍然存在。大量零售商已在成都、沈阳等中国二线城市开设门店，但渗透率较低，成都仅有 132 间，沈阳为 107 间。以北京零售门店数量为基准，成都仅有北京所有零售门店数量的 35%（如表 7 - 1 所示），零售商在大连（14%）、苏州（13%）、青岛（10%）、西安（10%）、宁波（10%）等城市的渗透水平更低。时尚零售商在北京、上海均有较高渗透率，二级城市具有较大城市规模，并且部分时尚零售商已在二线城市开设门店，因此零售商在二线城市拥有大量机会扩张拓展。

表 7 - 1　　　　　　　　时尚零售商中国市场渗透率一览

城市	20 个样本品牌在各城市覆盖率（%）	零售商门店数量（间）	城市零售商门店数量占比（以北京为基数）（%）
上海	100	339	90
北京	90	376	100
重庆	80	87	23
杭州	80	57	15
沈阳	80	107	28

城市	20 个样本品牌在各城市覆盖率（%）	零售商门店数量（间）	城市零售商门店数量占比（以北京为基数）（%）
南京	75	50	13
深圳	75	69	18
苏州	75	50	13
成都	70	132	35
大连	70	53	14
天津	70	78	21
武汉	70	83	22
广州	65	88	23
宁波	65	37	10
青岛	60	37	10
西安	55	37	10

资料来源：世邦魏理仕（CBRE）. 零售业全球化进程（2013）.

（三）中国零售市场环境的变化

除了消费者刻画了中国零售市场的特征之外，中国零售市场环境正在发生深刻变化，包括市场格局、分销渠道、经营模式和产业链位置都发生了变化。

零售市场格局出现线上线下同台竞技。随着信息技术在商业领域的不断应用及衍生，零售格局发生变化。出现了诸如阿里、京东、1号店、当当等一批知名网络零售商及零售服务企业，从购物场景、支付手段、仓储物流、运营及管理思路，对传统零售产生了革命性的冲击和影响，电商与传统零售商同台竞技的时代已经到来。

分销渠道更加扁平化。最好的例证就是平台型电商网站中，品牌生产商与零售商的同时入驻。生产商可以跳过传统的分销渠道，在网络平台上建立虚拟门店，直接向消费者展示商品、发布促销信息、新品信息，并进行交易。

在经营模式上开始探索 O2O 和全渠道。线上线下相互融合的趋势，使得企业的经营思路和模式发生变化，零售商更加注重消费者的体验。据易观智库监测数据显示，2013 年中国 O2O 市场整体规模（以线上线下品类重合以及支付、仓储、物流等后台打通部分的销售额为统计目标）达 4623 亿元，与 2012 年相比增长 69%，行业发展方兴未艾。

产业链条位置变化，零售商向上游延伸。零售商间竞争的加剧、商品的同质化导致单纯的分销服务利润偏低，促使零售企业开发自有品牌商品，向产业链上游延伸，零售商与供应商的界限不再清晰。

技术进步带来新变化。移动互联技术驱动行业变革，手机网民数量大规模增长，使零售业走出跨越式发展路径；云计算丰富企业营销手段，节省单个企业的硬件投入，引导产业革命和升级；大数据分析开启精准营销，使企业的决策不再基于感性认识，而是基于理性的科学分析。

二、中国零售业的未来：回归零售本质

在全球零售市场急剧变化和调整的背景下，中国零售业在改革开放以来三十多年的时间里取得了举世瞩目的成就。但是在这巨大成就的背后，从开放经济的角度来讲，我国本土零售商仍然存在隐忧，和跨国零售巨头相比，经营规模小，经营管理落后，知名品牌缺乏，核心竞争力缺失。因此，要加快实施中国零售业"走出去"战略，必须在调整中求变革，在变革中求创新，在创新中求发展。

面对内外环境错综复杂的交织，中国零售业怎样才能在纷繁多变的市场中找到出路，这是摆在业界的一个重大课题。在寻找具体的对策之前，中国零售业必须首先思考最本质、最核心的问题。从这个意义上说，回归零售的本质是眼下的当务之急，否则中国零售业就会在发展方向、路径以及具体的策略上铸成大错，失去"走出去"的主动权（宋则，2012）。

拨开中国零售业的重重迷雾，近几年来，无论是零售业并购风生水起，还是传统零售业纷纷"触电"，其背后无不触及零售业本质的认识问题。事实上，中国零售业的并购大潮是发生在特定环境之下。随着竞争的越来越激烈，零售业外延扩张空间有限。行业两极分化，优质企业通过并购可以提升市场集中度，发挥规模优势，同时可以进入新市场。国际经验表明，并购可以整合一个零售集团各地区、各业态、各零售品牌的规模优势，并体现在集中采购管理、协同商品管理、自有品牌开发、会员卡项目开展、IT 系统建设等方面，对于中国国有企业来说，更有弱化对方政治敏锐性、资本及品牌来源地的功能。但是，必须指出，全球范围内零售业的并购案例败多成少。中国国内零售市场的并购案例出现于 2005 年前后，最近几年并购风潮频出，2011 年数量达159 起，金额 374 亿元，并购数量和金额都呈两位数增长。这种势头在过去的几年内继续得到延续。到目前零售业并购仍以内资并购为主，但是外资并购增

长迅速。从全世界范围内来看，并购之后整合过程中的品牌效应联动以及管理架构问题绝对不容忽视。

面对电子商务的迅猛发展，传统零售业怎么应对？这是另一个无法回避的问题。受电商的巨大冲击，近年来，传统零售业业绩增速下滑。为了改变原有经营业态，越来越多传统零售企业开始"触网"，上线电商平台，通过微信打造应用平台，抢先利用移动互联网。2013 年，中国网络零售市场稳步发展，全年实现 18851 亿元的网络零售交易额，相较上一年增长了 42.8%。网络零售交易额占社会消费品零售总额的比重达到 7.9%，比去年提高 1.6 个百分点。国家统计局公布的最新数据显示，2014 年上半年全国网络零售额为 11375 亿元，同比增长 48.3%。根据中国连锁经营协会与甲骨文（中国）联合发布的《传统零售商开展网络零售研究报告（2014）》，中国网络零售市场发展特点是：O2O 发展迅速，线上线下融合加速。一方面，传统零售企业积极尝试整合线上线下资源，进行 O2O 的转型；另一方面，电商企业也开始注重线下，寻求落地。线上和线下的加速融合，最终形成全渠道的购物途径将是零售业未来发展的重要方向。发力平台 B2C，对外开放步伐加快。各大电商纷纷加大开放平台的发展力度。平台 B2C 将成未来市场主流。利用平台开放策略，电商企业可以更大限度利用和挖掘用户及闲置物流、仓储等资源价值，提高毛利率，实现整体销量的快速增长。生鲜电商兴起，市场争夺日渐激烈。生鲜领域存在庞大的市场，在没有实体店和各类成本后，电商平台可以拥有相对较高的利润率。做好生鲜，能给电商带来持续的消费、关注和稳定的人气，谁能抢先一步便将具有领先的行业地位。跨境电商获扶持，将迎来高速发展。中国跨境电商产业链日益完善，行业格局日渐稳固。在政府政策的大力支持以及中国电商全球化的大趋势下，中国跨境电商将迎来高速发展。市场发展空间依然巨大。随着政府对网络零售渠道监管的日臻规范，网络购物用户规模及渗透率持续攀升，基础设施以及行业支撑产业的不断完善，三、四线城市及县域地区消费潜力的不断释放以及移动购物的迅猛发展，未来几年网络零售市场的发展空间依然巨大。

《传统零售商开展网络零售研究报告（2014）》进一步分析指出，传统零售商开展网络零售更加理性，方式更多元。以中国连锁经营协会发布的 2013 年连锁百强企业为样本进行统计，开展网络零售业务的百强企业有 67 家，净增 5 家。与前两年相比，增加的数量明显变少，说明传统零售企业对电商的认识更加理性，"触网"变得更为谨慎。另外，传统企业开展网络零售的方式更加多元，在大力打造自建平台的同时，也通过入驻大型电商平台，导入现成流量，拓展销售渠道。布局O2O模式，成效尚不显著。2013年，O2O模式得到企业的认可和不断尝试。但总体上，O2O模式仍处探索阶段，从起步发展到壮大成熟还需要时间。43%的被调查企业已经开展了O2O业务，57%的企业虽然尚未开展但都表示愿意尝试。已开展O2O业务的企业中，采用最多的形式是线上关注、线下体验和购买，占70%；其次为线上下单，线下取货、换货、退货，占到65%。销售规模尚小，处于起步阶段，发展模式以自建平台为主。调查显示，82%的传统零售企业都通过自建平台来开展网络零售业务，其中50%仅自建平台一种方式，32%的企业选择既自建平台又入驻开放平台。18%的企业仅通过入驻第三方平台来发展网络零售业务。传统零售业"触网"中碰到的最大挑战是高端人才稀缺。

从不同业态传统零售商开展网络零售情况来看，传统百货"触网"不力，转型艰难；传统超市线上竞争同质化倾向明显；便利店电商开始联手开展O2O；家电专业店领跑电商转型。短期而言，传统零售企业的转型探索还面临各种困难，需要波折前行，销售和业绩增厚等基本面仍然较弱。无论是在跨区域发展，还是在"触电"纠结中，百货业态是最能说明问题的。

多年来，我国的百货完全联营，没有定价权，导致价格虚高，其自身进而被"80后"、"90后"所抛弃，吸引他们的便是去网上淘。这说明零售百货业已经出了大问题。只要盖好房子，做好招商，然后等着收20%~30%的扣点，俨然成了"房东"，但是，他们已经没有能力辨别商品好坏了，也就已经没有办法感受到顾客的需求了。当零售渠道不通，自身就被品牌绑架了。对于品牌来说，生产东西不知道是否适销对路，例如，一件衣服制造了十件，第一件必然要卖十倍的价格，因为后面都是库存。从这个意义来说。百货业的问题并不是来自于电商的冲击。现在许多百货都要做O2O，但是，做O2O的前提还是单品管理，做好线下实体才是基础。在美国，梅西百货的每件商品都可以在网店购买实现配送，但网上价格有时会比实体店高。因为，他想把顾客逼回线下，线下的好处是，当有人来逛的时候，就一定有人气，就一定会发生关联销售。但网购目标一般都比较专一，而且体验不及实体店，无法知道搭配效果，没法关联销售。所以，实体店的出路，甚至电商都应该认真思考的，只能是回归零售的本质，做好商品与顾客的服务。根据埃森哲"中国零售商全渠道零售能力调查"，未来计划更多通过实体店购物的中国消费者比例从一年前的18%攀升至26%；表示实体店"非常方便/方便购物"的客户达到93%，远高于网络和移动设备；谈及零售商最需改进的购物渠道，四成中国消费者认为是网购。这似乎与许多零售商的认识相去甚远。在过去的几年时间里，传统零售商纷纷扎堆部署电子商务，由店商向电商转型，63%的传统零售商已开展多渠道零售，但接近三成表示其多渠道战略实施并不成功。究其根本，是因为许多零售企业并未深入了解消费者的需求变化，其转型初衷往往只是为了数字化而数字化，认为仅仅通过技术的部署就能带来绩效的提升。事实上，在数字化时代，虽然技术的变革重新定义了零售商与消费者的连接方式，但却并没有改变消费者需求的本质—价格合理、产品种类丰富以及多年积累的信任感。因此，掌控零售商未来命运的，不是涌现的新兴技术，更不是"凶猛"的互联网电商，而是瞬息万变的消费者需求。

再来深入分析电商的经营。电商为什么能做O2O，因为电商就是做单品管理的。例如，淘宝要打折，他马上就可以做到，但传统零售企业做不到，因为你不是单品管理，做"二房东"的根本不知道经营什么，只有大类，连中类、细类都没有，单品、花色更没有。所以，我国的商超都有一个无法解决的问题，就是不能直接与品牌商对接，只能与品牌商各地的代理公司对接，因为诸如进场二维码、物流、囤货等很多问题，致使品牌商不得不倚重当地代理。在这样的背景下，很多传统零售商即使在"触电"之后，仍然选择放弃自己做电商，银泰转而以与阿里巴巴深度合作的方式进行电商化改造就是一例。究其本质，传统商超原有的流程、团队都与电商不匹配，很难平滑过渡到电商。而新建的电商团队与原有团队会出现很多冲突和磨合。美特好与1号店，唐久与京东商城的合作方式也比较类似，都是实体商超在B2C网站上开网上旗舰店，同时开放所有门店进行营销推广和物流配送，B2C电商网站则输出电子商务解决方案，为线下门店的供应链管理、物流信息化提供技术支持。事实上，电商是二维的，实体店是三维的，所以线下有很大的优势，这也是现在互联网企业的焦虑之所在，所以阿里通过支付来落地，京东通过与实体店的合作来落地。无论是电商下嫁实体店，还是传统零售青睐电商，两者的结合必须回归、凸现零售的本质，才能实现"1+1＞2"的效应。

这些案例告诉我们的事实是，零售业要专注于"零售"，这种专注不仅指零售业要回归主营业务，更要在回归主营业务的基础上，专注于零售的本质，为消费者提供合适的商品和服务，否则就是"自废武功"，会造成灾难性的后果（宋则，2012）。因为任何行业或者企业的核心竞争力只能来自于主营业务，国际国内如此，零售业也概莫能外。零售企业不能脱离商品和服务谈市场、谈发展，商品和服务一定是零售业一个最核心的问题，这对有志于"走出去"的中国零售企业来说尤为重要。中国零售业不能头顶过去的辉煌，也不能抱守过时的经验，要在思想上"归零"，先把自己看小了，做"没"了，才能从零开始，才能实现新的发展；在行动上要以人为本，要亲近顾客，把顾客当亲人，为顾客着想，这是零售业发展颠扑不破的真理；在体系上要利用技术手段，为顾客提供更便捷、更细致、更周到的服务（周勇，2014）。在这一点上，苏宁在历经三年网商运营之后得到的结论很有价值：电子商务的主力军应该是店商，而不应该是电商，无论店商还是电商，零售盈利的精髓都取决于本地化的经营和服务，电商的本质是商。

第二节　实施创新驱动

一、世界零售创新发展趋势

进入 21 世纪以来，由于经济环境和市场格局的变迁，全球对于零售行业演变与创新的研究更加关注。但任何对于零售行业的创新研究项目，都必须首先确定创新方向或者说创新的"落脚点"——即向哪些方向、哪些地方开展创新，可以帮助零售商取得发展和竞争的成功。这些"方向"或"落脚点"可以成为零售成功关键要素。

美国巴布森商学院营销系格留沃、迈阿密大学商学院克里斯南教授等人在研究零售演变趋势时，认为创新往往聚集在 6 个零售成功要素上：店铺、服务、商品、价格、供应链和技术。根据零售商业的最新发展，零售创新方向可以在此基础上拓展为 11 个要素，即增加沟通、财务管理、人力资源管理、品牌和战略 5 个要素。这增加的 5 个要素对于新时期的零售商同样非常关键。例如，在沟通创新方面，面向消费者的精准沟通和情感沟通，对于店铺林立的成熟零售市场非常重要，同时借助新媒体和数据库等也可以很轻松实现；在财务创新方面，家乐福与银行业一同创新开展供应链融资以获得特色商品供应商的紧密支持；在人力资源管理创新方面，沃尔玛通过尝试一些内部创业机会来提升和保留能力卓越的管理者；组织创新是很多零售商忽视的方面，但实际上围绕组织制度、部门、层级和文化的创新，是国际零售商一直在研究和实践的课题；在战略创新方面，尽管企业战略具有长期性，但面对新世纪以来持续变化的市场环境和竞争格局，很多企业都开始对其整体战略进行改进和提升，甚至连沃尔玛都将品牌战略从"天天低价"（always low price）调整为"更多省钱，更优生活"（Save money, Live better），特易购则在 2011 年发布了包含 7 个方面内容的新战略,而很多零售企业甚至直接将"创新"作为企业战略的内容之一。

在全球经济中的各行业领域,零售业由于最为贴近消费者个人与家庭的需求,因此对消费趋势最为敏感。也因此,零售业成为创新活动最为频繁的一个行业,甚至被直接称为一个"动态产业"。零售企业应系统考虑创新活动的开展,并思考在企业内部各个专业领域开展专业创新,以使得创新价值得到最大体现。同时,在不同企业内部,创新目标与条件也并不相同,因此需要根据具体情况选择相应创新方向。国际零售业创新的最新趋势既包括前台,也包括后台的创新,下面从前台和后台两个视角来介绍具体的创新案例(首都经贸大学世界零售研究中心,2013)。

二、前台创新案例

(一) 店铺创新

小型化、网络化和体验化店铺是零售商经营的根本,在这方面的创新虽层出不穷,但有章可循。店铺创新实际上是拉动所有零售要素创新的纲领。沃尔玛目前开始在大学校园开设概念性店铺——"小型购物店",把店开在了美国亚利桑那州立大学,还要在佐治亚理工大学等大学开店。这种小型店铺不需很大,大概只有5000平方英尺(约465平方米)大小即可(佐治亚理工大学的沃尔玛甚至只有2500平方英尺的面积),一般只需配备10余名员工就可以开展工作了。其核心理念在于将沃尔玛的低价方便地传递给学生,毕竟大学生一般都需要在校外购买日常生活用品,这种方式一来不安全,二来比较浪费时间,如果能有一个有一定知名度的零售商在校园内开设店铺,对学生也是极大的方便。从商品角度来看,这种小型购物店主要出售一些药物、食品杂货和便利产品,这和便利店非常类似,可以近似理解为一种便利超市的形式。

除了在学校设立小型沃尔玛购物店以外,目前企业还在开发中型沃尔玛购物店,特别是设立"沃尔玛特快购物店"和在社区内建立"沃尔玛邻居市场"。沃尔玛特快购物店一般聚焦于这样一种城市特征:这些城市可能不大,因此没有必要建立传统的大型店铺;城市很大,但建立一个大型店铺的可行性较差。这种店铺形似一种中小型沃尔玛,面积大约15000平方英尺,也就是传统店铺大小的1/10左右。而"邻居市场"一般只有传统店铺的一半大,主要的目标人群的特征是:对价格敏感;一次购物量较小,因此没必要只为了购买一桶牛奶而不得不开着车来到远离市区的传统店铺，并且寻找半天的人群。企业也是希望利用这种新型店铺来应对折扣店等低价店铺品牌对于企业的影响。

从企业角度来看，沃尔玛 CEO 西蒙说，在 2013 财年中，已经建立了 76 个中小型沃尔玛购物店，从销售数据上来说，这些新型店铺每季度销售额相较于那些传统沃尔玛店铺都几乎以 10% 以上的数字飙升，与此同时客流量也都有明显提升，特别是在处方药物方面。而且按计划，在所有 2014 财年的新店中将有 40%（95～115 个）都是这种类型的店铺；而到了 2016 财年，预计在全美将会有 500 家邻居市场，并产生 100 亿美元的销售额。这个趋势不仅仅出现在欧美地区。2008 年以来，由于日本伊藤洋华堂主力商品服装的销售不振，以及销售成本的居高不下，其销售额和净利润大幅度下降。2011 年，伊藤洋华堂开始以东京市内为中心探索开发小型综超，以适应老龄化、少子化及小家庭化的消费需求。小型化超市面积在 500～900 平方米，主要以经营中高档生鲜食品和日常生活杂货品为主。店铺主要选址为地铁车站周边，以及老龄化住宅区和都市写字楼集中地区，未来几年伊藤洋华堂预计要发展 100 家店铺以上，形成大都市内部的连锁网络。伊藤洋华堂的小型综合超市可以理解为放大版的便利店，是一种集便利店、食品超市和综合超市业态特征的新型业态形式。

传统零售商的网络化是一个早就开始的自然趋势。例如美国百货企业的网络化几乎与 ebay、亚马逊等企业同步。在这方面专业店和百货店比超市的创新要快很多，日本大型百货店网上销售额在 2011 年增长了 30%～40%，而且呈继续增加的趋势。值得注意的是，英国最大的家电连锁 Dixons 已经在两年前宣布今后只发展网络店，而不再开实体店。但沃尔玛这些以超市业态为主的企业也不甘示弱，这两年大大加快了网络化步伐，甚至成立像 walmart labs 这样的创新实验室，通过网络信息和工具辅助下的技术和模式创新，面向网络客群来加大接触、辅助搜索、拉动购买、提升销量。面对其他网络零售商的冲击，百货店一般最常见的应对措施就是提升店铺现场体验，这一点是网络店暂时较难实现的。2012 年名古屋松阪屋百货店、神户大丸店、东京三越伊势丹等大型百货店通过改造和重新调整布局，增加消费者体验元素，最终使销售额都有明显的增加。

（二）商品创新

欧洲市场的自有品牌一直富有传统，并且像玛莎百货这样的自有品牌百货店零售商，甚至能与供应商结成百年合作伙伴关系。不过超市更是自有品牌创新方面的活跃分子。TESCO 近年开始强化其女装品类，甚至将该品类的产品推介和品牌传播独立出来，像一个专业的服装品牌一样进行运作。其中最重要的两个品牌是 Florence and Fred 和 Cherokee。Florence and Fred 最初是作为办公室白领女装推广的，但后来扩充到了休闲服、晚会服等各个场景服饰。该品牌在捷克、匈牙利等国甚至成为当地的女装领导品牌。Cherokee 则是主打中档价位的美式休闲服饰，并将其目标客群扩展到由主妇负责采购的整个家庭的休闲用装。日本市场上，百货店三越伊势丹 2012 年开始创新导入快捷营销方式生产自有品牌服装。其方式是首先根据顾客的需求和呼声进行商品企划，在自己采购面料的基础上委托日本国内的服装制造商生产，并全部买断包销。这种方式原是优衣库等零售制造业的主要生产方式，快速反应的企划—生产—销售的联动可以最大限度地回应顾客需求，在实现百货店差异化经营的同时，使百货店能够自主地设计商品毛利率和价格，重新回归百货店的基本经营功能。日本超市的自有品牌也已经发展到成熟阶段。例如，永旺共有 8 大品牌的自有商品，涉及 5500 多种商品，2011 年销售额达 5273 亿日元，占当年永旺销售总额的 13%。

（三）价格创新

在价格方面，零售商不一定要给出最低的价格。TARGET 超市认为，"平价"策略要优于纯粹的"低价"策略。平价，就是在消费者看来与商品品质比较匹配、显得公允的一个价格。而这个价格可以给零售商留出一些利润空间，来进行商品设计、原料提升、品牌推广等活动，以提升商品的实际价值和精神价值。这种平价策略已经显示出威力，因为它使得那些强调低价的零售商被顾客怀疑在品质上打了折扣，尽管这不是事实。事实上，沃尔玛不再强调自己的商品都是低价，而是强调帮顾客省钱的同时，还能提升顾客的生活质量。

（四）服务创新

让顾客更快付款离开，或者就近拿到商品，这是服务创新的内容。TESCO已经在大范围尝试"顾客自助收银"，甚至开设样板店来实验完全由客户自助结账方式。当然这种方法也受到一些批评，因为它节省了大量人工，因此让劳工组织十分不满。同时，沃尔玛也在测试一款名为"Scan & Go"的 iPhone 软件，这款软件可以帮助消费者扫描产品的条形码，能直接帮助消费者进行自助结账。另一种创新方式是干脆走出固定店面，为顾客服务到门。从 2012 年 5月起，7 - 11 便利店加大配送服务，凡购物达到 500 日元以上即可享受免费送货上门服务，大大方便了老年人的一日三餐和照顾幼儿的家庭主妇。2012 年 4

月日本全家便利店开始为老年人提供盒饭、包装食品、日用品等免费送货上门服务。OK便利店则强化店铺周边的走访活动，为居民提供即时商品、季节商品等。日本便利店的服务创新的主要目的，一方面是为行动不变的老年人提供近身服务，通过送货上门加强与顾客的关系，挖掘顾客潜在需求；另一方面是通过服务和商品调整应对急速增加的网购。

（五）沟通创新

沟通创新表现在，通过媒介和供应商协同强化商品推介和客户关系。沃尔玛的社会化媒体营销早已开始，包括通过 Facebook 主页发起投票，选出消费者最喜爱玩具，到 Twitter 上的产品推荐及客户关系管理。如今，沃尔玛又在手机应用软件 App 市场上做了新的尝试：Print Plus，这款软件的主要功能是将"广告变成产品信息"，消费者通过智能手机扫描沃尔玛店内广告，然后将得到此产品的产品信息。鉴于这些业务需要手机可以和网络进行连接，如果企业在店内提供 Wi-Fi 热点服务，那么不仅帮助消费者愿意通过手机软件了解、购买产品，更可以帮助企业了解到消费者在店内的移动路线，以进行更深入的研究。此外，一些传统的沟通创意，也能大大增进顾客对零售店的情感交流和内心钟爱，但在这方面，通常与供应商协同一起进行结合产品的活动创意效果会更好。例如，英国著名的针织小帽公益事件，就是英国第二大超市连锁 Sainsbury 与英国有名的产品品牌 Innocent 共同策划的。这个创意其实很简单，就是想给老人院过冬的老人募集捐款（英国冬天湿冷多风），因此就把一些针织小帽放在 Innocent 产品盖子上引发顾客的关注，结果，此举引发覆盖全英国的抢购狂潮，因为那些套在瓶子上的针织小帽实在是太可爱了，几乎所有人和媒体在那段时间里都对 Sainsbury 超市和 Innocent 品牌交口盛赞。

三、后台创新案例

（一）供应链创新

现在，零售商都在尝试将供应链延伸到顾客家门口。在全球范围内，电子商务类企业都或快或慢地开始享受到"展览室效应"的影响，即消费者在实体店铺中找到自己喜欢的产品，然后再到电子商务网站下单购买，亚马逊网站就充分地享受到了这一优势。从供应链角度来说，亚马逊网站的一个特征在于其送货业务。在美国，电子商务网站都是和各大物流公司合作的，但是由于人力成本较高，很难做到类似于中国快递行业的第二天送到，即使在购物达到一定限额后。为应对这一问题，亚马逊首先开展了高级业务（Prime），当消费者给账户购买一个价值79美元的高级业务权限就可以没有最低消费限额，且两日免费送达，不仅如此，当消费者订购Prime业务以后，亚马逊网站上的部分电子书可以免费借阅。对于消费者来说，当他们对所购产品不满意时，只要在网站上提交相关信息，就可以把不满意的（部分）产品重新封装到盒子中，投入附近街道的UPS（或FedEx）信箱，等待UPS（或FedEx）的物流车将之取走即可。这也是美国物流体系和中国物流体系的一个较大的区别。其物流的另一个新趋势是，设立储物柜来方便消费者自取货物，这项业务目前已经在美国和英国展开了。当消费者在网络订购商品后，可以选择任何一个储物柜作为收货地址，当货物到货后，消费者会通过手机或邮箱收到一个特定的提货码，三天内只要在储物柜的电子屏上输入即可提走货物，这一切都不需要任何费用和其他要求。这项储物柜主要设立在人流密集的城区、便利店（7－11等）或Staple、Radio Shack等商店中，主要用于满足那些平常上班，无法在家收货的消费者可以及时收到货物。对于亚马逊网站来说这种方式将配送失败的可能性降为零，一方面提升了消费者的购买体验，而且对于与其合作的物流企业来说，这种方式可以极大降低多次配送的成本，事实上变相提升了亚马逊网站的利润。除此之外，对于亚马逊来说，将储物柜放在商店中的好处在于，这些商店可能产生"展览室效应"，即当消费者发现一款自己喜欢的产品时，可以通过移动应用App查询其在网站上的价格，并进行购买。事实上，实体店零售商也在呼应这种趋势。2012年7－11开始导入流动便利店，利用超小型电动汽车游走于偏远居住区和老年人集中的街区，为消费者提供即食商品和生活必需品。这同样是将货架和库存延伸到了顾客家门口。

（二）财务创新

财务创新是一个完全躲在零售商身后的领域，但其实有关这方面的任何创新都对零售商价值重大。例如，当家乐福需要在下一个节庆找到一些特色商品的供应商伙伴，来帮助它提升商品竞争力、建立店铺差异性，但是，面对一些大额订单和快速订单，很多特色商品供应商往往在原料采购、人工雇佣等方面无法调集足够的资金。此时家乐福从财务角度和银行一同开展的合作创新，能够帮助供应商解决问题。具体就是：在家乐福财务创新策略支持的前提下，银行将家乐福作为核心企业，为其上游供应商设计供应链融资模式。此时，银行结合家乐福财务数据，根据其和供应商历年的款项来往和合同情况，在综合评估后给予供应商一个授信额度，该额度在偿还后可以循环使用。在商品交易和销售完成后，家乐福将本该支付给上游供应商的款项，支付给银行，由此完成一个封闭的资金链循环。该供应链融资模式能够缓解供应商的资金压力，更帮助家乐福获得了相应的商品供应，同时也促进银行获取更多的客户。像宜家这样的零售商，还会在财务部门组织一些小组，来帮助自己的重点供应商改善他们的资金使用计划，以年度为单位来降低资金使用成本。

（三）人力创新

通过内部创业计划激发人力价值，如何保留住那些有价值的人才、吸引有特殊能力的人才，同时又能为顾客提供更多附加价值？沃尔玛有这样一个创新：在店内设置保健诊所，并针对此项目从一线挖掘出一大批管理人才和专业人才。在此之前，由于管理岗位的有限，沃尔玛部分人才无法得到应有的提升和能力展现空间。但设置新的尝试性服务或营销项目，可以使得关键人才得到更多的发展机会。其实，顾客对此也特别欢迎，当一位顾客因为咽喉疼痛去店内诊所看了病以后，他还能在商店里买一包橙汁、一个毯子，以及咽喉含片，这一切节省了他的时间并且简化了他的生活。

（四）技术创新

零售商需要学会让技术帮助你精耕不同的客户市场。TESCO 一直在和它的客户洞察服务商 Dunhumby 一起进行客户细分和精准营销的研究，这包括客户分类模型的建立、购物数据分析和精准沟通信息的制作。如果你在 TESCO 采购了一包婴儿纸尿裤，那么接下来收到的优惠券中，就会包含其他有关婴儿商品的信息。这在某种程度上实际上降低了超市的营销成本，因为它不必进行那种广泛的、漫无目标的促销活动，使得某些泛泛的折扣优惠给予了那些本不该获得特殊照顾的顾客。

（五）组织创新

让采购组织过程更加专业就是组织创新。采购组织必然随着业态创新和顾客需求在不断改进，这里包含着大量创新空间。沃尔玛的采购组织已经很强大了，但其实它不断在采购组织内部进行新的尝试和改进。最近几年采购组织变得越来越细分和专业，例如，在供应商谈判、价格设置、资金计划和品类管理方面单独设立相应的小组，并进行相关知识积累和流程管控。沃尔玛还尝试了一种叫作"时机买手"的制度，以保证在一些特别采购项目方面获取更多的供应商支持，最终给市场提供优于竞争对手的价值。

（六）战略创新

战略创新可以帮助企业重新明确发展重心。战略创新包括战略细节表述的改进、战略发展步骤的调整乃至战略发展方向的转变。这种变化所包含的清晰内容，能够给企业带来新的活力，并建立起更明确的行动指南。TESCO 在2011 年发布了自己的新战略，其目标就在于通过战略的改进和提升，来为生意夯实可持续的更长久的增长基础。它的新战略包含 7 个主要要点：发展英国核心市场；在线下和线上都成为全球杰出的零售商；就像在食品品类的强大表现，也要在其他品类同样强大起来；在所有市场拓展零售服务；将承担社区责任置于所有工作的核心；成为高价值商品品牌的创建者；发展企业的团队，以创造更多的价值。

四、中国零售营销创新的路径

2014 年 10 月，中国连锁经营协会与 IBM 联手发布了《零售新营销时代》报告。该报告讨论了移动互联时代传统零售商的营销行为，分析了现有零售企业营销的现状，指出我国零售企业的营销渠道目前还是以传统线下方式为主；价格营销被零售企业频繁和广泛地使用，依然是主流的营销手段。一个变化的趋势是，62.5% 的受访零售企业已经应用新媒体广告（微博、自媒体等），虽然其宣传的有效性仅位列有效性排名的第五位，但是由于新营销方式的低沉本、快捷性、投放精准等优点，还是被越来越多的零售商所采用。

根据该项调查，中国零售企业存在的营销问题是三个缺乏和一个不足：缺乏明确营销预算、缺乏详细营销流程及结果评估、缺乏客户关系管理和人才；一个不足是 IT 技术投入不足。调查显示，不到六成的企业有明确的营销预算；超过七成的零售企业对营销的流程及结果仅有简单评估或没有评估；一半受访企业表示，客户关系管理不科学、客户维护不及时、信息不准确、使用不方便是最大的问题，近五成的受访企业表示营销团队人才的缺乏影响了企业的营销；有超过八成的企业愿意加大 IT 及信息化方面的投入以改善营销。针对这些问题，报告提出的改进措施是：

在营销层面，首先是加大技术投入，紧跟时代节奏。调查中，有 86% 的受访者表示其所在企业会加大对 IT 及信息化方面的投入，以改善营销。在信息化投入方面，有 29% 的受访企业表示最希望改善企业的数据挖掘，其次是客户关系管理的优化和内外部不同 IT 系统之间的整合。其次是增加新媒体对营销的影响力。调查数据显示，有 66% 的受访企业开通了官方微博，73% 的企业开通了微信。但从粉丝数量上看，微博粉丝数不足 5 万的企业占比达70%，粉丝 10 万以上的企业仅占 14%。八成企业的微信订阅数少于 5 万，与诸多网络零售企业动辄上百万的微博粉丝数和微信订阅数相比，传统零售企业的微博粉丝数仍处于较低水平。再其次是增强跨渠道（界）营销能力。传统营销方式，以周边及到店的顾客为目标人群，其影响力也仅限于商圈内顾客。随着顾客消费渠道的转移，双方渐行渐远。如何将游离于实体门店的消费者纳入到自己的零售版图，王府井、天虹、上品折扣等众多零售企业正在尝试走创新之路。最后是利用大数据捕捉消费者特征。传统零售企业普遍存在对消费者了解不深的情况，仅仅整合和汇集储存在不同地方的会员信息、消费信息就是一大挑战，更不用说跨业态的消费者行为分析。然而，建立全新理念的会员管理系统是零售企业实施大数据战略、进行精准营销的必经之路。整个零售业都是个性化精准营销潜在需求者，依靠大数据驱动的线上线下体系的贯通，将是传统零售业的大势所趋。

在管理层面，海量数据、社会化媒体、可选渠道的增加和不断变化的消费者及其品牌忠诚度的下降，是摆在营销管理人员面前不可回避的现实。营销管理者需要有广阔的视野、对数字的高度敏感、对技术的相当认识，懂得科技营销，同时能够和人力部门通力合作，使员工共同拥有公司的核心价值观，在自媒体盛行的新营销时代，准确传达出企业的品牌形象。

第三节　增加研发投入

一、世界服务业研发的发展概况

英国 DIUS（Department for Innovation，Universities and Skills）2009 年年初公布了《2008 年全球企业研发排行榜》（*2008 R&D Scoreboard*），选取了全球1400 家顶尖企业进行调查统计，其 2007 年在研发方面的投入共计 2740 亿英镑，比 2006 年增长了 9.5%。从主导地位看，依然是发达国家主导全球创新市场，美国、日本、德国、法国、英国是研发投入领先的五个国家，其研发投入总额在全球比重达 79%，主导着全球的研发创新。其中美国占 40% 的比重，位居第一，其次是日本，占 18%。从入选的高投入公司数量看，这五个国家的合计数量比重为 74%。从研发投入的行业分布来看，较高集中在制药业、汽车、硬件与设备制造三大产业领域，2006 年这三个产业的研发投入占所有行业研发投入总量的 53.9%，2007 年略提高到 54%。近年来，国际产业研发活动中一个更加显著的趋势是，服务业的研发投入快速增长，其中信息通信技术服务业占据了总服务业研发中相当大的份额。研发投入增长最快的五个行业依次是采矿业、寿险、一般零售业、旅游休闲业、石油天然气行业，其增幅依次高达 57%、56.6%、24.8%、24.2% 和 22.9%。

随着经济和科技全球化的不断深入发展，跨国公司主导的研发全球化日益呈现新的发展趋势。服务业研发快速增长，研发产业蓬勃发展，研发外包日益成为研发全球化的重要形式，加强与东道国本土机构的合作成为跨国公司海外研发策略的重要取向，新兴国家和地区日益成为研发全球化的重要基地和参与者。

根据联合国贸易和发展会议的调查，2005～2009 年，跨国企业设立海外研发据点的首选是中国，有 61.8% 的受访者有到中国投资研发的意向。其次是美国，相关意向率为 41.2% 的跨国公司有意到美国进行研发投资，第三名、第四名分别为印度和日本，被提及比例分别是 29.4% 和 14.7%。中国台湾与新加坡则并列第十一名，为 4.4%。可见，亚洲地区将是跨国企业海外研发布局的重点区域，在全球研发格局中的地位和重要性正在提高。中国、印度和韩国等发展中国家和新兴国家日益成为研发全球化的重要参与者。据博斯公司统计，2010～2011 年，全球研发支出最大的 1000 家公司在印度和中国研发支出的增长达 27.2%，远高于北美的 9.7%、欧洲的 5.4% 和日本的 2.4%。另据美国经济分析局统计资料，1999～2010 年美国跨国公司海外子公司在印度、中国、巴西等新兴经济体年均增长率分别为 49.3%、14.8%、15.2%，远高于欧洲的 6.5% 和日本的 2.0%。与此同时，一些发展中国家和新兴市场国家的企业也开始了海外研发投资。例如，韩国有 15 家企业在美国建立了 32 家研发机构。2010 年，中国 68 家创新型（试点）企业设立了 106 家海外研发机构，主要分布在北美、欧洲、日本等发达国家或地区。

特别值得关注的是，研发全球化的一个重要趋势是服务业领域的研发投入和支出呈现快速增长态势，服务业的研发投入被认为是实现服务业国际竞争力的重要保证（万红先，2008；李芳，2012）。以外国跨国公司在美国的研发支出为例，据统计，外国跨国公司在美的研发支出份额中，制造业公司的研发支出从 20 世纪 90 年代的 80% 以上降到 2008 年的 69.6%，而非制造业领域研发支出所占比重已接近30%，增长了近10个百分点，其中研发支出份额最大的是电子产品批发贸易（24亿美元），其次是专业科学技术服务（23亿美元）和信息服务（21亿美元）。

为了更好并尽快地融入东道国市场，一些跨国公司纷纷调整海外研发策略，重视并加强了同东道国本土机构的合作。以跨国公司在华研发机构为例，跨国公司研发机构与我国高校的合作方式不断创新、合作领域日益拓展、合作动机更加多元，由以往简单的、临时的项目研发、人员往来转向建立长期的、稳定的战略合作与协同创新关系，已成为跨国公司研发机构与国内高校科技合作发展的新趋向。据不完全统计，我国高校与跨国公司研发机构建立的联合研发机构数量已超过300家。据不完全统计，目前跨国公司在中国设立的研发机构已超过1500家，雇用了超过15万名的科学研究和技术开发人员。

作为全国最大中心城市，上海已成为外资研发进入我国的桥头堡和集聚地。据统计，截至2012年10月，入驻上海的跨国公司地区总部达到397家、投资性公司261家、研发中心350家。其中，世界500强企业在上海设立的研发机构已达120多家，占上海各类跨国公司研发机构总量的比例高达40%。除大型跨国公司外，一些专业性研发公司在上海进行研发投资的增长势头也十分迅速，这类机构虽然规模相对较小，但常常在某些领域具有很强研发能力。目前，上海专业技术服务业领域的外资研发机构已有12家，部分服务业跨国公司已经在上海设立研发机构，如美国花旗银行为了支持其在中国业务的扩展，在张江建立了金融服务软件和技术研发中心。此外，在上海的外资研发也开始向金融服务、零售服务、电子商务等服务行业扩展。

此外，"在中国为世界"的反向创新模式成为在沪跨国公司研发机构重要趋势。所谓"反向创新"，就是在中国、印度等发展中国家开发产品，再把产品销往世界各地，抓住新兴市场机会并开拓发达国家低价细分市场。随着上海跨国公司研发机构的功能跃迁，其在全球研发网络中"卓越中心"地位不断得到凸显，研发机构的业务活动也不断由以针对中国市场的适应性、专门性研发活动为主，变为更多从事提供母公司在全球市场应用的创新研发活动，其市场服务范围已从"服务中国"发展到"服务亚太"或"服务全球"。

二、零售业增加研发投入的对策

在传统意义上，研发投入是制造业中技术密集行业获取技术优势、占据战略制高点的重要手段。然而，随着全球服务业的发展和全球化进程的加快，服务业的研发投入正在以超过制造业的速度快速增加，其中，服务业的跨国公司依然扮演主导角色。在全球知名的零售企业，除了设有规划公司战略的机构之外，一般都还设有专门配合公司战略制定和实施的研发部门，这些部门的职责往往和公司的创新发展紧密结合。

和世界跨国零售巨头比较，中国的零售企业核心竞争力的不足不仅体现在运营管理上，也体现在因为不重视研发投入所带来的战略缺失以及与此紧密相关的创新不足。在中国的零售企业组织架构中，几乎没有专门的研发部门，有的企业即使设有承担研发工作任务的机构，但是往往力量单薄，并不具备在战略层面引领企业发展的定位和功能。在全球化深入发展的背景下，中国零售业要以更加开放的姿态融入全球市场，必须加大研发投入，积极拓展研发网络，大力开展研发工作，以提高全球创新资源配置能力。

一要大力发展服务研发产业。国家要把服务研发产业作为战略性新兴产业，切实形成和优化有利于服务研发产业发展的政策环境，逐步实现服务研发产业的发展壮大，使其作为国家以及城市创新驱动发展的重要支撑和新的经济增长点。当前，可以把研发外包服务业作为服务研发产业发展的切入点和突破口，将研发外包纳入技术知识创新工程实施范围；依托各级各类自主创新示范区建设，培育发展具有国际竞争力的服务研发外包产业集群；在引进海外高层次人才中，注重引进一批从事服务研发外包服务的创新型创业人才。

二要鼓励国际专业零售研发机构、跨国零售企业研发机构融入本土创新生态。在鼓励、引导和规范这些机构在中国研发的同时，要最大限度地发挥其技术溢出效应，为我所用。外商研发投资政策的重心，要逐步从以往的"鼓励设立"转向"促进协同"，鼓励和引导专业研发机构、跨国零售企业研发机构真正融入中国零售产业以及城市创新体系和本土创新生态。国家应该通过搭建合作平台、创造交流机会，引导专业研发机构、跨国零售企业研发机构与本土企业、高校和科研院所开展各种类型的合作与交流。鼓励和支持专业研发机构、跨国零售企业研发机构参与本土科研计划，促进高校与专业研发机构、跨国公司在中国研发机构的协同创新。

三要支持本土零售企业开展研发活动，特别是海外研发投资和技术并购。积极支持有较强国际竞争力的零售企业，通过建立海外研发中心、合资、参股等方式，有效利用当地创新资源，增强专业技术、知识储备，迅速提高知识创新和转移能力；增加对零售企业开展国际合作和海外研发的资助力度和范围，鼓励和支持零售企业研发机构通过人才引进、人员交流、合作研发、研发外包等方式提高国际化发展能力。

第四节　国际化人才战略

一、中国零售业人才发展的现状

在传统意义上，零售业进入门槛低，从事零售行业的工作人员的素质、能力参差不齐，每年有大量不同学历层次的人进入零售行业工作，但从事零售业的人员整体业务水平偏低，尤其是在技能、管理、创新等方面，人才已经成为制约中国零售业创新发展的最大制约，对于有志于"走出去"的零售企业来说，人才缺乏的形势更为严峻。

随着零售业的快速发展，各类人才需求量巨大，不同岗位在人才需求数量上呈现不断增长的趋势，对不同学历的人才数量需求呈逐年递增趋势。对高学历（本科及以上）人才的需求绝对数虽然小，但增长比例更快。根据连锁经营协会对 2011～2013 年对不同学历人才需求情况的调查显示，需求比例最高的仍是大专和中专学历，这主要源于零售业需要大量基础技能型员工，而对高学历人才（本科及以上）需求占总需求的比例却逐年增长，从 2011 年 14.4% 到 2012 年的 17.8%，2013 年则达到了 21.6%。

与此同时，零售业面临着招聘难、员工缺岗率和流失率升高的问题。根据中国连锁经营协会发布的《中国零售业人力资源蓝皮书》数据显示，2012～2013 年零售业基层员工平均缺岗率为 5%～15%，中高层平均缺岗率为 10%～20%，人才流失率为 30%～40%。一方面是适合企业的候选人偏少，而面试通知后实际到场参加面试的人数占比较低，许多企业在人员流失后，不能在规定的时间内将缺岗的人员招聘到位，这种情况在中高级管理人员中更为突出。有些岗位人员虽然还在，但在岗人员不能满足岗位职责的要求，这种隐性缺岗的比例很高，约为 25%～35%。由于零售业本身工作环境未能到达其期望值，零售行业中高校毕业生人才流失率比平均人才流失率更高，达到了 60%～70%。

随着市场竞争的日益激烈，特别是人才招聘及培养难度的增加，零售企业在人才培养上观念已有改变，舍得投入是一个发展趋势。越来越多的中国零售企业愿意派出中高级管理人员参加外部培训课程，其中包括到知名大专院校参加 EMBA 及总裁班课程；越来越多的零售企业接受外部咨询培训机构到企业内部提供专项咨询和顾问服务。很明显，行业竞争的不断加剧及淘汰速度的不断加快，迫使零售企业开始重视人力资源建设。事实上，早在十多年前，有些零售企业就开始自办商学院或发展学院，例如，苏宁云商的企业大学或北京物美集团的发展学院，到今天，很多中小企业也开始自办商学院。由于中国的高等商科学校尚不能有效提供零售企业需要的实用人才，企业内部进行人才培养不失为一个有效的补充办法。

中国连锁经营协会对传统零售业开展电子商务的调查同样显示，人才短缺已经成为企业发展网络零售的严重制约。78%的传统企业都认为缺乏相应的技术和管理人才是限制其发展网络零售的主要因素。传统企业开展网络零售所需要的是既懂得电子商务，又懂得传统企业经营，还能把两者有机结合起来的高端复合型人才，目前高校电子商务专业毕业生难以满足企业需求。另外，企业之间挖角严重，导致人才流动性大。传统零售商进军网络零售，需要在引进人才、人才待遇、留住人才等方面进行系统的制度设计。

众所周知，零售业属于劳动密集型行业，人力资源部在许多零售企业地位并不高，管理能力也不强。然而，这种局面现正一步步在改变。由于招聘难度的增加及人工成本的不断攀升，零售企业纷纷开始加大对人力资源部的建设。具体表现为：在编制上给予保证，引进高学历的人才，选派公司得力的高管主抓人力资源，对人员的培训给予足够的资金支持等。中国零售企业未来的竞争主要是企业人力资源的竞争。中国零售业要想成功胜出，人力资源管理必须走得更深、更细，零售企业的收益就越大，企业未来的市场竞争力就越强。

二、中国零售业国际化人才战略

中国企业普遍缺少擅长与西方商业伙伴进行谈判、深入理解欧美市场的全球化人才。麦肯锡公司2011年做的一项调查显示，88%的受访中国经理称，他们的全球化努力受阻于公司缺少具有丰富跨文化知识和经验的人来管理其海外人才。这样的局限也存在于中国企业的高管中，56%的受访高管从未受过任何跨文化培训，一半的高管不能胜任海外业务。而发达国家的跨国公司，这些因素都是职业晋升的必备条件。应对全球经验缺乏的出路有派遣公司中高层经理人参加欧美国家企业大学主办的强化管理培训项目、雇佣有招聘国际化人才经验的人事部总监、聘请海外高层管理人才等。作为中国跨国公司的领先者，华为公司把全球招聘、高薪聘用、国内外岗位轮换、岗位流动结合起来，培养员工与外籍同事之间的沟通和解决冲突的技巧，提高带领国际团队的经理们的分配任务、指导下属和解决问题的能力。这些在跨国公司里很关键的软技能在中国商业文化中普遍没有得到重视。联想集团聘请了戴尔公司的前高管担任联想公司首席行政官，为联想带来了发达国家和发展中国家的丰富市场经验。联想70%的高管都不是中国人。这样的经验将是中国跨国公司发展全球化人才的趋势。

对于有志于"走出去"的中国零售企业来说，专业人才短缺是普遍存在的短板，特别是跨文化职业经理人队伍严重匮乏。为此，企业必须两条腿走路：一是强化人才培训，加大力度培训一批熟悉国际市场规则和惯例，具有较高外语水平的外贸、金融、法律营销、管理、财务等方面人才，为海外投资提高强大的人才支撑。二是广揽国际化专门人才。

衡量企业国际化程度的一个重要指标是其国际化人才的比例，而这又是提高企业适应国际化业务需要的能力保障。进军国际市场面临市场规则和法律、跨国文化、语言及沟通等特殊性，人力资源结构不合理会严重影响中国企业"走出去"战略的顺利实施。从国家和企业层面来说，要尽快制定国际化发展的人才计划和配套政策，用全球人才去做全球市场、布局全球产业，加快培养一批具有全球视野、熟悉国际规则的企业家队伍，可以从有对外投资经验或国际市场营销经验的企业中进行人才选拔，与此同时在公开、公平、公正的竞争原则下，通过各种渠道公开招聘；对于符合外派条件的管理人员，要根据个人条件和企业需要，把他们配置到最容易发挥其潜能的岗位上去，并配以一套合理的激励和约束机制，以避免境外企业经营管理者和企业所有者的目标利益不一致而产生的损失。重视引进新华商、留学生和外籍国际人才，支撑中国企业国际化的可持续发展，也可以通过合资合作、企业并购等形式引进熟悉东道国投资环境、政治环境和文化环境的人员，并给予合理的分工和协作，使其参与决策和投资，提高我国企业的技术和经营管理水平。这不仅有助于企业在决策过程中减少失误和风险，同时还可以使我国企业以较快的速度融入东道国的文化环境，才能使中国服务业在面对日益国际化的竞争中立于不败之地。

在实施国际化的人才战略中，职业经理人对中国零售业"走出去"具有重要意义，这是由中国零售业人才需求的急迫性以及职业经理人所特有的胜任力所决定的。胜任力一直是人力资源管理研究领域的一个热点和重点。所谓胜任力是指能把表现优异者与表现平平者区分开来的潜在的、较为持久的行为特征。职业经理人胜任力就是能够通过测量把职业经理人绩效中高者与绩效一般者区分开来的个人特征，如动机、特质、价值观、知识和技术等。传统研究将重点放在了职业经理人自身发展上，没有将职业经理人与其环境有机结合起来，没有关注职业经理人与其生态环境之间的互动、相互影响的关系，最终使得由此形成的职业经理人胜任力不够全面、系统，更不能持久发展。根据生态竞争优势外生论，职业经理人的胜任力是由其生存和发展的内外环境决定的，职业经理人从其所处的生态系统中发展自身的职业竞争力，并发展了职业经理人生态位的概念。在服务业跨国技术背景下，职业经理人生态位的构建需要政府宏观政策支持、职业经理人市场完善和职业经理人自身生态位的能动适应及主动选择（孙文霞等，2014）。具体包括：

（1）政府政策支持、引导和推进企业经理的职业化发展。与发达国家相比，我国职业经理人发展依然比较短暂，根据国内外发展经验，发展"引入时教育"是目前促进我国职业经理人职业化发展的关键。为此，可以从两个方面入手：一是企业经理人的选拔职业化。在这方面，国有企业应发挥好带头作用，力争示范作用；同时，政府对实施选聘职业经理人的民营企业予以积极的舆论宣传、政策上的优惠。二是企业经理人本身的职业化。首先，职业经理人要加强自身职业文化和职业精神的建设；其次，职业经理人要具备职业经理人职业操守，掌握现代企业经营管理知识，拥有丰富的经营管理知识，提高自身管理能力。为此，政府有关部门和企业应努力构建全国甚至全世界范围内的职业经理人信息库，有效地开展量体裁衣式的职业经理人培训制度，大力发展MBA、EMBA 等职业化教育，巩固和完善职业经理人制度。

（2）建立和完善职业经理人评价体系。职业经理人必须拥有自己的评价体系和评价指标，因此，建立和完善职业经理人评价体系对于保证职业经理人素质的提高和发展是至关重要的。职业经理人的评价体系和评价指标要与市场经营挂钩，如资产数量、盈利、技术创新能力和速度、市场占有率、负债率、资产收益率等，应尽力克服传统指标设置过于笼统、内容抽象、定量指标太少、定性指标太多、过于主观等缺点，同时将职业经理人的教育背景、知识构成、工作经验以及个人特长等因素加进去，构建科学的、易于操作的职业经理人评价体系。

（3）规范现代企业治理结构。企业治理结构是职业经理人生存和发展的基础和平台。规范企业治理结构，首先，要建立一套完善的企业组织机构，建立包括股东会、董事会、监事会以及高层经理人组成的执行机构，形成所有者、董事会和高级管理人员的组织结构，并使这三者之间形成一定的制衡关系。其次，培育一套良好的财务结构。从金融角度来看，债权资本和股权资本的组合比例直接决定着企业的财务结构，因此，可以运用债务比率对企业控制权的控制和对职业经理人的约束，最后，打造灵活的运营机制。灵活的运营机制既包括静态的组织结构，也包括动态的运行和监督机构；既包括正规的监管层面的运作，也包括非正规层面上（如传统习惯、道德规范等）的运作。

（4）职业经理人的主动性选择。职业经理人生态位的构建除了需要上述三个方面的外界因素的作用之外，最关键的还是职业经理人自己本身的主动选择和努力。为此，职业经理人首先要努力积累和发展自己的"态"、"势"因子。职业经理人应加强自己专业知识、良好性格等态因子的积累，同时也要努力发展和提高自身的创新能力、沟通能力、适应能力等势因子；其次职业经理人要积极打造自身的职业素养和职业操作，诚实守信，努力使自己成为一名合格的职业经理人。

第五节　专业化、特色化、品牌化发展

一、中国零售业的专业化发展

在未来一二十年中，技术创新会带动零售业的组织创新、营销创新与管理创新，实现实体零售业的新繁荣。未来零售业总的发展趋势是进入"微站"时代，店铺小型化是基本趋势。一是"商店"（Stores）变"站点"（Station）。例如，日本罗森的便利店已经改为"便利站"，便利店是售卖商品的商店，便利站则是提供服务的站点。一字之差，意味着经营思路与经营模式的重大变革。二是单店面积缩小。在电子商务尤其是移动网络和4G技术等背景下，线下商店没有必要那么大，但分布必须广泛，以就近便利为原则。所以，类似便利站、社区站之类的微商店会越来越有价值。三是把店铺做成微信、微博等即时互动交流平台的一个枢纽点，从而超越了单纯依靠传统的 SKU 历史数据挖掘分析的老路子，真正做到实时跟踪消费者，并提供更好的服务。小铺面与大数据相结合，助推零售业进入"微站"时代（周勇，2014）。

在店铺小型化、便利化的同时，还有些企业将店铺创新定位于专业化。例如，从 2010 年以来，日本永旺集团开始将一些部门独立核算化，并将一些经营业绩好的专门店分公司化。2012 年永旺对全国 120 家综合超市进行改造，大力推进综合超市各部门的专门店化。目前永旺集团内部有永旺自行车、永旺酒类、永旺宠物、永旺服装、永旺园艺、永旺生活杂货、永旺药妆、永旺熟食等 15 家专门店。这些专门店除了在永旺全国大型综合超市中作为店中专门店开店外，还作为专门店在永旺综超之外独立开店。到 2013 年 2 月止，"永旺自行车"在永旺综合超市内共开设 320 家店，在社会独立开设 188 家店。永旺主要部门的专门店化不仅提高了各部门的销售和毛利，同时非常有利于各专门店的自有商品开发。

当中国零售业既能专注于零售，又能做好专业化的时候，那么，离中国零售业的成功也就不远了。零售业的专业、专注很重要。如今能看到这样的企业，产品包括数十种，跨几个行业，消费者在迷惑之后并不知道哪种产品是其核心产品。零售企业要专注于核心业态，专注于核心品类。专注是企业发展所需要的重要因素。中国企业要成为世界级企业，专注尤为重要，企业目标要非常明确，专注于某一市场或某一领域；规模要适中，经营要有战略，运营要有专长。中国零售业的发展，除了必须要有很大的、成熟的国内市场，还必须有很强的企业。因此，中国零售业不应当仅仅把国内市场当作国内市场，应作为国际市场。在这么大的市场上如果表现好的话，那么在国际上自然有很好的表现。

二、中国零售业的特色化发展

在零售市场，特色化就是差异化。中国零售业在经过了改革开放以来三十多年的发展起伏后，已经再次站在了竞争的十字路口：新的业态被迅速复制，同一业态的趋同经营日渐明显，包括管理理念、思维方式、赢利模式、服务行为以及竞争手段在内的同一商圈内、不同企业间的同质化竞争也愈演愈烈。

在商品极大丰富、人们进入选择性消费、消费者主权得到充分彰显的时代，热衷于"业态复制"、"模式借鉴"的零售企业在激烈的市场争夺战中不可能永远占得先机。20 世纪 90 年代以后，外资开始进入中国，面对人们突然得以释放的巨大需求，刚刚脱离计划经济束缚的中国零售业采取了"拿来主义"的做法，对外资全新的业态、先进的理念照搬复制，一时间同样规格、同样布局的超市遍布了社区、结构雷同的量贩式卖场席卷各大城市，几大业态一统天下。在进行网点争夺战的同时，不同企业的相同业态间也开始了必然的竞争。集中在家电卖场的价格战，围绕于百货的打折、返券，超市的特价促销，等等，都成为零售商们在竞争中必备手段。而对于先进的竞争手法和营销方式，最简单、快捷的办法就是模仿，于是价格、产品、营销甚至服务的同质化都相继产生。随着商业网点的扩张、业态的创新，消费者被逐渐分流，消费者的不同需求都得到了最大的满足；而人们对多元化、个性化、便利性等需求的增长促使企业要突破"同质化"的束缚，进行差异化的竞争。从这个意义来说，同质化发展的结果是必然带来差异化。一个企业的核心竞争力正是在同质化时代差异形式的表现。在零售行业的生存和竞争压力下，谁能打破同质化的瓶颈，谁能最先和持续采用差异化管理，并从中寻求到差异化的市场，谁就将获得主动权和制胜的利器，经过同质化的竞争，最后基于企业核心基础上的差异化才是生命力所在。从零售行业来说，差异化竞争则体现在业态的专业化和市场细分方面，例如，百货店向专业百货店迈进，大商场会发展到综合超市、便利超市一起经营等情况，其中市场细分则是一个方向。同时，在精准定位、细分市场、锁住目标消费群之外，差异化竞争还体现在激发消费者的潜在需求、创造新的产品和消费概念，建立品牌形象，扩大产品的内涵和外延等；在未来发展中，整合企业资源包括对供应商资源、商业网点资源、团队资源、合作伙伴资源等同样是市场的需要。

在中国，零售业的差异化还基于区域市场的异质性。区域差异化也是零售业发展的趋势。从市场需求演变看，一方面文化差异导致区域个性化，适度规模的区域内，市场文化有共性；而大范围跨区域发展又面临资源调配、区域文化等阻力。另一方面，网络时代快速便捷、参与设计等特点，宣告新的消费文化模式已经开始盛行，依靠传统模式孤立作战的零售企业，会出现市场缩小、成本加大的严重困难。这种市场发展的客观现实，需要在一定区域内对企业资源进行整合，利用相关企业的产品、运营模式进行差异化战略组合。从日本百货业的发展例证看，在大范围资本整合以后，已经出现市场区域化整合的新势头，这对于参照日本百货业特点发展的中国百货业来说，有积极的警示价值。

从整个亚洲区域市场看，由于大势趋冷，经济危机已经冲击到高端商品消费市场。日本百货业老大三越伊势丹控股集团在不断收缩中国及日本国内店铺战线。对此，中国零售业必须引以为戒，以稳定区域差异化市场为主，重新审视品牌及商品线布局，把商品因素放在经营布局的核心位置，谨慎实施跨区域战略，并根据区域及商圈特点，实事求是地开发高端奢侈品市场。

因此，每个区域商业发展都有各自的政策性规划目标，商业规划应该围绕这个总体目标，积极寻求区域差异化的实施途径。

（1）关于结构布局。商业结构关注的对象涉及批发、零售、餐饮、住宿、娱乐等业态以及这些业态的所有制结构、规模结构、市场结构等。应该划分更小区域进行市场需求研究，搞清楚本区域商业在结构布局上究竟应该突出哪些重点，而后规划零售业在其中的位置和比重，把零售企业和整个商业结构有机结合起来。

（2）关于业态差异化。业态差异化是区域零售业差异化的焦点。要掌握各零售业态之间关系，协调推进。业态差异化组合基本有四个方向：集团或规模化企业内部整合，同业态内整合，跨业态联盟，跨区域企业联合。

（3）汲取外国的经验教训。第一，要充分尊重区域化市场需求，重点实施可调控的区域内业态整合，在这个基础上实施跨区域扩张；第二，要及时研究市场需求变化，特别是高端品牌自我扩张战略以及新型网络文化等因素对传统零售模式的颠覆，适时调整企业的市场角色；第三，不可简单模仿外来经验，不可依赖取得的成绩或成果，更不可固守偏于僵化的传统经验，必须结合本地区核心商圈特点，重新认识商品在经营各环节中的核心位置，以商品为纽带，稳步提高市场忠诚度，确保生存质量，然后寻求差异化拓展道路。

三、中国零售业的品牌化发展

20 世纪 80 年代以来，零售商的市场影响力由于实行连锁经营，特别是国际化经营得到了极大的增强。在这种市场背景下，连锁商业开始实行独立的、"以我为主"的市场战略，品牌经营不再是制造商所独有的经营战略。实施连锁商业的品牌战略，成为摆在零售企业面前的一个重大课题。如何有效提高消费者对零售商产品以及对零售商自身的识别，以便采取措施来完整地考虑产品品牌和企业品牌的统一性，成为连锁企业实施品牌战略的关键所在。

（一）零售商业品牌的含义

在传统意义上，品牌被制造商所拥有，零售商只充当制造商和消费者之间的中介，在垂直营销中往往处于从属地位。但从 20 世纪六七十年代以来，零售商借助于其销售网点的增加和经营面积的扩大，企业规模迅速扩大，市场地位越来越高，市场力量逐步向零售商倾斜。在这样的背景下，实施自身的品牌战略被零售商提上议事日程。借助品牌对消费者的直接影响，零售商试图改善和强化自己在垂直竞争中的地位，品牌被拟人化、资本化，零售商业品牌资本（价值）应运而生。从历史发展的角度来看，零售商品牌战略的实施既是制造商和零售商之间垂直竞争加剧的产物，也是应对零售商之间水平竞争的需要（朱瑞庭和许林峰，2009）。

从广义上来讲，商业品牌是在商业流通领域中，从市场竞争中脱颖而出，得到社会公众认可，受到法律保护，能够产生巨大效应的零售商业企业品牌。从狭义的角度来看，零售商业品牌是指零售商业企业所经营的商品品牌和服务品牌。商业品牌的这种外延和内涵上的界定（如图 7 - 1 所示），体现了零售商业品牌和制造商品牌的本质区别，也是实施零售企业品牌战略的依据所在。

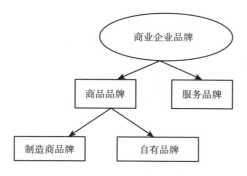

图 7 - 1　零售商业品牌的外延和内涵

在零售商业品牌发展的初期，品牌战略主要集中在企业品牌。零售企业期望通过企业品牌的导入，来明确企业在消费者头脑中的定位，即淡化消费者买了什么商品（品牌），而强化消费者在什么地方完成了消费行为。在这种情况下，商店的名称代替了商品的标签。这种品牌定位的依据在于，商家认为商品标签在消费者的购买行为中并不起到决定性的作用。事实上，这个阶段的品牌战略着重于消费者购买行为决策中购买场所的选择行为，而不是商品（品牌）选择行为，显然它是在忽视商品品牌的情况下发生的。

随着制造商品牌的发展壮大，商品品牌在零售经营中的意义逐渐凸显出来，零售商业品牌的发展进入到了一个新的发展阶段。在这一阶段的相当长时间内，制造商品牌占据零售企业商品品牌的主导地位。换言之，自有品牌没有或者在商品品牌中只占有很小的比例。这种情况延续到今天，仍然是零售企业商品品牌结构的主要表现。当自有品牌逐渐成熟并被越来越多的消费者接受之后，商品品牌的结构自然就随之发生变化，这种变化背后反映出来的是零售企业品牌战略意识的改变和品牌经营自主性的加强，主要表现为企业有意识地提高自有品牌的经营比重。这种商品品牌结构的变化带来的是品牌经营战略的转变。

品牌营销主要是通过品牌和消费者的关系来调整自身在市场竞争中的位置的。从品牌的本质来说，必须具备高知名度、统一的质量、价格水平、品牌元素组合、独特的品牌形象和广泛传播等基本特征（如图 7 - 2 所示）。在这六条标准中，高知名度是品牌赖以存在的重要基础，统一的质量、价格水平和品牌元素是品牌的核心功能，即向顾客提供所购产品的重要信息；独特的品牌形象既为消费者传递商家属性，同时为顾客提供独特的消费体验；品牌的影响力则必须体现在品牌的广泛传播上。

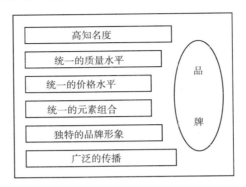

图 7 - 2　品牌的基本特征

不难发现，零售商业品牌和制造商品牌一样可以满足作为品牌的基本要求。正是基于这样的原因，零售商业品牌从一开始就以与制造商品牌同样的姿态登陆市场，商业企业也乐于采用同样的手段加以传播。由于企业品牌在品牌战略中的先导地位，零售商业的品牌战略首先是通过企业品牌来实施的。对于零售企业来说，企业品牌的机会和风险并存，但是总的来说，机会大于风险，否则难以说服越来越多的零售企业来推行自主的品牌战略，对于多店经营的连锁商业来说更是如此。表 7 - 2 归纳了企业品牌的主要风险和机会。

表 7 - 2　　　　　　　　　连锁商业企业品牌的机会和风险

机　会	风　险
沟通成本的下降 顾客维系的提高 更易的新商品导入 采购成本的下降 强化的门店形象	缺乏的消费者信任 消极的形象转移效应 缺乏的独特购物体验

无论是单店经营还是多店经营的连锁商业，企业品牌的内涵主要是通过商店形象来得到体现的。因为零售商的市场影响力最终必须由消费者通过其稳定的商店选择行为来得以支撑，而这种稳定的商店选择行为为积极的商店形象所支配。商店形象是某一商店在消费者头脑中所唤起和激活的所有客观或主观的、积极或消极的想象、态度、意见、经验、愿望和感觉的总和。具体到某个特定的商店，商店形象是消费者和商店之间的一种相互作用和相互影响，一方面是客观上可以观察的商店的功能性属性，另一方面是主观的、只能间接地加

以了解的消费者对商店的想象和评价等。商店形象的形成是消费者和商店之间的一个互动的过程，消费者过去的经验和判断会对消费者今后的行为产生影响；商店形象也是一个多层面的概念，和消费者的态度相比，商店形象的形成过程更为复杂，一旦形成，就会在较长的时间内保持稳定并持续地影响今后的商店选择行为。

在西方营销文献中，影响商店形象的层面和要素的划分基本类似，它们大致可以分为功能性属性和情感性属性两大类（朱瑞庭，2004）。具体说来，店址、商品、服务、价格等基本上属于功能性属性，而广告、促销、销售人员、店内环境等既有功能性特征，又具有情感性特征。可见这两个层面的属性在构成商店形象的特征中是相互交织在一起的，事实上要将它们严格地加以区分并不容易（见表7-3）。大量的实证研究表明，在影响商店形象的功能性属性当中，商品属性和商店形象之间具有高度的交互影响，但是影响的方向和程度有显著差异。假如一个消费者对商店持有积极的形象（评价），当发现该商店销售其持消极形象的商品（品牌）时，消费者就会修正他对该商店的评价，降低对商店的好感；反之，如果消费者对商店抱有消极的商店形象，当该商店经营其怀有好感的品牌（产品），将有助于改善消费者对该商店的评价，商店形象可以得到改善，但是将损害该品牌在消费者头脑当中的形象（Mueller & Beeskow，1982）。这一结论不仅揭示了零售企业实施品牌战略（和制造商相比）的复杂性，它的营销学启示更在于，零售商不仅要特别关注企业品牌的建设，同时也不能忽视对其经营的商品品牌的关注，任何对这两者的轻视都会对零售企业品牌战略的实施产生伤害。从这个意义上来说，不仅对制造商品牌，同时也是对自有品牌在商品品牌中的导入和经营提出了要求，即从品牌的基本标准方面来看，商品品牌是否和企业品牌形成了互为促进和强化的肯定关系，而不是排斥性的否定关系。为了实现品牌战略的预期目标，同样要求企业要有和谐的商品品牌结构，即处理好商品品牌内自有品牌和制造商品牌的关系。

表7-3 商店形象的决定因素

属性层面	要 素
商品	质量、花色品种、时尚、保证、价格
服务	一般性服务、销售人员服务、自助服务、退货方便、送货服务、信用政策、电话订购
顾客	社会阶层、自我形象、销售人员
商店设施	商店装修、购物的便利性（电梯、温度、光线、洗手间）、建筑结构（通道的位置、宽度、地毯等）

续表

属性层面	要　素
便利性	店址的便利性、停车方便
广告、促销	促销、广告、商品陈列展示、折扣券、标记和颜色
商店气氛	合适的气氛
组织	现代性、声望、诚信
购后满意	商品使用、退货、赔偿

资料来源：Mueller 和 Beeskow（1982），第 415 页。

在消费者的购买决策（产品或品牌的选择、商店的选择、购买时间、购买数量、金额以及购买频率的确定）当中，对零售商而言具有重要影响的显然是消费者在什么场所购买商品或服务的问题，即商店选择行为。对消费者而言，做出一个错误的产品（品牌）选择的风险通常会比选择一个错误的购买场所要大，因为前者所带来的风险消费者已经无法消除，只能通过学习的过程影响今后的产品（品牌）选择，而选择一个错误的购买场所并不意味着消费者一定要在选中的商店购买商品，在这种情况下消费者的风险主要表现为时间的浪费以及由此带来的损失上。就这点而言，零售商拥有比制造商更大的空间来规划自身的营销策略，以便把消费者吸引到商店来，使之在商店内逗留更长的时间，在理想的情况下驱使消费者在店内购物。有关商店形象的研究结果可以帮助企业找到合适的营销策略和措施。

为了了解中国消费者日常生活用品购买中的商店选择行为，我们于 1999 年年底在上海、南京两地利用标准化的问卷做了 338 个消费者访谈。研究结果表明，服务、价格、广告、销售人员、商品的陈列以及购物的便利性和舒适性对消费者的商店选择有明显的影响，相反有关店址、商品的种类及品质、促销以及商店的建筑结构等因素的假设并没有得到统计学意义上的支持（朱瑞庭，2004）。

研究结果表明，在所有功能性的属性当中，价格对消费者购买行为的影响最大，所以价格策略应该成为一种重要的营销工具。近几年消费品市场激烈的价格竞争说明了零售商所面临的市场压力，这种压力来自于消费品市场的日趋饱和、同质化的市场供应、日益个性化的消费者行为和企业规模扩大之后带来的巨大的成本压力。面对激烈的市场竞争采取漠视或者回避的态度有可能降低商店在消费者心目中的吸引力。价格促销不仅仅是参与消费品市场激烈竞争的需要，也是实现产品渗透的有效办法。天天平价、经常性的特价销售以及诚信经营不但可以阻止求变购买者转向其他的购买场所，更重要的是降低了消费者的购买风险，反过来强化消费者头脑中的商店形象。需要指出的是，积极参与市场竞争并不意味着商店去发动或者领导价格竞争，更多的是商店如何迅速地做出合适的反应。无节制的、毁灭性的价格竞争会导致零售行业投入减少，技术创新动力衰减，从而威胁到行业的生存，这不仅最终会影响到商店自身的利益，也是消费者所不愿意看到的。如此看来，零售商必须转变观念，抛弃那种把价格竞争作为唯一和主要竞争武器的经营模式，把营销的重点转移到改善经营品种、提高服务品质、为消费者创造价值增值上来。为了获得价格优势，商家需要降低采购成本，优化物流系统，提高管理效率，节约门店运营成本，在这一过程中特别需要加强和改善与制造商的关系，可供采用的手段包括供应链管理、品类管理以及高效消费者响应等。

　　服务对消费者商店选择的影响同样是显而易见的，它的功能主要表现在减少消费者的购买风险上。在现代营销当中，服务已经不单是产品的附加和延伸，事实上已经完全成为产品的有机组成部分，构成商家为消费者创造价值增值的重要内容。比较而言，商品的质量和选择范围对消费者商店选择的影响并不突出。原因之一在于日益丰富但是同质化的市场供应降低了消费者对质量和种类的敏感性，在这种情况下消费者也完全有可能对商品质量作出独立的判断。需要指出的是，对质量敏感性的下降并不意味着消费者质量意识的下降，因为这是以消费品市场商品质量稳步上升并保持稳定为前提的，任何不重视质量的行为都有可能立即引起消费者质量意识的反弹。另外，增加商品供应的种类和花色品种有助于降低那些欠忠诚顾客转向其他购物场所的可能性。

　　广告对消费者商店选择产生的积极影响也在研究当中得到验证。通常情况下日常生活用品的购买不会引发消费者积极的信息收集行为，但是消费者并不排斥接受有关的广告信息，特别是商品价格信息。所以商店进行适当的店内或者店外的广告宣传一方面有助于提高商店的知名度，强化商店形象，另一方面可以减少消费者收集信息的时间和成本。从一个比较长的时间来看，消费者在某一个商店的购买经验不仅对其自身今后的商店选择有直接的影响，在理想的情况下更会把这种经验在一定的范围内进行传播，而这种口头传播对商家来说往往会比广告有更好的效果。

　　店内销售人员的作用同样不可忽视。当顾客需要帮助的时候，销售人员需要给以及时的帮助。研究结果表明，顾客对销售人员的信任更多地表现在对他的态度而不是专业素质上。因素分析和统计检验的结果还表明，在各种各样的促销措施当中只有显著的商品陈列会对引起消费者的积极关注，而过度的、没有节制的促销活动可能吸引消费者一时的注意力，却不可能培养起消费者对商店的忠诚。如此看来，商家应该把重点转移到给消费者提供真正的实惠上来。

最后，购物的便利和舒适性对消费者的商店选择产生积极影响，这表明消费者并不单纯地把购物看成是一种负担，而是希望在良好的环境下进行。购物的便利不仅表现在便利的商店位置，也表现在店内结构的合理安排上，比如寄存设施、推车和购物篮的位置、上下电梯、通道、休息点、收银台的数量和结账的速度等。舒适性则包括适宜的颜色、气味、光线和背景音乐等，所有这些构成商店形象中主要的情感性因素。

（二）中国零售企业自有品牌战略管理

根据上面的分析，零售商业品牌战略致力于通过市场定位来培养差异化的竞争优势，强调整个公司的形象和信誉的培养，让公司而不是产品成为顾客的首选，同时也确保利益相关者满意和稳定的合作关系。在品牌宣传方面，会调动一切与公司形象相关的有形和无形属性，有形属性包括设施、场景、商品、价格、沟通资料和员工等要素，无形属性包括公司远景、文化、价值、任务、顾客体验、服务流程等。品牌战略强调通过管理顾客体验实现品牌塑造，致力于建立和发展与所有的利益相关者的长期关系，确保公司形象的高质量和一致性。由此可见，零售商业品牌不仅是公司名称和 LOGO 设计，不仅是广告和顾客管理，更包含指向利益相关者的有关商品、服务、员工和环境等诸多品牌化要素的整合。因此，在设计和传递公司品牌价值方面，重要的是开发一个持续沟通的框架确保品牌化工作内外的连续性和一致性，即公司品牌化模型。通过公司品牌化模型改善公司品牌内涵在内部和外部的传递一致性，协调与各利益相关者的关系和协同性，整合公司内外部各种资源和手段工具，促进沟通效率和效果，打造公司品牌的竞争力。

从 21 世纪初以来，自有品牌经营成为中国连锁零售业发展的特色之一。基于描述性统计的实证调查表明，自有品牌已经渗透到了中国连锁零售业的几乎所有现代零售业态当中，而且在业态、品类分布、定位和竞争战略、品牌策略和营销组合等方面都表现出了不同的发展特点（朱瑞庭和尹卫华，2010）。要实施有效的零售商业品牌战略，连锁商业必须十分重视对自有品牌的管理。在这里，连锁商业既要考虑自有品牌作为商品品牌和企业品牌的统一性，又要处理好商品品牌内部的结构，即自有品牌和制造商品牌的关系问题。连锁商业为了实施有效的品牌战略，处理好自有品牌与零售业态的关系、加强品类管理以及自有品牌的策略选择显得尤为重要。

1. 自有品牌与零售业态的选择

从自有品牌的功能和市场定位来看，自有品牌与零售业态的关系十分密切。特别是对于处于第二、第三象限的自有品牌来说，由其品类、质量和价格所决定，自有品牌战略甚至直接由零售业态所决定，换句话说，零售业态（主要是连锁商业）也将直接被打上特定的自有品牌的烙印（朱瑞庭，2004）。在这种情况下，连锁商业的市场位置，或者说其品牌形象和与其业态相关的自有品牌具有直接的影响关系。

在西方，自有品牌的开发和经营以连锁折扣店最为明显。在竞争激烈的食品及日用品市场上，连锁折扣经营的优势主要体现在其价格优势上，其商品价格的整体水平会比大型超市低 10%～20%。折扣店的这种价格优势主要是通过引进自有品牌这一关键原因获得的。随后，零售商的自有品牌扩展到了其他的零售业态，如超级市场、便利店、购物广场等。目前，欧洲国家中经营自有品牌的零售商主要来自于英国、法国和德国，其中以英国最为普遍。在 20 世纪 70 年代初，英国零售商自有品牌在食品和日用品的零售总额中的比例约为 20%，这一比例到 90 年代中期达到了近 1/3，年销售额超过 120 亿英镑。在德国，零售商自有品牌的市场份额从 90 年代起持续上升，其典型例子有连锁折扣巨头 Aldi 公司，它的自有品牌在销售商品中的比例达到了 80% 以上，而在其国际化经营的美国商店里，自有品牌的比例甚至达到了 100%。Aldi 准备扩大在美业务，该公司计划在美国全境新开 650 家门店，力争在 2018 年年底前将其美国门店总数提升到近 2000 家。可以预见，随着 Aldi 在美国市场的扩张，其自有品牌在美国市场的渗透率还会进一步提高。在中国，连锁折扣经营处于刚刚起步阶段，自有品牌主要集中在大卖场、超级市场等业态中。但是，自有品牌业态延伸的趋势已经显现（朱瑞庭，2004）。

2. 自有品牌的品类管理

在零售商的商品品牌策略中，除了自有品牌和制造商品牌的关系之外，在零售商品牌的营销措施中，最值得关注的是它的品类策略，即在什么类别的商品中引进自有品牌。在这里有几点必须加以考虑。第一，经营商品的种类问题，这显然和零售业态有关。如果单单从市场赢利这个角度来说，那么只要毛利率高、市场上又存在制造商品牌的空缺，就可以在该产品类别中引入自有品牌。实际上企业往往严格控制商品种类的选择。一方面严格控制商品种类的数量，并保持相对稳定，另一方面在某一商品种类下严格控制替代产品、竞争产品的数量。其原则就是在同一个商品类别下尽可能没有相同或者类似的商品（包括排除制造商 B – 品牌和 C – 品牌）。第二，从消费者的购买行为出发，可以在消费者低度关注的产品类别中经营第一代和第二代的自有品牌，即无名品牌和准品牌，而在质量意识强、购买风险大、附加效用高的产品类别当中，引入第三代、甚至第四代的自有品牌（品牌家族和形象品牌），通过这种有差别的品牌组合可以有效地满足消费者的不同需要，从而保证较高水平的顾客满意和忠诚。第三，对那些周转速度缓慢、又处于中等价格定位的品牌来说，更适合从经营目录中撤掉，或者以区域品牌取而代之，最后留在货架上的应该是在该细分市场内的强势品牌，因为只有它们才有可能成为市场领导者。

自有品牌的成功还取决于由单个商品组或者品牌线所决定的市场规模的大小。这里需要弄清楚，每个商品组的实际销售量以及预计销售量有多大。起重要作用的还包括商品的周转速度以及不同商品组的收益率。市场结构的分析也是品牌策略的重要内容，重点在于搞清楚同类供应商的数量以及供应的宽度，品牌在市场定位中的竞争性如何，两种品牌之间存在怎样的价格及质量差异，制造商品牌的创新周期如何，及其营销战略是什么，等等。这样做的目的在于识别制造商品牌的可替代性，从而为自有品牌的市场定位找到空隙。从品牌经营的实践来看，要想在价格定位高端、创新周期快速的顶级市场中和制造商品牌进行竞争，自有品牌很难能够获得竞争优势。

3. 自有品牌的策略选择

自有品牌产品到底应该实行怎样的品牌策略，除了要考虑产品线本身的大小长短以外，特别要考虑到不同产品之间存在的相互影响作用。德国的 Aldi 公司实行的是多品牌策略，即对不同的产品给以不同的品牌名称。这种品牌策略可以顾及不同产品的特点有针对性地进行市场定位，而不必考虑产品之间的相互影响作用。但是采取这一策略必须将有限的广告预算分摊到不同的品牌上。另外众多的品牌名称会淡化商店的统一形象，消费者也无法直接将对单个品牌的信任转移到对商店的信任上。和单个品牌策略不同，品牌家族策略把按照商品类别或者细分市场的产品置于统一的品牌之下，以便在营销当中充分考虑特定的目标顾客群的诉求和愿望。这种品牌策略的另一个优点在于，单个产品的良好形象将对同一品牌下的其他产品产生积极影响。当然粗劣的产品质量也可能反过来对品牌造成伤害。采用公司品牌策略则是另一种品牌策略选择，在这里所有产品都会采用和公司名字一致的品牌名称。品牌名称和公司名称的统一可以强化消费者对零售商的企业识别，其前提就是产品的品牌元素必须和公司的企业识别系统相协调。运用不恰当的品牌元素可能引发株连效应，即在消费者的感知当中形成两者之间的相互摩擦和排挤，最终损害企业整体形象。不管企业采用何种品牌策略，最终都必须统一到其完整的营销组合当中。

下 篇

中国零售业"走出去"战略的实施

第八章

中国零售业"走出去"的战略选择

第一节 目标市场宏观环境分析

在零售企业制定海外市场进入及竞争战略之前，往往要对海外市场的环境深入分析，从而确立企业的目标市场，选择适合自己的市场战略。一般来说，目标市场的宏观环境因素可以概括为以下四类：政治法律、经济、人口社会文化、技术等，这与国际市场营销的环境分析既具相似性，也和零售行业的特征密切相关。

一、全球市场宏观环境分析

首先，政治、法律环境的变化显著地影响着零售商的经营行为和利益。例如，目标国和地方政府的商业规划会影响零售商的选址策略；竞争政策决定着零售商的扩张能否采取收购策略；消费者保护法的实施使零售商不得不采取各种保护消费者的措施，如设置明确的程序处理消费者投诉，审查广告信息的清晰度，发起消费者教育计划及培训员工学习正确地与消费者打交道。以往的零售商曾更多地关注公司的经济和技术事宜，而今天的零售商则必须拥有更多的从法律和政治的角度处理问题的能力，为此，需要透彻地了解目标国家或地区的政治局势及各种法规，预测和分析目标国家的政策及其走向，建立和维护与目标市场政府及社会网络的关系。

其次，经济因素可直接影响市场的潜在吸引力，从而影响零售商的经营战略，如利率、消费者收入水平和支出结构、通货膨胀率、税率、财政政策、货币政策、国民生产总值、汇率、进出口总量、关税、欧洲统一货币、世贸组织协议等复杂的经济因素都会对国际化经营的零售企业的采购和销售带来影响。此外，经济全球化使世界各国的经济更紧密地结合在一起，互相制约、互相依存，往往产生经济领域的连锁反应和联动效应。1997 年的亚洲金融风暴，2008 年以来的全球金融危机及欧债危机，其全球影响都深刻地说明了这一点。如今，中国经济融入全球一体化的程度越来越深，更容易受到世界经济潮流的影响，在这种复杂多变的经济形势下，机遇和挑战并存，零售商必须认真研究，力求正确认识和判断，制定相应的发展战略和经营策略。

再次，社会、文化与人口环境的变化实际上对所有的产品、服务、市场和消费者都会产生重大的影响。所有行业中大的、小的、营利的和非营利的组织都将受到由这些变化带来的机会与威胁的震撼与挑战。诸如人口总量、年龄结构、地理分布、家庭组成、性别结构、教育水平、宗教信仰、价值观念、消费习俗、消费潮流、购买习惯等，这些因素的变化趋势正重塑当代人的生活、工作、生产和消费方式，新趋势正产生着新一类的消费者，进而要求有新的产品、新的服务和新的企业经营战略。20 世纪 90 年代以来，世界发达国家明显的社会发展趋势包括：消费者受教育程度提高，人口老龄化，享乐主义盛行，参加体育健身活动，关心食物安全，对保护自然环境更加重视，更多妇女参加工作，消费者保护运动兴起等。今天，消费者已经成为全球零售市场变革的最重要的推动因素。

最后，技术进步使得零售商和供应商以及零售商和顾客之间的信息交流更加流畅，交易更加便利，带来了更高效率的运营、更快速而有洞察力的决策、更好的存货管理以及更高的员工生产率。目前，零售商已经不断尝试着将新技术引入公司的运营管理和决策中。今天，让零售商头疼的事情之一是技术发展步伐太快，每天都会有新的软件和设备推出市场，每天都能够得到更多、更具体的服务零售商的商业技术。为此，零售商必须清楚界定技术和人的角色，并与组织使命和行业类型相一致。

对于有志于"走出去"的中国零售业来说，可以借鉴国际经验，根据不同国家和地区的投资环境和市场条件以及自身的条件采取灵活的经营方式。从国内外经验来看，大多数零售企业通常采用了先易后难的"走出去"模式，以减少"走出去"的风险。例如，世界零售巨头沃尔玛最初选择进入地理邻近，且文化差异较小的墨西哥、加拿大，然后进入地理位置较远的阿根廷和巴西，再进入地理位置远且文化差异大的亚洲市场，最后才选择进入地理位置远、市场竞争激烈、政府限制较多的欧洲市场。而且，沃尔玛还根据不同国家和地区的投资环境和市场条件以及自身的条件采取灵活的经营方式。目前我国零售企业国际化经营也主要从中国香港和东盟地区扩张开始，符合国际基本经验，值得借鉴。

二、全球零售市场的变革

自 2008 年发生金融危机和欧债危机以来，全球经济度过了跌宕起伏的六年。自经历了最初两年的衰退之后，全球经济从 2011 年开始逐渐恢复增长，但是恢复势头多有反复。2014 年，世界经济持续缓慢复苏势头减弱，其中较为突出的变化是西方经济继续显现温和复苏态势，新兴市场则增速普遍放缓，消费者信心有待改善。在后危机时代，由于政策环境的变化，全球各大主要市场都存在着不确定性因素，其中，美国是否会走向财政紧缩，美联储的政策会做出怎样的调整，欧元区是否将实行银行业联盟，欧洲央行是否会推行更积极的货币政策，日本是否会进行大幅度的金融改革，放松监管，所有这些都还不明朗。面对难言乐观的市场环境，全球的零售市场在波折中前行，在变革中发展。

根据德勤公司联合 STORES Media 发布的《2014 年全球零售力量》（Deloitte，2014），在严峻的经济形势面前，全球顶尖零售商坚持不懈，渡过难关，销售额获得增长。在全球 250 强零售商中，收入总和达到 4.3 万亿美元，平均规模突破 170 亿美元。其中，近 80%（199 家）的销售收入在 2012 ~ 2013 财年中出现增长。这些全球顶尖的零售企业大多位于美国、欧洲和日本这一类发达地区。但是，这些国家最大的问题是政府限制过多，例如，日本有《大规模零售店铺法案》，即所有面积 1500 平方米以上的企业在开设前需经当地零售业者的同意；美国、法国等国也有类似法案，这使得零售巨头很难再在本国大量开店，严重限制了他们的扩张。这也是这些零售巨头国际化程度高、占据多数运营国家的原因之一。

在急速变化的零售市场中，全球前十大零售商重新洗牌。零售企业前 10 强增长速度整体逊于前 250 强，前者零售收入增长率为 4.2%，后者为 4.9%。沃尔玛继续保持领先地位，前全球第二大零售商家乐福因 2011 年 7 月分拆旗下迪亚天天折扣零售部门，导致销售连续数年下滑，跌至第 4 位，特易购、好市多列第 2 位、第 3 位。欧洲由于经济衰退，许多国家出现经济低增长和高失业率，零售商面临严峻的挑战，尤其是总部设在德国和英国的零售商，与欧洲其他 250 强零售商整体比较表现逊色。在美国，250 强中美国零售商的平均增长率从上一财年的 6.3% 下降到 4.3%，而加拿大连锁便利店运营商 Couche-

Tard 公司受惠于 2012 年的一项重大收购，已经成为该国规模最大的零售商。日本零售商从毁灭性的 2011 财年中慢慢恢复过来，但仍落后于其他国家和地区。

比较而言，新兴市场国家零售商的情况要好很多。在同一财年，这些国家的零售商继续受惠于强劲的消费需求，不像成熟市场零售商面临不利因素，相反，利好因素继续积极推动增长，表现在世界上发展最快的 50 强零售商中，新兴市场的零售商占了 26 席，俄罗斯有 4 家企业上榜，非洲和中东的零售商有 6 家，总部设在拉丁美洲的零售商也有 6 家上榜。

在中国，有 3 家企业首次入选 250 强，分别是北京京东、重庆百货以及远东百货。在这一年中，中国市场发展大幅放缓，原因是欧洲对进口商品的需求下降。展望未来，随着中国日益发展成为中等收入国家，高增长将难以维持，经济增长将从投资拉动型转向消费主导型，鼓励消费的政策将对中国的零售环境产生显著影响，影响中国零售市场发展的因素还包括正在加快推进的城镇化和信息化建设。

根据该报告首次提供的电子零售商数据，在 50 强电子零售商之中，电子商务渠道占其总零售收入份额巨大，平均接近公司销售额的 1/3。在电子零售业的排名中，绝大部分的 50 强电子零售商（42 家）都是多渠道零售商，仅有 8 家公司属于无实体店面或仅通过网络经营的零售商。大部分 50 强电子零售商来自美国（28 家）和欧洲（17 家），来自新兴市场的公司仅有 5 家。

展望全球零售业的发展，德勤归纳的主要趋势有：

（1）全球零售巨头加快在新兴市场的扩展。随着新兴市场城镇化进程的加快，城市人口增加，越来越多的零售企业选择在新兴市场加快扩张步伐。根据科尔尼（Kearney）发布的报告，2012 年全球 30 个新兴市场中，最具投资吸引力的十大零售市场分别是巴西、智利、中国、乌拉圭、印度、格鲁吉亚、阿联酋、阿曼、蒙古国和秘鲁。沃尔玛、麦德龙、宜家、老佛爷等都加快了在印度、土耳其、印度尼西亚的扩张。

（2）网上零售与移动零售备受重视，零售商开始推进全渠道销售。在欧洲，网络零售业务发展迅速但是不平衡，西欧和北欧国家的网络零售业发展较快，而南部欧洲国家以及东欧国家的发展相对滞后。面对低迷的消费市场，很多零售商通过开拓和优化渠道建立和消费者之间的联系和沟通。以网络搜索为核心服务的谷歌已经在 2012 年开始踏入电子商务领域，将产品搜索界面更名并升级为"谷歌购物"（Google Shopping），这一趋势还会继续延续下去。更多的零售商会继续优化其在社交网站的表现，利用社交网络进行推广，例如，在

Facebook、博客、论坛、顾客点评网、推特、Youtube 等与消费者交流。此外，随着智能手机的普及，移动零售逐渐成为不少零售商的发展重点。零售商将移动平台和电子商务结合，在移动平台上进行推广、分享商业咨询等，消费者可以随时随地查询商品咨询、价格、其他用家的评语等。面对越来越精明的消费者，大部分的零售商开始采用不同的渠道进行销售，全渠道（Omni 渠道）是其中之一。通过使用全渠道，零售商可以更全面地了解消费者的选择偏好，更深入地了解他们的消费习惯，以及观察消费者对不同销售渠道的接受程度。采用全渠道关键是要保证产品价格、库存、销售数量、促销活动等资讯均来自同一数据库，这样零售商才可以获得统一并且完整的销售资讯。

（3）顾客数据分析成为主流，大数据时代来临。零售企业在多年的运营后，早已通过会员卡等手段积累了大量的用户数据、信息，从这些信息中，企业可以得到更多的东西。首先，对顾客进行精细化分层，这种分层可以是消费者的年龄段、性别、购买产品类型等，针对每一个小分层采取不同的营销手段与策略；其次，可以通过这些信息对消费者的购买进行预测，甚至提醒顾客购买某种产品；最后，这些信息在企业内部部门分享，可以有效地帮助企业进行决策，降低成本，提高回报率。在这方面比较具有代表性的例子就是美国零售商 Target，它发现，许多孕妇在第 2 个妊娠期的开始会买许多大包装的无香味护手霜；在怀孕的前 20 周大量购买补充钙、镁、锌的善存片之类的保健品。然后，它选出了 25 种典型商品的消费数据构建了一个"怀孕预测指数"，通过该指数，Target 能够在很小的误差范围内预测到顾客的怀孕情况，于是，Target 实现了早早地将优惠广告寄发给孕妇顾客，只要在平常的优惠券中加入一些育婴方面的优惠券即可。这种间接的优惠引来一个高中女生父亲意外发现自己的女儿怀孕了。此事一经《纽约时报》报道后，就引起了全美对于大数据的分析、挖掘，建模和预测的注意。

（4）零售商通过新科技产品提供更先进、更有个性化的购物体验。为了提高消费者的忠诚度，很多零售店纷纷加强对客户提供个性化的独特体验。例如，英国的零售服装店 Topshop 提供虚拟试衣镜，让在店内准备试穿衣服的消费者，站在虚拟试衣镜荧屏前即可看到自己试穿衣服后的三维服装形象，令消费者试穿衣服更节省时间和便利。不只是实体店提供个性化的购物体验，无店铺零售业也开始想办法解决消费者在网络购物不能体验到实际试穿和试戴的不足。例如，日本眼镜公司 Zoff 推出的网络线上眼镜商店，透过与扩增实境的结合，让消费者在网络商店上，透过网络摄像机试戴眼镜。消费者可以选择镜框的造型、颜色等，且还能根据消费者转动脸部的方向和远近来调整角度，看起来就像真的戴上眼镜一样。

（5）消费两极化，中端品牌商备受挑战。一方面，发达国家面对持续走弱的经济环境，低收入消费者最受影响，很多消费者缩减消费开支，严守预算，对价格的敏感度增加，追求基本实用的产品，或者尽量选择在折扣时才购买。另一方面，部分富裕消费者的收入不断提高，热衷于追求奢侈品。有趣的是，在这样的经济环境下，出现了一批精明的所谓"频谱消费者"，这是一群同时重视消费品质和价格的消费者，他们不会单单买最便宜的，而是更重视性价比，并偶尔会一掷千金地购买奢侈品。这种新的消费模式和习惯的出现为中端品牌商和零售商带来了挑战：他们当中的大部分没有成功地将产品的理念和价值传递给消费者，使消费者觉得中端品牌商的价格及价值定位"比上不足，比下有余"，因此无法吸引到"频谱消费者"。对此，中端品牌商应该更积极探索独特市场营销，或者重新对其商品进行更有针对性的定位。

（6）零售企业积极改善库存状况，尽量贴近顾客需求；企业更加重视可持续发展，绿色消费成为大势所趋。此外，越来越多的零售企业在全球范围内采购及生产，更多原来在中国采购的企业转为采取"中国加一"的采购策略。原因在于，近年来中国原材料价格攀升，工资提高，工人待遇改善，人民币升值，顾客对环保和可持续发展的期望增加，所有这些都造成经营成本的上升。很多品牌商积极考虑减少在中国的生产据点，调整在不同国家的采购比重，以中国为生产和采购的根据地，拓展高增值产品及上游产业，再辅以其他成本较低的产地，例如，印度尼西亚、越南和孟加拉国等，以减轻风险和成本，把供应链延伸到全球，在世界各地进行采购和生产。

三、消费者对全球零售市场变革的推动

前面已经论及，推动零售市场变革的主要因素是消费者的力量。那么，全球化时代消费者的改变有哪些表现呢？对零售商影响最大的一些消费者变化有：

消费者群体中潜在的人口结构变化。例如，在欧美同样严重的老龄化趋势，使得零售商不得不开展相应的业态创新和品类创新。如果人口结构变化导致消费力持续下降，则零售商不得不选择到其他地区甚至到海外去开拓新市场。

消费者更加关注可持续性。现在一旦消费者在店铺的商品或广告中发现非公平交易、非环保材料、高污染高能耗等方面因素，就会推迟或拒绝购买，甚至发起对零售商的抗议，这迫使零售商不得不与上游企业紧密合作进行相关方

面的改进。消费者更加关注身体健康及生活幸福。在经济低谷期的消费者面临巨大心理和生活压力,因此他们更渴望零售商提供安全、健康的商品和服务,对于诸如会引发癌症、糖尿病、心脏病、哮喘、肥胖和精神抑郁的因素都应在零售商的管控范围内,零售商应该为杜绝此类不良后果做出相应改进和创新。

消费者对服务、体验的需求上升。由于消费者在经济低谷期生活的不易,因此,他们更希望在零售店中获得更多的心理安慰和更好的精神体验,甚至需要商家提供个性化的服务内容和特色体验,这导致零售商结合组织改进、信息系统、数据分析等在实体店、网店的服务方面提供更多创新。

消费者受到自然及社会资源匮乏的约束。石油、水、高端社交等方面资源的限制,都会导致消费者相应的深层需求,例如,资源紧张导致的汽油价格会刺激他们追求那些便利性业态、水费提高会让他们追求熟食和净菜。另外,社会资源也是缺乏的,他们也希望零售商帮他们创造与高端人士、时尚明星接触的机会。

消费者受到政府政策及公众话题的影响。当下社会中有关就业、税收、信仰、思潮、废弃物排放、中小企业生存、生物多样性等方面政策、话题,都会影响消费者对零售商的选择,并推动零售商做出回应或改变。

消费者希望在日用品购物环节省下更多的时间。相当一部分消费者由于工作紧张而导致休闲时间减少(很多家庭妇女重新投入工作),因此他们希望便利的选址和少而精的品类,这导致很多小型业态的诞生。这一点也会影响他们在店内的行为,例如,他们会期待更快捷的支付方式,并且对缺货更加不耐烦,这些因素会导致整个零售支付技术和供货链条的提升,例如,采用网络预购支付方式、现场无线支付方式和仓库内的无线射频方式来提高结算和供货效率。

消费者使用媒体和沟通的方式已经与以往完全不同。二十多年前人们还坚守在电视和报刊前面,但十多年前人们逐渐转向电脑,现在美国和欧洲五强(法国、德国、意大利、西班牙和英国)超过50%的人都在使用智能手机,而日本的手机普及率已经超过100%(很多人不止拥有一部手机),而且手机平台上充斥各种有关价格对比、促销信息、时尚潮流的应用软件,因此零售商在近几年的多数推广和技术创新都和移动互联网有关。

消费者希望看到更多的商品选择。由于互联网、手机和社交媒体等沟通手段的加强,消费者可以很快获得各种商品信息,因此更容易掌握新潮流、新趋势,也更容易对"老产品"失去兴趣,这导致了商品更替速度的加快,同时也对零售商采购和自有品牌推进提出了更高的要求。

消费者对价格的关注发展到了新的层级。在金融危机之后,随着社会两极分化的日益严重,欧美消费者对于价格的关注度越来越高了,这导致他们更在意一些"低价"或"平价"业态,因此不难理解为什么沃尔玛和ZARA不断保持增长。但是,今天消费者的价格关注总是跟其他因素交织在一起,例如,商品质量、品类专业度、品牌情感内涵等。从这些方面看来,那些能通过系统模式来大幅度降低商品成本的大型零售商仍有很大生存空间,但它们必须做得更好、更专业,例如,特别擅长食品品类管理的特易购,就在其新的企业战略中强调"就像我们在食品品类的强大表现,我们要在其他品类同样强大起来"。

上述这些趋势已经对全球零售商产生巨大影响,面对这样的局面,零售商只有创新才能求得生存和发展。

第二节 零售市场细分和定位

一、零售市场细分

众所周知,消费者的需求极其多样化,没有任何一家零售商能够把所有的市场作为"盘中的美味",当零售商企图将所有的商品卖给所有的人时,会发现自己丧失了对所有人的吸引力。例如,便利店尽管位置优越,但是商品品种不多,价格偏高;大型综合超市或仓储式商店,商品种类丰富而且价格便宜,但缺少相应的服务;精品店(高级专卖店)能提供良好的服务、高档的环境,但商品种类有限,且价格不菲。既然没有一家零售商可以满足所有消费者的所有需要,也没有一家零售商能针对单个顾客的需求经济地提供商品和服务,零售商必须确认一个顾客群,并将其目标定位在通过所提供的商品和服务来满足所确认的顾客群的需求。这就需要对整个零售市场进行市场细分。

零售市场细分就是根据消费者明显不同的需求特征将整体零售市场划分成若干个消费者群的过程,每一个消费者群都是一个具有相同需求和欲望并要经历相似购买过程的细分子市场。通过市场细分,企业能向目标子市场提供独特的产品、服务及其相关的营销组合,从而使顾客需求得到更为有效的满足,并维持顾客的忠诚度。

不同的消费者由于年龄、性别、收入、家庭人口、居住地区、生活习惯等因素的影响有着不同的欲望和需要。这些不同的欲望和需要是企业据以进行市场细分的因素，也叫作"细分变数"。这些变数所概括的消费者群的欲望和需要的差异，是细分零售市场的基础。细分零售市场所依据的变数可分为四大类：地理变数、人口变数、心理变数和行为变数。

以上四大类细分变数，在市场细分的实际运用上，要根据消费者需要差异综合运用，需要差异大的产品，可以运用较多的变数；需要差异小的产品，可以运用较少的变数。凡需要差异大、市场竞争激烈的产品，往往要经过多次细分，才能从中筛选出符合本企业条件的分市场或子市场，以此作为企业的目标市场。

由上可知，市场细分实际上就是将异质市场划分成若干同质市场的过程。成功的市场细分意味着零售商在明确的细分市场上满足现有顾客和潜在顾客的某种需求。成功的零售商就在于准确地进行了市场细分并在此基础上选择了最适合自己的目标市场。在今天的零售市场上，技术手段的先进性保证了大数据的运用成为可能，使得对消费者进行精确细分和精准定位成为可能，而这恰恰就是零售商愈发能够满足消费者个性化需求的前提。

二、零售市场定位

根据营销学理论，定位是指零售商首先通过市场细分，明确自己所服务的目标顾客群体，然后，通过形象规划和一系列零售组合的设计与贯彻，为目标顾客提供一种独特价值，从而在目标顾客心目中确立一个清晰的和有特色的商店形象。定位强调的是在目标顾客心目中的形象，而不是在零售管理者心目中的形象。形象代表了消费者和社会公众对零售商的全部认知的总和。成功定位的关键和标准是消费者按照零售商希望的方式感知零售商。

经过市场细分，零售商选择了其中一个子市场或几个子市场作为目标市场，并根据零售业态的特点、竞争者的状况和目标市场顾客对形象的反应来规划其形象，据以设计自己的战略，确定一系列经营策略组合。如商品组合，是更多的商品种类，还是一类商品中有更多的花色品种可供选择？如服务组合，是提供有限服务以降低经营成本并以低价让利给消费者，还是提供更多的延伸服务以满足消费者对服务的追求？经营的商品是时尚流行的商品，还是传统风格的商品？如果这种规划的形象得到了目标市场顾客的认同，则零售商的定位便成功了。

零售业属于服务行业，消费者不仅把购物看成是一种生活需求的满足，而且把购物环境中的各种因素归结成一种心境体验。这种体验的好与坏可以决定零售商的成败。零售商要吸引顾客，扩大销售，赚取利润，必须保证顾客能得到好的价值，获得尊重，感觉受到公司的欢迎。从这个意义上说，零售营销是一种基于顾客体验的营销。零售商的定位可以从这里获得启示。如果零售商能够从消费者的感官、情感、思考、行动、关联出发设计活动，以细节打动顾客，更加关注消费者在购物的前、中、后的全部体验，让消费者感觉到品牌的鲜活和多样化，就能够实现成功的基于体验的定位。这种基于体验的市场定位是一种顾客导向型的营销策略，可以给予顾客满意的整体消费经历，增加顾客的体验附加值（张德鹏等，2008）。

在零售定位中最容易犯的错误有两类：一是零售商抱着求全心理，冀望满足越多消费者的需要越好。正如解释市场细分已经说明的那样，当零售商考虑市场覆盖面的时候，必须有与之相应的资源配置，"赢家通吃"是任何一个零售商都做不到的，也是没有必要的。从这个意义上说，定位意味着有所放弃基础上的有所选择。二是市场定位的多变。当定位确定之后，保持定位的连续性对商店来说就更重要了。顾客可能会坐车跑几站路到某家商店购物，因为他们确信那里有他想要的东西。如果店里没有，这趟路就白跑了，以后他也不会再专门到这里来了。如果商店的定位经常变化，不管是有意的还是无意的，现有的消费者都可能流失。当然，商店必须适应竞争的实际情况，根据大众品位或者人口统计资料方面的变化进行调整，但定位的变化应该是慎重决策的结果，而不是缺乏连续性的表现。在企业制定竞争战略和进行整体营销策划之前，应首先做到下面几点：真正了解顾客的需要，倾听他们的声音；明确自身希望在潜在顾客心中的位置和达到的地位；了解竞争对手的优势和劣势，便于知己知彼；清楚自身的优势和劣势，便于在制定竞争战略的时候有的放矢；当环境发生变化时，能够持续地确保企业的地位；确定整合营销要素组合，将定位战略准确落地（张德鹏等，2008）。

第三节　零售市场竞争战略

一、零售市场竞争战略的类型

当零售商确定了自己所服务的目标顾客群，并在目标市场中规划了商店形象和竞争位置后，接下来就是采用什么样的竞争战略来赢得这一商店形象，确立自己的竞争位置。为了确定和选择竞争战略，零售商需要集中分析与战略形成直接相关的因素，包括行业竞争类型和竞争结构。

竞争类型的分析主要是帮助零售商界定竞争对手范围，并了解所处竞争环境的基本特征。竞争类型主要有四种（张德鹏等，2008）：同质竞争，即同一零售业态之间或相同经营风格之间零售商的直接竞争，如便利店、大型综合超市、专业连锁等零售商的竞争；异质竞争，即销售同一类商品的不同零售业态之间的竞争，如大型综合超市与百货商店在某些商品线上的直接竞争，专业商店与百货商店在同一品类上的直接竞争；垂直竞争，即零售商与向零售商提供产品的供应商之间的竞争，如戴尔计算机一部分通过网上直接销售，另一部分通过专卖店销售，专卖店和网上直销两种渠道之间便形成了直接竞争；系统竞争，即零售商向供应链上游整合，取得对整个产品供应链系统的控制，从而产生了与其他同类生产商和零售商形成的供应链系统之间的整体竞争。系统竞争也可能是生产商向供应链下游整合，建立自己的分销渠道，与其他同类产品供应链之间的整体竞争。随着零售商市场力量的加强，零售商对供应链反向控制的欲望越来越强烈，系统竞争也越来越普遍，反映出零售商的竞争对手越来越广泛，而一些零售商如宜家家居、玛莎百货都是这种系统竞争中的佼佼者。

行业竞争结构直接影响行业竞争程度和行业的获利性。借助波特的"五力模型"，不同的零售业态或某一零售业态的不同时期，五种力量的作用是不同的，常常是某一种力量或两种力量起支配性作用，其他竞争力量处于较次要的地位。例如，当今国内家电制造商与家电零售商之间的力量对比与十年前相比已经发生了巨大变化，家电连锁企业的崛起使其在这一行业的竞争结构中起着支配作用，眼下这种支配作用正随着家电连锁的O2O经营发生调整。

根据波特在《竞争战略》的描述，有三种基本竞争战略可以帮助企业赢得竞争优势：成本领先战略、差异化战略和目标聚焦战略。

成本领先战略是指企业的经营目标为整个行业中的低成本厂商。如果企业能够创造和维持全面的成本领先地位，那它只要将价格控制在产业平均或接近平均的水平，就能获取优于平均水平的经营业绩。在与对手相比相当或相对较低的价位上，成本领先者的低成本地位将转化为高收益。成本领先要求首先建立起高效规模的生产设施，在经验的基础上全力以赴降低成本，抓紧成本与管理费用的控制，最大限度地减少研究、开发、服务、推销、广告等方面的成本费用。尽管质量、服务以及其他方面也不容忽视，但贯穿于整个战略之中的是使成本低于竞争对手。当然，成本领先者不能无视差异化战略，它必须在相对竞争对手差异化的基础上创造价值相等或价值近似的地位，以领先于产业的平均收益水平。

差异化战略是企业力求目标顾客广泛重视的一些方面在产业内独树一帜。它选择被产业内许多顾客视为重要的一种或多种特质，并为其选择一种独特的地位以满足顾客的要求，它因其独特的地位而获得溢价的报酬。一个能创造和保持经营差异化的企业，如果其产品溢价超过了它为产品的独特性而附加的额外成本，它就成为其产业中盈利高于平均水平的佼佼者。差异化战略同样不能忽视对成本地位的追求，因为企业的价格溢价很可能会被显著不利的成本位置所抵消。

目标聚焦战略是指企业着眼于在产业内一个狭小空间内做出选择，即选择产业内一种或一组细分市场，并量体裁衣使其战略为他们服务而不是为其他细分市场服务。通过为其目标市场进行战略优化，聚焦战略的企业致力于寻求其目标市场上的竞争优势，尽管它并不拥有在全面市场上的竞争优势。这种竞争优势有两种形式——成本领先和差异化。在成本聚焦战略指导下企业寻求其目标市场上的成本优势，而差异聚焦战略中企业则追求其目标市场上的差异优势。三种基本竞争战略的成功实施需要不同的资源和技能，基本战略也意味着在组织安排、作业流程、控制程序和体制上的差异。因此，在波特看来，企业要想在三个方面都有所作为是不可能的，保持采用一种战略作为首要目标对赢得成功通常是十分必要的。

按照波特的战略管理理论，一个企业如果要创造竞争优势，则它必须能够成功地贯彻其中一种基本战略，或者成为产业中的低成本领导者，或者在产品或服务的某些方面取得独树一帜的经营差异化，或者集中资源在某一特定的细分市场取得成本优势和差异化，那么它就能获得高于产业平均利润的超额利润。如果一个企业不能在某一战略方向上胜出，则它就被夹在中间，这样的企业注定是低利润的，或者失去要求低价格的大批量顾客，或者必须为从低成本企业中争夺生意而在竞争中丧失利润；然而，它在高利润——"摇钱树"业务领域又无法战胜那些专攻高利润目标的或做到了全面标新立异的企业。夹在中间的企业也可能因为模糊不清的企业文化、相互冲突的组织安排与激励系统而遭受挫折（张德鹏等，2008）。

二、零售竞争战略案例分析

在零售市场上，能生存下来并获得发展的零售业态都是追求上述三种基本战略的结果。如在成本方面领先的仓储式商店、连锁折扣商店、大型综合超市等，在差异化方面领先的百货商店、购物中心等，在目标集聚方面领先的便利店、专卖店等。可以说，这些业态正是因为有了正确的战略定位，才能在激烈的竞争中相安无事，共同分享巨大的零售市场。

尽快确定自己的基本竞争战略是一个零售商取得竞争优势的关键。零售商必须在三种基本竞争战略中做出抉择，因为成本领先和差异化是相互抵触的，差异化往往意味着增加成本，而降低成本则意味着牺牲差异化，同时实施两种竞争战略，常常会使企业陷入"夹在中间"的危险。而企业如果真正实现了其中一种战略目标，就已构成了竞争优势的来源。

众所周知，沃尔玛在北美击败其他竞争者最有力的武器之一就是"天天平价"，它的背后就是其总成本领先战略——高效控制成本，包括几方面内容：从直接厂家最低价集团采购并建立良好合作关系；高效的信息和物流系统，减少库存和提高周转率；尽可能降低行政开支和营销费用。可见，沃尔玛之所以能领先世界，创造行业标准，主要是其彻底实现了总成本领先的战略，而这与其拥有自己的物流配送系统和先进的电子信息系统分不开。据统计，沃尔玛的销售成本和管理成本只占全部成本的16%，而中国连锁超市则会达到30%左右。当顾客拿着刚付过钱的洗发水从沃尔玛的收银台走出来时，沃尔玛的库存已经发生改变，供应商随后也会得到通知；当库存减少到一定程度时，系统将直接发出采购指令，而发出指令到货物送达期间不超过10天，信息技术已经成为国际零售巨头的强力助跑器。最后，中国零售企业要看到，沃尔玛成功的关键是其先进的供应链管理造就的钢筋铁骨，能支撑其大厦不断地升高而不出问题。

有趣的是，沃尔玛在进入中国市场后的很长时间里遭遇了成长中的烦恼。很多地区的中国消费者都能感受到，沃尔玛的商品价格要高于其他同等规模的零售超市。在消费者的需求商品上，沃尔玛全球规模采购的优势无法得到充分体现；其先进的全球信息和物流配送系统，由于中国供应商技术的不成熟和政策上的限制不能充分发挥应有的效率。此外，由于中国市场不规范和各地税收的不一致，导致直接向大制造厂商订货，也并不一定能获得最低的价格。沃尔玛中国要成为美国的沃尔玛还有赖于中国零售业、进出口贸易、物流业的同步发展。这一切导致它在中国无法做到总成本相对领先，也无法真正做到"天天平价"。此外，沃尔玛在中国仍然参照其北美的经验，认为顾客的喜好和习惯是趋同的，所以店内大部分商品都是标准化，每家门店几乎都根据总部统一规划好的图纸去摆货架和放置堆头，它注重的是规模经济。在销售环节，也没有充分考虑中国各地区顾客的喜好和购买力的差异，诸如商品结构、促销方式、服务上高度统一，也没有针对不同层次消费者做出相应的商品定位，较少重视中国消费者真正的内在需求的差异。

与沃尔玛形成对比的是另一家跨国零售商家乐福。家乐福中国也通过各种渠道来控制、降低成本，如与供应商签订的合同付款条件为"月结60天数"，利用供应商的资金周转，流动资金占用少，又能降低资金成本；不再采用总部统一配送，所有货品均由供应商直接送达店面，物流成本也由供应商自行负担；生鲜产品基本在当地采购，大部分日杂货物由当地供应商或者全国供应商在当地的分支机构提供。对于消费者一般日常必需商品，家乐福经常采取略高于或等于供货商出厂价的定价，以最低的价格薄利多销，有时甚至低于出厂价。因此在家乐福超市内，粮、油等生活必需品区域内阶段性超低价经常让购物者排起长队。

撇开家乐福进入中国以来经常见诸报端的对消费者的负面报道，家乐福还熟谙中国消费者心理，认为每一个门店周围的顾客群都是独特的，需要去适应这些消费群不同的需求。因此它更强调灵活性，更多的决定是各店长直接做出的。例如，在郑州北环店开张前，家乐福就对郑州的生活、饮食习惯做过仔细的调查，因此正式营业时，专门准备了适合河南人口味的烩面面粉、大米等；家乐福上海的每家门店甚至都有不同，古北店周围高收入群体和外国居民比较多，所以有很多从国外进口的商品品类，如各类葡萄酒、泥肠、奶酪和橄榄油等；南方商城店因为周围的居住小区比较分散，就干脆开了一个迷你购物中心，并在商场里开了一家电影院和麦当劳，增加自己吸引较远处的人群的力度，以此扩大了门店的商圈范围。家乐福为了满足消费者们对低价格的要求中实现了与其他同业者的差异化，而在贯彻差异化的这一目标的过程中，同时又实现了低成本。

第四节 零售目标市场选择

一、海外目标市场选择的理论依据

对有志于"走出去"的中国零售企业来说，目标市场的内涵包括两个层面的内容：一是以区域或国别为对象的目标市场，即国别、区域市场的选择；二是对确定区域或国别市场内目标消费者的选择和确定，这又与零售业态的选择密切相关。许多零售企业海外市场经营失败，归根结底是在这两个层面上对目标市场的调研不充分、目标市场选择不当以及对目标市场环境的不适应等原因造成的。特别是，通过实施目标市场战略，零售企业可以有效地分析和了解国际市场中，存在哪些需求相似的消费群，哪些需求是中国零售企业所拥有的适销对路产品可以满足的，对中国零售企业发现新的市场机会及取得较好的经济效益，获得长期发展都是非常有意义的。

有关海外市场选择的研究一直受到西方学者的关注（Alexander et al.，2007；汪旭晖，2005）。这些研究的焦点集中在影响目标市场选择的因素、目标市场的评估等方面。大量国外相关研究构建了国际零售商海外扩张市场选择的一种理论框架：市场邻近性模型，并由地理、经济、文化这三个基本要素组成的市场邻近三角形扩展成由文化、经济、社会、公共政策及零售结构组成的市场邻近五角模型，为国际零售商海外扩张的市场选择，尤其是国际化初期阶段的市场提供了理论依据。另外的研究从市场邻近与心理距离两个视角对零售商海外市场选择进行研究。市场邻近原则是零售商海外市场选择的重要标准。一般来说，零售商选择海外市场时，会首先考虑那些具有地理邻近性的区域，比如英国零售商首选爱尔兰为国际化区域、荷兰零售商在比利时的投资、德国零售商积极需求在奥地利发展都符合这一理论。为了更有效地度量市场邻近的程度，有许多学者引入了"心理距离"的概念，而且将心理距离当作是零售国际化扩张的差异和组织绩效差异的一个重要因素。但是，迄今为止，关于心理距离的界定在学术界还没有达成共识一般认为，心理距离主要包括文化差异、结构性差异和语言差异，这事实上是一种市场不确定性，而这种不确定性来自文化差异和商业困难所带来的环境障碍，因此，心理距离是指母国市场与东道国市场之间因对文化和商业环境差异的感知和认识的不同而形成的距离。

但是，仅从市场邻近与心理距离两个标准来确定海外市场的选择，是有很大局限性的，这两个标准无法满足跨国零售商在全球范围内的市场选择，事实上，这些理论也确实无法解释欧美零售商为什么选择东欧以及亚洲新兴市场。基于这点，又有学者认为影响跨国零售商海外市场选择的因素包括潜在利润吸引、外部限制以及外部可能性。内部因素包括零售商的战略目标、战略选择、所处的国际化经营阶段、海外市场选择的经验、国际竞争力和市场选择的方法等；外部因素包括国家市场潜力、预期的海外风险和市场竞争地位等；而混合因素是介于内外部因素之间的混合因素，主要包括零售商的资源、网络关系、市场组合的一致性、市场的邻近性和相似性以及扩张后的最优化。

虽然跨国零售商选择海外市场的影响因素很多，其选择程序也有很大差异，但一些有影响力和吸引力的市场区域是可以直接作为可选择的对象的。例如，北美、欧盟（主要是西欧）和日本是跨国零售商海外市场选择的主要集中区域；但是后来，通过统计世界前 30 强跨国零售商开拓国际市场区域的集中度，发现除了北美、欧盟和日本外，许多新兴市场，包括拉丁美洲、东亚和东欧都是对跨国零售商具有吸引力的市场区域。

跨国零售商在进行海外市场选择时，通常是把目标市场分为工业发达国家和发展中国家两种类型。这两种类型的国家各自的环境特点不同，对其投资则有不同的优缺点。工业发达国家对我国的零售企业的国际化具有以下的优点：经济发展和消费水平高，政策变更少，投资限制少，进出自由，国民经济基础良好，消费水平高，市场容量大，信息通畅，通信设施发达，物流等基础设施完善；缺点是贸易保护主义程度高，市场进入难度大，竞争对手多，投资优惠少，经营费用高等。发展中国家对我国的零售企业的国际化具有以下优点：投资优待多，经营费用低，竞争对手少，当地顾客较易对之欢迎和有兴趣，缺点是投资环境差，投资限制多，消费水平低，市场容量小，市场排斥力量大等。但是，总的来看，国际零售企业选择海外市场时主要看重的还是对方国家或地区庞大而潜在的消费市场。从跨国零售商业资本的流向看，亚洲和美洲逐渐成为欧美日等大型零售企业进行海外投资的主要目标市场，同时在这些大型零售企业的海外计划中，中国零售市场因其巨大的潜力而被予以格外突出的关注。根据世邦魏理仕发布的《2013 零售业全球化进程》报告，2012 年全球零售业的扩张范围增广，成熟市场仍然是零售商扩张的主要目的地，其中欧洲是最受欢迎的地区，同时，新兴市场潜力巨大，结合在线零售开设门店仍然是重点发展方向。

从对世界零售巨头海外目标市场选择的综合分析可以得出：零售业在进行海外目标市场抉择时，必须对该国（地区）的市场需求量、购买力指数、商品零售饱和指数、市场发展潜力等因素进行分析。所择定的目标市场必须有一定量的人口，有充足的购买力，能创造充分的需求，同时还必须符合企业的目标市场的要求（蔡荣生和王勇，2008）。零售企业对其选择的目标市场按照一定的细分标准进行分区划片，依据上述抉择因素对每一市场进行评估，并择定某一个或几个市场。在进行地点选择时应考虑位置的类型、消费者的易接近性、与邻近商店的和谐性、位置的物质特征和占用期限等。

从国内学者近年的研究成果来看，总体上呈现出一种由浅入深、由宏观到微观的变化趋势。有学者认为心理距离是指对文化及商业环境等差异的感知与理解而形成的母国市场与国外市场之间的距离，并指出虽然市场邻近模型和心理距离模型都有一些局限性，但是对零售国际化初期选择海外市场，都具有非常重要的作用（汪旭晖，2005）。在分析了零售商海外市场选择机理的基础上，还强调将海外市场选择的分析与零售商自身的状况结合在一起考虑。

二、主要国别市场基本概况

根据德勤的《全球零售业创新报告》，发达国家最大的问题是政府限制过多，严重限制了它们的扩张。这些国家的另一个严重问题是，它们的经济增速较为缓慢，而人口老龄化现象却日趋严重，即使对于适龄的劳动力人口，很多国家的失业率都相当高，再加上整体信贷环境的收紧，这一切都使得整个国家的消费能力日益降低，这对于企业的盈利能力更是莫大的打击。此外，这些地区里零售巨头林立，市场已经相当成熟，很难寻找到一片新的蓝海。

新兴市场国家的零售业发展则处于初级和快速发展阶段，当地的零售企业市场力量、经营能力都比较薄弱，这使得跨国零售巨头的运营模式在这些新兴经济体中可以迅速占领市场，成为龙头型企业，赚取大量利润。此外，从政府角度来说，新兴市场国家会对外国企业（不仅仅是零售业）提供相对优惠政策，帮助他们更好的发展。但是，利丰的研究提醒全球零售商，虽然全球企业加速扩大在新兴市场的业务，但仍面对很多挑战，如市场未成熟，消费者分散，文化差异，政策限制，物流配套不足等。例如，印度政府在2012年1月统一开放零售业，但是规定任何国际零售商进入印度，将需要至少30%产品材料采购自本地小厂商。

零售企业要进入新的市场，必须要了解该市场的特点，以及清楚认识自己的目标、能力、资源、制定合适的策略。零售企业大多在新兴国家采取长远的扩张策略，即使很多零售企业短期内在新兴国家未必有很好的回报，企业仍然愿意投放大量的资源建设供应链、销售渠道等。选择合适的国家组合、经营模式、业态等对进入新市场的零售企业至为重要。尽管回报期可能比较长，但长远来说零售商都普遍看好新兴市场的增长潜力。

多年来，全球知名的咨询公司科尔尼（Kearney）连续对国际零售业最具吸引力的投资对象国进行研究，并发布年度《全球零售业发展指数》。列入零售业发展指数的考察指标包括国别市场吸引力、国家风险、市场饱和度、时间压力等，并据此对全球200多个新兴国别市场的零售业发展指数进行排名。排名不仅评选出现今最成功的市场，而且评估了哪些市场今后会有强劲的表现。此排名为零售商们考虑是否入驻这些新兴市场提供有益的参考。

根据其发布的《2014 全球零售业发展指数》报告（Kearney，2014），大多数国际零售商在这一年继续在全球范围内扩张其业务，但是许多零售商已经从过去的错误中学到经验，对于扩张变得小心谨慎，例如，沃尔玛和特易购在2013 年减缓了在中国和巴西的扩张脚步。报告认为，同时应该注意到本国零售商在本国零售业中的角色变得越来越重要。

科尔尼在 200 个发展中国家和地区中选取排名前 30 位进行了深入分析。研究发现，零售商继续进军发展中国家市场的步伐，并且已经开始意识到市场的开拓并无定法。拉丁美洲国家在 30 个研究对象中占据 8 席，在前 5 位中占据了 3 席，对于全球零售业是最重要的新兴市场。拉美国家由于日益壮大的中产阶层，零售业潜力巨大。智利还成功取代 2013 年的冠军巴西，高居榜首。中国随其后排名第二位，乌拉圭排在第三位。同时，撒哈拉以南非洲地区也同样具有重要意义。2014 年前十位榜单的新星是哈萨克斯坦和马来西亚。这两个国家虽然人口不多，但是对于高档奢侈品的消费者却有着强大的吸引力。报告还列出了零售商最不适合生存的发展中国家：越南、纳米比亚和阿塞拜疆。阿塞拜疆垫底是因为其市场已经发展成熟。

科尔尼对排名前十位的新兴市场的基本概况分析如下：

第一位：智利。人口 17363894，人均 GDP 为 19100 美元，在榜单上的排名一直稳定上升，2014 年又凭借其稳定的政治和经济冲到了榜首位置。2013年，该国 GDP 增长了 4.4%，预计这一速度会持续到 2016 年。此外，智利的利商政策与基础设施投资也会促使零售业在未来继续发展。除了对于国家新建和现有的购物中心进行大规模投资以外，智利的电商平台也是世界上相对发达的市场之一，平均每户家庭每年的网购消费额达到 158 美元。

第二位：中国。2013 年排名第四位，人口 1355692576，人均 GDP 为 9800美元，中国人口密度居世界之首，2013 年零售销售额增加了 13%，商场数量大幅增长 20%。中国的电商行业也在飞速发展，现已占零售总额的 8%。但是，由于反腐力度加大，中国 2013 年的奢侈品销售总额下降了 2%。虽然劳动力成本和租金都在升高，可支配收入的增加以及计划生育政策的放宽依然会推动整个国家的经济发展。

第三位：乌拉圭。去年排名第三位，人口 3332972，人均 GDP 为 16600 美元，乌拉圭是一个颇受欢迎的旅游胜地，在这里零售商通过并购，对新的门店和购物中心进行大笔投资。其中包括当地杂货连锁店 Ta-Ta，该店 2013 年以1.6 亿美元的价格收购超市连锁店 Multi Ahorra。由于政治与经济稳定，国际零售商被乌拉圭的市场所吸引，将这里打造成为一个"坚实的零售业绿洲"。

第四位：阿联酋。2013 年排名第五位，人口 5628805，人均 GDP 为 29900 美元。一个以标新立异的理念出名的新项目将在迪拜落成，那就是"隼城奇观"。这个复制了世界七大奇迹的综合景区内，还设有住宅区以及一个形似猎鹰的购物商场。2014 年 2 月，一个集户外电影院和比邻大海的商场于一体的休闲娱乐中心在阿联酋开放，取名为"海滩"。

第五位：巴西。2013 年排名第一位，人口 202656788，人均 GDP 为 12100 美元。热切关注巴西的人不仅有狂热的世界杯球迷。这个拉丁美洲国家曾两年位列榜单第一位，但 2014 年却因通货膨胀和增加的家庭债务排名降至第五位。由于失业率较低，巴西仍位列前十。苹果、Forever 21、Gap 和 Zara 均进入巴西，他们认为巴西零售业能借世界杯的东风更加繁荣。而沃尔玛因为人力成本过高，关闭了巴西的 25 家超市，这也反映了这个国家面临的各种挑战。

第六位：亚美尼亚。去年排名第十位，人口 3060631，人均 GDP 为 6300 美元。虽然亚美尼亚人口较少，在一些部门存在着强大的垄断组织，但是其快速增长的 GDP 和较低的市场饱和度促使国际零售商来此分一杯羹。同时，亚美尼亚政府致力于吸引外国企业，措施包括取消企业注册费等。Zara 打算今年在该国开设第二家门店，而罗兰爱思计划再新添两家门店。

第七位：格鲁吉亚。去年排名第八位，人口 4935880，人均 GDP 为 6100 美元。格鲁吉亚被称作一颗"小宝石"，第七位的排名归功于该国 GDP 的增长和消费支出的稳定。时尚服装零售商最早进入格鲁吉亚是在 2011 年，此后，约有 40 个品牌进入该国，包括 Zara、Marks & Spener、Gap、Aldo 以及 Topshop。但是科尔尼公司表示，在该国运营的多数零售商表示当地的传统市集是他们最大的竞争者。

第八位：科威特。2013 年排名第九位，人口 2742711，人均 GDP 为 42100 美元。该国的经济主要依附于石油出口，已然成为奢侈品零售商垂涎的香饽饽。2013 年，知名手表品牌萧邦全球最大专卖店在科威特城开业。路易·威登在 The Avenues 商场开设了一家两层楼高的店面，此商场还设有香奈儿和 D&G 专卖店。

第九位：马来西亚。2013 年排名第十三位，人口 30073353，人均 GDP 为 17500 美元。在大量青年人口和高人均收入的共同作用下，马来西亚这一亚洲国家闯入今年榜单的前十名，这也是该国自 2007 年以来的最高排名。在马来西亚，由于国民可支配收入的增加，包括时尚、运动和电子产品在内的高档耐用品的发展速度比生活必需的食品和饮料要快得多。同时，因为政府将零售业作为经济的一个重要增长点，报告称"马来西亚会成为一块国际零售商的吸铁石"。2014 年，法国高级零售商老佛爷百货公司和日本零售公司高岛屋均会在该国开设百货商店。

第十位：哈萨克斯坦。2013 年排名第十一位，人口 17948816，人均 GDP 为 14100 美元。位于亚洲中部的哈萨克斯坦人口较少，而收入差距悬殊，因此相比之下，奢侈品市场相对强大，而低收入消费者市场潜力一般。近年来，一些奢侈品牌已经进入哈萨克斯坦，如迪奥和阿玛尼。但是由于 GDP 增长缓慢，再加上其货币哈萨克斯坦坚戈的贬值，对于国际零售商来说，入驻哈萨克斯坦仍然是一个挑战。

三、世界主要城市零售商渗透情况

与科尔尼的研究形成对比的是，世邦魏理仕在《2013 零售业全球化进程》报告中，对全球 200 多个城市 320 家世界顶尖零售商的发展轨迹进行了描绘，并以此追踪零售商的跨境拓展动向和城市渗透率。报告指出，2012 年零售商扩张范围增广，81% 的受访城市均迎来至少一家零售商的新进驻。

截至目前，美国零售商在全球门店扩张方面最为活跃。过去美国零售商偏好亚洲与西欧市场，现在美国零售商正逐渐将目光转向中东（2012 年该地区 18% 的新入驻品牌均来自于美国）、中欧与东欧（17%）以及拉丁美洲（10%）。意大利、英国及法国零售商也非常活跃，虽然亚洲也是它们扩张的重点目标，但它们仍主要关注各自所在的地区。

研究结果显示，中国香港仍是最受零售商欢迎的城市。2012 年新进驻中国香港的 51 家零售商不仅局限于一直关注该市场的高端时尚品牌，而是来自各个行业。这些新品牌主要来自欧洲、美国、日本及韩国。尽管 2012 年五个新兴市场进入了该排行榜前 20 强，但成熟市场仍是零售商进行扩张计划的主要对象。基辅以 39 个新品牌入驻稳居第二，圣保罗（25 个）、雅西（19 个）、马斯喀特（17 个）和胡志明市（15 个）紧随其后，均为重要目标市场，这是基辅第二年进入全球前 3 强。市民收入迅猛增长以及市内优质零售门店供应严重不足推动了大型购物中心的发展，从而吸引普拉达（Prada）、Camper 及 S. Oliver 等众多零售商入驻基辅。柏林在新零售商入驻数量上位列第三（28 个），法兰克福（20 个）、汉堡（19 个）及慕尼黑（19 个）均进入前 20 强。低失业率、日益上涨的薪酬和空前良好的就业状况为德国打下稳固的消费基础，同时也鼓励零售商将视野扩大至德国更多城市。最新进驻柏林的零售商包括 Mulberry、Hollister、Pull&Bear 及 Zara Home（该品牌也进驻慕尼黑）。新加坡（25 个）已迅速奠定其东南亚区域中心的地位，国际零售商将其视为向东南亚发展的门户城市。新加坡每年会吸引大量游客前来参观，"滨海湾花园"、"河川动物园"等景点大受欢迎，零售商将从其发达的旅游业中获益。同时，新购物中心的发展也为全球零售商进入该市场创造了机会。在全球成熟市场层面，迪拜迎来 25 个新品牌，巴黎、伦敦及纽约紧随其后，具体情况如表 8 - 1 所示。

表 8 - 1　　　2012 年首要目标市场（根据新入驻零售商数量排名）

序号	地区	新入驻零售商数量（个）	市场状况
1	香港	51	成熟市场
2	基辅	39	新兴市场
3	柏林	28	成熟市场
4 =	新加坡	25	成熟市场
4 =	迪拜	25	成熟市场
4 =	圣保罗	25	新兴市场
7 =	巴黎	24	成熟市场
7 =	东京	24	成熟市场
9	伦敦	23	成熟市场
10 =	纽约	20	成熟市场
10 =	法兰克福	20	成熟市场
12 =	雅西	19	新兴市场
12 =	华沙	19	成熟市场
12 =	汉堡	19	成熟市场
12 =	慕尼黑	19	成熟市场
16	马斯喀特	17	新兴市场
17 =	胡志明市	15	新兴市场
17 =	多伦多	15	成熟市场
17 =	莫斯科	15	成熟市场
17 =	新德里	15	新兴市场
17 =	里昂	15	成熟市场

资料来源：世邦魏理仕. 零售业全球化进程（2013）.

从区域来看，欧洲是最受欢迎的地区。报告数据显示，欧洲迎来 49% 的新进驻品牌，亚洲、中东与北非（MENA）地区分别以 24%、11% 的比例紧随其后。拉丁美洲、北美及太平洋地区分别吸引9%、7%及低于1%的新进驻品牌。

从行业方面来看，2012年中档时尚零售商比其他行业拓展更多新市场，占各行业总数的22%，奢侈品零售商（20%）紧随其后，咖啡和餐饮零售商（13%）成为另一增长领域，国际零售商积极扩张以满足消费者不同娱乐零售需求。

世邦魏理仕的报告认为，缺少新的优质门店限制了部分品牌扩张计划的实施，在成熟市场中这一点尤其明显，同时也影响到了许多新兴市场。新兴市场中大部分新开发项目均位于大型城市的周边地区，只能吸引到国内品牌进驻。对国家地区和门店入驻场所类型的选择，零售商较以前更为挑剔，他们将目光锁定在了最大型城市中最优质场所。此外，在线零售业的发展进一步增加了零售商分析其业务拓展的严密性。部分品牌削减了门店规模，但大多数品牌采取了多渠道战略，不但发展在线业务，同时也投资新建门店并继续投资发展现有门店。对于许多零售商而言，在新市场中开设门店仍是重点方向，这也表明跨国业务将在未来几年继续稳步发展。

四、中国零售业海外目标市场的选择

中国零售企业国际化仍处于初始阶段，在这一阶段，如何进行海外市场选择就显得非常重要。这不仅关系到我国零售业后续经营的绩效，而且关系到整个国际化过程的成败。

与发达国家的零售企业相比，中国的零售业在品牌国际知名度、零售专业技能与文化、国际形象认同度等方面都存在不小的差距。传统的来自发达国家国际零售企业的国际化经验，并不能完全适用于中国零售企业，结合中国零售业自身特点及已经走出去的零售业的海外目标市场选择，中国零售企业的海外市场选择，应该重点考虑地理距离、文化差异、目标国的市场规模与人均收入水平、东道国基础设施水平和政策环境等因素。

自2008年全球金融危机和欧债危机以来，中国对外直接投资增长迅速。在2008年之前，中国对欧盟27国投资每年不到10亿美元，到2009年和2010年，年投资额平均达到30亿美元，到2011年和2012年再增3倍至100多亿美元。与此同时，中国对美国投资也从2008年不到10亿美元增至2010年的50亿美元，虽在2011年微降至47亿美元，但在2012年再次增至历史新高，达到65亿美元。中国对欧盟投资迅猛增长主要是由于欧元区陷入财政与经济危机，很多中国投资者趁机投资陷入资金短缺但具有稳定增长潜力的欧洲企业，如公共事业企业和基础设施，欧盟国家也欢迎中国投资机场、电网和港口。2012年，中国企业在这一领域投资超过50亿美元。反观美国，在交通基础设施方面几乎没有吸引任何投资。2014年1月至11月，中国对东盟、欧盟、澳大利亚、美国、俄罗斯、日本和中国香港地区这七个主要经济体的投资达671.6亿美元，占中国同期对外直接投资总额的74.8%。其中对欧盟和日本的投资分别增长195%和80%；对美国投资46.4亿美元，同比增长27.1%。

在这样迅猛增长的投资背后，中国企业面对的却是异常复杂的欧美国家市场环境。由于担心中国投资对美国家安全产生影响，美国外国在美投资委员会阻挠了多项高技术行业投资合同，很多中国投资在美国政府官员、国会议员和安全部门的阻挠下破产。例如，中国通信设备公司在欧盟投资是在美国的三倍。随着美国经济复苏和中国对高技术与服务业投资兴趣增长，中国对美投资预计仍将保持在较高水平。但在基础设施、高技术，包括服务业领域，政治因素非常重要，对于未来投资能否实现起着至关重要的作用。

目前世界各经济体发展呈梯队式分布，发达国家国内市场趋于饱和，发展中国家需求波动较大。经济保持微幅增长，其经济总体属于高位震荡运行。相比于发达国家比较成熟的市场和法律环境，广大发展中国家投资环境、经济发展势头在很大程度上却取决于其政局及经济发展水平。这说明很多发展中经济体或欠发达的经济体，在政策法规上有比较大的不稳定性，"朝令夕改"的现象客观存在，构成了中国企业到发展中国家投资的不确定性和风险。这就是为什么这两年中国企业愿意到欧美投资的原因。在欧美投资，虽然成本高，但优点就在于政策法规比较完善，透明度和稳定性比较强，融资环境和市场稳定性都较好。但是，对于很多发展中国家而言，薄弱的经济基础、动荡的政局本就是先天劣势，而这种劣势往往意味着经济没有一个良好的增长环境，只能长期在低位徘徊，社会矛盾也将持续爆发，反过来再次制约经济发展。如此往复，形成一个恶性循环。投资发展中国家的风险也就在于此。2014年年底爆发的卢布危机既有欧美对俄罗斯经济制裁的原因，更有俄罗斯国内因素的影响。

除了上面说的风险，在发展中国家的投资风险还有以下方面：首先，发展中国家政府权威普遍较弱，反对党派出于政治考虑往往"为了反对而反对"，哪怕是对老百姓有好处的项目，只有这样，才能让执政者显得碌碌无为，以便自己取而代之；其次，发展中国家巨大的市场潜力是一块肥肉，争食者众，在竞争中处于劣势的企业往往采取"游说"等政治手段对原有决策程序进行干预，以破坏市场规律下产生的谈判结果；最后，一些西方国家出于过时的"冷战思维"，推己及人，始终对中国的投资抱有戒心，在中国企业"走出去"的过程中，往往利用自身在目的国的历史及政治影响力加以干预，为中国企业"走出去"制造了很多困难和障碍。利比亚战争一开打，中国企业在利投资遭受重大损失；缅甸一换民主政府，项目推进又遇阻力；土耳其的项目做了八年，前四五年都在打官司；入股外国企业，反遭恶意调查；2014年中国举办APEC会议前3天，墨西哥总统出人预料地撤销了中国公司的高铁投标。如此等等，可见中国企业和资本"走出去"面临的复杂困境。

从中国零售企业现状来说，应重点考察与中国文化接近、投资环境好，限制少，同业竞争力较弱，消费潜力大的国家，在自身经营能力控制下的国家和地区范围内有选择地投资，重点是经济发展状况较好、较有市场潜力、与中国政治关系稳定的发展中国家（张亚涵和朱功睿，2008）。目前较为理想的区域包括东南亚地区、中亚国家，还有非洲尼日利亚、南非等国。尤其是东南亚地区，与中国地理相近，文化相缘。当然，实施跨国经营的零售企业应做到充分了解有关国家（地区）的政治和法律环境，赢得中国和目标国政府的支持，制订适宜的、有弹性的投资和发展计划。

中国零售企业"走出去"有两种模式可供选择：一是全球整体扩散战略；二是区域集中战略（孙元欣，1999）。两相比较，对于实力尚不够强大的中国零售企业而言，稳健经营的区域集中战略是目前我们跨国经营战略模式比较好的选择。区域集中战略的好处是：降低物流成本；缩短配送时间，保证商品的新鲜度；减少竞争对手开店的机会；提高地区的知名度、提高宣传效果。为了实现区域集中战略，中国零售企业应坚持本土化优先的战略，在海外市场上稳健经营，提高本身的抗风险能力，以成长型分店为主，谋求迅速占领市场，获得较高的市场成长率，从而经受住区域性经济波动的考验，并具有较强的市场扩张能力。

对于已经涉足国际化经营的企业来说，虽然零售业国际化早已突破"地理相邻、文化相缘"的束缚，中国零售企业仍然可以率先从周边国家和地区，特别是我国港澳台地区及东南亚市场迈出国际化的步子。苏宁在这方面已经做出了非常有益的尝试。为了减少国际化经营的风险，企业可以借助我国港澳台地区的地理优势和国际化资源，与这些地区的企业联手进军国外市场，并优先考虑在已经与中国商签投资保护协定、自由贸易区以及境外经济贸易合作区的国家和地区市场开拓海外市场。在这些市场，往往可以使我国出口有效地绕过贸易壁垒，减少贸易摩擦，同时为企业获取先进技术、稀缺资源，促进我国各类企业"走出去"集群式国际化提供有效的渠道。

五、基于自贸协定的中国零售业海外市场选择和准入分析

根据世界贸易组织《服务贸易总协定》，服务贸易包括跨境交付、境外消费、商业存在和自然人流动四种形式。为推进中国零售业"走出去"，专门分析与中国签署的自由贸易协定国家在批发和零售业务、跨境电子商务以及物流配送（速递业务）业务中的服务贸易项目承诺是很有意义的。因为，这不仅关系到市场准入与否，也关系到市场准入条件、政策和进入方式。只要自贸协定国家或地区允许我国企业在其境内开展零售业务，中国零售业联盟就能走入目标市场。其中，跨境电子商务业务指服务贸易协定下具体承诺表中包括数据包交换、电子邮件、互联网和局域网服务、数据线路交换、传输服务、在线信息和（或）数据处理、移动通信服务等支撑跨境电子商务的服务项目。物流配送（速递）指服务贸易协定下具体承诺表中速递业务，这是支撑电子商务运行的基本保证，是承诺表中比较具体的服务项目。

为了更好地帮助中国零售企业选中目标市场，下面就与中国已签自贸协定的国家有关的市场准入进行逐一分析比较。表 8 – 2 中分别用 1、2、3 和 4 代替上述服务贸易的四种形式：跨境交付、境外消费、商业存在和自然人流动。

表 8 – 2　　　　中国自贸协定国部分服务贸易项目市场准入情况

国别	批发和零售	跨境电子商务	物流配送（速递）
东盟	1、2 和 3 多数国家没有限制	1、2 和 3 多数国家没有限制	1、2 和 3 多数国家没有限制
巴基斯坦	批发*：1 和 2 没有限制；3 除外资参股限于 70%，没有限制 零售*：1 不做承诺；2 没有限制；3 除外资参股限 70% 没有限制，需经济需求测试	1、2 和 3 没有限制，除了外国股权上限为 60%	1、2 和 3 没有限制，除了外国股权上限为 70%
智利	1、2 和 3 没有限制	1、2 没有限制；3 取决于（SUBTEL）电信秘书处的让步、特许或同意。提供（国内国际）长途电话服务的供应商必须是一个开放的公司	未提及
新西兰	1、2 和 3 没有限制；4 未涉及	1、2 和 3 没有限制；4 未涉及	所有运输方式 1、2 和 3 没有限制；速递未涉及

续表

国别	批发和零售	跨境电子商务	物流配送（速递）
新加坡	批发*：1、2 和 3 没有限制 零售*：1 不做承诺；2 没有限制；3 没有限制	1 依照与获得许可的运营商签订的商业安排；2 没有限制；3 外资股份累计不得超过 73.99%，其中直接投资上限为 49%，间接投资上限为 24.99%	1 不做承诺；2 没有限制；3 不做承诺
秘鲁	批发*和零售*：1、2 和 3 没有限制	1 除下列第 3 条外没有限制；2 没有限制；3 秘鲁通信部保留将来决定哪些情况下需要特许或授权才可提供电子邮件服务和在线信息和/或数据处理之间服务的权利，除此之外没有限制	1、2、3 和 4 不做承诺
哥斯达黎加	批发：1 不做承诺；2 没有限制；3 没有限制 零售：1 不做承诺；2 没有限制；3 不做承诺	1 不做承诺；2 没有限制；3 在哥斯达黎加提供电信通信服务需获得相应的受让权、授权和许可。合资公司中的外国资本参与应限制在 49%	不包括根据国家法律由国家和国有企业专营的服务：1、2 和 3 没有限制
冰岛	1、2 和 3 没有限制	1、2 和 3 没有限制	未提及
瑞士	批发*和零售*：1 和 2 没有限制；3 除遵循州和/或市级审批程序，但仍可能会导致授权拒绝的大型分销设施外，没有限制	1、2 和 3 没有限制	1、2 和 3 没有限制

注：① 表中所有项目，针对自然人流动，除另有说明外，均为"除水平承诺中内容外，不做承诺"，因此，不在表中——显示。

② "*"表明对批发或零售的货物有限制，详见《服务贸易协议》中的具体承诺减让表。

③ 本表针对除"中国香港、澳门和台湾"以外的国家或地区，因此，未统计内地与香港、澳门的更紧密经贸关系安排（CEPA），以及大陆与台湾的海峡两岸经济合作框架协议（ECFA）。

资料来源：根据各国与中国签署的《服务贸易协定》中的具体承诺表整理。

从表 8-2 中看出，我国签署的 9 个自由贸易协定所涉及的 18 个国家或地区中，对批发和零售、跨境电子商务业务和物流配送（速递）三个服务项目，都对中国自然人流动方面进行了限制。但是，对跨境交付和境外消费基本上没有限制，对商业存在方面，有些国家设立了准入条件，有些国家没有限制。

因此，中国零售业"走出去"进入这些目标国家从事批发和零售业务需要满足"商业存在"限定的开设实体店（铺）的条件，而为其服务的跨境电子商务平台和物流配送（速递）系统方面障碍很少。这就为中国零售业借助跨境电子商务平台和物流配送体系走入自贸协定国家和地区，开展内外贸一体化创造了条件。

六、"一带一路"战略背景下中国零售业的机遇

在 2013 年世界贸易组织通过《贸易便利协定》之后，亚太自贸区建设成为北京 2014 年 APEC 会议上最大的焦点，为亚太地区的贸易自由化打开了新的空间。要启动亚太自贸区建设，信息共享是开展自贸区研究的首要任务，要将成员国各自开展自贸区的经验进行沟通交流和深入分析，增加贸易规则的开放性和透明度；要开展案例研究，比较判断哪个规则更好，更具有普适性，最后是研究实现路径。中方已经表示，亚太自贸区启动研究的形式将持开放的态度，除各经济体政府官员的参加外，也将邀请专家和企业界人士参与到进程中来，围绕建设一个有包容性和互利共赢的自贸区的目标，有关贸易规则制定不是只有利于一个经济体或者一类经济体，而是有利于所有参加的经济体。

为了整合区域经济和促进全球一体化，中国于 2013 年开始提出了"一带一路"的战略构想。"一带一路"分别指的是丝绸之路经济带和"21 世纪海上丝绸之路"。据初步估算，"一带一路"沿线总人口约 44 亿，经济总量约 21 万亿美元，分别约占全球的 63% 和 29%。"一带一路"作为中国首倡、高层推动的国家战略，契合沿线国家的共同需求，为沿线国家优势互补、开放发展开启了新的机遇之窗，是国际合作的新平台。"一带一路"战略是国家的战略性决策，是上海合作组织、欧亚经济联盟、中国—东盟（10 + 1）、中日韩自贸区等国际合作的整合升级，也是我国发挥地缘政治优势，推进多边跨境贸易、交流合作的重要平台。"一带一路"战略也是全球化背景下，摆脱以美国为首的不平等国际贸易谈判，寻求更大范围资源和市场合作的重大战略。

根据"一带一路"的规划，丝绸之路经济带是中国与中亚、西亚各国之间形成的一个经济合作区域，其东边牵着亚太经济圈，西边通往发达的欧洲经济圈，被认为是世界上最长、最具发展潜力的经济大走廊。该区域虽然蕴含丰富的矿产和能源资源，但是交通不够便利，自然环境较差，经济发展水平与两端的经济圈存在巨大落差，整个区域存在"两边高，中间低"的现象。"21世纪海上丝绸之路"则是中国倡导，致力于构建与沿路国家，特别是与东盟更加紧密的命运共同体而提出的战略构想，参与区域涵盖东盟、南亚、西亚、东非北非、欧洲等。"一带一路"战略的最大特点在于，在平等的文化认同框架下，追求以"政策沟通、设施联通、贸易畅通、资金融通、民心相通"（简

称"五通")为主要内容的合作，这和零售业海外目标市场选择的原理高度重叠。此外，"一带一路"所涵盖的国家既有发达国家，也有发展中国家；既有紧邻，也有远邦，经济上与我国能够互利共赢，加上我国着力推动的互联互通建设，这一切都为我国包括零售业在内的企业"走出去"提供了巨大的空间选择。

为了配合"一带一路"战略的实施，中方设立了丝路基金，提出了筹建亚洲基础设施投资银行的倡议。这一倡议一经提出就得到了广泛支持。2014年10月24日，21个首批意向创始成员国在北京签约，共同决定成立亚洲基础设施投资银行。截止到2015年3月31日，一共有50多个国家提出成为创始成员国的申请，其中包括除美日之外的主要西方国家。亚洲基础设施投资银行不仅将为实现中国努力推动的互联互通产生极其重要的推动作用，从而夯实经济增长动力引擎的基础设施建设，还将提高全球资本的利用效率及对区域发展的贡献水平。基于亚太合作组织这一双边和多边合作的机制和平台，中国着力推动的互联互通有多重含义：既包括基础设施的互联互通，人和人之间的互联互通，还特别强调中国和有关国家之间的产业和产业之间的互联互通。特别值得指出的是，随着中国政府公布《推动共建丝绸之路经济带和21世纪海上丝绸之路的愿景与行动》，"一带一路"的共建原则、框架思路、合作重点和合作机制已经确立，一幅新的全球化蓝图的轮廓正在变得越来越清晰。在这幅蓝图的背景中，全球产业链在不断地延伸，生产网络在扩大和不断完善，这对于保障全球稳定的可持续、创新型发展影响深远。

在区域经济整合不断加速的背景下，特别是在以"五通"为主要内容的"一带一路"背景下，中国零售业"走出去"的空间越来越大。中国零售业应该在"一带一路"国家大战略的框架内，充分利用中国主导贸易自由化谈判的有利条件，抓住域内外国家互联互通网络建设的机会，在全球整体扩散战略和区域集中战略整体布局、相互协调的实施和运用中，兼顾当前和长远，制定适宜的、有弹性的海外市场投资和发展计划。在我国零售业"走出去"战略的实施中，海外目标市场选择、市场进入（时间、准入条件、政策及方式）选择以及海外投资风险管理等关键的战略决策，与"一带一路"战略规划在理念上高度契合，在内容上高度重叠。为此，应该加强顶层设计，在对外和对内两个方向上，在国家层面的规划、法律、政策、统筹协调、服务平台以及关联产业集群式"走出去"等方面，积极探索中国零售业"走出去"与"一带一路"两个战略的联动发展的对策建议，以发挥国家战略的整体最大效应。

第五节 零售业态选择

一、零售业态的含义

在零售业的海外投资中，如果说目标国、地区市场选择是其市场细分之一个层面的内容的话，那么，国别、地区市场内目标消费者的选择和确定就是市场细分之另一个层面的内容，而这往往和零售业态的选择一起加以讨论。

零售业态是指零售企业为满足不同消费需求而形成的不同经营方式，是零售专业技能的显性要素，它通过商品组合、店铺气氛、店铺服务、选址、价格策略等有形方式直接展现在消费者面前。对于零售业态的分类，目前国际上主要依据零售店的选址、规模、目标顾客、商品结构、门店设施、经营方式、营业时间、服务功能、价格策略等确定。零售业态从总体上可以分为有店铺零售业态和无店铺零售业态两类。有店铺零售是有固定的进行商品陈列和销售所需要的场所和空间，且消费者的购买行为主要在这一场所内完成的零售业态。无店铺零售不通过店铺销售，而是由厂家或商家直接将商品递送给消费者的零售业态。

从全球范围来看，随着全球经济一体化和科技进步日益加速，零售业态呈现多元化发展的态势，其发展的基本趋向大致表现在以下几方面：

（1）主力业态凸显，多业态并存。所谓主力业态是指在一定时期内占有市场份额大、发展迅速的业态。从单一企业角度看，这方面日益突出的是以连锁方式发展的超市业态，诸如国际上的沃尔玛、家乐福等超市连锁企业以及国内的上海华联和联华超市集团企业，其所实现的销售额与营利额都是其他业态的企业所无法比肩的。与此同时，其他业态虽然受到连锁超市快速发展的市场挤压，但并未从根本上扼杀这些业态。究其原因，一方面，在于零售企业的经营活动均受有限的商圈内各种因素的制约，即使是再有竞争力的业态也难于排除其他业态的存在，这是由非主流业态或多或少的具有自身的竞争优势所决定的；另一方面，消费群体的分层化，偏好的多样性、消费行为的多元化特征都决定了他们不可能完全依附于某一种业态而生存。如果从连锁超市极具扩张力的原因看，它主要以低需求弹性的生活必需品为经营内容，通过大规模连锁经营低成本扩张，这也就决定了它难以完全取代其他业态而独步天下。

（2）经营、管理理论与技术手段的作用日益突出。传统的商业相对于其他生产行业而言，所应用的理论与技术水平是落后的。但是，随着买方市场的出现，市场竞争不断呈白热化状态。这就迫使零售商不断引进、发展新的管理理论，不断采用具有高科技含量的技术手段，以提高自身素质和企业的核心竞争力，从而使零售业高科技的特征日益突出。经营与管理理论的应用，大幅度提高了零售业的市场适应和拓展能力，改善了其内部资源的配置状况，而技术手段的日益现代化，为敏感发现市场变化，实现经营与管理的各项指标，提供了有力的支持。从这个层面上讲，零售业态的竞争与发展已进入"技术决定论"的时代。在这个过程中，业态的变革与创新就成为必然的趋势。

（3）各种零售业态相互渗透与融合。早期各种零售业态的生成与发展，主要是基于其他业态的缺陷而发挥扬我所长、击其所短的作用。但随着竞争的加剧，各业态之间为避短，纷纷引入其他业态的优点，业态之间相互渗透与融合成为一大特点。例如，传统百货店过去都采用封闭式售货，使顾客自主选择权大受限制，而今开架售货已成为百货店采用的基本经营方式。这种从自选超市学习的经验，不仅降低了百货店的人工成本，也提高了消费者的购物积极性。反观超市业态，则对贵重商品和小件商品采用了柜台式售货的方式，这明显降低了商品的丢失率，也扩大了商品的经营范围；超市引入专卖店等如药店、茶叶店、小吃快餐已成潮流，百货店则更是如此，不仅有超市，还有餐饮、娱乐、健身等项目，俨然有购物中心的面貌。这种渗透和融合对于零售业态提高市场竞争力，形成综合优势是必不可少的。

（4）通过商品结构调整形成商品经营特色的趋势明显。现今百货店传统经营的许多项目已退出百货店的经营范围，如大家电、自行车等，而服装、服饰、鞋帽、箱包类商品已成为百货店的主营商品和利润的增长点，使百货店的传统含义发生了很大的变化。在连锁超市经营中，诸如生鲜超市、食品超市的出现成为超市经营的特色标志。显然，只有不断适应市场变化，相应调整商品结构，形成商品经营重点与特色，才能更好地吸引消费者。这实质上是各零售业态中的企业在市场中不断调整经营定位，更准确地与自己目标市场的需要相吻合的过程（Goldman，2001）。

二、中国零售业态发展概况

2004年，中国确定了《零售业态分类》的国家标准，该标准将零售业态分为 17 种,即百货店、大型超市、食杂店、专业店、专卖店、便利店、折扣店、超市、仓储会员店、家居建材店、购物中心、厂家直销中心、电视购物、邮购、网上商店、自动售货亭、电话购物。根据中国连锁经营协会 2014 年所做的调查,就各业态的发展来看,便利店和购物中心展现出较好的发展态势。便利店本着空间、时间和服务的便利性以及贴近消费者的特性,或将成为零售行业的新增长点。特别是随着电商和便利店业态的逐步融合,电商、服务商、货品供应商与便利店深度合作,出现了将体验、社交、生活服务和购物融合为一体的以社区客群为服务核心的全新商业模式。与此同时,购物中心顺应了消费者需求多元化,娱乐、健身、就餐消费需求日益增加的趋势,也有望保持较快的增速。相比于这两个业态,超市、百货和专业店在过去两年增长较慢,进入调整转型期(中国连锁经营协会,2014)。

该调查总结我国各业态发展的主要特点如下:

(1)超市。2013 年中国的传统商超行业经历了大变动。华润万家与特易购强强联合,物美超市并购卜蜂莲花半途而终,沃尔玛在中国一边开店一边关店,永辉冲击线上"半边天"败下阵,大润发"飞牛网"来势汹汹。外资零售集体唱衰,本土零售巨头开始崛起。面对电商的冲击,无论是大型的购物中心还是传统的零售大卖场,都在转型与调整中纠结。这一年,沃尔玛宣布关闭30 家店,华润万家、百佳宣布未来加大社区店布局,转型升级门店调整成为许多零售巨头的选择。"做小"的同时,零售商们也开始尝试"做大"。这一年,商超零售商进军地产开始风行,大润发、新华都、沃尔玛均先后宣布将加大自持自建购物广场的力度。第一,行业整体增长放缓,两极分化加强。2013年百强中以超市为主营业态的企业销售额年增长率仅为 8.7%。而中国连锁经营协会企业问卷调查的 83 家样本超市企业(包括未进入百强的企业)的增速更低(为 6%)。在这 83 家样本企业中,销售额增幅在 20% 以上的企业有 10家,销售额呈负增长的有 14 家。在毛利额方面,有 15 家企业取得了 20% 以上的增长,而有 14 家企业毛利额下滑。第二,并购热潮涌现将拉高行业集中度。基于中国连锁经营协会的百强数据计算,我国排名前八的超市类企业占据58% 的市场,市场份额超过 10% 的企业只有两家(华润万家和康成投资)。无论是和记黄埔启动百佳超市的出售交易,华润收购 Tesco 中国业务,都会提升企业在市场的集中度。第三,企业增长模式向精细化管理方式转变。我国大型超市和超市的门店数量增幅持续下降,已经从 2008 年的 11% 下降到 2012 年的5%。生鲜产品成为超市经营热点。以永辉为代表的超市企业以生鲜商品为市场切入点,通过生鲜及加工提升品质促进引流,对抗经营范围日益扩大的网络零售带来的冲击。

（2）便利店。第一，便利店业态成为零售行业的新热点。据 2013 年中国连锁经营协会发布的对 26 个大中型城市便利店发展状况的分析，便利店开店速度普遍高于百货和大型超市，为 19.5%。在温州、呼和浩特和徐州等城市均超过了 50%。同时各传统零售商和电商也积极进行战略部署进军便利店市场。华润万家、岁宝百货、广百、步步高、天虹等国内多个知名零售企业近年开始涉足便利店业态以寻找更大的成长空间。第二，便利店、电商联手打造崭新商业模式。便利店以其销售网点分布广泛和贴近消费者成为电商极佳的合作伙伴。如果说亚马逊、1 号店和上海全家便利店合作，为顾客提供收货自提和货到付款服务是电商和便利业态联合的初体验，那么京东与太原唐久的联盟则为便利店向互联网转型塑造了一个初步的商业模式。第三，社区便利店崭露头角。我国便利店速食占比只有 6.4%，远低于中国台湾地区的统一超商（16.4%）、日本 7－11（39.6%）和日本全家（32.2%）的水平。鲜食和速食是社区便利店特色商品中的重要组成部分，具有很强的聚客能力，也有利于提高毛利率水平。

（3）百货商店。第一，百货行业增长乏力，企业加快转型寻求突破。新兴业态和网络、移动购物的兴起带来了分流效应，在成本高企的情况下，企业的平均毛利率较上一年下降了 0.08 个百分点。第二，提升业态核心技术，重塑渠道价值。百货企业重新定义其在价值链中的位置，在不动摇联营的基础上，运用信息技术实现从品类管理到数据化单品管理的过渡。同时，自营也成为百货企业提升核心技术的另一方式。第三，差异化经营是取胜关键。确定目标客群并在客户心目中树立独特的商业形象，以达到差异化经营拓展生存空间的目的。基于适当的定位，企业可以通过特色的品牌搭配形成自身的特色，特别是在区域龙头逐步形成的情况下，规模形成有助于提高百货商引进品牌的能力并取得城市协同品牌效应。

（4）购物中心。第一，购物中心将保持快速增长。我国购物中心即使在金融危机之后仍然保持了 10% 的增速。中国连锁经营协会的企业门店问卷调查也显示，2013 年各业态中，购物中心的销售额保持了最高的增速为 11.4%。第二，供给过剩和有效供给不足共存。一方面是定位恰当运营有效的购物中心表现出很强的活力并具备极强的吸客能力，而另一方面是布局不合理的购物中心提供的无效供给。第三，社区型购物中心或将成为开发重点。德勤和中国连锁经营协会 2013 年购物中心消费者调查数据显示，52% 的受访消费者会选择就近的购物中心，32% 的消费者会选择公共交通 1 小时之内可到达的购物中心,而只有18%的消费者会选择公共交通1小时以上可到达的购物中心或对距离无所谓。

(5)专业店。第一,专业店增长显著放缓。2013年,商务部和中国连锁经营协会联合发布的报告显示,专业店销售额在零售业销售总额中的比重下降了0.6个百分点,同时营业面积受关店影响而呈负增长。第二,实体店与网络零售融合加快。专业店是受到电商冲击最大的零售业态,这也促使了企业加快转型,积极布局多渠道销售。第三,深化供应链管理控制成本提升效率。在成本快速攀升、销售收入增长减慢而企业利润空间受到大幅挤压的情况下,专业店企业更加重视提高门店效率和对平效、人效等经营效率指标的监控,重视对供应链流程的优化。就本书中的数据可以看到,家电类专业店店铺的平效、人效及库存周转期都有较大的改善。

目前我国人口结构中年龄在18~31岁的人口超过2.9亿,"80后"、"90后"的消费者已经成为主力消费人群,消费群体的变化必然带来零售业态的相应变化。消费者将更加注重服务消费,追求购买及使用过程中的服务质量和体验,更为讲求品牌和文化内涵,更加关注食品安全和健康等,消费个性化、便利化、情感化特征更加明显。消费结构、消费方式等方面的变化必将促进以提高生活品质为主旨的各种新型零售业态营运而生。百货业态中的大众百货、时尚百货、高端百货的区隔将更加明显。百货店将向精品化、专业化方向发展,以精细化的管理、更有魅力的品牌组合和良好的服务,实现差异化、有竞争力的经营,在一线城市将呈现提档升级趋势,在二、三线城市得到进一步扩张、发展。超市业态将会逐渐分化出高端超市、生鲜超市、社区超市等细分业态,同时更加注重食品安全和环境营造,不断加大对生鲜食品销售和管理投入。便利店业态将力求充分满足顾客随时随地便利购物的需求,更加体现便利化和个性化经营特色,出现专门为不同人群服务的细分业态,在为消费者提供日常生活消费品服务的同时,逐步丰富、拓展配套服务、综合服务功能。各类零售企业将更加注重品牌建设,通过树立企业自有、定制品牌、销售知名品牌产品,提升经营商品的品牌档次,有效打造企业服务品牌,进一步提升企业盈利水平和经营服务附加值。品牌商品专卖店、专业店将大量增加,企业品牌推广、促进和保护体系将日益健全。

从根本上说,业态创新需要从本质上实时把握消费者需求和购物行为的变化,对现有购物体验设计做不断修正,它是推动有质量增长的一个重要原动力。事实上,像沃尔玛在美国和特易购在英国本土两个看似并不十分活跃的消费市场,仍能多年维持超过行业平均和GDP的增速,靠的就是持续创新和出色的运营能力。值得注意的是，业态创新未必只是一味求新，它可以是在一个大的业态概念下进行细分管理。例如，超市或电器专卖店，是一个比较固定的业态。但是，在这个标准业态里，在不同的层次，实际上可以做不同选择。即使在一线城市内，或者即使在二线城市内，不同的商圈有不同的人流，不同的人流就有不同的需求和不同的购买力。针对这些购买力，针对这些偏好的不同，需要商家设计出在一个标准业态之下或者之内的一些业态细分。这里的创新就并不一定是新，侧重点是更"细"，能够在一个标准的业态之下，更加准确地契合当地消费者的需求。总之，通过不同层次的创新，企业能够加强各种业态的专业性和针对性，丰富商品品类的特色，满足细分消费群体在某些场合的特殊要求，在降低空间成本的同时，希望可以增加店铺对消费者的黏性。

三、中国零售业海外市场业态选择

从中国零售企业进入国际市场的业态选择可以看出，专业店（苏宁、国美）、百货店（北京华联）、大型综合超市（天客隆、上海联华）、购物中心（上海新天地）是目前我国零售企业进入国际市场的主要业态选择。之所以选择这些业态形式，一方面是因为这些业态形式已经在我国国内发展得比较成熟，取得了较好的零售业绩；另一方面是因为我国零售企业进入国际市场时考虑了东道国的经济发展水平，在经过了充分的市场调查后，选择了在东道国或地区最具有竞争力的业态形式（赵萍，2006）。但是，正如前面的讨论提到的，目前世界范围内的零售市场正在经历复杂深刻的变化，面对极其复杂多变的环境因素，只有能够深刻认识零售本质，敏锐把握变化趋势的零售商，才能在大浪淘沙的激烈竞争中生存下来，发展壮大。

从全球范围的发展趋势来看，实体店的运营受到的限制更为明显。究其原因，各国、地区人口社会统计特征正在发生巨大的变化，全球范围出现晚婚晚育的趋势，单身人口增加，所谓"一人经济"的时代已经到来，这种家庭规模、消费习惯的改变不但影响实体店的选址、面积、品类，甚至影响门店的全部运营。门店除了货架、商品，每寸空间都会被充分利用起来。门店除了货架和商品之外，将会处处体现出属于门店的品牌文化，整个门店营造出来的氛围会促成消费者很多冲动消费。在这样的背景下，目的性很强的商品销售更具优势，大型综合超市更容易受到便利店的挑战。此外，在电子商务的冲击下，百货、超市的生存环境恶化，也可能为便利店崛起创造有利条件。便利店的便利性不是电商能比拟的。便利店会借助电商工具，让便利店更加便利化。但是，没有文化的便利店将很难生存下去。

另一个值得关注的趋势是，无论是实体店，还是电子商务，体验文化已经根植在消费者的头脑深处。现在的电子商务拼的不是产品质量，而是营销水平，这对消费者不利，也重新给了体验店生存空间。体验店的品牌塑造和文化打造，加上 O2O 工具的武装，就可能创造竞争优势。反之，没有文化，没有品牌的体验店就会遭遇消费者的冷落。体验店在追求服务的过程中，产品体验性，售后服务，物流等与品牌文化一起构成零售商的核心竞争力。零售商要致力于打造自己的品牌特性，也就是赋予自身独特的消费文化、商业文化，O2O会让体验店变得更有竞争力，因为它可以给用户做商品过滤，通过商品过滤让消费者发现精品，这也是塑造品牌文化的关键因素。

第六节　进入方式选择

一、零售商海外市场进入的基本模式

零售商进入海外市场的模式尽管名称各异，但是最常用的有特许、收购、合资、独资四类。特许即特许经营，指特许商将自己所拥有的商标、专利和专有技术、经营模式等以特许经营合同的形式授予受让商使用，受让商按合同规定，在特许商统一的业务模式下从事经营活动。但是，不是任何零售商都能采用特许方式经营的，零售商必须满足品牌号召力、有一定的特许经验等条件才适合采用特许进入。

合资指与目标市场的企业联合投资，共同经营，共享收益，共担风险。合资有助于获取海外市场当地的信息和政策支持等，有利于海外扩张企业快速融入目标市场。

独资指零售商独自到海外目标市场投资建立经营网点，独资意味着零售企业要对海外市场经营成果承担全部责任和风险，因此对企业的规模、管理、经营流程、适应性、组织柔性等方面有很高的要求。

并购是国际化投资中最常使用的方式之一，也是海外扩张企业快速进入目标市场，获得当地资源的一种方法，但是被收购公司的价值评估比较难以把握，也存在着遭到东道国政府反对的风险。

表 8 - 3 描述了不同市场进入方式所对应的风险特征。

表 8 - 3　　　　　　　不同进入方式的风险特征

进入方式	控制水平	资源保障	技术扩散风险	灵活性
独资	高	高	低	低
并购	高	高	低	低
合资（控股）	中	中	中	中
合资（非控股）	低	低	高	高
特许	低	低	高	高

资料来源：黄海生（2007），第 13 页。

二、海外市场进入方式选择的影响因素

中国零售业目前的状况是品牌效应不强，行业内缺乏海外并购的相关人才，所以中国零售业进入海外市场的模式可以根据东道国与我国实际情况的综合考虑，酌情予以选择。例如，与东道国贸易企业、零售企业合资；或者与我国大型贸易企业、制造企业结成企业联盟，共同出击。在确定进入模式的时候，除了要掌握各类进入模式的优缺点之外，零售企业还要了解海外市场进入模式选择的内部与外部影响因素。一般而言，大型零售企业海外市场进入模式选择的外部影响因素主要是指东道国的环境因素，内部影响因素是指大型零售企业自身的特点（蔡荣生和王勇，2009）。

1. 东道国环境因素

大型零售企业海外市场进入模式会受到东道国市场、经济、法律政治和社会文化等环境因素的影响。首先，东道国的市场环境因素主要包括市场潜力和竞争情况。如果东道国市场的潜力不大，而且需求又高度不确定的话，大型零售企业往往会采取特许的模式进入海外市场。如果东道国市场面临激烈的竞争，大型零售企业往往也不会采取资源承诺程度较高的进入模式，如独资或收购等，这种情况下，战略联盟模式相对优于其他进入模式。其次，东道国的经济环境因素主要包括东道国的经济规模和经济发展水平。如果东道国的经济总量和规模较大，那么大型零售企业在该国的市场规模也可能会较大，大型零售企业就可以考虑采取高控制的进入模式，如并购或独资。另外，即使有的国家市场还没有成熟，在短期内不能快速获利，但如果该国具有较高的经济增长率、人均收入增长率或投资增长率，那么大型零售企业也可以承担较高程度的资源承诺，以争取市场渗透和长期获利。一般来说，在东道国经济发展水平低于母国经济发展水平的情况下，独资模式优于并购模式；而当东道国经济发展

水平高于母国经济发展水平时，并购模式优于独资模式。再次，东道国的法律政治环境因素。如果东道国的政治或法律政策不稳定，大型零售企业对于采用资源承诺程度高的进入模式就会采取谨慎的态度。在东道国政府对于海外零售企业所有权形式管制严格的情况下，特许、战略联盟和合资模式要比独资或并购模式更加可行。最后，东道国的社会文化环境因素。在海外市场进入模式的实践中，大型零售企业往往将文化距离与海外市场进入的难易程度结合在一起来考虑。一般而言，中国大型零售企业国际化经营及其政策保障不足，当东道国与母国文化距离较小时，大型零售企业可以采取独资或控股合资的模式；而当进入与母国文化距离较大的市场时，特许往往会更优一些。

2. 零售企业自身的特点

零售企业自身的规模、专业技能、国际化经验等因素，也会影响其海外市场进入模式的选择。首先是零售企业的规模因素。零售企业规模越大，意味着可利用的管理资源越多，资金实力越强，就越有条件采取高控制的进入模式，如独资或收购模式。相反，零售企业规模越小，就越缺乏足够的企业管理资源与资金来支撑独资或并购，因此采取合资或特许的进入模式，是比较符合现实的。其次是零售企业的专业技能因素。与制造业相比，零售企业的专业技能更不容易被保护，因此零售企业的海外市场进入模式更倾向于选择高控制程度的进入模式，如并购、独资（有机增长）或控股合资，以防专业技能被免费模仿。当然，零售企业专业技能价值越高，也越容易采取高控制程度的进入模式。另外，当零售企业拥有比竞争对手更高的技术或管理水平或差异化的产品时，企业就拥有了比较优势。这些比较优势对零售企业的价值越大，企业就越倾向于使用高控制程度的进入模式，以确保这些比较优势不被竞争对手所模仿。最后是零售企业的国际化经验因素。一般来说，随着国际化经验与知识的增加，企业会更加倾向于实施多样化的进入模式。但是，这需要一个过程。在企业的初始国际化阶段，因为国际化经验和知识较少，没有足够的利用资源以及不确定自身的零售组合能否适应海外市场的需求，企业便在管理上更加倾向于采取谨慎的态度，往往选择低风险和低控制的进入模式，如特许等。而当企业具备了国际化经营的经验和知识后，进入模式的选择也会更加多样化，越是国际化经验丰富的零售企业，越倾向于采用高控制程度的进入模式，如独资等。

三、中国零售企业海外市场进入方式

根据中国国际贸易促进委员会 2012 年发布的《中国企业海外投资及经营

状况调查报告》显示,"获取国际知名品牌"和"寻求市场机会"已成了中国企业"走出去"的主要动机。其中,海外并购是主要的"走出去"方式。真正成功的海外并购,应该是企业海外发展战略、运营的完全融入。被并购企业内部管理效率和经营效益亦是衡量并购是否成功的关键标准。通过并购"走出去",关键还要"走进去"。对中国企业而言,国际化之难,难在中外企业文化的差异,难在对国外人文环境的理解,难在对各国贸易壁垒的突破,难在国际化人才的缺乏,难在相当多的企业还在用中国式惯性思维去做国际化。国际化在很多时候就意味着去"中国化",企业的战略、管理、技术、文化都要以全球为维度。国际化如同一场赛跑,欧美跨国公司比中国企业起跑的时间要早、速度要快,管理理念、技术资源、本土化能力等远强于中国企业。要打造国际化的企业,必须以世界为纬度整合全球资源,才能实现中国企业"跳级式"发展。

国际上通行的跨国并购的成功率的计算口径一般包括从锁定并购目标到谈判、竞购、交割、整合到运营获利为止的全过程。按这一口径计算,全球跨国并购平均成功率大约是25%。中国企业跨国并购有成功的案例,也有挫折的案例。其中,中国企业忽视法律体系,是并购失败率居高不下的主要原因。但是,有资料表明,中国企业跨国并购的总成功率高于全球水平,主要原因:一是中国企业整体比较谨慎,不轻易发起收购;二是多数并购发生在2008年的金融危机之后,并购的成本比较低。虽然中国企业开展跨国并购目的各不相同,但都是基于自身全球经营战略的决策结果。跨国并购是企业的商业行为,政府应该加强服务保障,指导企业提高"走出去"的成功率。

在中国企业"走出去"的进程中,民营企业作为一支新军,正成为中国企业海外并购的新主力。根据普华永道预测,未来在交易数量上中国民企将引领海外并购市场。促使中国民营企业海外并购加快的原因有:一是企业有"走出去"的需求;二是前几年海外资产价格受金融危机影响下滑,形成较好的交易机会;三是近几年较为宽松的货币环境。此外,与国企相比,民企海外投资遇到的阻力更小、障碍更少,也是一个重要因素。如国企在海外并购,经常遇到"政审"等方面的阻力,政治因素越来越成为国企海外并购的障碍。民企无须像国企在并购时可能会被部分人贴上"中国政府"的标签,从而引发政治上或其他舆论上的障碍。在并购行业方面,国企以收购能源、矿产类等资源性投资目标为主,但民企更为关注海外高科技、消费品、媒体娱乐等项目。对于海外并购而言,民企的优势是在决策、执行上都更灵活。值得引起高度关注的是,由于整合重组管理能力不足,民企海外并购也频被"泼冷水"。

民企的挑战主要有：首先是资金问题，不管是自有资金的储备还是获取贷款能力，民企都在流动性上面临挑战；其次是经验问题，总体而言民企海外并购经验较少，尤其是海外并购的整合难度大，对经验、对人的要求都很高，这对其交易的成功率产生影响。由于产业资本和金融资本还没有形成有效衔接，无形资产在境内外抵押限制较多，某些项目的贷款无法得到金融机构的支持。为此，应多角度为民企海外并购提供资金支持，同时政府要加快签订避免双重征税等多、双边协定，减少民企海外投资成本。

最近几年来，中国加大了在巴西、南非等新兴市场国家的投资。中国企业在这些国家往往没有历史积淀，没有前人介绍经验，一切都要靠企业自身探索积累。在这一过程中，"本土化"往往成为中资企业在新兴市场生产和经营的成功保障。只有"耐得住寂寞、吃得了苦头、负得起责任、挑得起使命"，才能在这些国家赢得一席之地。这些新兴市场国家往往会对中国的投资提供一些优惠措施及便利，但是同时也会提出一些需要中国企业满足的条件。比如，根据中国和南非两国的协议，任何一个投资于南非的中国企业适用于优先贷款协议，但是，投资当地的公司需符合南非的几个要求：一是必须转让技术，二是必须雇用南非公民，三是实现本地化，以让南非能够从中受益。

对中国零售业而言，"走出去"战略的内容包括目标市场、零售业态、进入方式的选择，以及竞争和扩展战略等。当企业处在国际化经营初级阶段的时候，"走出去"在地点和方式的选择上会有更多的制约。对于缺乏国际化经营的企业来说，借助跨境电子商务试水海外市场是一种合适的选择。例如，通过中国（上海）自由贸易试验区的"跨境通"满足境外消费者的需求，等条件成熟的时候再赴海外市场开设实体店。此外，可以以自由贸易试验区首个兼具免税、保税和完税功能的展示交易综合试验平台为"桥头堡"，将企业把海外并购主体落户在试验区，通过积累国际化经营经验来降低海外经营的风险。

对于国际化程度不高的企业来说，海外并购、合资经营是两种可供选择的进入方式。国际经验表明，并购可以整合一个零售集团各地区、各业态、各零售品牌的规模优势，并体现在集中采购管理、协同商品管理、自有产品开发、会员卡项目开展、IT系统建设等方面，对于中国国有企业来说，更有弱化对方政治敏锐性、资本及品牌来源地的功能。但是，必须指出，全球范围内零售业的并购案例败多成少。2014年4月，南京新百以2亿英镑收购英国老牌百货弗雷泽（House of Fraser，HOF）89%的股权，成就了中国A股有史以来最大的一次直接收购，成为中国企业有史以来最大的零售业海外投资案例。收购完成后，南京新百不但将为HOF注入更多资金，支持其未来发展，还将利用自身在中国和亚洲市场的渠道优势和影响力，为 HOF 进军中国提供便利，并帮助 HOF 进一步完善自有品牌的供应链，降低生产成本。这次收购也将提升南京新百的品牌影响力，更为重要的是南京新百将借此机会，引入 HOF 成熟的自有品牌和买手制的运营模式，实现从传统百货到现代百货的重大转型。但是，收购的成功能否在中英两家老牌百货企业之间产生巨大的协同效应，让双方互利互惠，共赢发展，特别是南京新百能否通过收购真正引入弗雷泽成熟的自有品牌和买手制运营模式，值得持续观察。

对于很多中国企业来说，海外并购失败的最大原因是中西方文化的整合。传统中国企业的经理们大多不能流利地使用国际商务中通用的英语，这使他们在进行国际交流时缺乏自信，阻碍他们不能像西方商人那样直接向东道国政府、企业和媒体表达自己的意愿。另外，中国企业文化讲究诸如特权和关系等非市场化的社会网络，而西方文化强调市场化的透明、制度以及责任、业绩等。为了加速文化融合，中国跨国企业的领导层应该以全开放的议程召开公司在全球各地分公司代表参加的会议，让来自不同文化背景的经理们广泛参与各种制度规范的制定。同时，为公司高层管理者提供国际交流培训可以帮助他们促进公司文化融合。中国企业与海外被收购企业在并购中进行整合时，形成共同的价值观和愿景是非常关键的。双方必须协调合作，为并购后的公司建立共同的战略和使命，形成新的企业文化，包括清晰的职能和责任分配。并购双方的文化交流活动有助于理解彼此不同的核心价值观和信仰。开放式的交流帮助并购双方改变自己关于决策和执行的态度，换句话说，从最初规避风险和避免对抗的态度转化为积极参与和承担责任的态度。中国企业与被并购的海外企业在文化整合过程中，还要注意吸收海外企业的一切先进因素，结合市场环境进行整合优化，适当加以创新，并应用于商业目的，使海外并购的文化整合成为提升企业自身国际竞争优势的过程。

四、零售知识转移背景下的海外市场进入

(一) 零售知识跨国转移的特征

在推进中国零售业"走出去"战略的实施进程中，零售知识的跨国转移是绕不开的重要问题。零售知识使用的特性体现在适用和适应方面。在跨国知识转移时，选择标准往往着眼于对于东道国企业和市场是具有"技术优势"或"竞争优势"的知识和技术，同时它们往往又以"体系化"、"一体化"形

式进行转移。知识虽然具有"适用的普遍性"，但往往在东道国企业的运营方面会出现矛盾、障碍。为此，就要考虑哪些知识是可以直接采用的；哪些知识是通过调整、修正可继续使用的；哪些知识内容是一体化且重要不可分割的，同时又体现"优势"等。东道国企业内在进行经营模式导入时，就其组织内部管理，人员培训方式、内容，供应渠道管理等方面的判断是相对不易的。这是因为一是在对经济水平，固有文化、商业习惯、职业文化认识等方面跨国企业与东道国存在着一定的差距；二是因为对零售业的技术知识的运用、运营中，内隐程度高的技能不易通俗地表达和传递。后者基本都要通过人员媒介进行转移。例如，沃尔玛在客服培训方面，通过长时间的持续培训和专家咨询，使员工深入理解公司经营理念，不断实践反复推敲，吸收、演化，最后形成员工自身的技能"三米微笑"。在组织沟通系统上，虽然有母公司的规范、示范等标准化，但是，形成系统运作还需要人员的有效领会、实践、习惯，最终才会形成执行力。这些都说明了母公司的"原创"进入东道国企业内，要个有适应过程和适用的选择。显然，零售知识的跨国转移与其供方和受方的情况密切相关。

1. 知识供方的推动力

知识供方的意愿、决策、推动力直接影响零售业跨国知识转移的有效性。零售知识转移供方的转移意愿主要表现在：母公司的经营发展战略；受方市场发展前景；母公司的知识能力；母公司对东道国的社会、政治、经济、文化等人文方面的考量和判断；知识转移的方式等。通常，在母公司经营战略实施下，进行海外公司经营运作时，自上而下的控制机制对子公司的知识转移产生明显作用。沃尔玛和家乐福在华经营显示：较多的规章制度、高度正式化的控制机制，促使子公司技术运用更多地体现标准化方式复制的运用，缺乏灵活性，没有调动"人"工作的工作激情，进而也影响内外社会资本的有效形成，从而表现出对本土的极大不适应，经营绩效也不理想。而下放权力、利用文化和激励等非正式的手段控制，有助于内外社会资本增强，使得企业内部建立良好信任和沟通，同时促使下属更积极地发展外部关系，促进外部知识的吸收和整合，进而知识运用和运营更适应本土，更具有竞争优势。

2. 知识受方的吸收力

知识受方的吸收力直接影响零售业跨国知识转移的有效性。这种吸收力主要表现在子公司对转移知识内容的习得、运用并通过消化吸收结合东道国实情形成企业自身的创新的能力。特别是在跨国企业内部的母子公司间的知识转移是带有主观性的，也就是说，被转移的知识不仅仅停留在硬件、软件、操作方式方法及技术相关原理的应用，事实上，还反映母公司在针对知识技术的理解、运营思想、工作方式、如何展开工作的思维方式等方面。如果这些主观性的东西直接进入当地，可显示知识"优势"的时候，但也会出现知识技术"不适合"的硬性定论。如何发挥"优势"，让转移知识更为当地适用、适应当地，企业内部的吸收力的养成对知识转移的有效性至关重要。

在中国的沃尔玛和家乐福的吸收力主要体现在，跨国知识转移开始、实施、整合各阶段所表现的对外来知识技术运用的识别、理解、应用能力（汪旭晖，2012）。在开始阶段，沃尔玛不能辨别哪些适合或不适合中国市场的发展，最终只能大量复制，而家乐福结合在台湾市场的成功，进行有效的复制，取得成功。在实施阶段，家乐福较于沃尔玛理解母公司技术实施过程，同时，学习适应当地历史、文化、环境，并且以店长为核心聘请大量当地员工，组成适应于单店铺发展的人力资本，使其人才本土化，管理本土化，提高员工积极性，建立有效的学习机制，从而提高店铺经营绩效。在整合阶段，沃尔玛根据先前经验，综合经营资源在中国形成了灵活的店铺选址模式，而家乐福固守原有方式不变，导致其市场占有率下降。不难看出，两家跨国企业在不同阶段所表现的对原有知识技术的学习、理解及应用程度影响其各时期知识技术转移的绩效。同时，从中也透视到相关人员在对知识学习、理解及运营中的重要作用。

（二）人在零售知识跨国转移中的作用

从上面的分析可以看到，"人"在零售业跨国知识转移中是至关重要的。在企业内，人是知识的主体，主导知识实践及运营，推动技术创新、创意；与制造业相比，人在零售业等服务业跨国知识转移中，要求有多变性、有个性思维创造新的收入来源；要求更高的认知程度及与东道国的结合中技能形成。人是知识转移媒介和重要路径，从零售业跨国知识转移分析来看，相关人员是跨国知识转移的重要因素、影响对技术知识使用的特性识别，形成企业知识吸收能力要素，同时主体性的发挥也受知识供方例如控制机制的影响和左右。因此，促成知识转移有效性的实现，东道国的人才育成是非常重要的。

如何发挥人在零售业跨国知识转移中的作用，是实现知识转移有效性的关键。一要加强东道国企业内的人才育成机制。服务业的发展要求人的主体性主观性和技能形成有利于应对市场变化，因此，人才的培养不能仅仅停留在相关技术人员的培训的阶段，而应该循序渐进地从知识学习、实践、以自身为主体的知识运营阶段持续加以推进。特别是以自身为主体的知识运营事实上是重要的激励，因为强烈的信赖给予会促成技术人员自主的技术积累、技能形成及应用，会避免标准化的复制带来的当地"不适应"进而影响绩效实现。当然合理的晋升评定及工资体系的建设是必要的支撑。二要加强企业内知识运营组织的建设。这主要体现在通过推进更高阶管理层"人的当地化"（比如使用本土化的职业经理人），实现与母公司在知识理解及其运营信息方面沟通、共享，以便于柔软、迅速对应当地市场的变化、解决业务处理上的即时问题。因为母公司自上而下的控制机制程度会影响子公司的标准化方式复制的运用程度、灵活程度及"人"的工作激情，进而也影响内外社会资本的有效形成，影响技能的形成，影响绩效的实现。在这种组织的运营下，相关人员主体意识增强、自主地学习、运用转移知识的吸收能力提高，促进自我技能的形成，事实上促进了人才育成。

当前中国零售企业从事跨国经营面临的一个主要问题是国际化经营知识存量不足。成熟的跨国公司，不仅具备较为丰富的国际化知识，而且经营的地理区域比较广泛，即使是进入新的海外市场，由于曾经在类似的国家开展经营活动，因而也能以较快的速度和较低的成本取得特定市场知识，获得成功。但中国零售企业所遇到的困难和那些成熟的跨国公司是不同的，他们缺乏国际化知识与经验，在经营管理手段、技术、理念方面，在拥有熟悉国际零售业市场和发展趋势的高级专门人才方面等都与国外成熟的跨国公司有较大差距，因此我国大型零售企业在跨国经营时必须注意保持跨国经营的渐进性。由于对从实践中获得的知识进行吸收、消化并将其制度化需要耗费一定的时间，因此，渐进性的安排可以使国内大型零售企业有条件仔细分析和总结从前期经营实践中学习到的经验教训，不断地扩展经验性知识存量，并在未来的国际化经营中有效地加以利用，从而最大限度地减少国际化经营的成本和风险。

第七节　标准化和本土化战略

一、跨国经营的标准化和本土化战略

标准化与本土化是国际营销中的两种营销方案，前者指的是跨国经营的企业忽略国家和文化间的特殊差异，使用标准化的营销组合来应对全球市场；后者则是指企业针对各个目标市场的不同特点，选择适应当地经营环境的经营模式。在跨国营销中，很多企业都面临一个共同的基本问题：即采用标准化方案还是采用本土化方案，这也是国际市场营销理论与实践中至今争论不休的问题。企业对标准化和本土化的选择，可间接反映其对全球化的认识。迄今为止，采用不同方案的企业都有很多成功和失败的案例：一份研究报告曾对全球著名大跨国公司如可口可乐公司、麦当劳、索尼公司等进行了调查，发现有的营销计划是高度标准化的；但也有不少调查表明，国际营销的重大失误之一，就是营销方案没有实行本土化的结果。

经济全球化是实行标准化营销的重要前提。但也有不少学者认为，尽管全球化是一股不可逆转的历史潮流，然而它却不应该也不可能使未来的世界成为一个完全同质或均质的体系。由于世界经济发展的不平衡，民族经济仍应是世界经济的基本组成部分，各国家、各民族之间的差异仍将长期存在，体现在营销上，则应以本土化营销取代标准化营销（刘玉芽，2010）。

本土化方案提出的背景在于：一是非关税壁垒的普遍存在。各国为阻碍进口商品的冲击，保护民族市场，往往设置很多非关税壁垒，无论在产品的成分、包装、商标方面，还是销售渠道、促销方式方面都有严格的控制。如在食品行业，各国对一瓶果酱内糖、水果和液汁的比例，对水果中水的分量，对包装中防腐剂的数量和种类，以及几乎每种加工食品都有不同规定，这就要求企业必须放弃标准化，转用本土化策略，以适应不同国家的要求。二是收入水平的差距。收入水平接近的消费者有相似的购买行为。但由于世界各国收入水平相差甚远，消费者的需求结构、需求层次有很大不同，就产品而言，发达国家的消费者追求更多的额外功能，注重产品特性而非价格；而发展中国家的消费者则往往更强调产品的基本功能，且对价格反应敏感。企业必须正视这种差别，才能在全球市场赢得消费者的认可。三是文化的差异。不同国家的消费者处于不同的文化背景中，由于长期的潜移默化，形成了不同的口味和偏好，有些偏好甚至带有明显的国家倾向性。不同的价值观、不同的偏好影响着人们的消费方式、消费习惯，进而影响整个市场结构和模式。守旧意识和民族意识强烈的地区往往排斥和拒绝新产品和舶来品；信仰宗教者通常禁食或禁用某些商品；崇洋思想严重的消费者则热衷于模仿外国生活方式，以消费舶来品为荣。面对这种文化差异造成的不同消费行为，企业的经营秘诀只能是入乡随俗，迎合消费者的不同爱好，否则将会导致整个营销计划的流产。四是基础设施的差异。基础设施包括一国的通信、能源和运输。市场营销活动诸如营销调研、分销和促销都离不开这些基础设施。但各国的通讯媒介大相径庭，媒介的覆盖面、传递速度、可靠度存在很大差异。各国在运输系统的构成、运输效率、运输服务等方面也相差甚远。因此，企业应充分考虑各国的基础设施发展状况，制订不同的营销方案。与标准化营销相比，本土化营销更注重不同国家和地区市场的差异性，通过灵活的调整，适应不同市场的需求状况，以获得当地更大的市场份额，提升自己的竞争能力。

本土化包括两方面内容：一是目标顾客本土化，即致力于满足并开发当地市场。企业根据目标顾客的特点，对国外产品设计加以适当调整和当地化改造，或者开发具有当地特色的新产品，以适应目标顾客的实际需求和潜在需求，并通过采用符合当地文化特点的促销方式，增进消费者对品牌的亲近感，为企业赢得良好的市场机会。二是营销体系本土化，即尽量采用当地现成的营销渠道。这项举措可使企业充分利用当地经销商熟悉市场环境的优势和现有的商业网络，减少新开辟渠道的成本，这既有利于经营灵活性的提高，也易取得当地政府和消费者的认同，减少民族保护倾向带来的冲击。但是本土化营销也会导致成本提高，使企业在价格竞争中处于不利地位：在不同市场提供不同产品，会导致生产和研发的规模不经济。为适应地域差别，企业需在有业务的国家分别建立一整套价值创造活动，这种重复建设会使企业成本不断增加。为制定可行的营销方案，企业必须加大调研力度，增加调研投资，在了解各地投资环境和要素禀赋基础上，建立昂贵的全球信息网络；同时还必须对不同国家的营销方案进行协调和沟通，增大了营销成本。本土化经营赋予地方经济更大权力，削弱了总部的控制能力，致使管理成本增加。

在零售业的跨国经营当中，如何处理标准化和本土化之间的关系，一直是跨国零售企业的首要战略选择之一（李红云和杨国利，2013）。就中国市场来说，跨国零售巨头能在中国这个如此巨大的市场带来这么大的冲击，重要原因之一是它们把握住了中国这个市场的行情的特点，在保证自己的标准化，保持自己的特色的同时进行不断地创新，与本土环境进行结合，根据当地的消费状况来制定符合自己发展的道路。虽然本土化的程度还不完全的成熟，但在探索中不断走向完善。

家乐福特别重视其分店的本土化工作。从员工到商品再到货架的陈列等，都实行本土化。家乐福认为，员工本土化更容易使公司的经营理念融入经营中去，因为本地员工更了解当地的文化、习惯、风俗。家乐福每决定开一家分店，都得对当地的文化、生活习惯、购买力等因素进行详细而严格的调查与论证。家乐福首席执行官伯纳德认为："一个零售分店就是它所处的国家的缩影，该分店必须适应当地的文化范围"。在中国，家乐福分店蔬菜的切法绝不会是欧洲的横切法，一定是中国的斜切法或竖切法。家乐福90%以上的商品是从当地的供应商购买的，其陈列也是按当地的消费习惯和消费心理而设。如在中国，消费者喜欢从大量的商品中选择自己喜爱的商品，然后购买。为迎合中国消费者的这一爱"挑选"的习惯，家乐福的货架上增加了同类商品的供应量，以方便顾客选购。

二、中国零售业海外投资的本土化要求

在零售业的国际化进程中，标准化与本土化的关系事实上是一种相对的、动态演变的关系，如果说在战略、管理、组织、品牌、技术等方面强调标准化的话，那么在业态、品类、服务及运营方面一定要突出本土化的要求，特别是在对目标国市场的文化认同、国际化（当地）人才的使用、就业贡献以及企业的社会责任等方面，都是中国企业在推进投资项目本土化的过程中需要认真对待的课题。为了更好地适应可持续的国际化战略，企业应该加强具有跨文化适应能力的企业制度、企业文化建设，并通过先进的 IT 技术、商业技术和管理信息系统保证制度的落地、生根、开花和结果。

上面的分析也表明，每一个零售巨头跨国经营的成功，均离不开本土化策略的应用。中国零售企业要走出国门，在实施跨国经营的过程中必须很好地处理好标准化和本土化之间的关系。在本土化方面，不但产品本土化、经营策略本土化，还要企业文化本土化、管理本土化、员工本土化。如果进入目标市场后发现某些状况超出预期、某些决策无法执行，就需根据目标市场国的实际状况立即实施本土化适应与调整。调整的内容既包括商品组合、服务、沟通、环境等消费者可以直接感知的显性要素，也包括业态、渠道、技术、管理、组织、文化、人力资源等消费者无法直接感知的隐性要素。

零售业的服务尤其需要本土化。服务本土化首先应该做到员工本土化，其次是语言本土化以及管理本土化。员工本土化，首先，招聘当地的员工，在管理层以及普通成员中都应招募本地员工，这样才能避免决策或者基本服务的偏差。其次，培训自己的员工，让其适应当地的市场，这样才能更好地为当地人服务，同时也可以把本国独特的元素带入差异性的市场。语言本土化，不仅要求从事服务工作的员工要有一口流利的当地口音，而且要求超市中的每个产品，尤其是进口产品，必须要有当地语言的标识。这样，才能在一个陌生的环境中取得高效率。管理本土化包括营业时间的划分，每个营业时段人力的投入、调拨，产品促销的形式、频率，当地节假日的消费习惯等。零售商应该在成本领先的基础上寻找差异化的突破。只有经营的差异化才能获得更多平均利润，才能树立更高的知名度，建立自身有影响力的品牌。

第九章

中国零售业"走出去"的策略选择

第一节　产品策略

一、零售企业的品类及服务策略

跨国零售营销策略组合中的产品策略主要是指的零售商的品类策略及其相关的服务策略。在零售营销中，品类策略在很大程度上取决于零售业态，同时也和企业所采取的标准化及本土化策略有关。一般而言，针对目标顾客的范围越广，和目标顾客的文化习俗和消费观念及日常生活越接近，那么商店提供的商品品类及服务的本土化要求也越高。反之，对于某些针对特定业态、特定消费者的门店而言，其品类及服务的考虑就会更多地考虑目标消费者的特征，采取标准化策略的要求会更加凸显。

观察跨国零售巨头的品类策略可以发现，国际零售企业对商品品类策略制定和实施一般都遵循企业的营销理念及战略目标，主要运用标准化策略制定商品组合，关于具体商品的选择则根据不同国别的收入水平、消费习俗和社会文化等进行适当调整，采用本土化策略。如沃尔玛利用其统一标准的采购、配送等国内成功的营销经验实施跨国营销活动，结合本土化策略调整部分商品结构。家乐福、麦德龙、易初莲花、屈臣氏等国际大型跨国零售企业的跨国营销商品品类策略也各显特色、各具优势，利用商品组合不断吸引顾客，创造利润。表9-1总结了部分大型零售企业跨国营销的各种商品品类策略。

表 9 –1 　　　　　　　　　　大型零售企业跨国营销的品类策略

零售商	跨国营销组合策略
沃尔玛	特色标准化产品，本土化品种结构，名牌商品，PB 商品，大包装
家乐福	商品丰富，一站式购物，新鲜品质，尽可能从中国采购本土产品出口到其全球分店，食品和非食品多品牌 PB 商品
麦德龙	专业顾客的超级仓库，先进的低温保鲜系统，品种齐全，严格的质量控制
屈臣氏	新颖的商品，PB 商品，以保健、美容产品为特色，个性的服务
卜蜂莲花	一站式购物，多种类、高质量商品，多品牌 PB 商品，特别商品独家销售
特易购	寻求本土化产品，PB 商品，会员卡不同国家特色商品分区域展示，种类齐全
伊藤洋华堂	以食品、药品为主，日限商品、早市商品和夜市商品特卖，研究商品特性，产品搭配组合，季节性温度调控，季节性魅力商品，直送时令水果

资料来源：潘璐和黄雪玲（2009），第 90 页。

　　从商品地域特色来看，零售企业跨国营销的品类策略有三种组合方式：一是中国制造的商品，包括从中国直接采购的商品、中国出口到目标国市场的商品；二是目标国市场本土化商品；三是不分国别组合各地的商品。零售企业跨国营销的商品品种选择，主要应分析商品在目标国市场的潜力；零售企业的资源要素，具体包括产品优势、成本优势、对商品的熟知程度；目标国市场机会。例如，以中国人为主要对象的消费市场中，可利用民族文化优势以及海外华侨的爱国情结，或者从国内输出中国特色消费品，或者采购出口到国外市场的中国商品。此外，将零售业与中国制造相结合，采用中国制造的商品实施跨国营销具有很多的优势。

　　根据零售业态及其市场定位，在美国、日本、欧洲等发达国家和地区，高质量的精品商品拥有很大的商机和市场，选择高质量的精品商品，满足中高收入人群的需求，一方面，可以提升零售企业的品牌形象，另一方面，利用精品商品的高利润提高企业跨国营销的利润率。

　　选择中国特色商品的商品结构是否具有成本优势不仅取决于生产成本，还取决于零售企业跨国营销的规模，在品种组合策略上表现之一就是商品数量的多少，但是数量丰富的程度还需结合零售企业在发达国家的业态，以及零售企业的资金实力和商品组合的获利能力等因素。

　　在经济全球化的背景下，零售企业在海外市场首先要选择出口到每个目标市场国销售的品类，作为采取标准化策略的商品品类，这类商品称为标准化商品。选取的标准可从商品在全球的流动性和消费者对商品消费方式的差异性两个方面考虑。根据这一分类标准把商品分为标准化商品和本土化商品。标准化商品的内容主要有：从用途上来说，包括日常用品，如文体用品、卫生纸、清洁用品、居家用品、个人护理用品、宠物用品等；从商品品牌来说，包括国际消费者共同认可的全球性品牌商品，以及具有消费共性的商品，如碳酸饮料（如可口可乐）、酒类（如伏特加）、水等。标准化和本土化商品的比例有赖于零售企业在发达国家跨国营销的目标消费群体的种族类别比例、消费者特征以及同竞争对手的竞争形式。美国、日本、欧洲等发达国家和地区存在较多大规模和实力强的零售企业，竞争异常激烈，中国零售企业在跨国营销的初期，可利用自己的产品特色开发市场空隙，回避正面的直接竞争，针对目标顾客群体以大比例的标准化商品进行商品品种的选择。

二、国外连锁折扣店的品类策略

国外现代零售业态的发展经历了一个渐进的过程，和其他业态比较而言，现代意义的连锁折扣店出现得相对晚些，它是随着连锁经营的快速发展、零售商和制造商之间的市场力量对比发生变化之后逐步发展壮大起来的。而零售商自有品牌的开发成为这一业态发展的一个重要特征，它使得折扣经营有了可靠保证。

国外连锁折扣店的面积大小不等，小至 200 平方米，大至 1000 平方米，可见其经营面积介于便利店和超级市场之间，这主要和其经营的商品品种有关。折扣店主要经营周转快的包装食品及日常生活用品，商品种类的选择均有严格的标准。一是严格控制商品种类的数量，并保持相对稳定。折扣店经营的品种一般控制在 500～1000 之间，基本上是一个家庭最需要的、消耗量最大的商品种类，这一点和杂货店有很大的区别。二是在某一商品种类下严格控制替代产品的数量，也就是说对商品的花色品种有严格的限制。其原则就是在同一个商品类别下尽可能没有相同或者类似的商品，这一原则同样适用于对商品包装的选择和确定上。在这样的前提下，对单个商品的大量进货和销售有利于加快商品的周转，节约运输过程当中的劳动支出，从而实现成本优势。三是经营一定种类的蔬菜和水果，而且也有季节性的变化，但总的来说这些变化不大。蔬菜和水果每天基本上是限量供应，卖完为止，这样一方面保证了蔬菜水果的新鲜，另一方面能够把损耗保持在很低的水平。四是经营一定数量的冷冻和冷藏的方便食品，这部分商品的比重有逐步提高的趋势。

前面已经提到，连锁折扣店经营的商品中有相当大的比重是零售商的自有品牌。零售商不经营制造商知名品牌的原因在于摆脱受制于制造商营销策略的被动局面，从而保持在经营管理上的独立性。在欧洲，零售商自有品牌从 20世纪 70 年代末在法国兴起后，就迅速扩展到其他国家。在这个过程中，连锁折扣商业的空前成功反过来大大激发了零售商经营自有品牌的积极性。零售商的自有品牌随后还扩展到了其他的零售业态，如超级市场、便利店、购物广场等等。

谈到商品的质量，折扣店的商品可能给人以质量低劣的印象。实际上这是一种误解，相反折扣店的商品质量是得到保证的。那种以降低商品质量为代价而换取的价格下降不会被商家看成是给消费者带来的真正实惠。折扣店的商品质量一方面通过其经营有限的商品种类来得到保证，因为在经营品种有限的情况下商店才有可能把目光真正转移到对商品质量的关注上来，另一方面也是通过其严格的店内和店外独立机构的质量控制来实现的。一般地，折扣店只向顾客提供非常有限的服务项目。但是一旦涉及对商品质量的承诺，折扣店都会提供相应的服务保证。为了便于消费者对商品质量做出判断，商家通常会把独立质检机构的评定标明在商品的包装上，或者将这样的信息通过店内外广告传达给消费者。西方文献中有大量的研究结果表明，消费者对零售商自有品牌和制造商品牌的判断，其质量上的差别要小于价格上的差别。换句话说，这两者之间的质量在消费者眼里并没有太大的差别，而在价格上，零售商自有品牌更具竞争力。在产品选择决策中，只要消费者感觉不到质量上的差别，那么价格就成为影响购买决策的决定因素。消费者的价格意识越强，购买零售商自有品牌的频率也就越高。这一点在那些购买频率高、消耗量大、没有质量风险的食品和日常生活用品的购买上表现得尤为明显，而这些商品类别恰恰是连锁折扣店经营的商品种类（朱瑞庭，2004）。

此外，折扣店低廉的经营成本也是通过简单的店面装修、商品陈列和有效的人员配备来实现的。折扣店的店堂装修非常简单，无论是装修材料还是货架数量都会从成本的角度严格加以控制。在商品的陈列摆放上会强调提高单位面积及容积的利用率。折扣店的商品陈列不是以通常的陈列货架销售，而是以小包装箱的方式陈列销售，将其原包装箱的上部剪开，然后原封不动陈列在指定位置上销售。对那些周转快、流量大的商品类别，如食糖、鸡蛋、牛奶、面粉、饮料、洗衣粉等，更直接以原包装箱为基础，置放于地板上形成堆放式陈列销售，这样就大大节省了陈列货架的费用。一般的折扣店只有 2~3 个收银通道，在客流密集的时段会全部开放接待顾客，一旦客流稀少，就会关闭其中的 1 个或 2 个收银通道，这个时候收银员就会腾出手来帮助店内人员摆放货品、整理废旧包装等。所以说，折扣店的销售人员配备充分考虑到了提高劳动生产率这一因素。总之，折扣店所有生产要素的配置都是围绕降低经营成本这一点展开的，在这一过程中对顾客的服务项目也被控制在非常有限的范围内，主要是回收押金包装、涉及质量问题的"三包"等，店家也不向顾客提供装袋服务，而需要顾客自己购买购物袋。

伴随连锁经营的快速发展，折扣店在欧美发达国家的经营取得了很大的成功，它已经和百货、超级市场及大型专业商店一起成为西方发达国家零售商业的基本形态。由于零售业和一个国家市场的景气及消费者的信心指数密切相关，在消费品市场普遍低迷的情况下，连锁折扣店的市场竞争优势得到了更为充分的体现。自金融危机及欧债危机以来，欧美国家经济持续低迷，各国政府虽然实行了减税政策，汽车、计算机等大宗物资大幅度降价，而消费者家庭及个人的消费支出增长依然乏力。在这个过程中，折扣商店的业绩表现却是一个亮点。

值得关注的是，连锁折扣店在保持其基本业态特点的前提下，也经历了业态创新的过程，而且这一过程尚在继续当中。总的来说，折扣店业态创新有下列基本趋势。首先，零售业的业态创新主要是通过其经营的商品种类来完成的，在这里它充分考虑到了消费者行为的变化。上面已经提到，折扣店面向所有居民家庭及消费者，有调查表明，德国有3/4的家庭在连锁折扣店Aldi购物。在这样的背景下，商店经营的品种当然要考虑普通消费者的消费心理、消费习惯及消费潮流的变化。20世纪80年代以来，随着西方消费者健康意识和环保意识的增强，人们的消费观念也在发生变化。折扣店在经营品种不能无限扩大的情况下，品种的选择充分考虑了消费者的这种变化，主要是扩大了绿色食品和环保产品在商品结构中的比重。无公害蔬菜水果、采用环保材料包装的商品受到了消费者的普遍欢迎。对近几年出现的所谓转基因食品，各国的折扣商店则有不同的处理。在美国，消费者对转基因食品的接受程度较高，商家会相应地引进和销售该类商品，而在大部分的西欧国家（如德国），消费者对转基因产品仍然抱有疑虑，商店对引进这类的商品是非常谨慎的。

其次，越来越多的折扣商店开始经营电视机、计算机等高档商品，这一点成为其经营品种结构调整中的一个显著特点。通常而言，折扣店经营单位价格低廉的食品及日常生活用品，就单个商品的价格而言，电视机、计算机显然不属于折扣店经营的商品之列，尽管它们的销售价格也要比同类商品的市场价格低很多。仔细分析折扣店引进的新的商品种类可以发现，这些商品都是技术成熟、可以实行标准化的制造及服务的一些产品。只要有必要的服务和技术保障的承诺，消费者对购买这类商品不会产生很大的不安全感，就是说消费者可以把购买风险控制在自己所能接受的范围之内。对折扣商而言，引进单位价格高的商品有可能强化在消费者头脑中商家经营技术产品的能力，从而使得消费者对商家经营商品的技术和质量产生信任。另外，经营这样的商品可以有效改善商家的资产结构，经营得当完全可能提高商家的销售额和收益率。需要指出的是，类似这样的商品引进和销售并不是长期的、连续的，它是为了吸引不同消费者和提高知名度所采取的有时间间隔的促销手段之一。

三、中国零售业海外市场产品策略选择

消费者的购买行为在一定的时间内通常会保持稳定，具体表现为消费者重复地在同一个或几个商店里购买同一产品（品牌）。这种购买行为的重复源自于消费者所感受到的微小的购物风险和其稳定的认知平衡，从而倾向于做出习惯性的购买决策。但是在日常生活当中，也可以经常观察到另外一种情况，即在一段时间之后原来的品牌或商店在消费者的感知当中不再有吸引力，相反消费者产生了一种无聊、没兴趣或者厌倦的感觉，这个时候消费者就会有一种变变花样、换换口味的愿望和需求，具体表现为消费者在产品（品牌）的选择上出现了和习惯性的购买决策不同的变化，如选择不同的品牌、购买不同的包装和花色品种，等等，而且这种变化可能还会在一定的时间内重复出现，从而成为另外意义上的一种购买习惯。这就是 Variety-Seeking-Behavior（简称 VSB）所要研究的内容，可以称之为消费者的求变行为（朱瑞庭，2003）。需要注意的是，消费者的这种求变行为并不是源自于消费者自身的产品偏好发生了变化，因为消费者对其长期购买和使用的产品（品牌）依然保持满意，而这种满意正是消费者保持产品（品牌）忠诚的前提和基础。这样说来，消费者的求变行为只能归之于消费者的求变意愿，因为这种变化可以给消费者带来感受得到的、明显的效用和益处。显然，消费者的求变行为必须和消费者对产品（品牌）的满意度或者消费者的产品偏好发生了变化而导致的购买行为的变化相区别。消费者求变意愿的增强是网络时代消费行为变化的重要特征。

在消费者求变购买行为的背景下，零售商的市场机会首先表现在其产品和服务策略的具体构造上。在这里，商家既要考虑到各个细分市场的特殊性，又要考虑到单个细分市场内的消费者所具有的不同的购买行为。可以想象，如果商家能够在提供产品和服务的广度及深度上考虑到异质需求的相互补充和组

合，它就能够在满足单个细分市场消费者需要的基础上满足更大范围的消费者的需求。所以说，零售商可以通过增加产品类别和花色品种来实现产品及服务的替代和组合效应，从而一方面阻止消费者的求变行为，另一方面实现可能的消费者搭乘需求上升所带来的积极效应。由于消费者的求变行为首先是针对单个产品或服务的，对零售商而言更为重要的是掌握消费者购物场所的选择及其变化，而不是消费者对产品（品牌）选择的变化。通常情况下，保持消费者对购买场所的忠诚会比诱使消费者变换购买场所更难。所以保持产品的多样化以及花色品种的丰富性是满足消费者求变愿望的有效途径，而且这种求变愿望是在一个商店里得以实现的。除了考虑丰富多彩的商品种类之外，商家还应该考虑到在较短的时间内更新上架产品，提高新产品的比重，以保持自身产品和服务在消费者当中理想的刺激水平。对于那些求变消费者来说，把某一产品从货架上短时间撤下来的做法也是保持其理想的刺激水平的办法之一。这种做法的可能危害是对那些忠诚消费者带来不便，而且产品的不可获得还可能导致他们更换购买场所（朱瑞庭，2003，2009）。

一般来说，零售企业较难通过一般商品建立顾客忠诚，因为竞争对手们会很快采购并销售相同的商品。然而，中国零售企业却拥有通过具有中国特色的商品和自有品牌商品获得持续竞争优势这一得天独厚的便利条件。如今，中国的智能手机、平板电脑、智能手表、穿戴设备和配件源源不断地从中国涌向海外市场，这些产品无牌、无锁，品质与全球顶级手机和消费电子设备相当。它们都采用了一流的制造技术和设计，价格却只占了国际大牌的一小部分。不仅是电子产品，从中国直接引进的保健美容、婚庆、时装甚至汽车等产品都在不断增加。中国出口美国最多的两样产品是头发和婚纱。由于女性热衷于接发、编发，因此头发拥有巨大的市场，但其保存的方法非常昂贵，而如今美国的消费者可以直接从中国购买。此外，从中国购买定制的婚纱也非常便宜。这些产品的共性是产品优质而价格却在消费者的承受范围内。当今，全球各大品牌都选择在中国制造他们的产品。2013 年中国以 2.2 万亿美元的出口额成为全球第一的出口国。不断增加的产品订单使中国拥有世界一流的设施和制造技术，成为制造业的圣地。如今，在生产相同数量和质量的产品上，没有其他国家能在制作产品的经验和设备上超过中国。

中国零售企业跨国营销服务的标准化主要体现在服务理念和服务内容上，具体的服务方式的操作同促销一样存在消费者差异，更多方面需要采取本土化的实施方式。服务理念上，中国零售企业的服务理念，即提供给各国消费者高水平的服务质量，作为零售企业在整个营销活动中的保证。服务理念涵盖了企业的文化等多个方面的经营精髓，国际零售企业跨国营销的服务理念基本是贯穿在每个市场、每个店铺的。例如，7－11提出了清洁明亮（创造清洁、明亮的店铺）、友好服务（友好接待顾客）的服务原则。这些原则塑造了7－11独特的经营战略，在全球实施。

服务内容上，必须根据企业的服务理念运用系统方法，将各部门各环节有机地联系起来，形成一个职责分明的整体，并把目标分解到各部门、各柜台，以至全体员工。具体内容包括：一是注重产品品质的保证，产品价格的合理、定位准确的商品品类、购物环境的舒适。7－11为实现其服务原则，除基本的购物外，像电话卡、邮票、纸张等，彩色复印、交纳电话费、预定盒饭和圣诞礼品、印制明信片等服务也能在店中轻松实现。正是这些看似平常的商品和服务，吸引了大量的中青年顾客。百盛公司本着"尽如您意"的经营理念为顾客提供优良的服务，为顾客提供最佳购物环境、最佳商品系列。为达到顾客创造时尚的目的，百盛对消费者品味与时尚了如指掌，市场消息十分灵通，能准确预知潮流动向，随时觉察时尚风向的转变，因此百盛可以不断地随中国广大消费者品味的变化而随时对商品、服务及销售方法做出迅速反应与调整以迎合消费者的期望与需求；二是销售前，提供给消费者真实的商品、价格等信息；三是销售过程中，做好购物接待、提供和谐的销售指引和导购销售；四是销售后，做好送货服务、购物信息反馈、投诉与咨询接待、提供商品的维修与安装、退换等服务。目前，退换服务在中国零售企业商店中比较困难，但在外资商店要容易得多，有的外资商店的"15天退换"成了中外对比时外资店赢得顾客的筹码。投诉和咨询服务在整个中国零售市场却重视不够。

中国零售企业在跨国营销过程中，不仅要利用好已积累的良好营销技能，同时，要注意克服存在的弊端。在服务方式上，中性化的服务方式可以采用标准化策略，例如麦德龙向企业提供的套餐服务，在很多国家采用。麦德龙公司利用"顾客节"表明企业对小型工商业户的重视，重申以顾客为合作伙伴，与顾客共同发展的服务理念，从而赢得了顾客的好感和信任。2000年4月上海麦德龙举行的"顾客节"活动，推出了10份为工商业户提供具有专业水准的"套餐"，以帮助他们选择最适合的商品，让他们"用最少的钱，配最全的货"。这其中有为小型装修队选配所需电动工具和手动工具提供的商品建议清单，有为小型餐饮业准备的各种套餐餐具，有为企事业单位准备的福利套餐商品建议目录，等等。这种服务方式，不存在文化等方面的冲突，因此，可以采用标准化在各目标国市场推行。

第二节　价格策略

一、消费者价格决策行为的信息经济学解释

价格是影响消费者购买决策的重要因素。在这样的背景下，商家往往把价格当成是应对竞争的利器，这在买方市场和同质竞争中体现得更为明显。消费者在做出价格决策的时候，是通过怎样的机理来搜集、判断、储存价格信息的，这就是基于消费者信息行为的价格决策所要研究的内容，换言之，是从信息经济学的的角度来研究消费者的价格决策。对消费者价格决策的信息行为进行这样的过程分解和结构性研究，可以帮助商家了解消费者价格决策的内在机理和影响因素，从而采取有效的营销手段积极影响消费者的购买决策。对消费者价格决策的研究最早可以追溯到心理学中占主导地位的对认知信息处理的研究。这一研究范式认为，人的行为受外部刺激的影响，刺激必须首先被感知和解释，然后才能影响决策过程并对行为产生作用。因此，这种认知信息处理相应地致力于研究感知、思考、决定、回忆的过程以及记忆的结构。根据这样的理解，可以把消费者价格决策过程按照信息处理的顺序分成三个阶段：价格信息的搜集、价格信息的判断和价格信息的存储。从20世纪80年代以来，西方文献分别对三个阶段消费者的信息及价格决策行为进行了深入研究，发表了大量研究成果。这些成果从消费者的信息行为出发，比较系统地解释了消费者处理价格信息的内在机理和逻辑，揭示了消费者价格决策的规律，很多研究结论可以直接给企业营销决策和实践提供重要的依据和有益的启示（朱瑞庭，2014）。

在消费者价格决策当中，价格往往被消费者当成和产品质量有关的一个因素。通常高（低）的产品价格被解释成一个高（低）的产品质量。大量的文献调查了价格和感知质量之间的关系。虽然没有完全一致的结论，但是有一系列的研究发现了价格和感知质量之间的正相关，哪怕是弱的相关关系。此外，当一个产品类别当中价格变化越大的时候，消费者越是会把价格当成是反映产品质量的指标。特别是，价格和客观的产品质量之间也存在类似的关系。如果顾客比较熟悉某一产品，那么他就会较少地把价格及促销当成是产品质量的指标。还有的研究表明，和品牌名称相比，价格对质量感知没有品牌的意义来得

大。研究还表明，当价格和产品质量之间的关系得到确认之后，消费者会愿意支付更高的价格。有趣的是，在"经验产品"（例如食品的口味、洗衣机的使用寿命等需要在购买使用后获知质量特征的产品）的购买中，消费者愿意支付更高价格的意愿会随着更高的质量意识而上升，而在"查询产品"（如商品的颜色、外观、价格、制造商等在购买之前可以获知质量特征的产品）的购买中，这种支付意愿却会随着质量意识的上升而下降。在奢侈品的购买中分期付款的方式会对消费者的价格感知起到负面的影响，并导致产品在质量意识强烈的顾客中的需求下降。这些关于价格和感知质量关系的研究表明，企业应该非常关注价格策略及其调整可能带来的影响，对过度的价格竞争可能对消费者的质量感知带来的品牌伤害保持警惕。

有关价格公正的研究表明，如果企业通过提高产品价格使得利润上升，那么提价通常会被顾客当作不公正来判断。反过来，如果价格提高是由于成本上升引起的，而提价又没有引起企业利润的增加，消费者认为这样的提价是公正的；当企业通过降低成本获得了更高的利润，顾客也会给以公正的评价。研究还发现，如果顾客推断企业有提价可信的动机（比如企业把通过提价获得的更多的利润用于社会福利的目的），那么这样的提价也会被顾客认为是公正的，反之就会被当成是不公正的行为；一个企业出于对竞争对手提价做出反应而提高其价格，会比倒过来先自己先提价竞争对手再跟着提价，让顾客更感到公正。此外，价格的公正会通过对商店的满意进而对购买的产品满意产生一个积极的影响。这些研究结论提醒企业，在采取提价策略的时候应当与顾客进行有效的沟通，让消费者更好地了解企业承担的社会责任。对于价格低廉的日常生活用品，由于购买决策的风险较小，消费者往往简化其信息搜集的行为，甚至完全依赖于以往的经验，这时候就会有更多的"查询产品"转变为"经验产品"（朱瑞庭，2014）。在目前市场供应同质化十分严重、市场竞争日趋激烈的情况下，比竞争对手提供更好、更便宜的商品不只是市场的需要，更应该成为供应商自身的经营理念（如沃尔玛的天天平价）。需要指出的，参与价格竞争并不意味着企业要去发动和领导价格战，尤其是在采取提价策略的时候，更主要的是要对竞争对手的价格行为做出适时的、合适的反应，无动于衷的价格行为和恶性的价格竞争都会导致消费者的顾虑和忧虑。

二、中国零售商海外市场价格策略选择

对零售商来说，有三种可选择的形象定位，相应的定价方法和策略也不

相同：

（1）高档的形象定位。企业采取品质导向定价，以其商品高品质的形象定位作为主要的竞争优势。这意味着较小的目标市场、高运营成本和低存货周转率。企业向顾客提供特色产品和服务，单位商品毛利高，可运用的定价策略有质量—价格联系和声望定价。高档百货商店和一些专业店可采取此方法，因为他们的目标顾客认为，高价意味着高品质，低价则意味着劣质。

（2）中档的形象定位。企业采取市场导向的平均价格，向中等收入阶层提供可靠的服务及良好的购物环境，商品利润中等，存货质量一般高于平均水平，多采取成本加成的定价方法，即将单位商品成本、零售运营费用及期望利润加总来定出价格。这种企业可能会受到定位于折扣商店和声望商店的零售商们的双重挤压。传统的百货商店即属于此类。

（3）低档的形象定位。采取折扣导向定价，利用低价作为企业的主要竞争优势。商店一般采用简单的店内装饰，对以价格为基准的目标市场回报以低单位毛利、低运营成本和高存货周转率，综合超市和折扣商店就属于这一类。值得指出的是，如今的消费者已经意识到他们不再需要购买高价格的品牌商品，因为他们有了更加精打细算的选择，那就是"中国制造"。小米在中国市场已经成功超越了苹果和三星，登上了第一的宝座，一加在2014年11月也宣布旗下广受好评的低价高质智能手机OnePlusOne开启美国市场的预订。中国一加的64GB无锁版OnePlus One手机拥有5.5英寸屏，配备了1300万像素的索尼Exmor摄像头和500万像素的前置摄像头，而价格仅为349美元，其配置与售价849美元的iPhone6 Plus相当，但是价格优势明显。中国零售商应该很好地利用"中国制造"在质量和价格上的这种独特优势。

与零售企业的品类策略一样，零售跨国营销的价格策略既和业态及市场定位有关，也和企业的竞争战略密切相关。在零售业高度国际化的今天，价格优势日益成为跨国零售巨头攻城略地的法宝之一，这在以沃尔玛的"天天低价"口号为代表的国际零售巨头身上得到了充分的体现。从这个意义上来说，中国零售业要在国际市场面对这些企业的竞争，除了要在商品和服务方面做出特色以外，必须要在价格竞争中保持自身的优势。在这方面，中国的国际化零售企业既有有利的一面，也存在很多不利的方面，而这些不利的方面往往和企业跨国经营的资源整合（如强大的分销系统、发达的网络技术和信息处理系统等）和风险控制能力有关。

随着信息技术的发展和全球化进程的加快，信息传播的范围和速度正在发生深刻的变化。在全球消费品市场上，商品供应的丰富化和同质化、消费者生活方式及其消费行为的日趋个性化加剧了市场竞争，并在一定程度上抵消了供应商的信息优势地位。这一切迫使中国零售企业需要贴近市场，更好地了解全球消费者的需要，并向消费者提供最能满足其需要的产品和服务。在这里，全部营销组合策略的核心在于，为了保持顾客对"中国制造"的认可、接受和忠诚，必须放弃夸大其词的宣传、不守信用的承诺，杜绝错误的、不实的信息，以免误导消费者，最终伤及自身（朱瑞庭，2014）。

第三节　渠道策略

一、零售业跨国采购

零售业的渠道策略有别于制造业的分销。从全球价值链的视角来分析，零售业跨国经营的渠道策略不但包括向后一体化的全球采购，也包括向前一体化背景下，其面向家庭和个人消费者提供商品和服务的方式，而这和前面讨论的业态、品类及服务策略密切相关。

跨国零售企业是适应现代市场流通的新型组织形式，它拥有全球一体化的采购和销售网络，由于其订单的购买数量大，因而往往被称为"金子订单"。通过跨国公司全球采购系统进入国际市场的主渠道，对许多企业来说是一个难得的机遇（汪素芹，2002）。但全球采购商对供应商的选择非常严格。供应商是企业竞争力构成中一个必不可少的要素，对于企业生存和发展起着至关重要的作用。供应商的业绩对下游企业的影响也越来越大，在交货、产品质量、提前期、库存水平以及产品设计等方面都制约着下游企业的经营状况，从而存在产生冲突的可能（赵亚平等，2010）。因此，在现代企业经营管理中，供应商的选择越来越重要。

跨国零售企业的全球采购往往遵循严格的采购标准和流程（申风平等，2009）：

（1）实施标准化和程序化的采购。为避免买卖双方对于需求的误解，避免采购管理出现不必要的麻烦，跨国零售企业对与供应商打交道的流程进行了严格的标准化和程序化的管理。采购品的规格是必须严格加以保证的，采购品的技术指标、包装尺寸、储存条件等也都被详细地规定在规格文件中，一目了然。跨国零售企业对与供应商打交道的流程也有严格的规定，其基本原则是保持反馈的及时通畅，并保证立场的一致性。

（2）专业人员采购与直接重购。跨国零售企业的采购人员大都经过专业训练，具有丰富的专业知识，清楚地了解产品的性能、质量、规格和有关技术要求；跨国零售企业一般采取"无库存采购计划"，即根据以往和供应商打交道的经验，当库存量低于规定水平时，便按照以往的订货目录和基本要求继续向原先的供应商购买产品。

（3）半数比例原则。半数比例原则是对供应商的产量来说的。如果仅由一家供应商负责 100% 的供货和 100% 成本分摊，则采购商风险较大，因为一旦该供应商出现问题，按照"蝴蝶效应"的连锁反应，势必影响整个供应链的正常运行。所以，跨国零售企业从供应商风险评估的角度出发，购买数量一般不超过该供应商产能的 50%，而不愿意接受 100% 全额供货的供应商。

（4）谈判过程中使用竞争策略。跨国零售企业总是会避免来源单一的采购，他们在供应商发展计划中都强调"替补"供应商的发展。在选择供应商的谈判中，采购经理经常上午参加一个谈判，下午参加另外一个相同项目的谈判，只不过谈判对手变成了上午那个供应商的竞争对手。这种做法不仅可以使跨国零售企业最大限度地了解市场行情，而且可以调整谈判立场和改变谈判技巧。精明的采购经理经常在谈判中"无意间"把另外一家潜在供应商的优惠条款"透露"给谈判对手，期待获得更加优惠的条件。无论采购品处于买方市场还是卖方市场，鼓励供应商之间竞争的方法都是适用的。

（5）集中采购原则。集中采购原则是对采购区域来说的。为了降低采购成本、提高采购效率，跨国零售企业一般会集中在某一区域进行采购，例如，当前跨国零售企业在我国的采购量的 50% ~ 60% 是在华南地区完成的，尤其集中在珠江三角洲地区，因为这里是我国重要的制造业基地，是我国经济总量最大、发展最快的地区，目前已经形成电子信息、电子机械、石油化工、服装、食品、饮料等九大支柱产业，营造了一个良好的采购环境。此外，广东省港口众多、货位充足，可以和 130 多个国家和地区的 1100 多个港口通航，这为跨国零售企业提供了十分便利的物流条件。

（6）应用信息技术进行电子商务采购。1999 年以来，跨国零售企业陆续把发展采购电子商务列入了企业发展的战略目标，现在欧美企业 60% 的产品都是通过网上采购获得。现代信息技术在跨国零售采购业务中的价值主要体现在精减中间环节，降低交易费用、压缩辅助设施、加速供应链节点间的信息流动、拓展贸易机会和提高经营效率等方面。统计资料显示，信息技术的运用可缩短 25% 的采购周期，降低 50% ~ 80% 的通信成本，减少 90% 的采购订单成本，提高100%的采购人员的生产率。

对供应商的选择与管理是一项庞大的系统工程，这已经成为跨国零售企业生存和发展战略的重要一环。尽管每个跨国零售企业的采购要求都不同，但有一点是相同的，他们注重的不仅仅是具体的产品，更是供应商本身。一般而言，要成为全球采购商的供应商，都需接受多个方面的考察（申凤平等，2009）：品质保障体系、交货供应体系、采购价格体系、外贸流通体系、环保认证体系、电子商务应用体系、安全品质体系等。要进入全球采购商的供应链，这些项目必须符合其评估标准。以沃尔玛为例，它对合作伙伴有几个方面的基本要求：一是物美价廉，产品价格要有竞争力，质量要好，要能够准时交货；二是供应商要遵纪守法，沃尔玛非常重视社会责任，要求供应商按照法律的要求向工人提供加班费、福利等应有的保障；三是有市场营销和推广能力；四是有创新研发能力，能提供系列产品；五是有品质观念，在生产过程中能从事自我质检；六是达到一定的生产规模，沃尔玛采购就采用半数比例原则，一般不超过50%；七是逐步使用现代化、集约化的电子采购手段进行配套服务，这是其对供应商的最新要求。

全球采购纵然有多种好处，但生产企业要想跨过其门槛，成为采购商的"宠儿"，也绝非易事。中国企业要真正融入跨国零售企业全球采购系统，成为全球制造基地，还有很多方面需要改进。

第一，打造核心竞争力。在供应链管理体系中，企业必须十分清楚自身的核心竞争力在哪里，在哪些方面可以使企业获得更大的赢利空间，如何打造自己的核心能力去与其他企业建立战略合作关系。每一个企业都应该充分利用自己的资源优势，集中精力去巩固和发展自己的核心能力、核心业务，实现优势互补、资源共享，在与其他企业合作竞争的过程中，共生出更强的整体核心竞争力与竞争优势。

第二，熟悉零售营销惯例。跨国零售企业采购的产品将直接进入终端市场，相应的营销方式、产品包装等都有特殊要求。以包装为例，仓储超市为主的采购商，如麦德龙、万客隆等可能需要大包装；而以综合超市为主的采购商，如沃尔玛、家乐福等可能需要小包装，而且包装大小不同，采购价格也可能会有差异。再如促销，国外零售商通常喜欢采用促销手册的方式进行产品宣传，每星期都要印刷几百万份的宣传材料。这部分成本，许多采购商要求供应商分担，这是国际惯例，而非额外要求。

第三，建立战略合作伙伴关系。供应链管理改变了企业的竞争方式，企业的竞争变成了供应链之间的竞争，把供应链管理看作企业之间资源整合的桥梁。在美国，沃尔玛和宝洁的联盟被视为买家和供应商建立伙伴关系的典范。通过双方良好的合作，作为供应商的宝洁和作为买家的沃尔玛都能实现产品存货几乎为零的同时，保证沃尔玛的货架上始终有货品销售的良好状态。沃尔玛的做法是对自己的销售量做出准确的预测，然后把准确的预测量和宝洁的生产捆绑在一起，宝洁就不会生产过多的产品而堆积起来。

第四，了解跨国采购知识和法律。全世界公认的四大采购法则——《联合国采购示范法》、《世贸组织政府采购协议》、《欧盟采购指令》和《世界银行采购指南》，企业应当弄懂弄通。其次是企业要多参加国际采购说明会，加深对采购程序、条件和要求的了解，提出疑惑问题现场求解。中国企业还可以采取有效的方式规避国际市场流通领域各式各样的技术壁垒。例如要拓展美国市场，就无法绕开美方设置的《公平包装和标签法》；产品要销往欧洲，就必须关注欧盟制定的《技术协调与标准新方法》。

第五，加强电子商务建设。现代化、集约化的电子采购，正成为跨国企业经营运作的重要流程。目前，许多跨国公司已经开始使用电子商务系统，通过建立 B2B 电子商务平台，实现网上采购，从而改变原有的采购模式和采购范围，获得互联网时代的新竞争优势。据艾瑞咨询公司预测，未来国际贸易额更多地将通过互联网进行。可以预见，电子商务将成为全球采购未来的主要方式以规避国际市场流通领域各式各样的技术壁垒。例如，要拓展美国市场，就无法绕开美方设置的《公平包装和标签法》；产品要销往欧洲，就必须关注欧盟制定的《技术协调与标准新方法》。

第六，利用政府支持政策。中国政府目前已经制定了一系列政策措施，引导和促进全球采购商加大采购力度，其中包括按照加入世界贸易组织承诺，有序对外开放批发、零售、物流配送等商业流通领域；不断改善商业流通领域的经营环境，为全球采购出口创造更加公平、透明和可预见的市场环境；鼓励全球采购商在中国设立采购中心并给予多方面的政策支持；通过国家产业政策和金融政策，推动出口企业提高商品档次，使出口商品质量、服务等更加符合全球采购商的需要等。另外，国家商务部也建立了"中国商品网"等商务网站，为中国的供应商和全球的采购商搭建了沟通的平台。我国的企业要充分利用政府部门提供的支持和服务才能有利于企业产品直接进入跨国公司全球采购系统。

面对日趋频繁的跨国零售企业全球采购，国内企业要加强学习，懂得如何成为合格供应商，全面分析跨国零售企业的采购特点及通用规则等，打造企业的核心竞争力，加强电子商务建设，为融入跨国零售企业全球采购供应链打好基础，真正实现经济全球化进程中的合作双赢。

在中国零售业"走出去"的进程中，如何加强零售业和中国制造业的互动，依托中国制造业在世界范围内的优势是中国零售业值得思考的一个重大战略问题。中国零售企业在具体实施"走出去"战略过程中，如何选择中国供应商时，需要注意：中国零售企业自身要强大；构筑强大的自主渠道并向海外延伸我国零售企业的最大利益；零售企业通过自主品牌带动中国供应商走出去；通过电子商务直接销售中国产品；需要了解本土国家的法律；通过垂直渠道整合与国内中国制造商结成战略联盟牵手实现"走出去"战略；与已经"走出去"的中国制造商形成战略联盟，实现中国零售企业与中国供应商"走出去"战略的双向助推；在欧美等地实现"两条腿走路"的战略；利用与东盟的地缘优势、经济合作优势，直接"走出去"；借鉴美国、法国等国家，参考沃尔玛、家乐福等企业在中国的采购目录；通过跨国并购，收购当地零售企业；与跨国零售集团成立合资公司，利用自己国家的渠道优势互推对方供应商产品；通过各种贸易洽谈会平台，选择目标市场国；与中国政府海外援建项目实现"捆绑"模式。

二、全渠道经营

零售业的分销渠道通常由其销售终端所决定。零售终端是指产品销售渠道的最末端，是产品到达消费者完成交易的最终端口，是商品与消费者面对面的展示和交易的场所。由于中国零售集中度较低，地区发展不平衡，传统分销模式仍然是主流。但是，传统的分销成本高企，销售和管理费用不断攀升，获取客户的成本也在不断加大，行业的低利润率很难再支撑高额的分销成本，传统分销已经进入微利时代，渠道效率也在不断下降。此外，一、二线城市由于网络零售及移动购物的高速发展，传统分销模式受到严重冲击，对传统零售终端的影响巨大，如百货联营模式备受挑战。特别值得指出的是，以连锁经营模式迅速扩张占据市场主体的经营模式受到严重挑战，企业地位受到严重威胁，面临转型的艰难抉择。全渠道零售正是在这样的背景下出现的。作为未来发展的必然趋势，全渠道模式下，分销渠道和分销模式的变革将更为深刻。

全渠道模式对分销的影响表现在：

对生产厂商的影响：全渠道模式增加新渠道，提升议价能力；打破原有价格体系；拉近与消费者距离，需求直接引导生产；重构生产模式，重新定义生产商概念；节约社会成本，提高分销效率。

对批发代理商的影响：全渠道模式的冲击无疑是巨大的，减少中间环节，提高效率减低费用；实现规模经济，提高流通效益；库存管理优化，提高流通效率。

对零售终端的影响：全渠道对零售终端的影响更为深刻，渠道多元化发展，零售格局正在重塑。传统零售企业盈利模式受到冲击，促使企业积极进行全渠道变革。

据中国连锁经营协会的调查显示，我国全渠道零售业务，无论是处于前沿的电商企业，还是传统零售的网络零售抑或是二者的O2O融合，销售规模尚小，布局O2O模式，成效尚不显著，缺乏专业人才，制约企业发展，整体都处于发展的初级阶段。但是，随着线上线下的融合发展，O2O将是迈进全渠道的重要一步。

根据中国连锁经营协会与利丰研究中心联合发布的《全渠道模式对分销渠道的影响》，全渠道模式下，我国分销体系的发展将呈现如下几个趋势（中国连锁经营协会，2014）：一是传统零售分销体系的变化将是长期过程。二是多元化分销渠道组合以适应目标市场的需求。随着市场细分，分销组织也将呈现长尾变化和多元化发展，企业只采用单一分销渠道已经不能满足目标市场的需求，企业需要在不同时期、不同地域对商品采用差异化分销渠道，通过多种方式、多个渠道达到目标市场，多元化分销。三是互联网及移动互联网促分销体系扁平化和一体化，处于终端的零售企业将有机会与厂商和消费者建立最直接最密切的关系，成为供应链上下游的整合者。四是零售集中度将快于连锁化时代，分销结构也趋于集中化。在可预见的未来，网络零售仍将持续快速发展，市场集中度的天平也将继续偏向电商，同时随着传统零售企业的介入以及全渠道模式的探索，零售企业的集中度将因此进一步提升，速度将远快于连锁化时代，分销链条上的渠道整合也将进一步深化和集中，整合并购将进一步加剧。五是掌握供应链核心的物流快递企业成为分销的一分子。

全渠道销售是真正能够与消费者实现对接的发展方向。实现了全渠道，零售商就可以在实体和网络商店之间无缝转换。虽然很多大型零售商已经意识到全渠道零售模式才是零售企业需要的创新，但知易行难，目前我国还没有零售商实现了完完全全的"全渠道零售"，在库存、预算、赔偿、销售和采购流程各方面实现完全的整合。传统零售商全渠道销售之路还要进一步探索。面对全渠道模式对分销渠道的影响，需要企业有更强整合资源的能力，无论是横向的线上线下业务整合，还是纵向的供应商上下游的整合，以及消费者的把控，都对企业提出了全新而富于挑战的要求，要在新的分销体系下掌握更大的话语权，需要提前修炼内功，打好基础，迎接挑战，做好以下准备：一是加大基础能力建设，变革模式；二是加强信息化建设，夯实基础；三是用全渠道思维，全渠道营销；四是线上线下整合，小步快跑；五是布局移动网络平台，抢占先机；六是积极探索全渠道模式，合作共赢。

三、物流配送体系的建立和优化

现代物流的支持和构建是零售企业跨国经营的关键一环，包括从采购供应到最终的销售服务都有物流贯穿其运营始终。大量实践和成功案例表明，先进零售企业无一不是通过物流配送体系的构建，实现了采购、配货、价格的统一，进而实现企业经营的规模和效益的最大化。当下，跨国经营的零售企业的竞争十分激烈，单纯通过销售寻求利润已经不能适应全球化进程中的各种冲击和挑战，需要从供应链本身进行探究，寻求利益的最大化。这就要求零售企业将配送体系的构建作为海外经营的重点，将销售终端和客户间的配送关系进行体系化的构建，实现商业企业配送体系的优化，创建新型的跨国零售企业的配送模式。

（一）沃尔玛的配送体系

在美国本土，沃尔玛的 8 万多类商品的绝大多数都是通过区域性配送中心进行定量定时配送，仅有约 15% 的产品是由各生产厂商直接派送到各大门店。截至 2013 年，沃尔玛在美国本土的配送中心已经超过 25 个，配送频率每天 20 万个商品箱，负责配送的商场数目超过百家。沃尔玛的成功主要基于其先进的现代化的物流配送体系，表现在：第一，它强调物流系统的无缝链接的构建，使整个供应链系统顺畅连贯。第二，沃尔玛始终将配送中心的构建和使用与物流的循环联系在一起，将配送中心的地位和功能不断提升，使得供货商能够将货物直送到配送中心，加速了运转时间和降低了供应方的成本。第三，沃尔玛物流的工作原则细致明晰，将物流过程集中化，每个环节的流通和运转做得很细致。最终，沃尔玛的配送体系形成了完整的网络，其配送范围辐射大，以 321 公里为辐射半径，在经过调查和精确计算后配送中心被选择在零售店居多的中心地带，以此构建销售主市场，大大缩短了运输总距离，节约了运营成本（何连金，2013）。

沃尔玛中国公司成立于 1986 年，第一家分店开设在深圳，随后即建立了中国第一家配送中心——深圳盐田配送中心。通过将近三十年的发展，沃尔玛在中国的运营逐渐走向成熟。

从表 9 - 2 可以看出，沃尔玛在中国的门店扩充数量是惊人的，尤其是进入 21 世纪以来的十多年，其配送中心的扩建也在不断跟进和完善。

表 9 - 2　　　沃尔玛在中国经营的配送体系投资与门店数量发展情况

年份	经营配送体系投资额（亿元）	配送中心数量（个）	门店数量（个）
1980	16	16	32
1990	45	25	67
2000	160	42	98
2010	450	110	216

资料来源：姜波（2009），第 51 页。

1. 沃尔玛进入中国市场的配送体系的优势分析

第一，沃尔玛在中国市场采用了自建配送中心和共同配送模式相结合以获取高效率和低成本。沃尔玛将货物从配送中心分流到各门店的过程中采用了共同配送模式。货物在准确的时间被分送到全国的近 400 家门店（截至 2014 年 4 月 30 日），从下订单开始到门店收到货，最短只要 3 天，最长也只要 15 天时间。当配送中心进出库量低于正常水平时，还可以为其他连锁经营企业使用，从而降低了成本。

第二，沃尔玛加大配送中心的电子数据交换系统的构建，扩大了中国市场的营销。最初，沃尔玛通过配送中心的电子数据交换，实现了自己与供应商及各个店面的有效连接，保证公司总部和配送中心对于每家商店的存货、运输、货物待存都有清晰的了解和及时的反馈。电子数据的传输还能够细化到每一样产品，了解其近期的销售量，并作为未来的合理预测，作出市场分析，组织安排生产。这样流转顺畅的信息保证了产品的市场供应，降低了库存量。电子数据交换系统的使用使得其配送成本占销售额的比率降低到 3%，一年就比竞争对手省下运送成本约 8 亿美元。流转顺畅的配送流程，使得沃尔玛公司始终具有资金上的优势。

第三，沃尔玛的配送体系结合我国的市场特点进行针对性改进，提高物流效率。沃尔玛总公司可以随时查阅在中国的 400 家门店的数据情况。为了便于在中国市场的管理和监控，沃尔玛公司斥巨资将卫星定位系统全部投入在 6000 多辆运输卡车上，随时清楚地了解在中国的每辆运输车的位置和装载货物品种，运送起始点和目的地。同时，定位系统还能够根据需要设计出最优化的运量和路程，将成本降低到最小，使得物流效率发挥到最高。

2. 沃尔玛中国市场配送体系存在的问题

在实际运行过程中，沃尔玛的物流体系在中国还是存在本土化的障碍，信息化的作用和集中配送系统都受到了地理条件、经济条件的制约。

第一，沃尔玛多年来在中国门店使用的配货体系主要采用先建立配送中心，再发展店铺的运营模式，它的弊端就是前期会出现运营成本的提升，在资金运转上影响门店的进一步扩展。

第二，沃尔玛公司在中国缺乏具备建立高效的物流配送体系的外界环境，系统化管理中出现了很多非美国化的障碍，例如配货中心的辐射半径不足以满足店铺与配货中心的合理距离，使得配送成本必然上升，影响了补货效率和质量，当出现急缺商品，会出现难以补货的情况。

第三，沃尔玛在中国的配送中心使用的仓库存在着欠规范的问题，阻碍了物流效率的提升，24小时的过站式的操作难以保证。配送中心的仓库面积不充足，出现销售不稳定的情况时，应季产品的备货和存储就会上升，而有限的面积限制了必须具备的功能的实现，甚至会降低工作效率。因而其功能还仅仅局限在中转站上，缺乏高效的配送效率，难以与沃尔玛在美国本土的物流配送效率相比。

（二）我国零售企业苏宁的配送体系分析

1. 在配送模式上，苏宁拥有自建的物流配送中心

苏宁坚持自建物流体系的配送模式，保证了物流配送的质量，提高了企业的服务水平。苏宁的配送中心管理针对性极强，系统化、时效性都具有优势。为了降低自建配送模式带来的相对较高的成本，苏宁结合共同配送来降低成本，获取利润。

2. 苏宁物流配送中心致力于加速信息系统的建设

苏宁拥有国内较大的物流配送中心，形成了信息化物流业基地和物流园，实现了仓库管理软件和运输管理软件的有效使用和覆盖。苏宁率先实现了信息化的应用管理，将信息化的应用进行集成覆盖，构建了包括 ERP、CRM、SOA、WMS 和 TMS 在内的系统化管理体系，其中，WMS 系统和 TMS 系统的关键作用尤为突出。其仓库管理系统（WMS）涉及入库业务、出库业务、仓库调拨、库存调拨、综合批次管理、物料对应、库存盘点、质检管理、虚仓管理和即时库存管理等功能，能实现各项功能的综合运用，做到实时监控和跟踪仓库业务的流程和物流成本的计算和管理，进行高效灵活的系统化拣货，大大提升了订单效率和拣货流转时间。其运输管理系统（TMS）能管理装运单位，制订企业内、国内和国外的发货计划；构建运输模型、优化运输计划，彻底解决了订单配送和长途货运配送车辆调配上的问题，实现了路线安排上的优化。

2009 年 12 月 30 日，苏宁电器以 2.15 亿港元收购了香港老牌企业镭射公司，一举大规模打入我国香港市场，计划短时间内构建苏宁的网络化门店布局。苏宁的配送体系初试香港市场发挥了其优势。

首先，在配送模式方面，苏宁在国内所运用的自建型配送模式试水香港市场（它与美国的沃尔玛所采用的是一样的），在刚开始进入香港市场时遇到本土化困扰，苏宁将该配送模式与当地实际情况有机结合，即实现自建型与共同配送的结合来适应当地市场的需求（范建磊，2010），既满足规模化下的降低成本，同时逐步适应本土化的要求。

其次，在配送服务方面，苏宁立足原有的配送服务，将内地多年运营的经验和理念进行香港市场的嫁接和转移，加大内地和香港两地的产品联保服务，将配送联保和维修体系构建起来，打造国际化的发展管理团队，为将来走入更多的国际市场做好准备。

最后，在供应链的结合方面，苏宁初试香港市场过程中将内地采购平台的优势不断扩大，实施两地联合规模化统一采购，通过这种规模化的方式从根本上提升产品价格竞争力；对消费者进行细分和规划，实现采购供应模式的转型。

但是，苏宁的配送体系初试香港市场的过程中也遇到了一些困难。首先，苏宁在配送模式和供应链的结合方面，内地情况与香港存在着一定程度的差异，这种两地联合规模化统一采购的方式，使得苏宁在香港的配送模式缺少一定的灵活性；其次，由于香港的经济环境的开放程度更高，经济的发展水平也更高，因此，发达国家的零售企业往往在香港发展得更早也更加完善，这就使得苏宁的配送模式初试香港市场后，受到了较之于我国内地更大的竞争压力；再者，与发达国家的配送服务理念相比，苏宁电器在配送服务理念方面较为落后，不能够充分地适应香港地区的零售企业跨国经营配送体系发展现状。苏宁在香港地区的经营配送体系的发展缺乏一定的系统性和规范性，面临着更大的自身风险与外界挑战。

（三）苏宁"走出去"配送体系的优化研究

苏宁在香港市场的发展只是其"走出去"的第一步，它有着更大的国际化目标。同时它的"走出去"配送体系的优化也为国内其他零售企业提供了一定的借鉴。

1. 从苏宁的配送基础环境出发来构建"走出去"过程中的配送模式

苏宁的跨国经营配送模式的确定可以基于其已有的基础：它具备丰富的配送资源和能力，能最大限度地满足配送的时效性、准确性及安全性；就配送对苏宁的重要度来说也是相当大的，因为这样一家大型零售企业完全依靠配送实现其高要求的资源配置。根据"矩阵图决策法"（如图9－1所示）分析，苏宁在"走出去"过程中应该采用状态Ⅰ，即自建物流配送模式来提高配送效率和客户满意度。

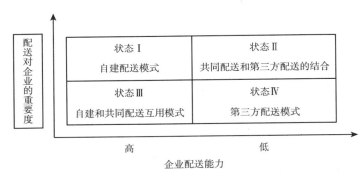

图 9－1　配送模式"矩阵图决策法"

资料来源：王思宇（2012），第20页。

然而，从对所处的行业季节性需求环境出发，苏宁的跨国经营配送体系承担家电零售业的运力需求在淡旺季差别很大，如果匹配适应平时销售需求的运力，旺季时就很难有足够的配送队伍供使用；如果配够旺季的运力，在平时没有得到充分运用，这种情况使得苏宁在一段时期内具有类似状态Ⅲ的特征。因而在跨国经营的物流配送时它应采取自建和共同配送相互补充的模式，向外拓展配送业务，提高资金和设备的利用效率。目前苏宁在香港的配送体系从最初的完全自建物流配送模式已转为自建物流与共同配送相结合的模式。

2. 从配送需求环境出发来构建苏宁"走出去"过程中的配送模式

结合国外先进的零售企业配送体系的发展经验，并将进入国的当地物流需求作为参考的重要数据，确定其配送模式。当公司在进入国配送范围涉及多个区域，应综合考虑每个地区的客户要求，有计划性、针对性的安排配送时间、次数、路线和货物数量，进行全面配送。通过共同配送，既可以降低物流成本，又可以集中精力经营核心任务；既可以促进企业的成长与扩散，扩大市场范围，又有利于提供商品质量，可以大大提高商品在市场的核心竞争力。因而苏宁"走出去"配送模式确定为利于信息的共享与快速反馈，利用自建物流与共同配送相结合的模式，互相补充，以求提高配送服务网络的覆盖率，进而提高配送的服务水平和速度。

借鉴沃尔玛的成功经验，下面结合对苏宁"走出去"过程中配送体系实践的分析，从实施配送体系的本土化和节约物流配送成本两个方面对其配送体系的优化提出以下建议。

实施配送体系的本土化方面，应根据目标进入国的特点来确定配送体系。根据中国零售企业自身的发展情况与世界上成功的零售企业的经验，我国零售企业的跨国经营目标市场可选择在亚太地区经济增长快、有关贸易和投资法规政策日益完善、而零售市场刚起步发展的国家，如印度、俄罗斯、巴基斯坦、马来西亚等国。根据这些国家的现有经济状况，构建合理的配送体系应考虑以下几点：

（1）配送模式的组合选择。苏宁进入东道国跨国经营配送时，应实现多种配送模式的结合，实现配送模式多元化发展。构建合适的多元化配送模式，可以取长补短，有效降低物流成本，提升企业的核心竞争力。

（2）配送中心位置的选择。苏宁电器进入东道国进行配送体系构建时，必须应用科学的方法，如重心选址和层次定位法对配送中心位置选择进行优化，科学设置配送中心的地点，以保证一定顾客服务水平，同时使将商品运送到顾客手中所消耗的物流总成本最小。

（3）配送中心规模的选择。从中国零售业的实际情况来看，短时间内没有一个企业能够达到像沃尔玛一样的先进的物流配送系统，所以分步构建相对高效率的配送中心是更为现实可行的选择。建议苏宁进入东道国时要先建设一两个配送中心，待熟悉和掌握了当地市场的运作方式和各方面情况以后，再逐步扩张成与配送中心的规模相适应的门店规模。在配送中心的大小规模和数量的设置上，多选择面积小且分布广的配送中心，这样不仅会减少运输成本，还会为区域采购提供便利（刘冰燕和董瑾，2006）。

（4）物流配送系统的标准化战略与适应性战略并存（刘英，2013）。标准化战略应体现在：需要对世界各地的网点进行标准的统筹规划，实现国内国外的配送业务经营管理一体化，及时对瞬息万变的国际市场需求做出反应；构建灵敏的标准化的信息系统，达到节约跨国经营的成本的目的。适应性战略应体现在：强调实施本土化、及时调整策略以适应市场的变化，增加企业的灵活性，在技术上不断改进，兼顾各国本土供应链的特色配置。苏宁应采取两种战略的并存，构建全球配送信息系统，随时了解商场的商品库存及销售信息，加强配送中心对于收货、及时配送流程的监控，形成自身的竞争优势（郭丹凤，2013）。

在节约物流配送成本方面，对策有：第一，配送车辆管理上的优化。苏宁在"走出去"过程中由于进入期其配送辐射范围有限，会加大工作量的负荷，因而合理有效的措施是提高运输中心调度人员的工作效率，设立独立的车辆配送主管部门，使其与配送中心仓库部门平行化管理。第二，配送体系的信息化水平的优化。从基础性的跨国经营配送业务执行、配送体系数据采集内部可视化、配送体系数据连接性、配送体系供应链可视化等方面，全面对其信息化水平进行优化。例如，从现有的信息化环境出发，采用第四代企业信息系统SAP/ERP 系统，可以获取最近一段时间各种货物的销售数据；通过配送库内立体化仓库系统、机械运输系统、WMS 以及 TMS 四位一体，共同保证其配送体系的科技化和数字化，以实现全球实时管理。第三，以渐进开拓的方式降低企业配送成本。苏宁在"走出去"过程应以本国市场为主，逐步向周边国家展开跨国经营，经历本地市场—国外邻近市场—全球市场这样的发展过程。这种渐进的方式能够最大限度地减少投资风险，进而大大降低企业物流配送成本。这种稳扎稳打的发展战略有助于苏宁构建国际化集成管理中心、全球零售人才孵化中心、服务创新研发中心和供应链合作优化中心等系统化的管理模式。

第四节　促销策略

一、零售促销策略

零售促销是零售商为告知、劝说、提醒目标市场关注有关企业任何方面的信息而进行的一切沟通联系。这种沟通的目的是确保现有和未来的购物者了解零售商，对零售商持正面的态度，并对零售商提供的商品和服务有广泛而正确的认识。在履行营销沟通过程中，零售商一般对促销各个要素进行选择和搭配运用，具体包括广告、销售促进、公共关系、店内氛围和视觉营销，以及人员销售。在大型零售企业中，促销组合是由营销或广告部门和采购组织管理的，店内氛围和人员推销由商店人员负责。根据大型零售企业跨国营销的促销目的和促销活动的地点范围可以大致分为市场促销和店内促销两种（黄雪玲，2007）。

市场促销主要为沟通和通知顾客起到媒介作用，主要手段有广告和公共关系两种。市场促销沟通和通知的是零售企业整个企业的相关信息，起到将顾客引进零售店内的作用。广告是一种采用诸如报纸、电视、广播和直邮等大众传媒与顾客进行有偿沟通的形式。在美国零售行业中，零售企业在广告上的支出可达毛销售额的3%以上，但不同零售企业之间花费广告的费用比相差很大。零售广告是被用来建立和加强公司形象，通知顾客有关商品和价格。实施一项广告计划包括开发信息、选择发布信息的渠道以及决定信息的频率和时机选择等。公共关系是零售企业为改善与社会公众的关系，促进公众对组织的认识、理解及支持，达到树立良好组织形象、促进商品销售目的的一系列促销活动。中国零售企业的跨国营销活动不仅要为自身利益同公众建立良好关系，同时中国的国家形象也是各企业在国外经营过程中同消费者的接触中不断塑造和维护的。其主要方式有公益促销，即通过赞助、捐赠等公益手段对企业社会公众形象进行传播，扩大企业影响、增加商品销售量；开展政府公关，与政府建立良好的合作关系，获得政府的好感与支持有助于中国零售企业的经营发展及各项营销活动的实施。在商品策略、价格策略已定的基础上，促销策略是提高销售量的重要手段。促销不能靠完全牺牲供应商和自己的利益来做促销，促销活动要讲究技巧，很好地迎合消费心理，维护企业的品牌形象（黄雪玲，2007）。

一旦消费者走进店内，店内促销主要起劝说消费者购买的作用。因此，这种促销直接影响到销售额、见效快。具体手段包括三类：

一是销售促进。销售促进是在一段特定时间内，向顾客提供额外价值和动力以使他们光顾商店并（或）购买商品。最常见的销售促进是减价销售、特殊事件、店内展示、优惠券和竞猜等。虽然销售促进在短期内能激起顾客的兴趣，但无法有效地帮助建立长期忠诚度，顾客受销售促进吸引是对促销商品感兴趣，而非商店本身。但如果促销活动是密切结合商店宗旨和形象进行的，参加促销的顾客能更多地了解商店并成为回头客，就将促销的短期利益转化为长期利益了。即便与之竞争的零售商也推出相同的促销活动，使首创的零售商不能获得长期促销优势，但只要零售商将短期目标和长期目标进行整合，将短期的促销活动升华为公司长期形象，促销活动就由简单的销售额增长变为顾客的争取了。

二是店内氛围和视觉促销。店内氛围是共同在顾客心目中产生印象的商店物质特征的组合，这些特征有建筑、样式、标牌与陈列，色彩、照明、温度、声音和气味。这种氛围传达有关商店服务、定价和商店流行度的信息，店内的氛围必须根据跨国营销的不同目标市场国定位进行合理营造。

三是人员推销。人员推销是销售人员通过面对面的信息交换帮助顾客满足需求的传播过程。消费者都是有情绪的，随时变化的，高素质的店内营销人员根据消费者的个性特征对顾客进行适时引导，介绍给顾客性价比较高的商品，即将适当的商品卖给适当的顾客，提供满意度高的服务，不仅增加销售额，更重要的可以培养忠诚顾客，树立企业形象。特别值得指出的是，在引进驻店厂商代表制度的情况下，为了保证不会导致消费者对零售商业品牌认知的混乱，从而损害商店的形象，零售商必须加强对厂商代表的管理（朱瑞庭，2006）。具体说来，第一，要把厂商代表纳入零售商销售队伍的统一管理当中，在录用、考核、奖励等方面强化零售商对厂商代表的约束和监督，掌握纵向渠道主导权。基于制造商和零售商的合作关系，这样做既是必要的，也是可能的。第二，协调好不同厂商代表之间的关系，特别是竞争产品厂商代表之间的关系，并以消费者满意为标准建立对不同厂商代表的评价体系，并把它作为加强和制造商合作的依据。第三，加强对销售人员的培训，从着装、语言到服务强化零售商和商店在消费者头脑中的统一认知，以提升商店形象。

总之，各促销方法在完成促销计划中的任务时的有效性各有不同。所以零售商需要把这些活动融入整合营销传播计划中，而不是为相关销售人员、广告、销售促进等单独制订特定的计划，如果没有这些活动的组合，各传播方法或许会产生牵制。例如，零售企业的电视广告活动在发展中国家目标市场国试图建立一种无与伦比的顾客服务形象，但公司的销售促销会着重低价格，如果各传播方法不能运用一致，顾客就会对零售商形象产生混淆，因此不会光顾商店。零售商通过广告、销售促进、网站、店内氛围、宣传、人员推销、口头传送向顾客传播，这些促销方法必须相互协调，这样顾客就会对零售商有一个清晰、独特的印象，不会为较多的信息所困扰（黄雪玲，2007）。

二、消费者求变购买行为与品牌忠诚的关系分析

零售促销策略的重要目标是提高顾客的满意度和忠诚度。在讨论产品策略的时候已经提及，消费者求变行为并不是源自于消费者自身的产品偏好发生了变化，也不是为了满足消费者的其他目的（如群体归属、获得尊重等），因为消费者对其长期购买和使用的产品（品牌）依然保持满意，而这种满意正是消费者保持产品（品牌）忠诚的前提和基础。这样说来，消费者的求变行为只能归之于消费者的求变意愿，因为这种变化可以给消费者带来感受得到的、明显的效用和益处，换句话说，消费者求变行为的动机就在于"求变"本身。

为了研究消费者的求变愿望和动机，显然需要为所谓的求变购买者提供"求变"的可能，具体说来要为消费者提供可供选择的品牌。在一个成熟的消费品市场当中要满足这一条件已经不是一件困难的事情。问题在于，一个品牌要在多大程度上有所改变、翻新或者扩展才能满足消费者的求变愿望，而又不会导致消费者偏好发生转移，这必须和具体产品类别的特征相结合才能给以回答。

消费者的求变愿望和动机可以用来解释为什么在产生同样需求的时候消费者不会始终如一地购买同一产品（品牌）。这里所提出的问题就是，这种求变愿望和动机与消费者品牌忠诚之间的关系问题。为了更好地解释这种关系，需要对品牌忠诚的驱动力及其表现进行深入的分析。

长期以来，行为科学家和营销管理专家力图在购买行为的基础上来解释消费者的品牌忠诚。但是，顾客忠诚并不仅仅表现在消费者重复购买同一个品牌上（比如向相关人群推荐产品或品牌），反过来，消费者重复购买同一个品牌也不能完全解释为顾客忠诚，因为它忽视了重复购买可以在很多偶然的情况下发生，比如：在供应有限的条件下消费者缺乏自由挑选的可能，购买合约的限制，持续的低价销售，以及受购买风险、消费者关注等影响所导致的消费者感知的变化等。因此可以把品牌忠诚定义为：消费者出于对购买行为连续性的本能追求而体现出来的对某一品牌的持续稳定的维系，它并非消费者偶然的行为，而且消费者的购买行为应该和他对某一品牌的实际反应相一致。当消费者偏爱甲品牌但是却购买了乙品牌的时候，自然不能构成消费者的品牌忠诚。在做出一个品牌选择的时候，消费者通常同时拥有多种选择。品牌忠诚则是消费者建立在理性基础上的决定，即在可选品牌当中把具有优势的品牌挑选出来。品牌忠诚意味着消费者在一定的时间内保持其购买行为的稳定性，因此在若干个购买周期内重复地购买同一个品牌。所以严格意义上的品牌忠诚强调消费者对知觉对象的感知、态度及其行为的一致性。

总结起来，一个忠诚的顾客出于对某一品牌的信服不仅重复地购买这个品牌，而且打算在将来也购买同一品牌，这种对某一确定品牌的信服首先是建立在消费者对这一品牌积极的认知和态度之上的。

从上面的分析可以看出，消费者强烈的求变愿望原则上会弱化消费者和某一特定产品（品牌）之间的连接（维系）关系。在西方的营销文献中，有实证研究表明：消费者的求变行为和品牌忠诚之间存在较强的负相关关系，而在消费者求变行为和未知产品（品牌）的购买之间则存在较强的正相关关系。但是，由于产品（品牌）忠诚不是一般意义上消费者和某一特定产品（品牌）

之间的一种连接（维系），所以不能就此将消费者的求变行为和品牌忠诚的关系简单化。总结起来，下面几点是值得关注的（朱瑞庭，2009）：

（1）求变行为和品牌忠诚的产生都不是一个消费者的偶然行为。求变购买行为不是消费者在特定购物环境下（如商店临近打烊、时间压力、促销等）的一种冲动表现，也不涉及消费者产品偏好的改变，它的产生源自于"求变"过程所能给消费者带来的效用和益处，简单说，求变行为的动机存在于"求变"本身之中，或者说就是"求变"本身。同样，品牌忠诚是消费者对产品理性判断、选择和使用基础上的重复购买，显然也和上述特定环境下消费者一次性的购买不可相提并论。

（2）产品（品牌）忠诚度越低，求变欲望越强；反过来，求变欲望低下，并不意味着消费者具有高度的产品（品牌）忠诚。

（3）品牌忠诚基于消费者对产品（品牌）的积极认知和满意的基础上，正是这样，不能将产品（品牌）忠诚和消费者求变行为直接对立起来，因为消费者的求变行为并不影响其对原来所购买、使用的产品（品牌）表示满意，也不能排斥消费者对原有产品（品牌）的推荐宣传。甚至，消费者依然会在将来购买已经使用并让其表示满意的产品（品牌）。

（4）产品（品牌）忠诚只有在若干个购买周期中才能体现出来，在特定的购买周期中，消费者可能改变原有的购买行为、选择和原来不同的产品（品牌），这种行为源自于消费者追求变化的愿望和动机，并非消费者产品（品牌）偏好的改变，也没有其他特定的目的。由于产品的购买周期和产品的类别和消费特点紧密相关，而不同类别产品购买周期具有明显的多样化和不同的特点，由这一复杂性所决定，把产品（品牌）忠诚和消费者求变行为之间的关系加以简单化是不合适的。

（5）不同的产品类别、消费者不同的个性特征等都会同时对顾客忠诚和求变行为产生影响，这对进一步厘清这两者之间的关系增加了难度。所以，要分析两者之间的关系，需要对这些可能对两者同时产生影响的所谓"中间因素"进行深入分析。从新行为科学的角度来看，这些因素的影响可以通过购买风险理论、认知失衡理论以及消费者关注理论等来加以解释。事实上，购买风险、认知失衡以及消费者关注理论等被广泛用于新行为科学的结构模型当中，也是被当作解释提高品牌忠诚的理论依据和路径的理论。

对于商家来讲，当然不希望消费者弱化和自己的产品（品牌）之间的联系。消费者求变愿望和行为的存在对商家的营销组合策略提出了更高的要求。找到影响消费者购买决策过程的结构性因素有助于厘清提高消费者产品（品牌)忠诚的依据和路径。虽然现有的文献没有对如何阻止(或者能否阻止)消费者的求变行为提供有效的答案,但是下面的分析表明,消除消费者认知失衡、降低购买风险以及关注"消费者关注"可以有效增强消费者对品牌的积极认知,从而为提高消费者的品牌忠诚提供营销组合策略上的支持。

(一) 消除认知失衡

认知失衡理论假定,任何一个人都会因为环境刺激感受到内心的不稳定,表现为令人难受的心里紧张状态,原有的平衡被打破,在这种情况下他就会努力摆脱这种状态,以重新达到内心的平衡,不妨称之为认知失衡理论。

在消费者的购买决策过程中就经常会出现原有的心理平衡被打破的情况,比如消费者为了购买某一品牌的商品到了一家商店,却发现这家商店并没有这一品牌。在这种情况下,消费者就会通过改变自己的观念和行动来达到新的平衡(如挑选其他品牌,或者暂停购买,离开商店等)。从这里也可以发现,消费者在求得新的平衡的过程当中或者之后,事实上还会产生新的不平衡。但是只要这种不平衡的状态没有逾越一定的界限,消费者就可以一直通过上述调整来达成自己内心的稳定。

这一理论给商家提供了非常有益的启示。商家既可以在消费者进入商店以前,也可以在消费者购买过程当中和结束后采取措施来减少或消除可能给消费者带来心理失衡的因素,或者把这种失衡控制在一定的界限之内。比如,商店可以适当增加花色品种,以满足各种消费者的不同需求;商店可以适当延长营业时间,通过提供完善的售后服务来消除顾客的后顾之忧;商店不要夸大商品的质量,不作无法兑现的承诺;向顾客提供客观的商品信息;创造良好的购物环境,提供微笑服务;等等。这样至少可以在一定程度上阻止消费者购买陌生的产品(品牌),从而为保持消费者的品牌忠诚创造条件。

(二) 降低购买风险

购买风险是指消费者所感受到的购买风险,它和实际上是否存在这样的风险以及风险的大小是有区别的,而且同样的风险对不同的消费者会有完全不同的感受结果。一旦消费者感受到这种风险,就会在消费者的内心形成一种消极的"不安"状态。按照上面所说的认知失衡理论,消费者在这种情况下就会促使自己去面对风险或者减少这种风险,以达到内心的平衡。

购买风险可以有经济上的、产品功能上的以及社会认可上的不同的表现方式。由于缺少价格信息的透明度消费者可能购买了更贵的商品,购买的商品有其使用功能上的缺陷，消费者选择的商店或者产品（品牌）在自己的所属群体或向往群体中缺少认可，这个时候消费者的心里就会产生消极的感受。再来观察购买风险的感受机制的话，可以发现，风险的大小以及消费者的行为表现一方面取决于商店的有关特征（是否新开业的商店，价格水平的高低，商品供应的透明度，商店的社会认可等），另一方面也和消费者本身的个性特点有关（如消费者的自信程度、风险意识等）。

对消费者来说有多种可能性去减少这样的购买风险。首先消费者可以通过搜集更多的产品或商家的信息来达到这一目的。信息的来源则取决于购买风险的表现方式，比如有关产品使用功能的信息可以从产品说明书、媒体报道当中获得，消费者还可以从同事朋友邻居等群体中获得有关信息。消费者搜集信息的强度和多少则取决于消费者所感受到的风险的大小，一般来说，风险越大，搜集信息的动机会越强，数量会更多。另外消费者可以通过保持对品牌和商家的忠诚，来把可能产生的购买风险控制在一个可以接受的范围内。在这种情况下消费者就会重复性地在某一家或几家商店里购买同样的品牌，只要消费者对品牌以及商家表示满意，消费者的购买决策就会因此大大简化，久而久之就会成为一种习惯性行为，一旦出现某种需求，消费者就会马上做出购买场所和品牌选择的决策。除此以外，消费者可以选择知名度高的商店，或者把购买计划暂停，购买小包装商品和试用品，或者购买最贵的商品等，来有效地降低购买风险。对制造商和零售商而言同样可以采取营销组合，一方面向消费者有效地提供关键信息以降低其信息搜集的成本，另一方面通过完善的售后服务、长期的低价销售、购物咨询等来提高消费者购物的安全感，从而降低购物风险。

（三）关注"消费者关注"

营销学中的关注被理解成消费者对某一具体事物的内心投入和自我参与，可以有高度关注和低度关注之分。高度关注指消费者对某一具体事物（如产品或商店）的积极强烈的关注和参与，这种关注和参与最后落实到消费者积极的信息搜集、加工和评价上。低度关注通常表现在消费者日常生活用品的购买当中，因为此时的购物风险相对较低，通常不会引起很大的内心的不稳定，这个时候消费者的购买决策过程就会缩短。此外还可以进一步从消费者的个性、产品特征以及购物情景等角度来对消费者的关注程度进行区别和分析。

消费者的关注程度首先和消费者的个性特征有关，可以这一类关注称为个性关注。当某一事物与消费者的价值趋向紧密联系在一起的时候，消费者就会表现得高度关注，在消费者的购买决策中实际上是一个购买动机的问题。如果消费者在其购买动机中强烈倾向于商品价格的低廉实惠，这个时候消费者就会特别关心商品的价格信息，并为此落实到具体的行动中，他可能就会忍受糟糕的购物环境，到拥挤不堪需要排队付款的商店去购买物品。从产品特征的角度来讲，消费者的关注程度一方面取决于产品的类别、产品对个人的重要程度、消费者对某一确定品牌或者商家的依赖程度，另一方面取决于消费者可能感受到的购买风险。产品对消费者的意义重大，产品购买的风险又较大，消费者就会表现得高度关注，在很多情况下就会放弃原有的价格取向，转而购买更贵的商品。一般说来，对衣服的购买消费者就往往给予比日常生活用品购买更高的关注。在后者消费者往往倾向于价格实惠这一条，因为它的购买风险相对较低。最后消费者的关注程度还和购物时的具体情景有关。消费者临时有了购买意愿，那么就会立刻产生对购买对象的关注，另外如果存在时间上的压力（比如临近商店打烊），消费者也会调整自己的关注程度。

三、中国零售业"走出去"的促销策略

在中国零售企业刚刚同国际目标市场国接触时，消费者同企业之间存在很多的信息不对称，中国零售企业需要与它的顾客进行沟通。因此，中国零售企业必须采取高效的促销方式以确保国际市场的消费者了解中国零售企业，对中国零售企业持正面的态度，并对中国零售商提供的商品和服务有广泛而正确的认识，并在中国零售企业里进行消费。促销活动本身是配合营销战略和策略的实施开展的活动，有长期与短期之分，长期性的促销活动体现企业文化和企业精神，体现企业的经营理念，这些促销活动和方式可以部分进行复制，采用标准化策略。例如，荷兰万客隆的刊物促销就在全球采用。万客隆快讯是万客隆最重要的促销手段，因为快讯商品的销售额占到整个商品销售额的40%，即20%商品的销售额占到全部商品销售额的40%。快讯每两个星期出一期，不间断进行，印刷精美，有实物照片、价格、品名，有主题促销，有文字描述促销，有重点商品促销，等等。中国零售企业在跨国营销的促销活动中可以形成自己独具特色的促销方式进行标准化的营销，不仅可以很有效地实现促销目标，而且降低了成本，也可以在消费者心中形成中国零售企业的特色。在促销内容上，由于促销活动针对消费者的直接性决定了零售促销的内容必须根据各国不同文化、消费者特征进行本土化设计，除了个别在媒体中有影响力的广告，用以强调价格、折扣及可获得性等方面的促销活动可以采用全球的标准化策略，其他的促销操作，如基于店面的促销、店面展示促销、人员促销等均要

根据不同国家环境、消费者特征做适当调整。

由于与信息不对称并存的往往是消费者对产品信息的缺乏，因此，企业的营销对策应该聚焦于有效地消除消费者由此带来的对产品的不安全感，并使之在购买和使用产品的过程中培养起对产品的认可、满意和忠诚（朱瑞庭，2003，2004）。

首先，产品策略、服务策略可以成为消除信息不对称的有效工具。有关参考价格研究的结论表明，企业应该从产品类别出发，对目标顾客进行细致的分类和研究，对消费者的品牌忠诚按照人口统计特征的不同，采取相应的信息传递和沟通方式，以帮助消费者准确地感知价格信息。在向消费者提供产品和服务信息时，企业应该更多地把消费者的注意力引导到高质量的产品、可靠的质量信息以及品牌建设上来。前面已经提及，对"查询产品"（比如商品的颜色、外观、价格、制造商等在购买之前可以获知质量特征的产品）和"经验产品"（例如食品的口味、洗衣机的使用寿命等需要在购买使用后获知质量特征的产品）来说，过硬的产品质量就是最好的市场通行证。在很多情况下，"产品质量说明一切"的积极效应还可以在营销中得到不断的强化，因为消费者不单单是被动的产品（信息）的购买和接受者，很多时候他又是信息的传播者。对"经验产品"来说，消费者的偏爱无异于对产品质量的高度认可，一旦消费者把这种偏爱通过口头传播的方式告诉周围的人，实际上就是对产品、对企业的最好奖赏。另外，完善的售后服务、严格的产品质量跟踪、对消费者投诉的快速处理、对消费者的损失赔偿都是消除消费者不安全感的有效办法。

其次，从价格策略和促销方面自身来看，短期的或者经常性的特价销售是留住消费者的有效手段之一。特价销售不仅仅是参与日常生活用品市场激烈竞争的需要，也是实现产品在求变消费者当中有效渗透的办法。对市场激烈竞争的状况采取漠视或者回避的态度有可能降低商店在消费者心目中的吸引力。此外，特价销售还可以提高商店的知名度。比较而言，商店应该特别谨慎采取提价的策略。

再次，广告可以成为向消费者传播信息的有效手段。对于"查询产品"来说，广告的主要目的在于，通过产品展示和信息的提供来接触目标顾客。在"经验产品"的广告宣传中，最重要的是说服顾客做出第一次的购买行为，而这经常需要和产品策略相结合（如小包装产品、试用等）才会达到理想的效果。要保持顾客对产品的忠诚，必须放弃夸大其词的宣传、不守信用的承诺，杜绝错误的、不实的信息，以免误导消费者，最终伤及自身。对于消费者在购买或者使用了商品之后仍然无法对其质量特征作出判断的所谓"信任产品"，如特定的商品加工制作工艺、保健品及化妆品等难以判断的商品效用等，广告存在最明显的可信度问题，企业尤其应该放弃短视行为，而是致力于向消费者提供经得起检验的优质产品和服务，从而让产品成为真正受消费者信任的产品。

最后，就商家的沟通策略来说，商店可以通过对货架及产品摆放位置的管理来支持求变产品，以此突出产品的某一特征用以唤起消费者的注意。此外，商家也可以通过和消费者不同形式的交流来达到影响消费者求变行为的目的。在这里，无论是店内还是店外的广告宣传，在所有的沟通中都应该向消费者传达这样一个明确的信号，即消费者变换产品特别是变换购买场所的风险意味着什么。为了阻止竞争对手以产品时尚性等手段抢占市场，商家还可以通过连续不断地、面对所有阶层的广告宣传来突出自身的特点。显然这些措施的实施有赖于在消费者头脑中拥有一个不可替代的商店形象，而这种形象是一个商家通过长期有效的营销组合才建立和发展起来的，它正是商家应付消费者求变行为最好的武器和手段。

总之，企业可以通过营销组合手段来有效地利用自身的信息优势，并把它转化成市场优势。企业要在这个过程中长久地掌握信息优势的主动权，就需要在消费者当中建立起良好的声誉。这种良好的声誉表现为消费者对产品、对企业的好感，它会在消费者面临消费需求的时候即时地激活对某一产品的积极联想，从而转变为对产品（品牌）的购买行为，并持续不断地影响后来的购买行为，最后表现出对品牌和企业的忠诚。如此说来，消费者的信任是企业拥有的一种无价的资本，也是降低消费者在购买过程中所有风险的最有效的途径。建立诚信的经营机制，公正地面对消费者对企业的长远发展具有同样重要的意义。

第十章

零售业国际化新趋势：跨境
B2C 电子商务

第一节　全球跨境电子商务市场

一、全球主要跨境电子商务市场概况

最近十年来，在网络技术和通信技术高速发展的推动下，世界各国的电子商务发展迅速。许多国家的电子商务业务也开始相互渗透，跨境电商已经成为一种新型业态。相较于传统外贸，跨境电子商务能有效压缩中间环节，重塑国际产业链，促进外贸发展方式转变、增强服务贸易的国际竞争力。同时，电子商务网站集合海量商品信息库、个性化广告推送、智能化商品检索、口碑聚集消费需求、支付方式简便等多重优势，为中小企业提供跨境发展之道。对于缺乏国际化经营的中国企业来说，借助跨境 B2C 电子商务试水海外市场不失为一种便捷有效的路径选择。

跨境电子商务是指分属不同关境的交易主体，通过电子商务平台达成交易、进行支付结算，并通过跨境物流送达商品、完成交易的一种国际商业活动。跨境电子商务具有非常重要的战略意义，对企业来说，跨境电子商务构建的开放、多维、立体的多边经贸合作模式，极大地拓宽了进入国际市场的路径，大大促进了多边资源的优化配置与企业间的互利共赢；对于消费者来说，跨境电子商务使消费者非常容易地获取其他国家的信息并买到物美价廉的商品。

根据全球无卡支付网（cardnotpresent. com）联合国际支付方案提供商 Payvision 公司所做的跨境电子商务调查，2012 年，全球跨境电子商务市场规模超过 1 万亿美元，同比增长约 21%。从区域上看，欧洲地区成为全球最大

的电子商务市场。2012 年，欧洲电子商务市场规模实现 4126 亿美元，占全球电子商务市场的 35.1%；北美地区电子商务市场规模达 3895 亿美元，占全球 33.1%；亚太地区是全球增长最快的第三大电子商务市场，总交易额达 3016 亿美元，占全球的 25.7%；拉美地区是电子商务的新兴市场，交易总额达 557 亿美元，占全球的 4.8%；最后是中东和北非地区，交易额占到全球的 1.3%。电子商务正在全球快速发展，但国家之间或地区之间的发展都存在着巨大的差异。

（一）北美市场

说到"跨境电商"，无论是从本国出口到其他国家，还是在其他国家建立分公司实行本地化运营，跨境电商都在朝着全球电商的方向发展。在美国，大家熟知的亚马逊、ebay、Newegg、Overstock 等纯在线零售商，逐渐放眼全球，走上了自己的跨境和全球化之路。此外，美国的传统实体零售商业开始线上线下业务同时进行的经营模式。这不仅是美国本土电商的特点，也是美国跨境电商的特色之一。美国的跨境电商几乎都是本土电商国际化发展和全球布局的结果。

亚马逊作为美国最大的在线零售商，是跨境电商、全球电商的大玩家。自 1995 年成立以来，亚马逊历经了从一家网上书店到综合网络零售商，再到服务型企业的发展过程。在跨境业务上，除了通过收购或者到自建本土化网站进入目标市场，也面向世界各国的商家运营全球开店业务，实现全球采购和全球销售。2014 年 8 月 20 日，上海自贸区管委会、上海市信息投资股份有限公司（信投公司）与亚马逊公司，签署了关于开展跨境电子商务合作的备忘录。三方的合作内容包括：建设跨境电子商务平台，为境内外客户购买亚马逊境外网站和中国网站商品提供服务；建设物流仓储平台，作为亚马逊全球采购和销售商品的重要物流枢纽，并为中国企业出口商品配送全球提供物流仓储服务，打造辐射全球贸易的物流中心；利用自贸试验区金融创新政策，优化亚马逊公司融资结构，合作开展跨境电子支付服务。未来，中国消费者到亚马逊网站（amazon.com）的渠道有两种：一种是通过美国亚马逊网站针对中国消费者的入口进入，这里的商品有中文说明，人民币标价；另一种是通过跨境通导购平台进入。跨境通是上海市跨境贸易电子商务服务试点平台，由信投公司下属的东方电子支付有限公司运营。目前，亚马逊在跨境通平台上兼有"直邮"、"自贸"的模式。前者是消费者购买境外商品，通过国际运输发送，直接送达境内消费者；后者是境外商品入境后暂存自贸区内，消费者购买后以个人物品出区,包裹通过国内物流送达境内消费者。这些国外商品进口时,按个人物品行邮税征税。作为跨境电商中最具代表性的一家,亚马逊全面进驻上海自贸区,说明它看好"直销中国"的模式。即通过跨境通这一平台,绕开进口贸易代理商、省却了国内分销渠道,直接对中国消费者提供商品和服务。

同为全球领先的在线零售商,ebay 是亚马逊最大的竞争对手,但各自的商业模式和业务方向又有所不同。ebay 是一个 C2C 企业,搭建了一个让全球消费者都可以买卖物品的线上拍卖及购物的平台。其业务遍布美洲、欧洲、澳洲、亚洲,主要站点包括美国、加拿大、英国、德国、法国、意大利、西班牙、澳大利亚、中国、新加坡、马来西亚、阿根廷、巴西等。

新蛋(Newegg)成立于 2001 年,总部位于洛杉矶,是美国领先的计算机、消费电子、通信产品网上超市,聚集了 4000 个卖家和超过 2500 万客户群。Newegg 最初只销售消费类电子产品和 IT 产品,现在已经扩大到全品类。其已在加拿大、澳大利亚、中国建立分站和运营团队,2014 年还宣布将进入印度、爱尔兰、新西兰、波兰、新加坡、荷兰,加快全球化布局和跨境业务的发展。

希尔斯(Sears)是美国最大的传统百货连锁店,也是世界最大的私人零售企业,靠邮购起家,发展为互联网零售商 500 强中的第八。目前,其在线零售业务面向全球消费者,可运至全球 100 多个国家。Sears 聚集了超过 1 万个卖家和多达 1.1 亿个产品,提供自营、大卖家和广告联盟多种营销模式,品类包括电子产品、家居用品、户外生活、工具、健身、玩具等。最流行的品类是草坪和园艺。

由于线下业务的衰落,百思买(Bestbuy)逐渐将目光放到了线上,于 2011 年进军网络市场。其网站聚集了 100 多个卖家,每年有 10 亿的访问量。目前,其线上的跨境业务主要在北美国家,包括加拿大和墨西哥,网站总共提供英语、法语、西班牙语三种语言服务。与其他电商平台不同的是,只有被邀请的卖家才可以入驻 Bestbuy 平台,并且产品可以出现在百思买门店销售,但其产品仅局限于消费类电子产品。

作为全球零售业第一的沃尔玛,其线下门店遍布全球的同时,线上业务也不断地加快全球化步伐。沃尔玛线下业务主要有沃尔玛购物广场、山姆会员店、沃尔玛商店、沃尔玛社区店四种营业态式,线上业务则主要通过投资当地在线零售商、自建本土化网站等方式进军国外市场。比如,沃尔玛投资了中国的 1 号店网上超市,旗下的山姆会员商店在线业务也开通了中文站,成功打入中国在线零售市场。

Overstock 是美国知名在线购物网站，成立于 1999 年，总部设于美国犹他州盐湖城，经销各类商品，包括名牌时尚时装、珠宝、电器、家用百货、影音产品等，其跨境业务覆盖美洲、欧洲、亚太、中东、非洲的上百个国家和地区，包括提供至中国的货运服务。

史泰博（Staples）是全球卓越的办公用品公司，创建于 1986 年，目前在全球拥有 2000 多家办公用品超市和仓储分销中心，业务涉及 20 多个国家和地区。随着电子商务的快速发展，Staples 也迅速展开了自己的线上业务，主要通过建立分站和本地化运营的方式打入国外在线市场。史泰博于 2004 年来到中国，之后推出了 Staples 中国官网，主要经营纸张、耗材、文具、设备、日常用品等十大类数万种办公用品。

尼曼（Neiman Marcus）是以经营奢侈品为主的连锁高端百货商店，已有 100 多年的发展历史。公司总部位于得克萨斯州的达拉斯，能进入该百货的品牌都是各个行业中顶级的。其在线零售业务也于近几年做得风生水起，商品可运至全球 100 个国家和地区。该公司于 2012 年 12 月正式启动中国线上销售网站，提供中文、英文两种语言服务，产品包括女装、潮鞋、手提包、配饰、男士服饰、儿童用品、家居等。

杰西潘尼（J. C. Penny）也是由线下走到线上的典型案例，公司创立于 1902 年，迄今为止在全美设有 1200 多家大型服装商场，是美国最大的连锁百货商店、目录邮购和电子商务零售商之一，主要销售男装、女装、童装、珠宝、鞋类、饰品和家居用品等。所有业务都由其自有配送网络提供全面支持，该配送网络是美国集成化程度最高的服装配送网络之一。其跨境业务覆盖美洲、欧洲、亚太、中东、非洲的近 50 个国家和地区，目前也提供直运中国的服务。

根据全球无卡支付网的调查，全球约 37% 的跨境在线买家集中在北美。美国拥有 3.15 亿居民，2.55 亿网民，1.84 亿在线购买者。在在线零售领域，美国是世界上最大的市场。除拍卖外，2013 年美国在线零售为 2620 亿美元，比 2012 年增长了 13%。美国在线零售行业从业人数超过 40 万人，由于手机等移动设备的应用，美国电子商务的销售额在 2017 年有望达 3700 亿美元。

CyberSource 的调研显示，超过半数的美国电子商户都从国外接受订单。虽然跨境电子商务存在各种挑战，依然挡不住巨大的商机。尼尔森调查表明，美国是最受欢迎的跨境市场。在跨境运送服务方式中，45% 的美国商户会选择标准邮政渠道。电子商务将会涵盖各个商品类别。目前，服装、消费电子以及家庭用品网店的增长率较大。

信用卡成为美国在线支付的首选。虽然最活跃的买家大多都在 25~45 岁，但是不需要旅行就能进行购物的舒适性还是会吸引超过 55 岁以上的人，这部分人群正变得越来越习惯于网购。在线支付是美国 3/4 网购者的钟爱，但是具有可替代性的移动支付方式正越来越流行。虽然移动电子商务在 2011 年只占了电子商务的 9% 的份额，但这一比例在 2012 年已经上升到了 20%。美国移动支付在全球的份额达到了 33%。平板电脑也逐渐在全球在线买家中流行起来。北美平板电脑用户占到全球的 47%。平均来说，通过智能手机或平板电脑网购的人要比用电脑的人买得更多。目前，88% 的美国网民都在网购，这一数字还在上升。

语言是跨境电子商务的有趣动力，因为在线销售一般开始于搜索，顾客会用自己的母语进行搜索，而搜索习惯是由语言驱动的；关键词是找到信息的催化剂，从而引导网购者到达指定的网络商店。美国与邻国加拿大以及英国、澳大利亚、新西兰都使用英语，消除了电子商务的语言障碍。西班牙语是美国的第二大语言，亚利桑那州、加利福尼亚州、得克萨斯州、新墨西哥州等地方有 3700 万美国公民说西班牙语。中文和法语也是美国特定地区的语言，这极大地推动了美国与相应语言的地区之间开展电子商务。

加拿大的互联网、手机和银行服务的普及率很高，但由于加拿大地广人稀，物流对于加拿大偏远地区来说是一个挑战。加拿大也是美国跨境电子商务的重要市场之一，因为其税率比美国要更加优惠，60% 的加拿大人从美国网购，其中 38% 的加拿大人生活在安大略省。这里相对较低的物流费和相对较低的汇率，使加拿大居民的网购热情有增无减。

加拿大信用卡的渗透率也非常高，81% 的在线支付都是信用卡支付，紧随其后的是使用 PayPal。这些因素都促进了跨境金融的发展。根据 VISA 公布的跨境电子商务手册，除了强调正在发展的美国与加拿大之间的电子商务的机遇之外，也对跨境电子商务提出了加强监管，进行多层次、全方位的防欺诈管理的提醒。

北美的南部和加勒比海地区的在线购物发展势头迅猛。这些地区对于美国和加拿大来说都是潜在客户，但目前来看，对欧洲的电子商务发展得更加迅速。美国在线零售商期望在 2015 年达 2790 亿美元的营业额，占全球总量的 15%。美元贬值吸引了更多欧洲、加拿大和亚洲的在线购买者。

（二）欧洲市场

欧洲是世界上最具潜力的跨境电子商务地区和最有希望成为增长最快也是

最大的跨境电子商务区。欧洲的电子商务市场可以分为北部成熟的市场、南部增长迅速的市场和东部新兴的市场。欧盟共有包括英、法、德等在内的 27 个成员方，跨境电商买家主要集中在斯堪的纳维亚国家、比利时、荷兰、卢森堡等。不同地区之间存在着语言、文化、法律、顾客喜好和支付方式的区别。以支付方式为例，荷兰的 ideal、比利时的 mister cash、法国的 carte bleue，都是各自国家很受欢迎的支付方式。但不可否认的是，欧洲各国不同的法律和监管体系在一定程度上影响到了其跨境电商的发展。

根据全球知名市场研究公司 RAM（Research and Markets）公布的欧洲跨境 B2C 电商报告，随着在线零售基础设施和监管制度的逐步健全，欧洲跨境 B2C 电商获得了快速发展。2013 年，超过 25% 的欧盟在线购物者曾从别的欧盟国家进行跨境网购，而这一比例在整个欧洲地区更高。

调研报告显示，英国是整个欧洲最受在线购物者欢迎的跨境网购目的地，其次是德国和法国。2013 年，在进口和出口 B2C 电商两方面，德国都是最活跃的国家之一，其跨境 B2C 出口产品在北欧国家和法国最受欢迎。而德国本土在线消费者跨境网购的目的地国主要是英国、美国和中国。与此同时，德国的邻居奥地利有超过 70% 的在线购物者选择跨境网购消费，比例远高于欧盟的平均水平。

报告指出，得益于拥有一批全球知名的品牌和英语语言的全球畅通性，英国成为全球最大的跨境 B2C 出口国之一。在进口方面，英国在线购物者很少从其他欧洲国家的在线零售商处购物，而美国和中国是英国在线购物者最喜欢的跨境网购目的地。

对于其他西欧国家，法国在线购物者的跨境网购主要产生于英国、德国和美国。同时，由于全球消费者对法国时尚及美妆品牌有很大的需求，25% 的法国在线商店提供全球运送服务。在意大利，旅游、时尚和食物是最主要的在线零售出口产品，而进口交易则以打折机票为主。

此外，在东欧地区，俄罗斯的跨境在线购物呈现不断增长的趋势。2013 年，俄罗斯跨境零售进口交易额增长超过一倍，俄罗斯用户为国际电商网站带来的流量增长了三倍。波兰有超过 10% 的在线购物者参与跨境网购。土耳其 2013 年的国际电商交易额达 10 亿欧元以上，同比增长了 1/3。

（三）亚洲市场

根据前述全球无卡支付网的调查，亚洲各地区之间有着极强的联系。排名前三的跨境电子商务地区分别是：中国香港、中国内地、日本。从卡的支付总量来看，前五名都分布在环太平洋地区。除了增长的财富和繁荣的中产阶级，互联网的普及是电子商务的重要推手，没有互联网的普及就不可能有在线销售。在网民增长率排名中，中国和印度分列第一和第二位。亚洲数字产业发展呈现出不同的情况。在一些国家，例如印度，互联网的渗透率只有8%，但使用互联网的用户数量却很高。相比之下，日本有着相当高的互联网普及率，但它的网民却只有1.01亿，明显少于印度的1.37亿网民。中国有5.86亿互联网用户，没有达到总人口的一半，但由于总量大，中国的网购十分活跃。

在亚洲在线销售统计中，日本和韩国独树一帜，他们有80%的人活跃在网上，大部分人都会网购。韩国拥有4G网络，连接速度位列世界前茅。25%的韩国人和18%的日本网购者都会海淘。日本是亚洲第二大电子商务市场，2012年，在线销售额达到640亿美元。日本的卡支付业务普及率非常高，信用卡是52%的日本在线购物者支付的首选，共有5600万张日本银行卡在市场上流通。早在全球普及前，日本和韩国的消费者就已经使用如QRC或者NFC等创新的支付方式。NFC这种支付方式已存在10年左右，同时，移动支付在电子商务中的份额也达到了20%。半数的日本电子买家会用智能手机和平板电脑在线购物。旅行支付收入达到16亿美元，化妆品、衣服、小商品的零售额增长了125%。日本电子商务的渗透率达到了97%，因为大部分日本人都居住在城里，这也就解释了为什么多渠道销售较为赢利，在一个基础设施发达且面积相对较小的国家中，提供物流服务更易于使人满意。

在12亿人口的印度有1.37亿人使用互联网。这一比例相对较小，主要是由于在印度偏远地区只有3%的人口拥有网络。印度的网络状况十分多样化，城镇和农村的情况相差悬殊。20%的印度城市人口上网，在中国，这一比例是60%。尽管如此，印度在线交易量在2011年仍达到了1亿美元。此外，2/3的在线交易是通过手机完成的。但是，印度互联网渗透率正在急速上升，电子商务机会巨大。随着3G和4G技术的应用，印度政府计划在2014年为每个村庄都铺设高速宽带。如果采取正确的措施，并且公司都能认真选取商业策略模式，那么交易额有望在2024年达2600亿美元。

马来西亚也是未来电子商务发展的潜力股，超过半数的人口都上网，并且银行客户比例很高。

（四）拉丁美洲市场

拉丁美洲是一个新兴市场，到2013年年底，B2C电子商务销售额达到690亿美元。在过去5年里，拉丁美洲电子商务规模几乎增长了两倍。在巴西，到 2015 年，在线销售将增加 178%，达到 260 亿美元。在一个 65% 的网民在线支付使用信用卡的国家，对巴西四分之一的卖家来说，Boleto 信用卡仍然是首选的支付方式。持续增长的中产阶级（54%）、2014 年足球世界杯以及 2016 年的奥运会将促进电子商务和移动商务的繁荣。拉丁美洲居民越来越多地购买电子消费品、书籍、美妆和时尚产品，旅游、电子产品和在线门票销售从电子商务中获益匪浅。在线旅游产生的收益占巴西全部电子商务收入的 33%。到 2015 年，拉丁美洲地区跨境电子商务预计将表现出最高的增长率。

在社交媒体和手机普及率高的地区，互联网普及率也在快速增长，这将为电子商务创建一个肥沃的土壤。预计拉丁美洲的电子商务市场将从 2011 年的 430 亿美元增长到 2013 年的 690 亿美元。在 2012 年，巴西 9400 万互联网用户在电子商务中的消费达到 160 亿美元，同比增长 26%。

在互联网普及率方面，哥伦比亚、阿根廷、委内瑞拉以及乌拉圭表现不俗。这些数据反映了一个持续增长的拉丁美洲电子商务市场和在这些邻近国家之间的跨境交易机会，这些国家中的大多数都使用西班牙语。尽管这些地区信用卡普及率相对较低，74% 的拉丁美洲网民网购时倾向于使用信用卡。除信用卡之外，拉丁美洲的网民也使用电子资金转账（41%）、借记卡（41%），还有 26% 的用户在交易时使用现金。除了服装和电子产品外（41%），拉丁美洲的网上购物者们也购买多媒体/娱乐产品（36%）、电器（35%）、电脑硬件（33%）、演出和活动门票以及应用程序（31%）。

到 2015 年，估计有 1 亿巴西人将通过他们的智能手机访问互联网，这将促进移动商务的增长。由于其规模和地理原因，巴西同中国一样，面临着来自物流和运输方面的挑战。在边远地区，基础设施还没有充分发展，人们在接入互联网时，经常通过手机接入。在消费者下订单后，很难找到可靠的物流和交付合作伙伴向这些客户运送货物。虽然大多数网上购物者居住在巴西城区，但居住在贫民窟和农村地区的潜在消费者正在稳步增长。巴西政府正对空中运输、装运港口进行投资，并通过补充立法来防止欺诈。尽管巴西商人关注于国内贸易，但对于国外电商来说，这个幅员辽阔、人口最密集的地区之一蕴藏着巨大潜力。日本电商巨头乐天收购了池田光行，这为超过 100 个巴西在线零售商提供了电子商务支付服务。德国电子零售巨头 Otto 收购了巴西 Posthaus 在线市场的分支，该分支在 2011 年创造了超过 1.25 亿美元的交易量。

阿根廷、智利和乌拉圭是拉丁美洲典型的说西班牙语的国家。2013 年，阿根廷电子商务增长了 45%；哥伦比亚在线销售额增长了 40%。AMIPCI（墨西哥互联网协会）调查显示，2012 年，墨西哥电子商务增长了 46%，达到 60

亿美元。墨西哥有 1.15 亿人口，如果墨西哥发展互联网经济系统，那么，它将会跟随着巴西的步伐。墨西哥的金融和物流体系都在发展，同时它还有许多非银行客户的居民，信用卡的普及率也很低。截至 2018 年年底，墨西哥将会有超过 1.5 亿的活跃的手机用户。IpsosOTX 公司最近的调查数据显示，48% 的墨西哥网民愿意用智能手机或者平板电脑来支付。墨西哥因邻近美国，所以电子商务方面有着巨大的潜力。

智利在线商务市场规模约 15 亿美元。智利宣称拥有强大的技术体系，较高的手机、信用卡和互联网普及率以及世界上很高的购物敏感度。智利人在线消费比北美人花得更多。智利人平均每人拥有 2.6 张信用卡。

ebay 在阿根廷著名的电子商务网站 MERCADO LIBRE 拥有 18% 的市场份额，并在整个拉丁美洲形成了一个电子商务平台，其近一半的收入来自巴西买家。该网站吸引了拉丁美洲 81% 的在线买家，55% 的人会购物。拉丁美洲人喜欢上购物网站浏览、比价，但不一定会完成购买。90% 的电子买家会用智能手机来浏览网页上的商品，商店和通过社交媒体来讨论产品的质量和价格。只有 23% 的消费者会通过移动设备来下订单。阿根廷人比其他拉丁美洲人（每月 30 个小时）上网花费时间更多。年轻的阿根廷人喜欢搜索网页，广告投放者提出了让受众去改善网页小工具、游戏和娱乐产品。

社交媒体在拉丁美洲非常受欢迎，平均每天都有 1.15 亿人访问社交网络，因此 Facebook 和 Twitter 也是电子商务的驱动力。由于地理位置和共同的语言及文化，智利、阿根廷、乌拉圭之间的跨境电子商务都非常有潜力。出于同样的原因，哥伦比亚在线买家也会从西班牙语的邻国搜索产品。如果拉丁美洲的政府们准备好去创新和改革，那么，拉丁美洲的电子商务将会登上巅峰。

二、全球跨境电子商务市场的发展趋势

电子商务就像是从全球经济危机中涅槃的凤凰，因为网民们可以在虚拟的世界中比价，挑选最心仪的产品，在社交平台上回顾和分享经验，并且轻轻一点鼠标就能下订单。共享专家经验的电子商务毫无疑问会成为最盈利的模式之一。

2012 年，全球电子商务达到了 1.1 万亿美元，跨境 B2C 电子商务达到了 3000 亿美元，得益于移动互联，消费者通过移动设备就能轻松支付。互联网覆盖率正在发展中国家和新兴市场不断上升。在线零售商允许消费者不用出远门就可以购物。交通堵塞或去实体店的时间都可以省了，因为买家通过虚拟市

场就可以进行比价，搜索心仪的商品，回顾历史信息，在社交媒体上分享评价，最终选择购买只需轻轻点击鼠标。

相较于国内的电子商务，跨境电子商务更加复杂和具有挑战性。但是一旦主要条件满足了，扩展到新兴市场的商机就是值得投资的。

目前，国际管控法规十分复杂，依附于承诺和物流的现状都是发展面临的挑战（Anold et al.，2004）。在新兴市场找到一个固定的物流和运送伙伴，并不是一件容易的事，并且有时文化的差异也影响着顾客的行为。需要对这些差异作进一步分析和阐述，网站也需要支持多语种，同时支持多种支付方式，支持多种币种，这样才能满足网购者需求，方便他们下订单。

由于各个地区的互联网渗透率、银行的渗透率以及手机的渗透率各不相同，全球电子商务格局也呈现出很大的差异。进一步说，不同的体系和一套复杂的参数对一个国家的电子商务有很大影响。影响市场敏捷度的指标通常由市场的操作性和策略性来决定。

随着顾客总体满意度的提升，也触发了销售量的进一步提升。除了信用卡支付，提供一些移动支付的方法也更能吸引用户。一些关键性的驱动因素，如有竞争力的价格，共享地理边界或者共享同一种语言，都会促进一国的电子商务向跨境电子商务发展，在数字高速公路上，地理边界慢慢被模糊，跨境电子商务正迎来令人激动的发展机遇。

第二节　中国跨境 B2C 电子商务

一、中国跨境电子商务发展现状

根据商务部发布的《中国电子商务报告（2013）》显示，2013 年中国电子商务交易额突破 10 万亿元，同比增长 26.8%，其中网络零售额超过 1.85 万亿元，同比增长 41.2%。这一数据表明，我国已经成为世界最大的网络零售市场，超过 1.85 万亿元的网络零售交易额相当于社会消费品零售总额的 7.8%。在信息技术的推动下，跨境经营正成为大型电子商务企业的战略方向，而线上线下融合等电子商务新模式也让传统企业看到了转型升级的更多选择。

跨境电子商务脱胎于"小额外贸"的对外贸易，在国内最早始于 2005

年，主要是交易双方通过互联网达成交易，通过 PayPal 等第三方支付方式进行支付。由于买家多为个人，交易量小，交易金额小，主要通过 DHL、UPS 等快递方式完成运输。即使物流等成本较高，但其利润空间也可达到 30% 以上，远高于大型出口零售业 3%～5% 的平均利润。随着电子商务的发展，"集装箱"式的大额交易，正逐步被数额小、次数多、速度快的订单所取代。近年来，中国的出口增速逐渐趋缓，过去五年出口年均增长不到 10%，但同期中国跨境电子商务发展强劲。国家发改委的数据显示，2011 年跨境电子商务交易额达到 1.6 万亿元，同比增长 33%；2012 年跨境交易额 2 万亿元，增速远高于外贸增速。我国的跨境电子商务已经成为新的发展热点，由萌芽期走向快速生长期，其模式创新成为新的增长点。

跨境电子商务作为推动经济一体化、贸易全球化的技术基础，具有非常重要的战略意义。跨境电子商务不仅冲破了国家间的障碍，使国际贸易走向无国界贸易，同时它也正在引起世界经济贸易的巨大变革。统计数据显示，2012 年中国跨境电子商务出口规模的 77.2% 主要去向美国、欧盟、中国香港、东盟、日本、韩国、印度、俄罗斯和中国台湾等国家和地区。其中，美国和欧盟占比较高，分别为 17.2% 和 16.3%；其次主要分布在亚洲地区，东盟、日本、韩国、印度，如表 10-1 所示。

表 10-1   2012 年我国跨境电子商务出口目的地

目的地	占比（%）	目的地	占比（%）
美国	17.2	韩国	4.3
欧盟	16.3	印度	2.3
中国香港	15.8	俄罗斯	2.2
东盟	10.0	中国台湾	1.8
日本	7.4		

资料来源：中国国家统计局《2012 年国民经济和社会发展统计公报》。

我国跨境电子商务主要分为企业对企业（即 B2B）和企业对消费者（即 B2C）的贸易模式。B2B 模式下，企业运用电子商务以广告和信息发布为主，成交和通关流程基本在线下完成，本质上仍属传统贸易，纳入海关一般贸易统计。跨境电子商务 B2C 模式（也有称为电子商务小额贸易，或简称外贸 B2C），是我国企业直接面对国外消费者，以销售个人消费品为主，物流方面主要采用航空小包、邮寄、快递等方式，其报关主体是邮政或快递公司。出口跨境型平台有速卖通、敦煌网等，出口跨境型企业有 DX、兰亭集序等。

与国内电商不同，跨境电子商务面对的是来自世界各地的顾客，不同的语言、文化、宗教信仰、生活习俗等，使得跨境电子商务变得复杂很多。跨境物流方式主要有三种：国际小包和快递、海外仓储、聚集后规模运输。对于规模较小的但又占跨境电商主体的中小企业来说，国际小包和快递几乎是唯一选择。

二、中国跨境 B2C 电子商务市场的环境分析

（一）政治法律环境

电子商务的发展与运行需要有良好的政策与法律环境，为引导和推进电子商务的发展、调节和规范电子商务行为，我国针对电子商务发展所面临的问题，已经颁布或正在制定相关电子商务政策与法规。主要包括五个方面：电子商务、网络购物、物流快递、网络金融、互联网（洪涛等，2013）。

其中对 B2C 跨境电子商务发展具有明显促进作用的文件有：工信部 2012年 3 月发布的《电子商务 "十二五" 发展规划》中特别提到跨境电子商务是发展重点。国家要推进面向跨境贸易的多语种电子商务平台建设。支持电子商务企业面向东盟、上合组织和东北亚等周边区域开展跨境合作，支持在边贸地区、产业集中度高的区域建设跨境电子商务平台。加快推进电子商务国际标准和国家标准的推广应用。引导电子商务企业为中小企业提供电子单证处理、报关、退税、结汇、保险和融资等 "一站式" 服务，提高中小企业对国际市场的响应能力。继续推广电子通关和无纸贸易，提高跨境电子商务效率。同年 3 月商务部出台了《关于利用电子商务平台开展对外贸易的若干意见》，要求重视电子商务对对外贸易的作用。2012 年 12 月，国家发改委、海关总署结合国家电子商务示范城市创建工作组织郑州、上海、重庆、杭州、宁波 5 个城市开展跨境贸易电子商务服务试点，为探索我国小额跨境网上交易监管政策提供了实践基础。工信部 2013 年 1 月出台了《关于推进物流信息化工作的指导意见》，指出要加快物流信息化建设，有利于我国基础设施的不断完善，进一步推进跨境电子商务发展。

2013 年 8 月，商务部等部门出台《关于实施支持跨境电子商务零售出口有关政策意见的通知》，提出 6 项具体的扶持措施，包括建立电子商务出口新型海关监管模式并进行专项统计，解决零售出口无法办理海关监管统计的问题；建立电子商务出口检验监管模式，解决电子商务出口无法办理检验检疫的问题；支持企业正常收结汇，允许经营主体申请设立外汇账户，凭海关报关信

息办理货物出口收结汇业务；鼓励银行和支付机构为跨境电子商务提供支付服务；实施适应电子商务出口的税收政策，解决无法办理出口退税的问题；建立电子商务出口信用体系。按照商务部的要求，目前跨境电商新政在已开展跨境贸易电子商务通关服务试点的上海、重庆、杭州、宁波、郑州5个城市试行，自2013年10月1日起，将在全国有条件的地区实施。2014年1月9日，财政部、国家税务总局发布《关于跨境电子商务零售出口税收政策的通知》规定，2014年1月1日起，符合条件的跨境电子商务零售出口企业也能和普通外贸企业一样，享受增值税、消费税退免税政策。《通知》规定，电子商务出口企业出口货物，同时符合四项条件即适用增值税、消费税退（免）税政策：第一，电子商务出口企业属于增值税一般纳税人并已向主管税务机关办理出口退（免）税资格认定；第二，出口货物取得海关出口货物报关单（出口退税专用），且与海关出口货物报关单电子信息一致；第三，出口货物在退（免）税申报期截止之日内收汇；第四，电子商务出口企业属于外贸企业的，购进出口货物取得相应的增值税专用发票、消费税专用缴款书（分割单）或海关进口增值税、消费税专用缴款书，且上述凭证有关内容与出口货物报关单（出口退税专用）有关内容相匹配。

在我国，中小企业是跨境电商的主体。根据国家统计局2012年发布的数据，在中国4000万家中小企业中，有近500万家专注于外贸出口业务，其中通过各类平台开展跨境电子商务业务的外贸企业已超过20万家，平台企业超过5000家。然而，许多中小企业仍然存在自身实力有限、中外流通渠道难以对接、缺乏外部支持等问题，制约了它们在海外市场的拓展。

总的来看，我国现有的各类法规对跨境电子商务的发展起到了促进作用，加快了其发展壮大，但是法律法规标准体系的建设仍然滞后，目前没有跨境电子商务法律，有些传统法在执行力上有所欠缺。比如《合同法》中关于电子合同的说明不够完善，跨境交易后消费者维权问题得不到解决，有效的诚信体系没有建立等。

（二）经济环境

1. 市场环境

在金融危机期间，网络购物成为网络经济各行业中，所受的负面影响最小、成长性最佳的热点行业之一。2010~2013年，中国的海外购物交易额从100多亿元增长到超过800亿元。2013年中国进出口总值首次突破4万亿美元，其中，跨境电商进出口交易额达3.1万亿元，同比增长31.3%，其中

90% 以上是通过 B2B 模式实现，虽然 B2C 所占比例不大，但是呈现快速增长态势。预计 2016 年中国跨境电商进出口额将增长至 6.5 万亿元，年增速超30%。2013 年，中国内地的"海淘族"已达 1800 万人，预计到 2018 年将增至 3560 万人，年消费额达到 1 万亿元。

　　在市场需求的强劲刺激下，近两年，洋码头、西洋汇、美国购物网等专业的海淘网站出现，巴宝莉、ASOS 等国际品牌直营网站加入，上海自贸区的跨境通和宁波保税区的跨境购上线运行。除敦煌网、易唐网、兰亭集势等跨境网上交易网站之外，京东商城开通了国外网站，亚马逊、eBay 等美资电子商务网站也纷纷在国内布局。在中国商品面向海外市场提供零售服务的平台条件已经具备的同时，支付宝、PayPal、西联汇款等支付机构提供了便利的支付手段，中国香港邮政、比利时邮政、DHL、递四方物流等也为跨境网上交易提供了很好的物流条件。

　　与此同时，国内多家电商都于 2014 年增加海外购的业务，开启大规模"买遍全球"的架势，如阿里上线天猫国际，京东上线海外购，苏宁易购、聚美优品、唯品会也都纷纷试水，另有多家早就从事海外购物的网站也频频再获融资，加码布局海外购物市场。国内电商巨头阿里巴巴将全球化视作其上市后的第一个热点，在 2014 年"双十一"期间喊出"买遍全球、全球可买"的口号。阿里巴巴旗下天猫国际、淘宝海外、速卖通三个平台首次参加"双十一"。1 号店也在"双十一"期间正式上线"1 号海购"项目，通过保税进口模式将海外优质商品引入国内。顺丰优选的海外代购网站"优选国际"也于11 月 11 日正式上线，聚焦于食品领域，选品标准为优质、差异化、高附加值，如奶粉、保健品等，这些都是海购的热门品类。有趣的是，亚马逊中国在2014 年"双十一"也是主打国际品牌，于"双十一"期间开通亚马逊全球六大站点直邮中国的服务，中国消费者有机会选购来自欧美等 8 国的 8000 多万种国际商品，并享受美国同步价格。

　　2. 金融环境

　　目前 B2C 跨境电子商务交易多采用 VISA 信用卡支付机制，先以美元透支支付，后依据规定汇率以人民币还款，随着人民币对美元的不断升值，可以使国内消费者获得一定的实惠。但是整体来说，我国金融行业的服务水平和电子化程度不高，各大银行网络选用的通信平台不统一，不利于银行间跨行业务的互联。同时，信用卡发展缺乏有效的组织协调机制，各家银行都直接或间接地建立了自己的 CA 认证中心，但至今缺乏统一的、权威的、全国性的 CA 认证中心，这就容易导致交叉认证、重复认证和资源浪费。另外，网上支付效率低下，银行确认支付时间长、收费高、限制多，一定程度上制约了跨境电子商务的发展。

（三）社会文化环境

随着"80后"、"90后"逐渐成为消费主力军，消费者偏好和消费者需求逐渐变化，更加崇尚快捷、便利、个性化的消费产品，同时对商品质量和商品价格较为敏感，对网络消费的认可度高。同时"80后"、"90后"大多具有良好的教育背景，对于英语和计算机的掌握程度高，这些因素都有利于B2C跨境电子商务的发展。"80后"、"90后"具有的高素质、高学历，也有利于国内企业发展B2C跨境电子商务业务的专业人才的培养，但是现今此类人群却是稀缺的，一定程度制约着我国企业相关业务的快速发展。

社会文化方面中诚信体系的建立也尤为重要，由于我国诚信档案应用不广泛，诚信体系建立不够完善，信誉培养机制不到位，网络消费存在较大隐患，也导致了交易的不便和交易纠纷处理不善。

（四）技术环境

近年来，我国跨境电子商务平台发展迅速，目前已经超过5000家，交易模式也日益完善，据统计，约20万家企业通过国内平台和国外平台开展跨境电子商务业务。目前致力于小额跨境电子商务市场的信息平台主要有ebay中国、阿里巴巴"全球速卖通"、敦煌网、环球资源网、中国制造网、中国诚信网、环球广贸、一达通、创梦谷——外贸转型工场等，其中B2B跨境贸易网站较多，B2C跨境网站相对较少，基于这些平台都可以在线完成跨境小额外贸交易。其中，作为跨国电子商务巨头的ebay，拥有全球3亿多买家的超级平台，主要用户来自于电子商务环境成熟的欧美，而旗下能够支持120多个国家和地区、20多种货币的在线支付工具PayPal，在全球电子商务交易的支付环节中担负着举足轻重的作用。

我国网络基础设施和物流基础设施发展相对滞后，宽带网络普及率低、速度慢、成本高，国际物流速度慢、成本高等问题凸显，不仅不利于B2C跨境电子商务发展，而且会降低消费者购买意愿，损害我国企业国际交易的信誉。此外，我国网络管理人员安全意识和业务素质有待提高，同时，很多企业缺乏合理的网络安全管理机制、监督和审计机制，使用户的个人注册信息安全得不到保障，交易数据、交易文件的存储存在隐患，这造成了电子商务安全隐患的存在。

三、我国跨境 B2C 电子商务发展模式

中国跨境电商运营模式可分为传统跨境大宗交易平台（大宗 B2B）模式、综合门户类跨境小额批发零售平台（小宗 B2B 或 C2C）模式、垂直类跨境小额批发零售平台（独立 B2C）模式和专业第三方服务平台（代运营）模式四种不同类型。网络零售也称网络购物，包括 B2C 和 C2C 两种形式。

快速增长的跨境电商行业中，除去自己研发电商平台外，更多的中小型外贸企业通过 ebay、阿里巴巴速卖通、亚马逊、敦煌网等大型电商平台，尝试网上外贸出口，仅浙江小商品交易中心义乌市，跨境电子商务卖家就有 23 万家，2012 年在阿里巴巴速卖通的交易额增长 400%，在敦煌网交易额增长 45%。目前跨境交易最多、增长最快的是美国、俄罗斯、巴西、乌克兰、欧洲等国家，出口产品最多的是服装、箱包、手机、鞋类、灯具以及一些批量定制服务。

第三方电子商务交易平台和独立网店是目前主要的网络销售平台。第三方电子商务交易平台是指在电子商务活动中为交易双方或多方提供交易撮合及相关服务的信息网络系统总和。第三方独立于产品或服务的提供者和需求者，通过网络服务平台，按照特定的交易与服务规范，为买卖双方提供服务，服务内容可以包括但不限于供求信息发布与搜索、交易的确立、支付。作为服务平台，第三方电子商务平台需要更加专业的技术，包括对订单管理、支付安全、物流管理等能够为买卖双方提供安全便捷的服务。在第三方交易平台中，买方主要关心成本节约和流程优化，而卖方看重拓展市场空间。第三方交易平台不仅沟通了买卖双方的网上交易渠道，大幅度降低了交易成本，也开辟了电子商务服务业的一个新的领域。考虑到单个中小企业实力相对较弱，借助第三方交易平台来实现电子商务应该是更为有效的途径。因为，一般情况下，中小企业自建交易平台的成本较高，使用效率更低。

独立网店也可以称为 B2C 网络商店。B2C 独立网店是有自己独立域名、店标、品牌，有自己独立网站设计外观和独立数据库的电子商务网站。相较于第三方交易平台，独立网店具有以下特点：独立网店拥有独立顶级域名和独立的空间，不依附或从属于任何平台，不存在对平台的依赖性和从属性，有利于自身品牌形象的建立和顾客忠诚度的稳定；独立网店拥有安全稳定的独立网店系统，便于后期维护；独立网店可以灵活自由的设置和增减网店里的信息，网店具有发布商品、在线下单、在线支付、设置礼品赠品等强大功能，网店可自

行修改代码,有利于网店优化和推广;独立网店可以进行多方面、全渠道的网络市场拓展,扩大销售范围等。

无论是借助第三方平台,还是建立独立网店,跨境电商的重要环节都包括跨境物流和跨境支付。一般跨境 B2B 多采用集装箱运输,成本较低。而跨境 B2C 因为面对的是零散的国外消费者,其物流方式呈现出包裹小、数量多、时间长、风险高的特点。目前,跨境 B2C 主要采取邮政小包、国际快递、专线物流、海外仓等形式,它们的比较分析如表 10-2 所示。

表 10-2　　　　　　　　　　　跨境 B2C 电商物流方式比较

物流方式	特点	优势	劣势	运营商
邮政小包（中国）	是指包裹重量在 2 千克以内,外包装长宽高之和小于 90 厘米,且最长边小于 60 厘米,通过邮政空邮服务寄往国外的小邮包	邮政网络基本覆盖全球,物流渠道广,价格便宜	一般以私人包裹方式处境,不便海关统计,无法享受正常的出口退税,速度较慢,丢包率高	中国邮政、香港邮政、新加坡邮政等
国际快递	—	速度快、服务好、丢包率低,发往欧美国家非常方便	价格昂贵,资费变化较大	UPS（美国）、Fedex（美国）、DHL（德国）、TNT（荷兰）
专线物流	一般通过航空包舱方式将货物运输到国外,再通过合作公司进行目的国国内派送	集中大批量货物发往目的地,物流成本低,价格比商业快递低,速度低于邮政小包,丢包率较低	运费比邮政小包高,国内揽收范围相对有限	美国专线、欧洲专线、澳洲专线、俄罗斯专线、中东专线、南美专线等
海外仓	由网络外贸交易平台、物流服务商独立或共同为卖家在销售目的地提供货品仓储、分拣、包装、派送的一站式控制与管理服务;或电商网站在海外独立建仓	用传统外贸方式走货到仓,物流成本低;本土销售、方便退换货、发货周期短、发货速度快,可帮助卖家拓展销售品类	适合库存周转快的热销商品,对卖家在供应链管理、库存管控、动销管理等方面要求高;建设成本和运营成本很高	如 ebay 的美国仓、英国仓、德国仓等
国内快递跨国业务	依托邮政渠道	速度快、费用低,EMS 在中国境内出关能力强	并非专注跨境业务,相对缺乏经验,海外市场覆盖有限	EMS、顺丰

跨境支付是指两个或两个以上国家或地区之间因国际贸易、国际投资及其他方面所发生的国际债权债务,借助一定的结算工具和支付系统实现的资金跨国和跨地区转移的行为。全球互联网和电子商务的快速发展推动中国进出口贸

易形式的多元化发展。因而，中国市场对跨境支付形式多元化的需求不断上升，且对跨境支付安全性和效率的要求越来越高。我国央行和外管局等监管层面相继出台的政策都表现出积极态度。一方面，开放跨境支付市场准入，丰富跨境支付参与企业，多家第三方支付企业获得许可（见表 10－3）；另一方面，主导跨境支付城市试点方案落地实施，推动我国跨境电商以及跨境支付市场的发展。

表 10－3　　　　　　　　　跨境支付市场参与第三方支付企业

支付企业	进入时间	服务/产品	服务对象	合作/收购海外机构	覆盖地区
支付宝	2007 年	海外购	境内持卡人	日本软银、PSP、安卡支付	港澳台、日韩、欧美
		外卡支付	境外持卡人	VISA、万事达卡	港澳台
财付通	2008 年	跨境网购支付	财付通客户	美国运通	英美
快钱	2011 年	国际收汇	外商企业	西联汇款	190 个国家和地区
银联在线	2011 年	跨境网购支付	银联卡持卡人	PayPal、东亚银行等境外主流银行卡收单机构	中国香港、日本、美国等全球主要地区

资料来源：艾瑞咨询. 2012～2013 年中国跨境支付市场调研报告. 5.

根据服务对象的不同，跨境 B2C 又可以分为两种形式，如图 10－1 所示。一种是中国境内消费者到国外在线商店的购物，另一种是中国网络零售商将商品通过互联网上的在线商店销售给境外消费者。这两种形式的跨境 B2C 在中国都有着较快的发展。

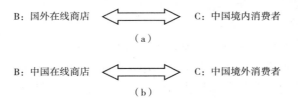

图 10－1　跨境 B2C 两种形式

分析第一种形式下，中国跨境 B2C 市场有下列特点（洪涛等，2013）：

1. 目标客户群分析

2012 年，"海代"成本的提高催生了"海淘"一族在中国的兴起。"海代"是通过中间方的购买，需要支付一定的代理费用；而"海淘"则是国内消费者直接登录海外网站，通过电子订购单发出购物请求，完成电子支付后，由海外购物网站通过国际快递发货，或由转运公司代收货物再转寄回国。相比于海代模式，海淘模式更有价格优势。

B2C 跨境电子商务主要消费群体集中在 1980 年以后出生的白领阶层，他们普遍具有良好的教育背景和良好的收入状况，并且多数已经结婚生子。由于中国国内奶粉等质量安全问题频发，他们把目光转向了国外商品，被称为"海淘族"。中国电子商务研究中心数据显示，在"海淘"消费人群的年龄结构方面，"80 后"用户数量 51% 的占比成为主角，但"90 后"用户的发展势头更猛。2012 年，"90 后"的"海淘"用户增长了 93%，以 17.96% 的占比首次超过"70 后"，成为仅次于"80 后"的第二大"海淘"人群。中国的"海淘"消费者主要分布在一、二线城市，占比达到 67.9%。另据支付宝年度对账单显示，2012 年四线城市的网上支付用户数增长 64%，网上支付金额增长 68%，均超过一、二线城市。海淘网购已经从发达地区开始向次发达地区逐渐普及。

国内消费者对外国商品的追逐，主要是其极具诱惑力的性价比。一方面，国内频发的食品安全问题，使部分消费者对国内商品不放心；另一方面，消费者"海淘"回来的国外商品，即使加上运费和关税，也低于国内。优质价廉，促成了"海淘"大军爆炸式的增长。但是跨境消费也存在安全隐患，一是送货周期较长；二是退换货、投诉难度大；三是钓鱼网站陷阱密布。

2. 交易商品品类分析

中国电子商务研究中心数据显示，护肤美妆、婴幼儿食品、服饰、保健品、电子产品五类消费品是 2012 年中国用户"海淘"购买最多的商品，其中奶粉、辅食等婴幼儿食品类的交易占到总体近 25%，成为最火爆的消费品。

3. 交易流程

国内消费者跨境购物应首先要在国外网站上注册，然后才可以购物，在支付时应到银行办理带有 VISA 功能的信用卡，或者外币账户，在支付完成后，还得选择转运公司，并且能够提供相应的国外地址，然后国外商家将货发给国外转运公司，支付转运公司的快递费、缴纳相应的税款，直到货物运到国内，消费者验货，完成交易活动。所有的这些活动，被称为"海淘"交易。在2014 年的电商"双十一"狂欢中，海淘开始杀入。2014 年 10 月美国第二大零售商 Costco 进驻天猫，这意味着"双十一"开辟"海淘"新战场，用户可以通过天猫国际购买国际一线品牌，并且在"双十一"期间享受折扣优惠。在海淘方面，具有国际化背景的亚马逊中国宣布，美国、德国、西班牙、法国、英国和意大利全球 6 家站点开通直邮中国服务，总计涉及 8000 多万种国际选品；在"双十一"期间，亚马逊中国还将试运营"海外购"新服务。海外购是嫁接在亚马逊中国（amazon. cn）上的中文版美国亚马逊，商品全部挑选自美国亚马逊，价格与国外同步，并且提供中文页面、本地化的购买方式和中国本土的售后支持，商品包括服饰、鞋靴、母婴、美妆等品类。据亚马逊中国方面介绍，直邮需要用户自己去海外网站购买下单，对普通用户来说具有难度，但"海外购"服务则会降低这一门槛。有分析人士认为，亚马逊在全球物流及选品都处于领先水平，通过保税区进入跨境电商，将为其中国业务带来新增长。事实上 1 号店、聚美优品等都已低调布局跨境电商，就连生鲜类电商顺丰优选，也计划在"双十一"期间推出海淘服务：通过与海外品牌经销商直接合作，通过买断方式聚集货品到港口保税区，目前品类主要集中在国外奶粉上，并将逐步涉及保健品。

四、中国跨境 B2C 发展中存在的主要问题

基于中国零售业"走出去"的战略背景，下面分析的主要是跨境 B2C 的第二种形式，即中国零售企业对境外消费者的跨境 B2C。这一形式既有和第一种形式相似的方面，也有其自身的特点，这主要是因为国内外市场的不同环境特征决定的。

在本书被调研的 13 家企业中，有 3 家企业到目前已经提供了面向海外消费者的国际化经营业务，其中，一家是以实体店加在线零售方式主营 B2C 的家电零售连锁企业，在香港开设有一家实体店；一家是以实体店加在线零售方式经营 B2C 的综合零售商，一家是以在线零售方式经营 B2C 综合网上商城的零售企业。可见，中国零售业"走出去"尚处于起步阶段，远没有形成规模，而且从目前已有海外业务的企业情况来看，都是开展在线零售的企业。在未来三年内计划开拓海外市场的一共有 4 家，其中两家企业也是计划通过在线零售进入海外市场。下面主要来讨论调查中发现的跨境 B2C 电子商务存在的困难和对策。

1. 跨国交易环境

跨国 B2C 涉及环节复杂，不同的国家的政策法律环境、商务环境、资本市场、社会和文化环境、语言环境、消费习惯、消费偏好、支付方式、物流模式、贸易壁垒、汇率制度、税收政策等都存在很大的差别，使得经营成本构成复杂、经营风险大、形成了复杂的跨国交易环境。

为促进跨境电商的发展，国内也需要一系列配套政策、措施、法律的出台和完善。我国已经出台多项措施，如 2013 年商务部出台的《关于促进电子商

务应用的实施意见》、国家税务总局发布的《网络发票管理办法》、2014 年海关总署发布的《关于跨境贸易电子商务进出境货物、物品有关监管事宜的公告》等，但环境仍需要不断完善，与国际接轨，为中小企业搭建发展平台。

2. 跨境物流

目前，我国跨境 B2C 主要依赖邮政小包和国际快递，物流配送时间较长。例如，使用中邮小包或香港小包到俄罗斯和巴西等地，普遍的送达时间在 40 ~ 90 天，使用专线物流也需 16 ~ 35 天；还有一些跨境电商卖家不重视进口国监管制度，或目的国海关的贸易壁垒，导致海关扣货查验；再加上一些国家需要人力清关，效率很低。这些因素都导致了整个物流配送时间的延长。长时间的配送时间极大地考验了海外消费者的耐心，也成为制约跨境 B2C 发展的重要因素（孟祥铭和汤倩慧，2014）。

另外，跨境物流的信息系统对接不畅。目前我国境内段的物流信息化程度很高，但境外段的信息系统与境内段的对接不畅，尤其是一些小语种国家和物流业不发达国家，会导致包裹实时追踪难或无法追踪。同时，跨境 B2C 售后服务环节复杂，当发生消费争议时，由于语言障碍、法律差异、司法管辖以及跨境物流配送时间长，单件商品的反向物流成本高昂等问题，维权成本很高，导致跨境买家的退换货要求难以得到支持。再加上本身较长的物流配送时间，会在很大程度上影响海外购买者购物体验和购买信心。

3. 跨境支付

在跨境 B2C 中，境外的消费者可能来自全球多个国家，即使是全球范围内最流行的信用卡，也可能会面临消费者没有信用卡而无法付款，或出于安全的考虑不愿意使用信用卡支付的情况。而且几乎每个国家都有自己最流行的支付方式，如美国有 PayPal，中国有支付宝，新加坡有 eNETS，巴西有 Boleto，欧洲有 Sofortbanking，俄罗斯有 QiWi 和 WebMoney，荷兰有 iDeal，中东有 CASHU，等等。如果跨境 B2C 卖家要同时接入这么多的支付方式，将直接导致运营成本的增加。

同时，跨境贸易中涉及的汇率问题一直以来也是各国货币结算中的棘手问题，汇率的频频波动吞噬了跨境电商企业的利润。只要汇率存在跨境支付就可能会一直困难重重。

4. 网络安全

中国网络发展相对发达国家还是有些滞后，管理人员的安全意识和业务素质有待提高。很多企业，尤其是中小企业缺乏相关的人员，导致网络安全管理机制、监督和审计机制缺失，使用户的个人注册信息安全得不到有效的保障，交易数据和交易文件存在隐患，影响我国企业在跨境业务中的商业信誉。

五、加快我国跨境 B2C 发展的对策

1. 加强政府规划和法律政策引导

由于跨境 B2C 尚处于探索阶段，且国际环境复杂，很多问题和困难都不是单个企业可以解决的，需要政府发挥积极引导作用，并提供大力支持，确保产业健康持续发展，特别需要进一步深化流通体制改革、建设法制化营销环境、健全法规体系等（洪涛等，2013）。

首先，政府要从全局出发，制定符合我国国情的跨国电子商务发展规划。

其次，政府要加强监督管理，尽快制定关于跨境电商的法律法规，保护我国跨境电商的企业和消费者利益，并加强监管力度，防止不法行为扰乱市场秩序。我国迫切需要加快出台《电子商务法》，特别是跨境电子商务法，目前《电子商务法》已经进入立法程序。应加强政府间进行国际合作，探索新的监管方式和方法，更好地保护消费者在使用电子商务服务中的权益，促进各国电子商务的健康发展。对于跨境电子商务安全性问题，政府应该紧随电子商务技术的进步，继续完善法律及各种规范性的措施，而各行业及相关机构应通过制定各种行业规范和完善认证体系来促进跨境电子商务安全性问题的解决。

最后，政府要着力在环境建设、促进应用、完善电子商务自身服务体系、开展国际交流与合作方面发挥作用。电子商务发展过程中存在的深层次矛盾，是摆在政府部门面前的两难选择。例如，电子商务新模式和行政管理老机制的矛盾；传统产业和电子商务产业之间资源争夺的矛盾；当前利益和长远利益的矛盾，以及电子商务爆发式的增长和社会稳定之间的矛盾不容忽视，当下改革应符合互联网发展方向，建议政策取向"多放少管、多予少取，多帮少诱"。政府要尽快完善基础设施建设，从信息基础建设、交通运输、第三方支付平台管理等方面入手，推进跨境电商的配套政策和针对性强措施出台，大力扶持跨境电商和跨境物流企业发展。最后，跨境电商突破了国界的限制，需要政府发挥全球协调的能力，加强国际的合作与沟通，完善跨境电子商务的大环境，解决诸如跨境支付安全、知识产权保护、海关快速通关、税收制度等问题。

2. 跨境 B2C 网络渠道选择

跨境 B2C 企业不能盲目搭建或选择网络渠道，应根据自身的实力和目的国的情况选择合适的平台。同时也应该注意目的国客户对销售平台的认可程度。例如，很多国外客户更加认可和相信本地平台或国际知名平台，而我国大

多数跨境平台建在国内，只有 3.4% 的平台建在国外。

3. 跨境物流方式选择

跨境 B2C 的许多卖家都是中小企业，基于小包裹、多频次的特点和运营成本的考虑，多采用邮政小包和国际快递。但由于邮政小包存在配送周期长、货品易破损或丢失，国际快递成本高等问题，越来越多的跨境电商卖家纷纷选择海外设仓，既能规避贸易壁垒，又能缩短交易时间。当前海外仓仅仅在北美、西欧和澳洲运作成熟。在俄罗斯运作海外仓赋税很高，加上劳动力成本也很高，考虑到运营成本，对俄物流服务商提出"边境仓"概念，也即在靠近俄罗斯的中国境内设立仓储基地，从该基地通过邮政包裹发货到俄罗斯全境。无论是"海外仓"还是"边境仓"，物流企业都要做好信息化系统建设，提高分拣和配送的准确性和效率，减少因数据问题而产生的爆仓、商品追踪等问题。

另外，物流到达目的国，可采用本土化策略，选择当地邮政或速递。有实力的也可建立本土线上线下的物流渠道和客户服务，便于对市场做出快速反应，建立自己的品牌和团队，提高竞争力。

4. 跨境 B2C 支付方式选择

目前，各国采用的主要在线支付方式有信用卡支付、借记卡支付、网银支付、第三方支付工具（如 PayPal）等。已有多家机构提供跨境支付方案（如 VISA、MasterCard、JCB、UnionPay 等 10 多家机构），可供我国跨境 B2C 卖家进行选择。以 ebay 为例，2013 年 4 月，ebay 旗下支付工具 PayPal 成立 50 人的商务经理团队，帮助中国的中小企业利用 PayPal 遍布 190 个国家。阿里巴巴旗下的一达通公司针对人民币汇率波动，面向平台上的一万多家中小外贸企业推出升级版的汇率锁定服务，而且首创延缓缴纳保证金服务。2013 年 3 月，外汇局下发《支付机构跨境电子商务外汇支付业务试点指导意见》允许参加试点的支付机构集中为电子商务客户办理人民币跨境收付汇和结售汇业务。

5. 实行全渠道运营和品牌化管理

没有品牌，不掌握渠道，就丧失了了解消费者习惯和最终定价权的机会。从长远来看，品牌化才是中国跨境电子商务未来的一条出路。在跨境 B2C 的初期，我们可以拼成本、拼数量，通过价格优势获得市场，但是随着行业不断发展，高质量的产品和更好的服务才是竞争的核心。只有依托强大的自主品牌的影响力，掌控全球价值形成链条中以设计、渠道、品牌、分销为代表的高端价值链环节，才能掌握价格决定权和渠道分配权。

从总体而言，中国的网上零售服务水平不高，虽然开始注意提高服务质量，但是主要的竞争形式还是价格竞争。由于国内和国外的"游戏规则"不一样，竞争方式也大不相同。国外消费者对客服的需求量就很大，一些卖家可能没有意识到这些问题，就很容易导致后续的一些麻烦。中国的卖家在对客户服务体验等方面做得还有所欠缺。例如，在对自己网店所售商品进行描述和拍照时，往往会做得不到位，欧美国家的消费者对这些非常在意，如果没有达到他们的标准，他们就不会购买这种商品。再如，他们在网站上如果看到错别字，会认为这家网店不值得信任，因此也就影响销量。中国跨境 B2C 企业必须要向国际一流服务商看齐。不能只靠打价格战抢占市场，因为跨境电商面对的是全球开放的市场，竞争对手是国际一流的电商企业，价格便宜不再是一种优势，好的服务和商品质量才是关键。

跨境 B2C 的本土化可以采取 B2B2C 的模式，如图 10 - 2 所示。

国内外贸公司　　　　　海外电商公司　　　　　境外消费者

图 10 - 2　跨境电商的 B2B2C 模式

这里的海外电商公司指的是国内外贸公司为了实现跨境电商本土化，而注册的海外公司。这种模式的实现路径是：国内团队 + 海外公司 + 海外仓 + 本地渠道。国内公司可以在海外注册海外公司、海外商标、海外银行账号，通过海外仓库存货物，选择当地快递进行配送，提供适合当地支付习惯的支付方式。

6. 关注移动跨境网购，重视移动商务优化

全球移动商务发展迅速，海外移动支付的比重也在快速增长。跨境 B2C 卖家应该对网站进行优化，以适应移动商务的发展趋势。根据 2013 年 PayPal 发布的《中国中小企业跨境电子商务出口报告》显示，中国内地已成为继美国、英国之后排名第三的跨境网购目的地。但在移动跨境网购越来越受到消费者青睐的情况下，63% 的中国中小外贸企业仍未对网站进行移动优化，这可能会提高消费者用移动设备浏览网页时的跳出率，降低成交概率。中国跨境 B2C 卖家应当尽快关注到移动跨境网购趋势，重视网站移动优化工作。

第十一章

中国零售业"走出去"战略的
风险评估和管理

　　近年来，中国企业对外直接投资保持快速增长态势。2002 年中国对外直接投资为 27 亿美元，2013 年这一数字已增至 1078 亿美元，短短 12 年的时间增长了近 40 倍。同时，中国的对外直接投资流量连续两年列世界第三位；对外直接投资存量超过 6600 亿美元，列世界第十一位；境外中资企业数超过2.5 万家。2014 年中国对外直接投资依然保持良好势头。随着境外投资管理体制改革的深入，中国企业未来"走出去"的步伐进一步加快。商务部最新数据表明，2015 年 1～6 月，我国境内投资者共对 147 个国家和地区的 4018 家境外企业进行了直接投资，累计实现非金融类对外投资 560 亿美元，同比增长29.2%。在快速发展的同时，中国企业的境外投资也面临新的形势和环境，出现了一些新情况和新问题，如国际形势日趋复杂，境外投资主体和行业日益多元，部分企业跨国经营经验不足、风险意识不强。在这样的背景下，客观评估自身条件、能力，深入研究投资目的地投资环境，积极稳妥开展境外投资，注意防范风险，是摆在"走出去"企业面前的一个重大课题。

第一节　中国零售业海外投资风险种类

一、中国零售业海外投资风险综述

　　在对跨国企业可能遇到的国际风险进行分类研究时，通常会考虑如下几类风险：政治风险、经济及贸易风险、法律风险、文化风险、商业及投资风险等。一般说来，风险评估以国别为对象，国家风险评估应运而生。

　　国家风险是经济活动跨越国境后产生的不同于一般商业风险的风险。在世界经济与政治的竞争与合作依然以国家为基本单位的背景下，海外直接投资等经济活动在跨越国境后，不仅面临着一般的商业风险，还面临着由于东道国的政治决策、经济政策、社会动乱、突发事件、自然灾害等而遭受损失的风险。近十年来，随着我国"走出去"战略的深入实施，我国对外投资规模不断增长、领域不断扩大，国家风险已然成为我国众多涉外投资机构所面临的主要风险之一。国内目前进行国家风险研究的机构主要有银行、出口信用机构、资信评估机构、国际组织或政府部门、非政府组织、学术研究机构和学者等。

目前，国内外比较有名的国家风险产品如表 11 - 1 所示。

表 11 - 1　　　　　　　　　　部分国家风险产品简介

机构名称	产品名称	产品简介
中国出口信用保险公司（Sinosure）	《国家风险分析报告》	自 2006 年至今，每年发布一次，2012 年覆盖全球除中国以外的 192 个主权国家
科法斯（Coface）	《国家风险手册》（The Hand Book of Country Risk）	目前覆盖了 157 个国家
政治风险服务集团（Political Risk Service Group）	国际国家风险指南（International Country Risk Guide，ICRG）	自 1980 年开始，每月发布一次报告，是目前更新频率最高的国家风险产品，目前覆盖 140 个国家
《欧洲货币》（Euromoney）	欧洲货币国家风险（Euromoney Country Risk，ECR）	自 1982 年开始，每半年发布一次国家评级，目前覆盖 187 个国家
《机构投资者》（Institutional Investor）	国家信用评级（Country Credit Rating）	自 1979 年开始，每年发布两次（3 月和 9 月），目前覆盖 179 个国家
经济学人情报单位（EIU）	国家风险服务（Country Risk Service）	目前覆盖 120 个国家
商业环境风险情报中心（Business Environment Risk Intelligence）	经营风险服务（Business Risk Service）、跨国贷款国家风险预测（Country Risk Forecasts for International Lenders）等	BERI 成立于 1966 年，不同产品所覆盖的国家数量不尽相同

目前，金融危机和欧债危机的冲击还在进一步加深，影响还在逐步显现，对于全球经济的影响还很难准确预测，全球的需求和经济增长动力还将继续存在巨大的不确定性。中国企业在进行跨国投资时，必须对行业内的全球需求有更深的了解。中国企业大都缺乏全球化经营经验，管理投资对企业全球性营销、产品研发、供应链管理、人力资源和财务支持都提出了更高的要求，如果对外投资企业缺乏良好的经营管理应变能力和学习能力，就有可能在企业内部

出现"消化不良"的现象。由于中国零售业大都缺乏对全球产业链前端的控制，往往在进行跨国投资的过程中受制于上游企业的制约，缺乏产业链延伸和扩张能力，在面对产业链上下游谈判中往往缺乏主导性。对于全球产业链的影响能力大小将较大程度上影响到跨国投资的成果。此外，金融危机带来的汇率波动更加剧烈，尽管我国已和部分国家建立了货币互换协议，但是全球范围内的投资和贸易体制仍以美元进行结算为主导，那么，美元币值波动加剧的情况对中国企业跨国投资将产生持续的不确定性。中国企业在进行跨国投资时还会面临项目融资问题，尤其是对于中小企业来说，融资难度较大，缺乏必要的信用担保，容易由于缺乏充分的融资保障而导致项目投资"搁浅"。需要注意的是，中国企业在跨国投资的过程中可能会遇到当地政府、工会及相关非政府组织对项目运作的阻碍而导致投资的受阻。由于企业跨国投资会遇到本土化的问题，能否更充分地了解当地的文化，融入当地的人文当中去，也是中国企业所面临的一个重要课题，在已经产生的失败案例中，就有部分中国企业缺乏对当地文化的了解和融入，缺乏本土化的思维，进而导致投资项目难以获得成功。

零售企业遭遇跨国营销风险可能会发生在全球的任何零售业态，在过去的70年里，每个时代都有零售业跨国营销失败的代表性案例，但是，目前的学术研究常常聚焦于成功案例，对失败案例和教训的研究还十分欠缺。由于零售业直接面对各国消费者，人们认为东道国与母国存在较大的文化差异对于零售企业的影响程度最大；对于行业环境风险的感知，当地零售业的行业结构和竞争程度是企业十分关注的风险；对于企业内部来说，由于规模扩张而导致的资金需求和财物风险，也是"走出去"企业十分关心的。此外，针对进入发达国家、新兴工业化国家和地区、发展中国家三大目标市场所做感知风险的调查发现，人们对进入不同目标市场的感知风险的侧重点不同。因此，结合中国零售企业的具体情况，有必要针对不同的目标市场进行环境分析，并提出进入不同目标市场的有针对性的风险管理与防范策略。

二、中国零售业海外投资的政治风险

在中国企业对外直接投资的风险中，有一种风险值得予以特别关注，那就是政治风险。对于有志于"走出去"的零售企业来说，同样值得深入思考和分析。事实上，流通产业在各国经济发展中都占有重要的位置，尤其是在发达经济体，流通产业往往是其基础性和先导性的重要产业，得到各国政府的重视和支持。这一点既可以体现在其流通市场的开放上，也反映在其国内流通市场的竞争政策方面。日本是一个典型的例子，它在二战以来长期的经济发展政策当中，对流通市场都给予了特别的保护，也因此受到欧美国家及学术界对其市场开放和竞争政策的抨击和诟病。在全球化时代，由于流通产业在全球价值链中的重要位置，整合全球资源及主导全球价值链的关键作用被世界主要大国所认可，所以，欧美日发达国家尤其重视本国跨国零售巨头的海外市场开拓，通过各种方式予以支持和保护。从这个意义上说，我国零售业海外投资都会遭遇政治风险。

从国际直接投资的角度看，政治风险意味着投资目标国的政府干预、政局更迭、政府征用、政策法规变动、排外思想与恐怖主义等因素，以及外国投资者在社会责任和环境保护方面的行为导致目标国的政策改变等。政治风险是国际投资中不确定性最大的风险，而且一旦发生，投资企业将面临不可预估的损失。投资海外的中国企业（包括零售企业）所面临的政治风险主要有：

政府干预市场。分为直接干预和间接干预。直接干预是指，由于社会形态的差别，欧美发达国家往往对来自中国的投资持怀疑态度，因此加以阻挠。近年来，中国企业投资能源、矿业等敏感行业的项目常常被欧美发达国家以威胁国家安全的名义所阻挡或者取消。间接干预是指，如果中国企业投资一些欧美发达国家所定义的"邪恶轴心国"——如朝鲜和伊朗等国，那么这些企业将受到欧美国家的制裁，取消其投资欧美市场的机会或者向其征收高昂的税费。另外一种可能是当中国企业投资的目标国在经济上严重依赖欧美国家时，欧美国家可以根据自己的价值观来给目标国施加影响，导致部分中国投资项目受到阻挠。欧美国家至今不能正视中国的崛起，担心中国掌握核心科技和自然资源会伤害西方利益，"中国威胁论"在发达国家依然盛行。中国政府对于本国投资在国际上的宣传力度不够，没有形成与西方媒体的扭曲报道相对抗的力量。

政权动荡更迭以及政府征用。政权更迭是指在中东等政局不稳的国家，政权更迭或者政局动荡经常发生，导致政策的不连续性，从而伤害中国投资企业的利益。欧美国家为了自身利益而插手这些自然资源丰富的地区加剧了当地的政治动荡局面。2011年的利比亚内乱导致中国撤出全部员工，停止一切项目。政府征用是指为了保护当地某些产业的发展，或者出于腐败的目的，有的时候目标国政府会突然征用中国企业的直接投资项目，或者通过高额罚款、额外征税、没收财物等措施阻碍中国投资企业有效控制投资，从而导致事实上的征用。究其原因，市场机制健全的国家的投资（尤其是能源）几乎被欧美国家所占据，起步较晚的中国国际直接投资必须选择一些落后的、政局动荡的国家进行投资，导致中国企业面临巨大风险。

政策法规的变动。有些目标国为了保护本国的产业，会更改现行的法律或者行政调控，限制外国投资者的经营活动。2010 年，澳大利亚政府公布对全部能源非可再生资源征收高达 40% 的资源超额利润税，使中石油与中石化遭受重大损失。在动乱的国家和法制不健全的国家，中国的直接投资更加容易受到政策法规变动的不利影响。中国部分企业对于投资目标国的政治风险研究不足，尤其是一些民营企业和中小企业，严重缺乏风险预警机制以及针对目标国政府的游说公关活动，投资项目盲目上马。中国应该同足够多的目标国政府签署双边投资保护协定，绑定双方的利益，约束目标国政府的调控行为。

目标国人民的排外行为。一方面是由于民族间原有的成见以及缺乏交流造成的；另一方面，中国很多投资国外的企业为了节约成本等原因，从中国本土雇用了大批工人和工程师，或者从目标国当地雇用了基层工人，但是管理层完全是中方人员担任，这样既没有促进当地的就业，又导致了对当地管理层人才的歧视，这种用工方式助长了当地的排外思想，并由此产生极端民族主义行为。另外，部分中国企业急功近利，过于注重经济利益，没有承担起当地的社会责任和保护环境，也导致了当地人对于中国企业的仇恨。为了长期利益，投资海外的中国企业必须在目标国人民心里树立良好的企业形象，而这一形象的树立，与中国企业承担社会责任感、保护当地环境、提高当地人民福利和就业水平是分不开的。

恐怖主义。由于经济差异、民族隔阂以及意识形态的冲突，有些来自中国的投资项目会受到恐怖主义的袭击。中国在亚非拉等国家和地区的投资常常遭到当地反政府武装或游击队的绑架或者武装袭击。中国企业应该把恐怖袭击作为成本的一部分来考虑。

第二节　中国零售业海外投资风险评估及控制

一、中国零售业海外投资风险评估体系

跨国营销环境风险的评估是风险管理和控制的重要环节和内容，甚至可以说是关键。从这个意义上说，选择合适的风险评估方法是实现对风险有效管控的重要前提。中国零售企业跨国营销还处于探索期，多数零售企业缺乏跨国营销战略风险分析，风险管理人才匮乏，政府的宏观管理措施不力，金融服务滞

后，企业缺乏宽松的融资环境等。面对纷繁复杂的国际环境以及变幻莫测的营销风险，如何建立适合中国零售企业现状的跨国营销风险防范机制，探索一条适应中国零售企业自身特点的跨国营销风险管理模式显得尤为重要。中国零售企业跨国营销的风险防范机制，应该由"政府—行业协会—企业"三方共同参与，共筑风险防范这张网。具体来讲，就是政府发挥提供宏观政策指导、完善政策法规支持的功能；行业协会发挥、协助行业内外沟通的功能；建立财务风险监控机制的微观作用，企业发挥可行性研究、建立快速反应体系以及相应的调整机制。

从 2006 年开始，中国出口信用保险公司发布年度《国家风险分析报告》。《国家风险分析报告（2013）》依据中国信保自主开发的国家风险评估模型，给出了全球 192 个主权国家的国家风险参考评级，并通过发布《全球风险地图》，直观、明晰地构建了全球风险全景。同时，选取了 67 个与中国关系密切、合作前景广阔的重点国别，通过结构化分析，全方位、多层次地评估了这些国家的风险状况和演变趋势。报告改变了以往单一发布"国家风险评级"的模式，而是在每个国家首页发布"国别贸易风险指数"、"国家风险参考评级"和"国家风险展望"，以综合反映一国风险水平。其中，"国别贸易风险指数"主要是从买方所在国家的行业、交易主体素质、企业付款状况等多个维度，评估特定国家与中国贸易往来相关的所有行业的整体进口买家信用风险状况与评价风险水平，共涉及 57 个国家。"国别贸易风险指数"反映了一国宏观经济、行业需求与贸易环境等对该国企业履行财务承诺、足额按期付款的影响程度。指数大小与风险水平的对应关系定义如表 11-2 所示。

表 11-2　　　　　　　　　　　国别贸易风险指数

国别贸易指数	风险描述
>105	宏观经济形势、行业需求与贸易环境等非常良好；贸易政策稳定性很高；企业整体的付款能力很强，基本不受不利经济环境的影响，违约风险极低
100~105	宏观经济形势、行业需求与贸易环境等较好；贸易政策变动性很小；企业整体的付款能力较强，较易受不利经济环境的影响，违约风险较低
95~100	宏观经济形势、行业需求与贸易环境等总体尚可；贸易政策的变动性较大；企业整体的付款能力一般，受不利经济环境的影响较大，违约风险一般
90~95	宏观经济形势、行业需求与贸易环境等整体较差；贸易政策变动较大；企业整体的付款能力较弱，受不利经济环境的影响很大，违约风险较高
<90	宏观经济形势、行业需求与贸易环境等整体很差；贸易政策变动频繁；企业整体的付款能力极弱，受不利经济环境的影响极大，违约风险极高

资料来源：中国出口信用保险公司. 国家风险分析报告（2013），第 3 页。

"国家风险参考评级"从政治风险、经济风险、商业及投资环境风险和法律风险四个维度考察一国风险。其中政治风险关注政治稳定性、社会环境、政府干预和国际关系四大类指标;经济风险考察宏观经济、金融体系、财政收支、国际收支、主权债务和双边经贸六大类指标;商业及投资环境风险研究税收体系、投资便利性、基础设施和行政效率四大类指标;法律风险分析法律完备性、执法成本和退出成本三大类指标。该参考评级在综合分析各风险因素的基础上,对192个国家进行了评级,并从"正面"、"稳定"、"负面"三个层面给出了国家风险水平展望,以反映未来一年内一国国家风险变化趋势。"国家风险参考评级"分为1~9级(共9级),风险水平依次升高,具体说明如表11-3所示。

表11-3 国家风险参考评级

国家风险参考评级	风险参考评级描述
1	低
2	低
3	较低
4	中等偏低
5	中等偏高
6	较高
7	显著
8	显著
9	非常高

资料来源:中国出口信用保险公司. 国家风险分析报告(2013),第4页。

与2013年国家风险参考评级相比,2014年,国家风险水平下降、评级调升的国家有28个,包括:科威特、土耳其、土库曼斯坦、乌兹别克斯坦、比利时、波黑、保加利亚、克罗地亚、捷克、格鲁吉亚、意大利、西班牙、阿尔及利亚、安哥拉、埃塞俄比亚、肯尼亚、尼日利亚、坦桑尼亚等国家;国家风险水平上升、评级调降的国家有15个,包括:乌克兰、阿富汗、索马里等国家。从调整结果看,评级调升的国家主要是部分西欧和中东欧国家,其经济呈现触底回升态势,投资者信心有所上升,未来经济逐步复苏可期;评级调降国家主要是部分亚洲和非洲的发展中和新兴国家,其受地缘政治局势动荡、外部经济风险冲击影响较大,社会经济发展可能面临更大阻力。中国信保对2014年全球国家风险特征概括为:部分地区局势动荡加剧;世界经济贸易增速趋缓；世界贸易与金融秩序逐步调整；贸易保护主义依然盛行。

此外，针对越来越多中国企业积极"走出去"的趋势，《国家风险分析报告（2013）》专门将28个新兴市场国家的风险报告单独汇编成册。这些国家广泛分布在亚非拉以及中东欧地区，普遍具有"市场规模大、消费结构升级、我国贸易增速快、市场份额尚未饱和、贸易风险可控"的特点。对中国零售业海外投资风险的评估，可以在借鉴中国信保国家风险水平评估的基础上，针对零售业的行业特性，在国别贸易风险中重点考察一国流通业，特别是零售业的发展情况，分析其市场结构、产业政策、竞争状况、开放政策等，然后结合消费市场的情况，在综合分析的基础上对其贸易风险指数做出修正。在这一过程中，与中国已经签署或者正在商谈双边投资保护协定、自贸区协定、经济贸易合作区协定的国家和地区，可以视作风险减少因素纳入国家风险水平的评估；反之，对于明显具有突发事件、不可控事件、不可预知风险、各种其他不确定性风险及倾向的国家和地区，尤其是政局动荡、宗教冲突、种族矛盾等，可以视作风险增加因素纳入国家风险水平评估。据此修正后的中国零售业海外投资评估指标及评价体系如表11-4所示。

表11-4　　　　　　　　中国零售业海外投资评估指标及评价体系

国家风险（CR）	
风险减少因素（DR）	风险增加因素（IR）
双边投资保护协定签约国/地区 自贸区谈判国/地区 经济贸易合作区谈判国/地区 ……	突发事件 不可控事件 不可预知风险 其他不确定性风险
风险总体等级及评价 = CR - DR + IR	

二、中国零售业海外投资风险控制

由于并购已经成为中国企业海外投资的重要手段，中国企业需要利用各种资源提升并购风险评估能力。由于国际经验的缺乏，进行海外并购的中国企业常常会误判外国商业环境风险，或者由于过于小心而错失良机。培养内部风险评估专家以及招募海外当地的职员管理并购中的风险可以列为企业提升自身实力的中长期计划。企业的短期计划仍然是雇佣熟知当地商业环境的法律机构和公关公司为其并购服务，并且在跟当地知识渊博的顾问共同工作的过程中学习如何管理风险。企业在并购前要做大量细致的调研工作，充分发现并购目标公司在管理、法律和财务上的问题和风险;另外,还要评估收购的价格是否给企业今后的经营留下合理的利润空间,这些都需要专业性的人才团队来完成。并购团队成员必须具备海外并购经验,以便于更好地协调外部顾问团队。只有企业内部团队很称职,才能最大限度发挥外部顾问团队的有效作用。另外,中国企业还应该充分利用其海外商业伙伴和相关官方机构来评估其海外并购的风险。而中国企业在海外私募股权投资伙伴除了提供资金、销售和管理之外还可以提供国外的人才库和人才网络。中国公司可借助中国驻各国使领馆来加强与当地政府、并购目标企业之间的沟通联络,及时掌握当地政策、法律以及目标企业的信誉,减少并购的风险。

对中国零售企业来说,应加速提升海外投资风险管理能力,建立企业风险管理机制,这是应对国际风险的重要手段。

(1)加强对东道国各类风险的认知。国际市场环境复杂多变,国与国之间文化差异明显。国际商业竞争异常激烈,这就要求零售企业"走出去"之前要做好充分、周密的市场调查研究。我国零售企业首先要培养全球战略意识,善于从经济全球化的营销角度,优化资源配置,开拓资本运作渠道,建立全球客户网络,提高风险管理水平。零售企业在进入东道国之前应仔细调查研究,尽快建立海外投资的政治风险保障制度和信贷风险保障制度,并通过外交渠道获取投资者在海外的合法权益。美国沃尔玛、法国家乐福、荷兰万客隆、德国麦德龙进入我国市场准备工作都在两年以上,花费在500万美元左右。中国零售企业缺乏跨国营销经验,前期市场调查更为重要。

(2)建立及时有效的预报系统。预测是有效防范风险的必要前提和重要途径。虽然风险最显著的特点就是不确定性,但大多数事件还是存在一系列前兆,因此,必须对东道国的政治、经济变化实施跟踪测试和监控,并及时通过跨国营销的战略与策略加以调整(林萌菲,2008)。与此同时,还可以实行风险投保,即由受益人向政府保险机构投保若干类型的国际风险。

(3)加强国际结算中信用风险与货币风险的防范与管理。由于零售企业要和当地的供应商、合作伙伴进行交易,同时大多数交易是通过国际结算加以实现。因此,供应商或合作伙伴的资信状况是一个十分重要的风险要素。一方面可以通过成立专门信用风险管理机构、谨慎选择零售企业供应商和委托银行收取保证金和出具银行保函等形式来防范信用风险。另一方面,针对国际贸易结算中的货币风险可以采取套期保值交易、提前或推迟外汇收付、在贸易合同中订立外汇保值条款以及外汇保险制度等形式,来尽可能减少企业的经济损失。

（4）引进高素质的零售企业跨国营销风险管理人才。要尽快实施跨国营销战略，零售企业迫切需要一批具有现代零售业营销管理理念、熟悉国际零售业市场和发展趋势的高级专门人才，同时要在营销管理的手段、技术和理念上逐步同国际惯例接轨，控制和防范营销中所产生的风险问题。为此，零售企业可从以下几方面着手：采取各种有效措施吸引海外留学生和大型外资零售业集团、海外中资机构、华人企业等的高级管理人才，同时通过同国内外相关的高等院校合作、与一些国际零售业巨头建立战略联盟等形式，培养适应跨国营销需要的各种人才；实行跨国公司营销人才本土化，揽四海英才为我所用，这是一项明智之举和行之有效的发展捷径；从战略高度重视和推进技术创新，以信息化带动国际化。

三、中国零售业"走出去"的海外投资保险

虽然中国企业已经开始认识到海外投资风险管理的重要性，但对风险管理体系的接受仍然比较被动；企业制定风险管理策略的基础具有局限性；企业对风险管理文化的培育注重不够；大部分企业的风险管理还停留在内控层面，风险管理还未渗透到企业内部各组织职能部门；企业内部缺乏风险管理人才及相应知识积累是风险管理所面临的最大困难。在本研究的企业访谈中发现，零售企业对于未来建立全面风险管理体系持积极态度。

面对海外投资的各类风险，海外投资保险可以起到"兜底"的作用，让企业放心地走出去，更好地推动中国的海外投资。出口信用保险，或者说出口信用机构的作用在国际上有很坚实的基础。比如市场缺失舆论、反经济周期舆论，在经济下行周期当中世界各国都会非常重视通过这个出口信用机构的作用提高本国企业的竞争力。各国的出口信用机构实质上都是为本国的政治、经济目标服务，为提高本国企业的国际竞争力所作的制度性安排。

当前，国际经济的新格局、新秩序正在悄然变动，中国已经踏上了全面提高开放型经济水平的新征程。纵观全球风险态势，展望全球发展趋势，中国在构建开放型经济新体制的过程中，既面临战略机遇，也面临严峻复杂的风险考验。有风险并不可怕，关键是要有防范风险的"安全网"。这个"安全网"包括政治的、军事的和经济的。作为专门防范信用风险的国家政策性金融机构，中国出口信用保险公司是这个经济"安全网"中的重要一环，在国际局部形势持续动荡、国别风险频发的情况下，中国信保充分发挥了对外经贸的"导航仪、稳定器、减震阀、安全网"的独特作用。2014年1～7月，中国信保实

现承保金额 2596 亿美元,同比增长 18.9%,占同期我国出口总额的比重上升到 16.8%,占我国一般贸易出口总额的比重上升到 32.4%。其中,中长期出口信用保险承保金额 76 亿美元,创历史同期最高水平;短期出口信用保险承保金额 2065 亿美元,完成全年任务的 62.6%;服务支持小微企业 2.6 万家,支持新兴市场等高风险出口业务 1656 亿美元。今后,根据开放型经济面临的世界经贸格局深度调整、国际竞争日趋激烈的新形势,中国信保将积极参与构建"一带一路"、互联互通、自贸合作等开放型经济新格局的大潮,充分发挥政策性作用,加大对我国企业对外贸易和投资的支持力度,推动我国外经贸事业持续健康发展。

附录

《中国零售业国际竞争力研究》
企业问卷

　　本问卷是为研究中国零售业的国际竞争力而设计的，目的在通过搜集来自企业决策层的一线数据，从各个层面寻找中国零售企业跨出国门、实施"走出去"战略所需要的政策支持和决策帮助。所搜集的数据只用于科学研究，单独的数据不会透露给相关第三方，不会用于商业目的。

　　问卷中所指的中国零售业"走出去"是指中国零售企业把海外市场作为目标市场，通过各种形式在海外开设实体店，或者通过"在线零售"的方式，向海外家庭和个人消费者提供商业服务的国际化经营战略。简言之，就是指中国零售企业的对外直接投资。

　　本问卷的回答一共分三种情况：一是根据您的了解和判断直接在被选答案中选择一个（单选）或多个答案（多选），二是在问卷按照五点量表设定的问题中，根据您的了解和判断，选择相应的量表刻度（1，2，3，4或5），三是在开放题中，请您给出简要的、归纳性的意见和建议。在纸质问卷中，您可以直接在选择的答案上打钩；在电子问卷的回答中，为便于您的回答以及之后的统计处理，请您把所有问题的答案填写在相应问题后面的括号内。

第一部分　中国零售业国际竞争力的支撑体系

　　1. 总的来说，您认为在<u>中国内地市场</u>，中国本土零售企业应对跨国零售企业的竞争力如何？（　　　）

　　　　竞争力很弱　①—②—③—④—⑤　竞争力很强

　　2. 根据您的了解和判断，中国零售企业在海外市场的竞争力如何？（　　　）

　　　　竞争力很弱　①—②—③—④—⑤　竞争力很强

　　3. 有观点认为，在国内市场具有较强竞争力的中国零售企业，更有利于实施"走出去"战略，在海外市场取得成功。您是否同意这样的观点？（　　　）

　　　　完全反对　①—②—③—④—⑤　完全赞同

4. 中国零售业有必要实施"走出去"战略、开拓海外市场吗？（　　）

完全没有必要　①—②—③—④—⑤　完全有必要

5. 面对今天的国内外环境，中国零售业实施"走出去"战略的条件是否已经成熟？（　　）

完全不成熟　①—②—③—④—⑤　完全成熟

6. 为了支持中国零售业实施"走出去"战略，下面设计了一些不同层面对中国零售产业及零售企业的支持工具、手段和措施。请根据您的了解和判断，对相关内容给出您的选择。

完全反对——————完全赞同

制定、完善零售业对外投资立法保障（　　）
①—②—③—④—⑤

制订专门的零售业发展规划（　　）　①—②—③—④—⑤

建立和完善国家层面支持中国零售业"走出去"的政策协同保障体系（　　）
①—②—③—④—⑤

包括：

以"营改增"、所得税、关税为主的财税政策（　　）
①—②—③—④—⑤

海外投资的信贷、担保、专项基金、亏损准备金、保险等金融政策（　　）
①—②—③—④—⑤

海外投资人才支持政策（　　）　①—②—③—④—⑤
国家有关部委之间政策协调、资源统筹（　　）
①—②—③—④—⑤

中央及地方政府之间的政策和资源统筹协调（　　）
①—②—③—④—⑤

建立和完善国家层面支持中国零售企业"走出去"的服务平台体系（　　）
①—②—③—④—⑤

包括：

海外投资宏观指导（　　）　①—②—③—④—⑤
环境分析服务（　　）　①—②—③—④—⑤
项目评估服务（　　）　①—②—③—④—⑤
法律、会计、信息、金融、管理、环境技术服务（　　）
①—②—③—④—⑤

风险防范应对策略服务（　　）　①—②—③—④—⑤

海外维权服务（　　）　①—②—③—④—⑤

建立和完善支持中国零售企业"走出去"的市场保障体系建设（　　）

①—②—③—④—⑤

包括：

示范性大型商贸流通业"国家队"建设（　　）

①—②—③—④—⑤

建设统一开放、竞争有序的国内流通市场体系（　　）

①—②—③—④—⑤

加强零售行业标准的规范化建设（　　）

①—②—③—④—⑤

促进工商（零供）关系的和谐发展（　　）

①—②—③—④—⑤

加快内外贸一体化发展（　　）　①—②—③—④—⑤

充分发挥行业中介（如中国连锁经营协会）作用（　　）

①—②—③—④—⑤

支持零售业与关联产业协同创新、联动发展（　　）

①—②—③—④—⑤

发展现代化的商业技术（　　）　①—②—③—④—⑤

建立和完善支持中国零售业"走出去"的企业内部保障体系建设（　　）

①—②—③—④—⑤

包括：

更新经营观念，大胆实施"走出去"战略（　　）

①—②—③—④—⑤

实施创新驱动，形成可持续发展的内生和外生动力（　　）

①—②—③—④—⑤

增加研发投入（　　）　①—②—③—④—⑤

实施国际化专业人才培养战略（　　）　①—②—③—④—⑤

走专业化、特色化和品牌化的国际化发展道路（　　）

①—②—③—④—⑤

第二部分　企业国际化经营

1. 请问贵公司在中国连锁经营协会发布的"2012 中国连锁百强"中的位

次如何?（　　　）

  A. 前 20 强   B. 20～50 强   C. 50～100 强 D. 100 强以外

  2. 贵公司是否已经实施"走出去"的国际化经营?（　　　）

  A. 是的, 其形式是:（　　　）

  (1) 开设实体店, 门店数为_____, 海外营业额占企业总营业额的比例约为_____%。

  (2) 网上商店/在线零售

  (3) 实体店和在线零售相结合

  B. 暂时还没有"走出去"（请跳答问题 13）

  3. 贵公司实施"走出去"战略的动机是什么?（可以多选）（　　　）

  A. 国内市场竞争激烈, 市场趋于饱和 B. 国外市场前景广阔

  C. 政府倡导和优惠政策   D. 其他（　　　）

  4. 贵公司选择的目标国市场/地区是哪些?（可以多选）（　　　）

  A. 欧美发达经济体   B. 东亚、东南亚市场

  C. 港澳台地区   D. 中东欧市场

  E. 非洲市场   F. 中、南美市场

  G. 中亚、中东市场   H. 其他市场（　　　）

  5. 贵公司在海外市场的主要经营业态是什么?（可以多选）（　　　）

  A. 购物中心   B. 大型综合性超级市场/仓储式超市

  C. 百货公司   D. 中小型超级市场

  E. 便利店/折扣店   F. 专卖店/专业店

  G. 网上商店/在线零售   H. 其他（　　　）

  6. 贵公司"走出去"的形式是什么?（　　　）

  A. 全资公司   B. 收购、兼并国外企业

  C. 参股国外企业/合资经营   D. 许可证/特许经营

  E. 其他形式（　　　）

  7. 您认为贵公司在海外目标市场的竞争力如何?（　　　）

    竞争力很弱　①—②—③—④—⑤　竞争力很强

  8. 如果贵公司通过网上商店/在线零售为境外消费者提供服务, 公司的跨境电子商务业务是通过什么途径开展的?（　　　）（可多选）

  A. 独立网店

  B. 第三方平台（①淘宝　②天猫　③京东　④易趣　⑤亚马逊　⑥其他_____）

9. 在跨境电子商务经营中，贵公司选择独立网店或者第三方平台的原因是什么？

　　A. 独立网店_____

　　B. 第三方平台_____

10. 贵公司实施的"走出去"战略是否达到了预期效果？（　　）

　　完全没有达到　①—②—③—④—⑤　完全达到

11. 贵公司在目标市场遇到的最大困难是什么？（可以多选，按照程度由重到轻进行排序）（　　）

　　A. 政治、法律环境障碍　　　　B. 社会、文化障碍

　　C. 特色化、专业化、品牌化水平低　D. 竞争激烈，缺乏后劲

　　E. 专业人才缺乏　　　　　　　F. 供应链、物流体系整合能力不足

　　G. 风险防范控制难度大　　　　H. 其他因素（　　）

12. 您如何看待贵公司"走出去"战略的发展前景？（　　）

　　毫无信心　①—②—③—④—⑤　充满信心

请跳答问题15。

13. 贵公司至今尚未实施"走出去"战略。未来3年内贵公司是否有跨出国门，开拓海外市场的计划？（　　）

　　A. 有　　　　　　　　　　　　B. 没有

14. 您认为，对贵公司实施"走出去"战略而言，需要优先考虑下列哪些方面的因素？（可以多选）（　　）

　　A. 对目标国市场的环境分析　　B. 选择合适的零售业态

　　C. 明确目标市场及定位　　　　D. 选择合适的竞争战略

　　E. 培养国际化专业人才　　　　F. 加强风险防范控制

　　G. 提高资源整合能力

　　H. 实施有效的产品、价格、渠道和促销策略

　　I. 提高本土化水平　　　　　　J. 其他因素（　　）

15. 您对提高中国零售企业在国际市场的竞争力还有哪些意见和建议？

　　宏观层面：_____

_____

_____

_____

_____

_____

中观层面：_____

_____

_____

_____

微观层面：_____

_____

_____

_____

谢谢您的支持和配合！

《中国零售业国际竞争力研究》
专家问卷

本问卷是为研究中国零售业的国际竞争力而设计的，目的在通过搜集来自专家学者的观察和研究结论的一线数据，从各个层面寻找中国零售企业跨出国门、实施"走出去"战略所需要的政策支持和决策帮助。所搜集的数据只用于科学研究，单独的数据不会透露给相关第三方，不会用于商业目的。

问卷中所指的中国零售业"走出去"是指中国零售企业把海外市场作为目标市场，通过各种形式在海外开设实体店，或者通过"在线零售"的方式，向海外家庭和个人消费者提供商业服务的国际化经营战略。简言之，就是指中国零售企业的对外直接投资。

本问卷的回答一共分三种情况：一是根据您的了解和判断直接在被选答案中选择一个（单选）或多个答案（多选），二是在问卷按照五点量表设定的问题中，根据您的了解和判断，选择相应的量表刻度（1，2，3，4 或 5），三是在开放题中，请您给出简要的、归纳性的意见和建议。在纸质问卷中，您可以直接在选择的答案上打钩；在电子问卷的回答中，为便于您的回答以及之后的统计处理，请您把所有问题的答案填写在相应问题后面的括号内。

1. 总的来说，您认为在中国内地市场，中国本土零售企业应对跨国零售企业的竞争力如何？（　　）

　　　　竞争力很弱　①—②—③—④—⑤　竞争力很强

2. 根据您的了解和判断，中国零售企业在海外市场的竞争力如何？（　　）

　　　　竞争力很弱　①—②—③—④—⑤　竞争力很强

3. 有观点认为，在国内市场具有较强竞争力的中国零售企业，更有利于实施"走出去"战略，在海外市场取得成功。您是否同意这样的观点？（　　）

　　　　完全反对　①—②—③—④—⑤　完全赞同

4. 中国零售业有必要实施"走出去"战略、开拓海外市场吗？（　　）

　　　　完全没有必要　①—②—③—④—⑤　完全有必要

5. 面对今天的国内外环境，中国零售业实施"走出去"战略的条件是否

已经成熟?（　　　）

完全不成熟　①——②——③——④——⑤　完全成熟

6. 为了支持中国零售业实施"走出去"战略，下面设计了一些不同层面对中国零售产业及零售企业的支持工具、手段和措施。请根据您的了解和判断，对相关内容给出您的选择。

完全反对——————完全赞同

制定、完善零售业对外投资立法保障（　　　）

①——②——③——④——⑤

制订专门的零售业发展规划（　　　）　①——②——③——④——⑤

建立和完善国家层面支持中国零售业"走出去"的政策协同保障体系（　　　）

①——②——③——④——⑤

包括：

以"营改增"、所得税、关税为主的财税政策（　　　）

①——②——③——④——⑤

海外投资的信贷、担保、专项基金、亏损准备金、保险等金融政策（　　　）

①——②——③——④——⑤

海外投资人才支持政策（　　　）　①——②——③——④——⑤

国家有关部委之间政策协调、资源统筹（　　　）

①——②——③——④——⑤

中央及地方政府之间的政策和资源统筹协调（　　　）

①——②——③——④——⑤

建立和完善国家层面支持中国零售企业"走出去"的服务平台体系（　　　）

①——②——③——④——⑤

包括：

海外投资宏观指导（　　　）　①——②——③——④——⑤

环境分析服务（　　　）　①——②——③——④——⑤

项目评估服务（　　　）　①——②——③——④——⑤

法律、会计、信息、金融、管理、环境技术服务（　　　）

①——②——③——④——⑤

风险防范应对策略服务（　　　）　①——②——③——④——⑤

海外维权服务（　　　）　①——②——③——④——⑤

建立和完善支持中国零售企业"走出去"的市场保障体系建设（　　　）

①——②——③——④——⑤

包括：

示范性大型商贸流通业"国家队"建设（　　　）

①—②—③—④—⑤

建设统一开放、竞争有序的国内流通市场体系（　　　）

①—②—③—④—⑤

加强零售行业标准的规范化建设（　　　）

①—②—③—④—⑤

促进工商（零供）关系的和谐发展（　　　）

①—②—③—④—⑤

加快内外贸一体化发展（　　　）

①—②—③—④—⑤

充分发挥行业中介（如中国连锁经营协会）作用（　　　）

①—②—③—④—⑤

支持零售业与关联产业协同创新、联动发展（　　　）

①—②—③—④—⑤

发展现代化的商业技术（　　　）①—②—③—④—⑤

建立和完善支持中国零售业"走出去"的企业内部保障体系建设（　　　）

①—②—③—④—⑤

包括：

更新经营观念，大胆实施"走出去"战略（　　　）

①—②—③—④—⑤

实施创新驱动，形成可持续发展的内生和外生动力（　　　）

①—②—③—④—⑤

增加研发投入（　　　）①—②—③—④—⑤

实施国际化专业人才培养战略（　　　）①—②—③—④—⑤

走专业化、特色化和品牌化的国际化发展道路（　　　）

①—②—③—④—⑤

7. 根据您的了解和判断，中国零售企业在开拓海外市场上遇到的最大困难是什么？（可以多选，按照程度由重到轻进行排序）（　　　）

　A. 政治、法律环境障碍　　　　　B. 社会、文化障碍

　C. 特色化、专业化、品牌化水平低　　D. 竞争激烈，缺乏后劲

　E. 专业人才缺乏　　　　　　　　F. 供应链、物流体系整合能力不足

　G. 风险防范控制难度大　　　　　H. 其他因素（　　　）

8. 您如何看待中国零售企业"走出去"战略的发展前景?(　　　)

　　　毫无信心　①—②—③—④—⑤　充满信心

9. 您认为,对中国零售企业实施"走出去"战略而言,需要优先考虑下列哪些方面的因素?(可以多选)(　　　)

A. 对目标国市场的环境分析　　　B. 选择合适的零售业态

C. 明确目标市场及定位　　　　　D. 选择合适的竞争战略

E. 培养国际化专业人才　　　　　F. 加强风险防范控制

G. 提高资源整合能力

H. 实施有效的产品、价格、渠道和促销策略

I. 提高本土化水平　　　　　　　J. 其他因素(　　　)

10. 您对提高中国零售企业在国际市场的竞争力还有哪些意见和建议?

宏观层面:_____

_____

_____

_____

中观层面:_____

_____

_____

_____

微观层面:_____

_____

_____

_____

谢谢您的支持和配合!

参考文献

一、英文文献

[1] Alexander N. Retailers and international markets: motives for expansion [J]. International Marketing Review, 1990, 7 (4): 75 - 85.

[2] Alexander N. UK retail expansion in North America and Europe: a strategic dilemma [J]. Journal of Retailing and Consumer Services, 1995, 2 (2): 75 - 82.

[3] Alexander N. International retailing [M]. Oxford: Blackwell business, 1997.

[4] Alexander A., Rhodes M., Myers M. International market selection: measuring actions instead of intentions [J]. Journal of Services Marketing, 2007, 21 (6): 424 - 434.

[5] Anold Maltz, Elloit Rabinovich, Rajiv Sinha. Logistics: the key to e-retail success [J]. Supply Chain Management Review, 2004 (3): 56 - 63.

[6] Assaf A. G., Josiassen A., Ratchford B. T., Barros C. P. Internationalization and Performance of Retail Firms: A Bayesian Dynamic Model [J]. Journal of Retailing, 2012, 88 (2): 191 - 205.

[7] Benito G. R., Welch L. S. De-Internationalization [J]. Management International Review, 1997, 37 (2): 7 - 25.

[8] Benoun M., Héliès-Hassid M. L. Distribution [M]. Acteurs et Stratégies, Economica, Paris, 1993.

[9] Burt S. Temporal trends in the internationalisation of British retailing [J]. International Review of Retail, Distribution and Consumer Research, 1993, 3 (4): 391 - 410.

[10] Burt S., Dawson J., Sparks L. Failure in international retailing: research propositions [J]. International Review of Retail, Distribution and Consumer Research, 2003, 13 (4): 355 - 373.

［11］Burt S. , Mavrommatis A. The international transfer of store brand image ［J］. The International Review of Retail Distribution and Consumer Research, 2006, 16（4）: 395 –413.

［12］Cavusgil S. T. Guidelines for export market research ［J］. Business Horizons, 1985（11/12）: 27 –33.

［13］Cho Young-Sang. The Knowledge Transfer of Tesco UK into Korea, in Terms of Retailer Brand Development and Handling Processes ［J］. Journal of Distribution Science, 2011, 9（2）: 13 –24.

［14］Currah A. , Wrigley N. Networks of organizational learning and adaptation in retail TNCs ［J］. Global Networks, 2004, 4（1）: 1 –23.

［15］Davies G. , McGoldrick P. J. International retailing: trends and strategies ［M］. London: Pitman Publishing, 1995.

［16］Dawson J. The internationalization of retailing ［A］. In Bromley RDF, Thomas C. J. （Eds. ）. Retail change: contemporary issues ［C］. London: UCL Press, 1993.

［17］Dawson J. International transfer of retail know-how through foreign direct investment from Europe to China ［A］. In Dawson J. A. et al. （Eds. ）: The Internationalisation of Retailing in Asia ［C］. London: Routledge -Curzon, 2003.

［18］Deloitte. Global Powers of Retailing ［R］. London, 2012.

［19］Deloitte. Global Powers of Retailing ［R］. London, 2014.

［20］Doherty A. M. International retailing ［M］. Oxford: Oxford University Press, 2009.

［21］Dupuis M. , Prime N. Business distance and global retailing: A model for analysis of key success/failure factors ［J］. International Journal of Retail and Distribution Management, 1996, 24（11）: 30 –38.

［22］Durand Cedric. Externalities from Foreign Direct Investment in the Mexican Retailing Sector ［J］. Cambridge Journal of Economics, 2007（31）: 393 –411.

［23］Elsner S. Study 1-Effects of Institutionalized Entry Modes on Entry Mode Choices, Retail Internationalization ［J］. Retailing and International Marketing, 2014（1）: 35 –50.

［24］Evans J. , Bridson K. Explaining retail offer adaptation through psychic distance ［J］. International Journal of Retail and Distribution Management, 2005, 33（1）: 69 –78.

[25] Evans J., Bridson K., Byrom J., Medway D. Revisiting retail internationalisation: drivers, impediments and business strategy [J]. International Journal of Retail & Distribution Management, 2008, 36 (4): 260 – 280.

[26] Evans J., Mavondo F. T. Psychic distance and organizational performance: an empirical examination of international retailing operations [J]. Journal of International Business Study, 2002, 33 (3): 515 – 532.

[27] Evans J., Mavondo F. T., Bridson K. Psychic distance: antecedents, retail strategy implications, and performance outcomes [J]. Journal of International Marketing, 2008, 16 (2): 32 – 63.

[28] Fritsch W. Progress and profits: the sears roebuck story in peru [R]. Action Committee for International Development, Washington DC, 1962.

[29] Goldman A. The transfer of retail formats into developing economies: the example of China [J]. Journal of Retailing, 2001, 77 (2): 211 – 242.

[30] Gomez H. Common Market Benefits: Will the European Retailer Utilize Them? [J]. Journal of Retailing, 1963/1964, 39 (4): 8 – 56.

[31] Guercini S., Runfola A. Business networks and retail internationalization: A case analysis in the fashion industry? [J]. Industrial Marketing Management, 2010, 39 (6): 908 – 916.

[32] He Xinming, Wei Yingqi. Linking market orientation to international market selection and international performance [J]. International Business Review, 2011 (20): 535 – 546.

[33] Hofstede G. National cultures in four dimensions: a research-based theory of cultural differences among nations [J]. International Studies of Management and Organization, 1983, 8 (1 – 2): 46 – 74.

[34] Hofstede G. Cultures and organisations: software of the mind [M]. London: McGraw-Hill, 1991.

[35] Hollander S. Multinational retailing [M]. East Lansing, MI: Michigan State University Press, 1970.

[36] Hollensen S. Global marketing-a decision-orientated approach [M]. Prentice Hall Financial Time, Harlow, 2004.

[37] Hurt M., Hurt S. Transfer of managerial practices by french food retailers to operations in Poland [J]. Academy of Management Executive, 2005, 19 (2): 36 – 49.

[38] Hutchinson K. , Alexander N. , Quinn B. , Doherty A. M. Internation-alization motives and facilitating factors: qualitative evidence from smaller specialist retailers [J]. Journal of International Marketing, 2007, 15 (3): 96 – 122.

[39] Johansson J. K. Global marketing, foreign entry, local marketing and global management [M]. Chicago: Mc—Graw-Hill, 1997.

[40] Kacker M. P. Transatlantic trends in retailing: takeovers and flow of know-how [M]. London: Quorum, 1985.

[41] Kacker Madhav. International Flow of Retailing Know-How: Bridging the Technology Gap in Distribution [J]. Journal of Retailing, 1988, 64 (1): 41 – 67.

[42] Katia Premazzi, Sandro Castaldo, Monica Grosso, Charles Hofacker. Supporting retailers to exploit online settings for internationalization: The different role of trust and compensation [J]. Journal of Retailing and Consumer Services, 2010 (17): 229 – 240.

[43] Kearney. The 2014 Global Retail Development Index [R]. New York, 2014.

[44] Koch Adam J. Factors influencing market and entry mode selection: developing the MEMS model [J]. Marketing Intelligence & Planning, 2001, 19 (5): 351 – 361.

[45] Kumar V. , Stam A. , Joachimsthaler E. A. An interactive multicriteria approach to identifying foreign market [J]. Journal of International Marketing , 1994, 2 (1): 29 – 52.

[46] Lance Eliot Brouthers, Somnath Mukhopadhyay, Timothy J. Wilkinson, Keith D. Brouthers,. International market selection and subsidiary performance: A neural network approach [J]. Journal of World Business , 2009 (44): 262 – 273.

[47] Li & Fung. Global Retail Development [R]. HongKong, 2012.

[48] Lingenfelder M. Die Internationalisierung im europaeischen Einzelhan-del—Ursachen, Formen und Wirkungen im Lichte einer theoretischen Analyse und empirischen Bestandsaufnahme [M]. Berlin: Duncker & Humblot, 1996.

[49] McGoldrick P. J. Introduction to international retailing [A]. In McGold-rick P. J. , Davies G (Eds.): International retailing: trends and strategies [C]. London: Pitman Publishing, 1995.

［50］ Mueller S. , Beeskow W. Store Image and Store Choice ［J］. Jahrbuch der Absatzund Verbrauchsforschung, 1982, 28 (4): 400 – 426.

［51］ Neil M. , Wrigley Coe Neil. Host Economy Impacts of Transnational Retail: the Research Agenda ［J］. Journal of Economic Geography, 2007 (7): 341 – 371.

［52］ O'Grady S. , Lane H. The psychic distance paradox ［J］. Journal of International Business Studies, 1996, 27 (2): 309 – 333.

［53］ Palmer M. , Quinn B. An exploratory framework of analyzing international retail learning ［J］. International Review of Retail, Distribution and Consumer Research, 2005, 15 (1): 27 – 52.

［54］ Park Y. , Sternquist B. The global retailer's strategic proposition and choice of entry mode ［J］. International Journal of Retail & Distribution Management, 2008, 36 (4): 281 – 299.

［55］ Phillips M. Retail franchising-a strategy for international expansion ［M］. London: FT Retail & Consumer Publishing, 1996.

［56］ Picot-Coupey K. Determinants of international retail operation mode choice: towards a conceptual framework based on evidence from French specialised retail chains ［J］. The International Review of Retail, Distribution and Consumer Research, 2006, 16 (2): 215 – 237.

［57］ Pricewaterhouse. 2012 Outlook for the Retail and Consumer Products Sector in Asia ［R］. London, 2011.

［58］ Quinn B. The temporal context of UK retailers' motives for international expansion ［J］. The Service Industries Journal, 1999, 19 (2): 101 – 116.

［59］ Quinn B. , Alexander N. International retail franchising: a conceptual framework ［J］. International Journal of Retail and Distribution Management, 2002, 30 (5): 264 – 276.

［60］ Rajshekhar G. Javalgi, Seyda Deligonul, Ashutosh Dixit, Tamer Cavusgil. International Market Reentry: A Review and Research Framework ［J］. International Business Review, 2011 (20): 377 – 393.

［61］ Root F. R. Entry strategies for international markets ［M］. Lexington Books, San Francisco, 1994.

［62］ Shaw G. , Alexander A. Interlocking directorates and the knowledge transfer of supermarket retail techniques from North America to Britain ［J］. The International Review of Retail Distribution and Consumer Research, 2006, 16 (3): 375 – 394.

［63］Stebers L. Foreign retailers in China: the first ten years ［J］. Journal of Business Strategy, 2012, 33 (1): 27 – 38.

［64］Sternquist Brenda. International Expansion of U. S. Retailers ［J］. International Journal of Retail and Distribution Management, 1997, 25 (8), 262 – 268.

［65］Swift J. Cultural closeness as a facet of cultural affinity: a contribution to the theory of psychic distance ［J］. International Marketing Review, 1999, 16 (3): 182 – 201.

［66］Swoboda B. , Zentes J. , Elsner S. Internationalisation of Retail Firms: State of the Art after 20 Years of Research ［J］. Marketing Journal of Research and Management, 2009, 5 (2): 105 – 126.

［67］Treadgold A. Retailing without frontiers ［J］. Retail and Distribution Management, 1988, 16 (6): 31 – 37.

［68］Vida I. , Fairhurst A. International Expansion of Firms in the Retail Industry: Theoretical Approach for Future Investigations ［J］. International Journal of Retail and Consumer Services, 1998, 5 (3): 143 – 151.

［69］Vignali C. Tesco's adaptation to the Irish market ［J］. British Food Journal, 2001, 103 (2): 146 – 163.

［70］Welch L. S. , Luostarinen R. Internationalization: evolution of a concept ［J］. Journal of General Management, 1988, 14 (2): 34 – 55.

［71］Williams D. Motives for retailer internationalization: their impact, structure, and implications ［J］. Journal of Marketing Management, 1992 (8): 269 – 285.

［72］Wrigley S. , Moore C. , Birtwistle G. Product and brand: critical success factors in the internationalization of a fashion retailer ［J］. International Journal of Retail & Distribution Management, 2005, 33 (7): 531 – 544.

［73］Wrigley Neil, Currah Andrew. The stresses of retail internationalization: lessons from Royal Ahold's experience in Latin America ［J］. International Review of Retail, Distribution & Consumer Research, 2003, 13 (3): 221 – 223.

二、中文文献

［1］艾瑞咨询. 2012 ~ 2013 年中国跨境支付市场调研报告 ［R］. 北京:

艾瑞咨询，2013.

[2] 毕红毅，李军，孙明岳. 中国零售业发展现状、存在问题及发展思路 [J]. 山东财政学院学报，2009（3）：68 – 73.

[3] 毕克贵. 我国大型零售企业国际化经营及其政策保障研究 [D]. 大连：东北财经大学，2011.

[4] 毕克贵. 我国零售企业国际化经营：特殊意义背景下的必要性与可行性分析 [J]. 宏观经济研究，2013（11）：111 – 119.

[5] 毕克贵，王鹏娟. 我国零售企业国际化投资的政策保障研究 [J]. 财经问题研究，2011（11）：114 – 119.

[6] 蔡荣生，王勇. 大型零售企业的国际市场选择模式比较 [J]. 中国人民大学学报，2008（3）：68 – 74.

[7] 蔡荣生，王勇. 大型零售企业的初始国际化决策研究 [J]. 中国软科学，2009（1）：97 – 111.

[8] 陈宏付. 构建本土零售企业的国际竞争优势——应对跨国零售业本土化的思考 [J]. 企业经济，2007（9）：21 – 23.

[9] 陈丽清. 从全球价值链视角看我国零售业发展 [J]. 商业时代，2005（29）：15 – 16.

[10] 陈乃道. 对流通现代化问题的探索 [J]. 商业经济研究，1994（4）：17 – 19.

[11] 陈鹏. 零售企业国际化理论研究综述 [J]. 北方经济，2013（5）：21 – 22.

[12] 陈文玲，丁俊发，郭冬乐，韩继志. 现代流通与内外贸一体化 [M]. 北京：中国经济出版社，2005.

[13] 陈焱晗. 零售业物流配送中存在的问题与对策探讨 [J]. 商业时代，2012（1）：36 – 38.

[14] 陈湛匀. 四因素模型视角下中国制造业的国际竞争优势研究 [J]. 上海大学学报（社会科学版），2007（5）：116 – 119.

[15] 丛聪，徐枞巍. 跨国公司母子公司关系研究——基于知识的视角 [J]. 科研管理，2010（5）：172 – 177.

[16] 董菁. 中国服务业对外直接投资的逆向技术溢出效应研究 [D]. 南昌：江西财经大学，2013.

[17] 范建磊. 苏宁物流配送模式决策研究 [D]. 兰州：兰州理工大学，2010.

[18] 樊秀峰. 零售企业国际化与产业安全 [M]. 北京: 社会科学文献出版社, 2012.

[19] 付娜, 刘翔. 我国零售业"走出去"的路径选择 [J]. 经济导刊, 2010 (9): 32 – 33.

[20] 郭丹凤. 我国零售企业连锁经营存在的问题与对策分析 [J]. 企业技术发展, 2013 (9): 82 – 84.

[21] 郭冬乐. 中国内外贸一体化的实践目标与政策建议 (上) [J]. 财贸经济, 2004 (5): 18 – 23.

[22] 郭冬乐. 中国内外贸一体化的实践目标与政策建议 (下) [J]. 财贸经济, 2004 (6): 53 – 57.

[23] 郭寿康, 赵秀文. 国际经济法 [M]. 北京: 中国人民大学出版社, 2000.

[24] 何连金. 跨国零售企业在华营销策略分析 [J]. 知识经济, 2013 (4): 126 – 128.

[25] 洪涛, 中国流通产业的 MSCP 分析 [M]. 北京: 经济管理出版社, 2011.

[26] 洪涛, 王维维, 王亚男. 规范有序发展我国 B2C 跨境电子商务 [J]. 全球化, 2013 (11): 82 – 93.

[27] 胡洪力. 中国大型零售企业国际化战略对策分析 [J]. 商场现代化, 2007 (19): 187 – 188.

[28] 胡祖光, 伍争荣, 孔庆江. 中国零售业竞争与发展的制度设计 [M]. 北京: 经济管理出版社, 2006.

[29] 黄飞, 吕红艳. 零售企业国际化动因初探 [J]. 商业研究, 2004 (5): 80 – 81.

[30] 黄国雄. 从贸易大国走向贸易强国内外贸一体化是基石 [N]. 国际商报, 2012 – 11 – 19 (A08).

[31] 黄海生. 中国大型零售企业海外市场进入模式选择研究 [D]. 广州: 广东工业大学, 2007.

[32] 黄雪玲. 中国大型零售企业跨国营销组合研究 [D]. 广州: 广东工业大学, 2007.

[33] 姜波. 外资零售业的投资扩张对北京零售业的影响分析——以连锁零售业为例 [D]. 北京: 对外经济贸易大学, 2009.

[34] 姜红, 曾锵. 零售业开放的经济安全评价预警指标体系构建 [J].

国际贸易问题，2009（6）：105－112.

［35］荆林波. 中国流通理论前沿［M］. 北京：社会科学文献出版社，2011.

［36］荆林波. 中国流通业效率实证分析和创新方向［J］. 中国流通经济，2013（6）：13－17.

［37］荆林波. 转变商贸流通发展方式研究现状［J］. 中国商贸，2014（4）：58－60.

［38］荆林波. 促进流通公共支撑体系建设的对策建议［N］. 人民政协报，2014－01－14（6）.

［39］荆林波，王雪峰. 我国流通业发展现状、存在的问题及对策［J］. 中国流通经济，2012（2）：15－20.

［40］荆林波，王雪峰. 当前中国流通业存在的问题与政策建议［J］. 商业时代，2012（12）：3－5.

［41］兰传海，周江，李俊. 跨国零售企业海外市场进入方式研究［J］. 世界经济研究，2010（2）：74－79.

［42］李芳. 中国服务贸易国家竞争力研究［M］. 武汉：武汉大学出版社，2012.

［43］李飞，汪旭晖. 零售企业竞争优势形成机理的研究［J］. 中国软科学，2006（6）：129－137.

［44］李飞. 中国流通业变革关键问题研究［M］. 北京：经济科学出版社，2012.

［45］李飞. 中国零售业对外开放研究［M］. 北京：经济科学出版社，2009.

［46］李飞，王高. 中国零售管理创新［M］. 北京：经济科学出版社，2007.

［47］李红云，杨国利. 跨国零售企业在华经营战略及中国零售企业的战略选择［J］. 现代商业，2013（9）：58－59.

［48］李靖华，常晓然. 我国流通产业创新政策协同研究［J］. 商业经济与管理，2014（9）：5－16.

［49］李明武. 全球化背景下中国零售企业的战略选择［J］. 中国流通经济，2004（5）：32－35.

［50］李铁立. 零售业国际化的区位选择和空间扩张模式［J］. 国际经贸探索，2007（2）：72－76.

[51] 联合国贸易和发展会议. 2013 年世界投资报告 [R]. 纽约：联合国贸易和发展会议，2013.

[52] 林红菱. 我国零售企业国际化经营问题的探讨 [J]. 企业经济，2005（6）：70 – 72.

[53] 林红菱，张德鹏. 中国零售企业跨国营销的风险评估及管理研究 [J]. 国际经贸探索，2009（6）：75 – 79.

[54] 林萌菲. 零售企业跨国营销风险管理研究 [D]. 广州：广东工业大学，2008.

[55] 林毅夫. 新结构经济学 [M]. 北京：北京大学出版社，2012.

[56] 刘冰燕，董瑾. 零售业国际化经验及其启示 [J]. 北京理工大学学报（社会科学版），2006（6）：17 – 18.

[57] 刘宏，汪段泳. "走出去"战略实施及对外直接投资的国家风险评估：2008 – 2009 [J]. 国际贸易，2010（10）：53 – 56.

[58] 刘建兵，柳卸林. 为什么我国本土零售业能够赢得与跨国公司的竞争——基于熊彼特式动态竞争视角的分析 [J]. 企业管理，2008（10）：172 – 178.

[59] 刘文辉. 连锁超市的物流问题与分析 [J]. 中国证券期货，2013（1）：149 – 150.

[60] 刘筱韵，唐靖. 简论我国零售业的国际化战略 [J]. 武陵学刊，2012（11）：41 – 44.

[61] 刘英. 家电连锁零售企业物流配送模式及其发展探析 [J]. 物流工程与管理，2013（1）：115 – 116.

[62] 刘玉芽. 跨国零售企业本土化实证研究 [J]. 商业时代，2010（4）：17 – 18.

[63] 刘志中. 服务业国际转移及其溢出效应研究 [D]. 沈阳：辽宁大学，2009.

[64] 马春光. 跨国公司产业价值链转型对我国制造企业的启示 [J]. 管理世界，2004（12）：140 – 141.

[65] 马龙龙. 中国商品流通虚实结构演进研究 [J]. 中国人民大学学报，2011（2）：108 – 115.

[66] 孟祥铭，汤倩慧. 中国跨境贸易电子商务发展现状与对策分析 [J]. 沈阳工业大学学报（社会科学版），2014（2）：120 – 125.

[67] 牟卿. 商业银行支持中资企业"走出去"存在的问题及应对措施

[J]. 金融财税, 2011 (4): 90 - 91.

[68] 慕亚平, 陈晓燕. 我国海外投资保险制度的构建 [J]. 法学, 2006 (8): 96 - 103.

[69] 牛志勇. 经济减速背景下的中国 500 强商业零售企业何去何从 [R]. 上海: 上海财经大学 500 强企业研究中心, 2013.

[70] 潘璐, 黄雪玲. 中国零售企业在发达国家的商品品类策略研究 [J]. 消费导刊, 2009 (21): 90 - 91.

[71] 彭磊. 中国企业商业领域跨国经营的特点、动力与海外谋划 [J]. 对外经贸实务, 2010 (6): 8 - 12.

[72] 普华永道. 2012 年亚洲零售及消费品行业前景展望 [R]. 香港: 普华永道, 2011.

[73] 钱丽萍, 刘益, 喻子达. 制造商影响战略的使用与零售商的知识转移——渠道关系持续时间的调节影响 [J]. 管理世界, 2010 (2): 93 - 105.

[74] 商务部. 2012 年度中国对外直接投资统计公报 [M]. 北京: 中国统计出版社, 2013.

[75] 商务部. 2013 年中国电子商务报告 [R]. 北京: 商务部, 2014.

[76] 首都经贸大学世界零售研究中心. 全球零售业创新报告 [J], 商场现代化, 2013 (32): 55 - 63.

[77] 沈丹阳. 内外贸一体化与商务部职能的新定位 [EB/OL] (2004 - 9 - 29). http://www.mofcom.gov.cn/article/s/200409/20040900285363.shtml.

[78] 沈丹阳, 李永江. 实现内外贸一体化的路径与手段 [N]. 国际商报, 2004 - 12 - 07 (5).

[79] 沈四宝, 彭景. 我国对外投资法律制度支持体系的路径探析 [J]. 社会科学辑刊, 2012 (6): 84 - 88.

[80] 申风平, 宋晶, 孙永磊. 融入跨国零售企业全球采购供应链的对策分析 [J]. 对外经贸实务, 2009 (3): 41 - 43.

[81] 世邦魏理仕 (CBRE). 2013 零售业全球化进程 [J]. 商业时代, 2013 (7): 12 - 14.

[82] 宋则. 我国零售业发展中长期三大战略要点 [J]. 中国流通经济, 2012 (5): 41 - 43.

[83] 宋则. 推进国内贸易流通体制改革, 建设法治化营商环境 [J]. 中国流通经济, 2014 (1): 15 - 23.

[84] 宋则, 王水平. 中国零售产业安全问题研究框架、评测和预警

[J]. 经济研究参考, 2010 (56): 2-24.

[85] 孙红燕. 跨国零售商与本土制造商的纵向限制关系研究 [J]. 经济论坛, 2010 (2): 130-132.

[86] 孙君. 国外流通产业竞争政策及对我国的启示 [J]. 统计与决策, 2010 (2): 186-188.

[87] 孙文霞, 朱瑞庭, 张润兴. 基于耗散结构论视角的职业经理人生态位选择与构建研究 [J]. 领导科学, 2014 (29): 46-48.

[88] 孙元欣. 零售业国际化的动因和战略选择 [J]. 商业研究, 1999 (9): 9-12.

[89] 孙元欣. 上海自贸试验区贸易便利化措施和商贸发展 [J]. 国际商业技术, 2014 (2): 18-21.

[90] 谭丽婷, 马宝龙. 中国零售业对外开放学术研究现状分析 [J]. 商业时代, 2010 (11): 19-20.

[91] 谭祖谊. 内外贸一体化的内涵、经济效应及其路径选择 [J]. 北方经贸, 2011 (8): 7-13.

[92] 万红先. 中国服务贸易国家竞争力研究 [M]. 合肥: 中国科学技术大学出版社, 2008.

[93] 王海燕. 试论中国零售物流发展现状及趋势 [J]. 岳阳职业技术学院学报, 2012 (11): 99-102.

[94] 王江, 王娟. 我国零售业国际化战略研究 [J]. 国际经贸探索, 2007 (2): 67-71.

[95] 王清剑, 李金华. 中国制造业国际竞争力与政策支撑研究 [J]. 财经论丛, 2013 (5): 15-19.

[96] 王俊文. 加快实施中国自贸区战略研究 [M]. 北京: 中国商务出版社, 2013.

[97] 王茜, 王冰. 我国零售业国际化的 SWOT 分析 [J]. 商业经济, 2005 (9): 109-110.

[98] 王瑞丰. 在华跨国零售商与我国供应商交易冲突新动向及关系协调 [J]. 北京工商大学学报 (社会科学版), 2010 (3): 6-11.

[99] 王瑞丰, 崔子燕. 跨国零售商在华市场优化管理供应商问题研究 [J]. 商业时代, 2011 (3): 17-19.

[100] 王思宇. 企业物流配送模式简述 [J]. 中国市场, 2012 (10): 20-21.

[101] 汪素芹. 跨国零售集团采购会: 国际贸易方式的创新 [J]. 国际贸易问题. 2002 (1): 33 - 36.

[102] 王卫红, 常永胜. 全球化竞争时代零售业的"走出去"战略 [J]. 南方经济, 2003 (6): 61 - 64.

[103] 王先庆, 林至颖. 内外贸一体化与流通渠道建设 [M]. 北京: 社会科学文献出版社, 2011.

[104] 王昕旭. 中国零售企业国际化经营面临的障碍及解决途径 [J]. 内蒙古财经学院学报, 2010 (2): 55 - 58.

[105] 汪旭晖. 从国外实践看零售国际化对东道国的影响及应对策略 [J]. 财贸经济, 2005 (7): 48 - 52.

[106] 汪旭晖. 国际零售商海外市场选择机理——基于市场临近模型与心理距离视角的解释 [J]. 中国工业经济, 2005 (7): 119 - 126.

[107] 汪旭晖. 零售国际化: 动因、模式与行为研究 [M]. 大连: 东北财经大学出版社, 2006.

[108] 汪旭晖. 外资零售企业在华区域发展态势、战略及影响——以辽宁为例 [J]. 北京工商大学学报 (社会科学版), 2007 (2): 1 - 6.

[109] 汪旭晖. 我国零售行业发展态势分析及政策建议 [J]. 经济前沿, 2007 (3): 107 - 112.

[110] 汪旭晖. 国外零售国际化理论研究进展: 一个文献综述 [J], 河北经贸大学学报, 2008 (6): 87 - 95.

[111] 汪旭晖. 零售企业竞争优势 [M]. 北京: 中国财政经济出版社, 2009.

[112] 汪旭晖. 零售专业技能跨国转移: 机制与策略 [M]. 北京: 中国财政经济出版社, 2012.

[113] 汪旭晖. 跨国零售企业母子公司知识转移机制——以沃尔玛为例 [J]. 中国工业经济, 2012 (5): 135 - 147.

[114] 汪旭晖. 中国零售服务业成长与创新: 理论与实证 [M]. 北京: 北京师范大学出版社, 2013.

[115] 汪旭晖, 黄睿. FDI 溢出效应对我国流通服务业自主创新的影响研究 [J]. 财经问题研究, 2011 (9): 90 - 99.

[116] 汪旭晖, 李芳卉. 零售国际化失败的原因剖析——基于阿霍德海外市场撤退的透视 [J]. 国际经贸探索, 2008 (9): 66 - 71.

[117] 汪旭晖, 李飞. 跨国零售商在华战略及本土零售商的应对 [J].

中国工业经济, 2006 (2): 21 – 29.

[118] 汪旭晖, 刘娇. 基于零售专业技能转移视角的外资零售企业在华战略比较研究 [J]. 当代经济管理, 2011 (9): 27 – 33.

[119] 汪旭晖, 王夏扬. 外资零售企业中国市场进入模式、成长策略与经营绩效的关系——多案例比较研究 [J]. 北京工商大学学报 (社会科学版), 2011 (3): 1 – 9.

[120] 汪旭晖, 夏春玉. 跨国零售商海外市场进入模式及其选择 [J]. 中国流通经济, 2005 (6): 46 – 49.

[121] 汪旭晖, 翟丽华. 社会网络嵌入对零售专业技能本土化的影响——以家乐福在中国市场为例 [J]. 国际经贸探索, 2011 (6): 72 – 76.

[122] 汪旭晖, 张其林, 毕克贵. 零售专业技能本土化对零售企业海外市场绩效的影响 [J]. 当代经济管理, 2013 (6): 15 – 20.

[123] 韦漫江. 零售业国际化不同模式的比较研究 [J]. 生产力研究, 2009 (1): 121 – 123.

[124] 韦漫江. 关于我国零售业国际化发展的对策分析 [J]. 经济师, 2009 (6): 40 – 41.

[125] 夏春玉. 零售商业的国际化及其原因分析 [J]. 商业经济与管理, 2003 (4): 4 – 9.

[126] 邢玉升. 法经济学视角下日本对外直接投资法律述评 [J]. 对外经贸, 2013 (3): 43 – 44.

[127] 杨飞雪, 陈丽娜. 我国零售业国际化面临的挑战与对策 [J]. 辽宁工学院学报 (社会科学版), 2007 (4): 37 – 40.

[128] 叶萍. 我国零售企业国际化经营的战略思考 [J]. 改革与战略, 2005 (5): 26 – 28.

[129] 余承萱, 陈珊. 中国企业实施"走出去"的国际化战略 [J]. 中国商贸, 2009 (19): 48 – 49.

[130] 余劲松, 吴志攀. 国际经济法 [M]. 北京: 北京大学出版社、高等教育出版社, 2000.

[131] 张德鹏, 李双玫, 林红菱. 零售企业跨国经营——理论与实践 [M]. 北京: 中国财政经济出版社, 2008.

[132] 张丽淑, 樊秀峰. 跨国企业行为视角: 我国零售产业安全评估 [J]. 当代经济科学, 2011 (1): 69 – 77.

[133] 张丽淑, 魏修建, 郑广文. 零售国际化影响最新研究进展与述评

[J]. 经济问题探索, 2012 (8): 107-111.

[134] 张亚涵, 朱功睿. 中国零售业的国际化战略 [J]. 改革与战略, 2008 (2): 100-102.

[135] 赵萍. 世界零售业国际化的现状与趋势分析 [J]. 北京工商大学学报 (社会科学版), 2006 (7): 16-20.

[136] 赵亚平, 王瑞丰, 庄尚文. 跨国零售与我国供货商矛盾: 政策角度的剖析 [J]. 商业经济与管理, 2010 (3): 17-21.

[137] 赵亚平, 庄尚文, 王平. 跨国零售对我国制造业的影响及对策探讨 [J]. 宏观经济管理, 2008 (12): 46-48.

[138] 中国出口信用保险公司. 国家风险分析报告 (2013) [M]. 北京: 中国财政经济出版社, 2013.

[139] 中国国际贸易促进委员会. 中国企业"走出去"发展报告 (2009) [M]. 北京: 人民出版社, 2009.

[140] 中国连锁经营协会. 百货店自营模式研究报告 [R]. 北京: 中国连锁经营协会, 2012.

[141] 中国连锁经营协会. 中国零售行业发展报告 (2013) [R]. 北京: 中国连锁经营协会, 2013.

[142] 中国连锁经营协会. 中国连锁经营年鉴 (2013) [M]. 北京: 中国商业出版社, 2013.

[143] 中国连锁经营协会. 传统零售商开展网络零售研究报告 (2014) [R]. 北京: 中国连锁经营协会, 2014.

[144] 中国连锁经营协会. 零售新营销时代 [R]. 北京: 中国连锁经营协会, 2014.

[145] 中国连锁经营协会. 中国零售业五大业态发展概况与趋势 [R]. 北京: 中国连锁经营协会, 2014.

[146] 中国连锁经营协会. 全渠道模式对分销渠道的影响 [R]. 北京: 中国连锁经营协会, 2014.

[147] 仲伟周, 刘聪粉, 郭彬. 我国零售产业安全的区域差异性研究——基于外资冲击的视角 [J]. 北京工商大学学报 (社会科学版), 2014 (1): 29-36.

[148] 周勇. 商业新时代的开始 [J]. 国际商业技术, 2014 (3/4): 22-24.

[149] 朱瑞庭. 消费者求变购买行为及零售商的市场机会 [J]. 商业经

济与管理，2003（7）：21-23.

[150] 朱瑞庭. 合作和共生：制造商和零售商的关系分析 [J]. 当代财经，2003（10）：80-83.

[151] 朱瑞庭. 消费信息不对称下的市场机会问题 [J]. 经济体制改革，2004（2）：157-160.

[152] 朱瑞庭. 商店形象的理论、模型及评估 [J]. 商业经济与管理，2004（2）：28-31.

[153] 朱瑞庭. 零售商自有品牌的功能和市场定位 [J]. 北京工商大学学报（社会科学版），2004（2）：38-43.

[154] 朱瑞庭. 国外连锁折扣店的经营管理 [J]. 商业研究，2004（13）：40-43.

[155] 朱瑞庭. 驻店厂商代表对商店形象的影响分析 [J]. 当代财经，2006（8）：80-83.

[156] 朱瑞庭. 消费者求变购买行为和品牌忠诚的关系分析 [J]. 华东经济管理，2009（5）：94-97.

[157] 朱瑞庭，许林峰. 自有品牌对连锁商业品牌战略的影响分析 [J]. 财经论丛，2009（1）：93-98.

[158] 朱瑞庭. 树立敢于和世界强手比拼的勇气 [N]. 文汇报，2014-06-05（5）.

[159] 朱瑞庭，尹卫华. 上海市连锁商业自有品牌战略研究 [J]. 华东经济管理，2010（2）：5-8.

[160] 朱瑞庭，尹卫华. 基于自有品牌的工商关系调整的内容、边界及对策 [J]. 北京工商大学学报（社会科学版），2012（5）：20-25.

[161] 朱瑞庭. 消费者价格决策行为及企业营销对策研究——基于信息经济学视阈的分析 [J]. 价格理论与实践，2014（6）：110-112.

[162] 朱瑞庭. 基于认知心理学的消费者价格决策行为研究述评 [C]. 广州：第九届（2014）中国管理学年会论文集，2014.

后　　记

对零售业国际化的关注可以一直追溯到 1997～2001 年我在德国攻读博士学位的那段时间。我的导师 Michael Lingenfelder 是德国马堡大学经济系的终身教授，他在 1996 年取得大学教授资格的著作就是研究零售业国际化的，他也是欧洲研究零售业国际化的主要学者之一。我的博士论文的选题是关于中国消费者购买场所的选择行为的，这个选题就是在当时全球范围内零售业国际化进程加快、中国零售市场逐步对外开放的背景下，和导师一起确定下来的。为了完成这项研究，我在 1999 年那个极其寒冷的冬天回到国内，前后进行了为期三个月对内外资零售企业的实地调研。正是在这期间，我结识了很多国内研究商业管理的知名专家学者，并得到了他们的帮助。在导师的资助下，我的博士论文《中国消费者购买场所的选择行为——基于生活用品购买行为的实证分析（德文版）》（*Die Einkaufsstaettenwahl chinesischer Konsumenten—Eine kaus-alanalytische Untersuchung des Kaufverhaltens im Lebensmittelsektor*）于 2002 年 4 月由德国贝塔斯曼·斯普林格出版集团出版。

在过去的十多年里，我在繁忙的教学和行政工作之余，专注于零售营销、消费者行为、品牌管理等领域的学术研究，一共发表了相关论文 40 余篇，其中大多数发表于 CSSCI 收录期刊。我在国内较早引入有关消费者求变购买行为（Variety-Seeking Behavior）、零售商自有品牌的研究，论文《消费者求变购买行为及零售商的市场机会》、《零售商自有品牌的功能和市场定位》、《自有品牌对连锁商业品牌战略的影响分析》等被人大报刊复印资料全文转载。有关中国零售业"走出去"的研究是近三年我主持的教育部人文社科研究规划基金项目、上海市哲学社会科学规划课题和上海市民办高校重大内涵建设项目的研究内容，本书就是这方面研究成果的一个集中体现。其中的部分成果或者已经公开发表，或者在全国高校商务管理研究会、中国商业经济学会等的学术年会上进行过交流。在此一并向有关的学术期刊、责任编辑，向有关的领导、同事和朋友们表示感谢，谢谢你们给予的鼓励和肯定。

从2003年年初至今，我供职于上海建桥学院，见证了上海建桥学院从一所民办高职学院向一所合格本科院校的转变，并为置身于学校的这种转变和快速发展而高兴。同样让我感到欣慰的是，我的团队伴随学校的发展不断得到充实和加强。由我负责的网络营销课程在2005年成为上海高校市级精品课程，配套的国家级规划教材《网络营销》由高等教育出版社出版，当时的团队成员有5位。到了2009年，我们这个团队成为上海高校市场营销市级教学团队（本科）。这些都在不同阶段学校的发展中起到了很好的引领和示范作用。自学校把工作重心转移到本科教学以来，学科建设被提上了议事日程。我们这个团队又进一步向教学科研团队转变。在过去的几年里，我带领团队成员围绕国际商务学科的建设，陆续完成了多项的研究课题。所有这些工作，不仅促进了相关专业群、课程群的建设，促进了校企合作，带动了人才培养模式、教学内容、课程体系、实践教学等教学改革和建设，也为团队成员的个人成长和职业发展提供了较好的环境保障。作为子课题的负责人，团队主要成员均为相关系主任、教学骨干，科学研究的开展使他们得到锻炼和提高，并快速成长起来，成为教学改革、科学研究和创新创业教育的骨干和中坚力量，所指导的学生在各级各类科技创新大赛上取得优异成绩。此外，科学研究紧密结合他们的专业发展，为他们在攻读博士学位、国内外访学以及参加企业践习等方面提供了良好的平台，成效显著。团队的主要成员有常健聪、尹卫华、郭薇、周英芬、李人晴、孙文霞、徐磊、吴晓惠、张润兴、陈东霞。他们以不同的方式参加了课题的研究工作，其贡献也体现在本书的相关章节之中。

本书的成稿借鉴和参考了很多已有的成果，除了在参考文献部分已经罗列出来的，在写作过程中还引用和参考了很多在互联网获得的，但是无法查明其准确出处的案例、素材、数据和资料，在此一并向有关研究的作者和机构表示感谢。在本书的理论框架部分，就是以我导师构建的理论分析为基础的。特别是在实证研究部分，一共有13家内资零售企业的主要领导参与了企业问卷调查，25位国内知名零售研究专家学者热忱参与了专家问卷调查，部分还接受了课题组的深度访问，限于篇幅不能列出他们的名字，在此向他们表示衷心的感谢。此外，还要感谢重庆商社的何谦董事长、百联集团董事会战略研究室的史小龙博士。

在过去的十多年时间里，我把几乎全部时间都放在了工作上，鲜有闲暇，也很少照顾家庭。谢谢我爱人为家庭的付出，谢谢可爱的女儿从出生至今所带给我的无限的快乐。

朱瑞庭　于康桥半岛海波苑

2015 年 8 月

E-mail：zruiting@ sina. com